▲ 1941年3月,守卫多瑙河的匈牙利军队。

1941年,巴巴罗萨行动中,德国士兵在位于苏联的东部战线上进攻一个防护工事。▶

▲
1941年12月,一艘日本航母上的水兵向一架前去轰炸珍珠港的飞机致别。

珍珠港被袭一役中,美国"西弗吉尼亚"号战列舰受到航空鱼雷的攻击,严重受损。
▼

▲
1941年12月7日,日本袭击珍珠港后,靠近珍珠港的一个军用机场。

▲
1941年12月18日,德国慕尼黑卢云堡餐厅,阿道夫·希特勒举办的圣诞节宴会上的冲锋队军官。

◀ 1941年，美国南卡罗来纳州帕里斯岛上，美国海军陆战队队员们在进行基础训练。

1941年，中国潼关，中国士兵在黄河附近的一所军官学校进行格斗训练。
▼

▲ 波兰库特诺市犹太区中的犹太居民。这个犹太区是在德国入侵后不久建立的。1942年年初,该区大部分居民被送到了海乌姆诺灭绝营。

▲
约 1942 年,一组美国 B-17 "空中堡垒" 轰炸机在英格兰上空练习。

1942年,英国埃塞克斯郡舒伯里内斯镇的皇家大炮试验场内,本土辅助服务队的女兵们在从泥滩中回收炮弹。
▼

1942年7月,斯大林格勒战役中的德国士兵。

▲
1942年11月,英国,波兰的西科尔斯基将军正指着地图,与他的参谋部人员在一起。

1942年，罗斯福总统在骑兵部队军官们的陪同下前往军营视察。
▼

▲
1942年,美国肯塔基州诺克斯堡,士兵在进行使用M3坦克的训练。

▲

1942年，肯塔基州诺克斯堡，M4坦克队列。

1942年，位于美国加利福尼亚州长滩的道格拉斯飞行器公司的工厂里，女工们在组装轰炸机。

▼

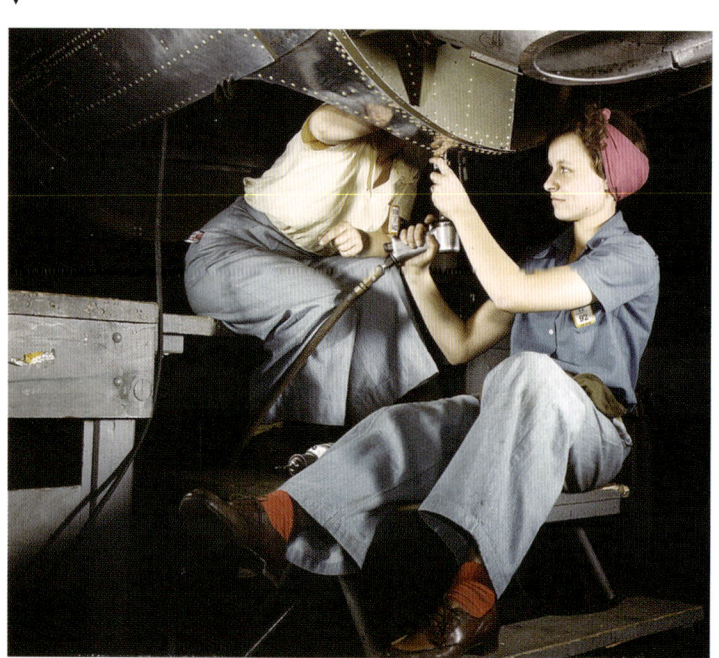

▲
1942年，载着部队的船只抵达北非。

▲

1943年1月,卡萨布兰卡会议,法国的亨利·吉劳德将军、美国的罗斯福总统、法国的夏尔·戴高乐将军和英国的温斯顿·丘吉尔首相(左起)。

《纽约时报》二战全纪实

《纽约时报》／著
[英]理查德·奥弗里／主编
钱垂君　王晶晶　向娜／译

对峙与博弈

[1941—1942]

There was no secret by June that something major was poised to happen on the long border between Germany, its Axis partners and the Soviet Union. However, not everyone thought it would happen. The veteran newsman Walter Duranty wrote a piece for The Times on June 17 in which he argued that the two dictatorships were more likely to make a deal than go to war. Joseph Stalin, the Soviet dictator, refused to believe any of the intelligence evidence he was given because he thought the British were trying to deliberately foment a Soviet-German war. But if Stalin had read The Times, the prospect of war was hard to avoid: "Nazi Troops Pouring to Russian Border" on May 30; "Clash Is Expected Soon" ran on June 10 and, on the very day of the invasion, "Big Armies Mass on Eastern Front." The invasion was the biggest news since the campaign in the West more than a year before and the Times office in Berlin had the news out to America the same morning, while Ralph Parker in Moscow confirmed it. The invasion, codenamed "Operation Barbarossa" by the Germans, was the largest invasion in history, with four million German, Hungarian, Romanian and Slovakian soldiers, joined by the co-belligerent Finns a few days later. It had been planned since the previous year for May 1941 but had to be postponed not just because of the Mediterranean campaign, but primarily because of a late-winter thaw and the muddy roads that followed. Hanson Baldwin, Times military correspondent and something of an expert on German tactics, wrote a story under the title "Nazis Try the Blitz on Russia," arguing that this colossal campaign marked for Hitler "the fork in the road toward smashing conquest or ultimate defeat." The invasion focused everyone's attention on the Eastern Front. "Reds Here Urge Lend-Lease," reported The Times, and although Lend-Lease could not formally be extended to Russia, a way was found to promise material aid. The anti-Bolshevik Churchill pledged assistance the very day of the invasion, insisting that he was supporting the ordinary patriotic Russian against the Axis aggressor rather than supporting Communism.

1939—1945

新世界出版社
NEW WORLD PRESS

图书在版编目（CIP）数据

对峙与博弈 / 美国《纽约时报》著；（英）奥弗里主编；钱垂君，王晶晶，向娜译. —北京：新世界出版社，2016.9
（《纽约时报》二战全纪实）
ISBN 978-7-5104-5705-0

Ⅰ.①对… Ⅱ.①美…②奥…③钱…④王…⑤向… Ⅲ.①第二次世界大战—史料 Ⅳ.①K152

中国版本图书馆 CIP 数据核字（2016）第 104862 号

Copyright © 2013 by The New York Times Originally published in English by Black Dog & Leventhal Publishers,Inc.
北京版权保护中心海外图书版权合同登记号：图字 01-2016-0369

对峙与博弈

作　　者：《纽约时报》
主　　编：[英]理查德·奥弗里
译　　者：钱垂君　王晶晶　向　娜
策划编辑：周　强　曹福双
责任编辑：秦彦杰　杜　力
责任校对：宣　慧
责任印制：李一鸣　黄厚清
出版发行：新世界出版社
社　　址：北京西城区百万庄大街 24 号（100037）
发 行 部：（010）68995968　（010）68998705（传真）
总 编 室：（010）68995424　（010）68326679（传真）
http://www.nwp.cn
http://www.nwp.com.cn
版 权 部：+8610 68996306
版权部电子信箱：nwpcd@sina.com
印　　刷：三河市骏杰印刷有限公司
经　　销：新华书店
开　　本：710mm×1000mm　1/16
字　　数：458 千字　印张：27.25
版　　次：2016 年 11 月第 1 版　2016 年 11 月第 1 次印刷
书　　号：ISBN 978-7-5104-5705-0
定　　价：59.80 元

版权所有，侵权必究
凡购本社图书，如有缺页、倒页、脱页等印装错误，可随时退换。
客服电话：（010）68998638

推荐序

汤姆·布罗考

100年、500年、1000年后,历史学家研究第二次世界大战时,会心生疑惑:这是一场全面的战争,它席卷欧洲文明的中心,横跨太平洋,它野心勃勃而又极具杀伤力,然而英国著名军事历史学家约翰·基冈居然称之为"人类历史上最伟大的事件"。为什么会这样?

从1939年到1945年,你可以在《纽约时报》驻国内外记者的报道中,看到这场战争从开始是多么混乱不堪、错综复杂,充斥着表里不一、背信弃义,甚至是痴心妄想。阿道夫·希特勒唤起了德国狂热的激情,而日本这个岛国则开始将国旗插在远离国境的地方。

1939年9月1日德国入侵波兰,《纽约时报》用醒目的黑体字《华盛顿认为这场危机很严重》为标题进行报道,详细地描述富兰克林·D.罗斯福总统是如何花了一整天的时间阅读新闻通讯并收听欧洲电台的节目的。第二天法国动员了800万军人,第三天英国向德国宣战。

然而,9月3日哈罗德·B.辛顿在《纽约时报》发表题为《美国能置身于战争之外吗》的长篇分析文章,文中写到罗斯福对希特勒顾虑重重,但已经暗中备战。同时,辛顿引用罗斯福的话说:"他希望并相信美国能远离危险,而且他的政府将尽其所能地保持远离战火。"

人类历史上这场"最伟大的事件"就这样开始了。不怀好意的德国拉开了序幕,整个欧洲一片哗然,美国总统却依旧举棋不定。

从那天起,《纽约时报》的记者和编辑开始了急行军,以实时追踪事态的发展。

加拿大、澳大利亚等英联邦国家都投身对德作战,《纽约时报》驻伦敦记者詹姆斯·赖斯顿描述说,全城人都猫着腰以躲避德国空袭,之后又记录了温斯顿·丘吉尔是如何一步步晋升到高位的。赖斯顿颇有先见之明地指出:"丘吉尔先生骨子里就有战争因子。他就像一位快乐的老拖船船长,头顶一顶破旧不堪的水手帽,嘴叼一支熄灭了的雪茄。不管是外形上,还是讲话的声音上,他都堪称真正的领袖。"事实上,丘吉尔当之无愧。

消息不断地从东线和西线传来:《英国儿童已经撤离城市》《传说中的苏联严冬即将围困侵略者》《新加坡对日本的威胁将信将疑》《潜艇击沉英国战舰》。

查尔斯·林德伯格仍然公开宣称,反对美国卷入这场战争,还称,美军的妈妈们会强闯国会,要求美国不要参战。

然而,到了1941年秋,罗斯福的个人担忧变成了热火朝天的战争武器计划,也就是罗斯福所说的"民主国家的兵工厂"。汉森·鲍德温在《纽约时报》中写道:"'民主国家的兵工厂'的武器产量大增。"

30多天之后的一个周日,也就是1941年12月7日,日本偷袭珍珠港,美国举国上下一片震惊。正如罗斯福之后对世界所说的,"一个耻辱日"。也正是珍珠港事件使美国迅速卷入了战争。

在现代史上一系列最大的海战中,日本与美国在整个太平洋上,围绕着塔拉瓦、硫黄岛、瓜达尔卡纳尔岛等之前闻所未闻的小岛展开殊死搏杀。

这是一场亘古未见的世界大战,战火蔓延到了北非、意大利乃至整个欧洲和苏联西部,以及所有的海域和领空。

1600万美国人齐心协力,为打击敌人而努力,从深入敌后到烤面包再到包装降落伞,从乘飞机空降作战到乘潜艇潜入深海袭击敌舰,不一而足。

苏联人从东面挺进。同盟国军队齐聚英国,在总司令德怀特·艾森豪威尔的统一指挥下,准备发动有史以来最大规模的战役。艾森豪威尔出生于美国堪萨斯州的一家农场,性情温和,直到1941年才晋升为陆军上校。

1944年6月6日,同盟国在诺曼底登陆。这是二战中具有重要意义的一场战斗。这场规模浩大的海陆空协同的军事行动昭示着第三帝国和阿道夫·希特勒的疯狂行为即将走向末路。

然而,盟军登陆3小时后,《纽约时报》和华盛顿其他的新闻记者才得知这一消息。

从那天起,新闻开始变得振奋人心。《纽约时报》头条新闻变成:《纳粹继续猜测巴顿将军的部队的动向》《日军(在塞班岛)被打得落花流水》《B-29轰炸机首度亮相》《苏联红军的进攻一如既往地勇猛》。

苏联军队在东线挺进,同盟国军队从西线打来。德军遭到夹击,虽殊死拼斗,却损失惨重。阿道夫·希特勒这个历史上的暴君,在柏林的一个掩体内开枪自杀,他那打造千古帝国的邪恶梦想不到10年便走到了尽头。

在太平洋,同盟国军队已把矛头指向日本的本土。除非日本投降,否则一场对谁都没有好处的战争将无法避免。

但最终战争得以避免。日本遭受两颗极具毁灭性的原子弹袭击后,投降了。

这场疯狂的战争于1945年8月宣告结束。这场真正意义上的全球战争结束了。和平来之不易,世界需要史无前例的重建和重组;一场全新的战争,亦即苏联与西方国家的冷战,揭开了序幕;在一定程度上,纳粹德国对犹太人的大肆屠杀促成了一个全新的国家在中东地区崛起。

和平虽然并不稳固,但依然让人欣喜。男人重返家园,或读书,或工作,投身于休眠已久的经济建设。妇女孕育了具有鲜明个性的新一代。底特律又开始生产民用汽车。超市又可以买到肉类和黄油。一座座新城市在美国东南部、西南部和西部兴起。

历经硝烟的人们把战争的可怕记忆深埋心底,继续生活,一心要弥补自己、家庭和朋友做出的牺牲。

在《纽约时报》的这些报道中,你可以追溯那段混乱的时光,重温那些重大决策;你会因战胜国领袖的伟大事迹备受鼓舞,也会为战争贩子的虚伪而愤怒。

这是超越时代的新闻。对于亲历这场战争的人们,对于渴望了解战争是如何发生的,我们又是如何取胜的人们,这更是一份不可多得的礼物。

目录
contents

第一章
告全国同胞书　　001

1941 年 1—5 月

第二章
纳粹对俄罗斯人尝试闪电战　　057

1941 年 6—7 月

第三章
总统志在参战　　107

1941 年 8—10 月

第四章
日本偷袭美国　　147

1941 年 11—12 月

第五章
战时工作需要百万女性参与
1942 年 1—2 月

209

第六章
利迪策,伊利诺伊州
1942 年 3—6 月

243

第七章
"红色凡尔登"屹立不倒
1942 年 7—9 月

289

第八章
希姆莱计划屠杀波兰犹太人
1942 年 10 月—1943 年 1 月

333

关键人物、事件简介
/ 404

致 谢
/ 411

对峙与博弈：《纽约时报》二战全纪实（1941—1942）
The New York Times: Complete World War II（1939—1945）

第一章

1
chapter

告全国同胞书

1941年1—5月

1941年新年伊始，温斯顿·丘吉尔被《时代》杂志评选为"年度风云人物"。但是，在1941年早春时期，罗斯福总统占据了《纽约时报》的报道的首要地位。1月6日，他在国会发表演说，称世界必须维护四大自由，即言论自由、信仰自由、免于匮乏的自由和免于恐惧的自由。罗斯福寻求的是美国国内广泛的支持，以促使《租借法案》获得国会通过。孤立主义者与国际主义者就美国应该对参战国家提供多少帮助曾展开激烈的辩论，但最后，1941年3月12日，众议院以317票对71票通过了立法。对美国总统因《租借法案》而享有的各项新的权力，《纽约时报》给予了长篇巨幅报道，但是《纽约时报》的出版人阿瑟·索尔兹伯格并没有像20世纪30年代那样反对行政权力扩张，而是继续支持美国的国际主义以及军备重整运动。

国外的战争进程变得更加混乱。德国轰炸机继续轰炸英国城市，与此同时，英国皇家空军轰炸机司令部也在尽一切可能派出战机向德国城镇投下炸弹。然而，与早期对闪电战的轰炸的报道不同，《纽约时报》对1941年1月到3月期间重磅空袭的报道逐渐降温，兴趣转移到了地中海和中东地区的战事上。英军对意大利殖民帝国的东非地区的攻势几乎畅通无阻，利比亚的意大利军队被一路追击跑过了半个利比亚。意大利部队在希腊和北非地区的危机迫使墨索里尼向希特勒寻求帮助。2月12日，埃尔温·隆美尔将军与新德意志非洲军团第一分队被派往利比亚。3月，隆美尔开始击退兵力部署过于分散的英联邦部队。德国军队还准备进军希腊，以阻止意军被击败。德国通过种种努力，让南斯拉夫加入了《德意日三国同盟条约》，成为自己的盟友。但就在《纽约时报》报道"贝尔格莱德方面加入轴心国"之后不久，南斯拉夫空军和陆军就发起一次政变，推翻了政府，并退出了该条约。《纽约时报》记者雷·布罗克彼时在贝尔格莱德，目睹了这一事件，率先向全世界人民报道了这场政变。随后德国攻入贝尔格莱德，他也站在了报道最前沿。在4月11日的《纽约时报》中，他发表了标题为《纳粹在贝尔格莱德》的报道。

南斯拉夫的失败在英国引发了一系列灾难。3月，丘吉尔派出一支远征军来到希腊，帮助它巩固防线，但到4月28日，德国、意大利联军大举进军希腊，英国不得不撤退到克里特岛。1941年5月20日，由库尔特·斯图登特将军指挥的德国伞兵从天而降，直奔英国在克里特岛上的空军基地。德军尽管损失惨重，但巩固了它的阵地，英联邦部队不得不再次撤离，有1万士兵遭德军俘虏。对同盟国来说，这段时间战争新闻中唯一的亮点就是5月27日德国的"俾斯麦"号战列舰的沉没事件。此前，"俾斯麦"号的大炮阴差阳错击中了英国皇家海军"胡德"号战列巡洋舰；伊拉克境内发生反英叛乱，但被成功镇压。随着世界上越来越多的国家屈服于暴力，很显然，美国也将面临一场重大危机。盖洛普一项民意调查显示，85%的人预料美国将在某一时刻加入战争，虽然希望此事发生的人只占很小的比例。5月27日，罗斯福宣布"无限制的国家紧急状态"，以便更大力度帮助英国在大西洋的作战。他宣布道："无论如何，我们一定要打败德国，即便是参战也在所不惜。"《纽约时报》将罗斯福的宣言起名为《告全国同胞书》。

1941 年 / 1 月 2 日

英国审查员解释新闻审查初衷
是为杜绝有用数据流入敌人之手

通过电报发回《纽约时报》的特别报道

【伦敦 1 月 1 日电】昨晚，密切监管英国电报、电话、邮件及电台的人走到麦克风前，告诉公众他为什么要这样做，以及他是怎么做的。

他就是 C.J. 雷德克里夫，代理新闻审查员。

他将审查制度描述为"新闻限额配给"。限额配给制度在这个国家极不受欢迎，食物已经受到了影响，就新闻而言，这一制度更是不得人心。

雷德克里夫先生主要想说明的是，他们无意对人民隐藏丑恶的事实。

他说，审查制度的唯一目的就是禁止那些可能会帮助纳粹的讯息流出。他声称，如果在每次炮击之后政府都允许公布城市的名称，"敌人可能借机更正导航中的错误，并在下次轰炸中更为准确"。

1941 年 / 1 月 6 日

持续 20 天的围攻告终
意军港口卫戍司令被俘

通过电报发回《纽约时报》的特别报道

【开罗 1 月 5 日电】英国发起自战争以来的最强猛攻，意军在利比亚的第一座大本营拜尔迪耶被攻克。澳大利亚军队在这次猛攻中表现不凡，他们与英国陆军、海军和空军部队携手，同时炮击了意军港口、炮台、弹药库和空军基地。

用了不到 36 个小时，澳大利亚步兵在英国机械化部队、军舰和轰炸机的完美协同下，捣毁了意军在利比亚—埃及边境附近建造的具有重要战略意义的港口基地钢铁防御圈。经过 20 天的围攻之后，这座港口于今天下午 1 点 30 分被攻陷。

今天早些时候有报道说，意军有 1.5 万多名士兵被俘，而且拜尔迪耶北部地区的防御部队被迫投降。意大利守军被挤到东南部区域，那里的大扫荡行动仍在继续。意大利驻军所余 2.5 万多人今天晚些时候弃械投降，意大利国旗被从拜尔

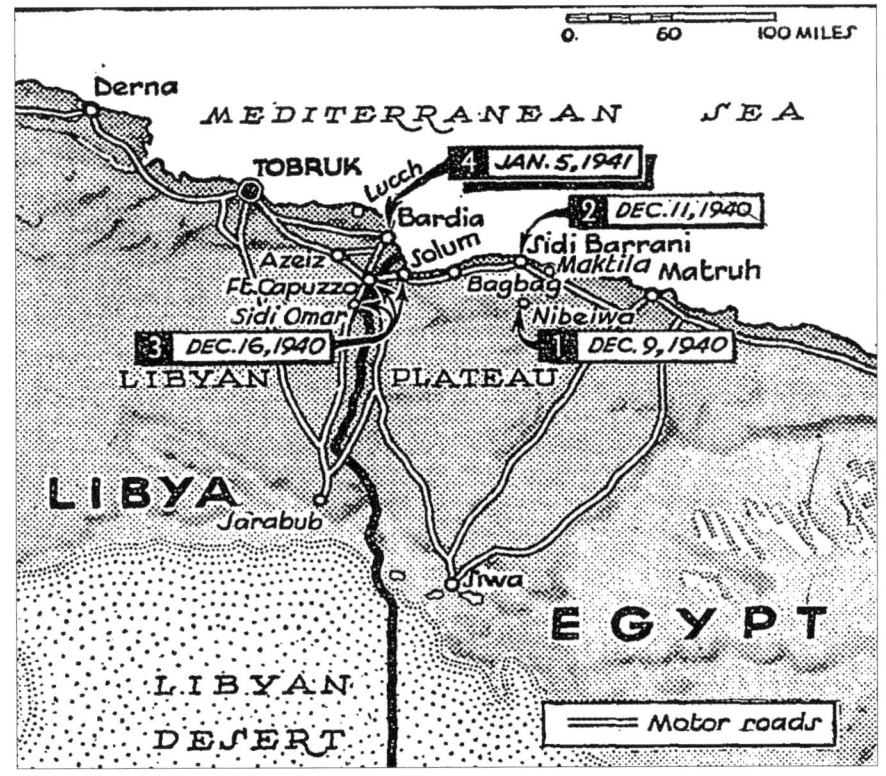

英国在"沙漠闪电战"中拿下港口。埃及—利比亚攻势开始后不到一个月，澳大利亚军队捣毁了拜尔迪耶。图中标出了战役的各个阶段的时间：① 1940 年 12 月 9 日；② 1940 年 12 月 11 日；③ 1940 年 12 月 16 日；④ 1941 年 1 月 5 日。

Motor roads：公路。

迪耶政府大厦的旗杆上降下。英军无法全面统计所俘意军的总人数，只说超出了 2.5 万人。

拜尔迪耶守军司令官被俘

英国的公报在宣布攻占拜尔迪耶时称：被俘人员包括卫戍区司令官安尼巴莱·贝尔贡佐利将军，以及另一个军团的司令官和 4 名高级将领。据报道，意军所有物资储备和装备悉数被缴获。英军缴获或毁坏了 45 门轻型法西斯坦克和五门中型坦克。

澳大利亚人拥入拜尔迪耶时兴高采烈，其中有些人喊道："小子，你觉得我们现在怎样？""拜尔迪耶的酒吧几点关门？我们想着今天晚上去喝几杯。"

周五黎明时分，英军对拜尔迪耶驻军发动了全力进攻。一位在现场的战地记者写道："英国的胜利要归功于前几周所做的细致入微的准备工作。"

"澳大利亚巡逻队通过持续的夜间活动渗透到了防线周围，并获取了准确详细的资料，如所有反坦克陷阱、碉堡和其他防御工事的位置。"这位记者说，"周五子夜，澳大利亚工兵先遣队切断了铁丝网，其步兵紧随其后，牵住意军的第一道防线，与此同时，工兵从容地炸毁了坦克两侧的陷阱，将其填满土，然后捣毁了双层铁丝网围墙。"

意军拼死抵抗

记者接着说："在攻势的初始阶段，意大利人进行了拼死抵抗。也正是在此期间，英军遭受了轻度的人员伤亡。头天晚上的战斗结束时，在长达 12000 码的前线上，澳大利亚军队已经突破外围钢铁防御圈的 3000 码。

"与此同时，英军机械化部队已经渗入防御圈相当远的距离。"

昨天夜幕降临前，把守拜尔迪耶北部地区的意大利军队被迫投降。

1941年／1月11日

《租借法案》的文本

美联社

【华盛顿1月10日电】罗斯福总统向国会提交的借贷或租赁军事装备给"民主国家"的计划今天生效，具体措施的文本如下：

法 案

为进一步加强美国国防，实现其他目的，美利坚合众国参议院和众议院在国会上通过。本法案被命名为《增强美国防御法》。

第二节

本法案中所使用的：

"防卫物资"一词系指：

本小节所述的一切武器、弹药、飞机、舰船或船只；

本小节所述在制造、生产、加工、维修、保养或运营中必备的任何机械、设备、工具、材料或物资；

本小节所述的所有物品的组成材料或设备零件。

所述防卫物资为任何用于防御的商品或物品。术语"防卫物资"包括本小节中描述的一切物品，即按照第三节，或按照美国和任何外国政府已经及此后通过制造与购买获得其权利、所有权或控制权的一切物品。

"防卫资料"一词系指一切计划、规格、设计、原型和一切与防卫物资有关的资讯。

第三节

即使任何法律有相反的规定，总统可以不时地根据国防利益的需要，授权战争部、海军部的部长或其他各部和政府机构的负责人：

在其有管辖权的军械库、工厂和造船厂，为美国总统认为对美国国防至关重要的国家政府生产或以其他方式采购防卫物资。

向任何上述政府售卖、转移、交换、租赁、借出或交付任何防卫物资。

按照本小节第二段，对上述政府的任何防卫物资进行测试、检查、检验、修复、配备、翻新，或以其他方式使之处于完好的工作状态。

以该法案所拟议，与上述政府就所提供的防卫物资的一切相关资讯进行沟通。

允许向上述政府出口一切防卫物资。

本小节中所授权的任何外国政府接受援助的条款和条件，都应该确保总统已经同意；美国应得利益以实物或财产支付或偿还，或任何其他直接或间接的利益，都应该确保得到总统同意。

第四节

第三节中，所有为防卫物资或防卫资料的配置合同或协议，须载有一项条款，规定签约的外国政府，未经美国总统同意，不得通过赠送、出售，或其他方式让渡防卫物资或防卫资料的所有权或所属权，也不得允许该政府官员、雇员或代理人以外的任何人使用。

第五节

所涉及的战争部、海军部的部长或其他各部及政府机构的负责人，在出口这些防卫物资和防卫资料时，应按1940年7月2日法案（第54号政府令第714条）第六节，把出口物资和资料的数量、性状、价值、处置条款和目的，立即通知总统所指定的管理部门或者机构。

第六节

兹授权，国库之任何资金，除非已另作调拨，否则可不时从中拨付必要的数额以执行该法案条款，或完成该法案目的。

所有根据第三节规定，从任何政府收取的款项及财产转换所得款项，均应在预算办公室主任批准后，用于冲抵购置防卫物资或防卫资料时所拨款项目，并且在收到此等款项时所在的财政年度及随后的财政年度，此等款项均应留用于依法调拨防卫物资或防卫资料。

第七节

战争部、海军部的部长，以及其他各部或政府机构的负责人，在签署配置任何防卫物资或防卫资料的所有合同与协议中，应充分保护所有美国公民的权利。所处置的任何物品或资料，凡公民在期间和其中享有专利权的，专利费应支付给该专利的所有者和持有者。

第八节

兹授权战争部、海军部的部长，在美国总统认为对美国国防利益至关重要时，购买或以其他方式获取任何第三节所涉及的国家管辖区内所生产的武器、弹药和战争器械。

第九节

为执行该法案，总统可随时颁布必要的和适当的规章制度；总统可通过其领导的部门、机构或官员，行使该法案所授予的任何权力或职权。

1941年 / 1月12日

记者在欧洲的幕后工作
广播电台记者威廉·L. 夏姆尔揭秘其追随"历史创造者"所遇到的障碍

乔治·A. 穆尼

"现在我们来看看柏林的情况。下面，有请我台记者……从柏林发回的消息……"直到不久前，这段话还曾是纽约美国广播公司的广播员介绍电台驻德国首都记者威廉·L. 夏姆尔时的套话。夏姆尔先生身材高大、斯文儒雅，30多岁，但看上去相当老成，从1937年起在柏林和东欧国家"游历报道"，最近返回纽约。这份工作并不容易。

他从交战国传来的声音，对那些轻松舒适地坐在家里安乐椅上的听众来说，只不过是另外一种理所当然的无线电魔法。对他们而言，听全球事件的播报只需要扭动一下开关而已。但对于夏姆尔先生来说，这些广播节目却意味着夜以继日的辛苦劳动。为此他得克服种种困难，如审查制度、灯火管制、空袭、限额配给和其他战时限制等。归来后不久，他接受了采访，向大家讲述了他播音幕后的故事。

一名记者的时间表

他透露了自己在柏林工作的固定"日程表"。批注皆出自他本人之口。

上午10点——起床。（"起床很困难，特别是空袭折腾得你到早上六七点才睡下。"）

上午10点20分——早餐。

上午11点——浏览报纸、杂志等。

中午12点——拜访从敌占区和其他地方来的人士；拜见外交官和政府要员。

下午1点——出席外交部新闻发布会。（"听讯息，允许提问。"）

下午1点30分——到距柏林中心5英里处的短波广播站，浏览德国的官方新闻机构（德国新闻局）的电台播报文本。撰写广播稿。（"我写完广播稿后，一页一页地交给广播站的审查员。他们中大多数人是教授或商人，曾留学英国或美国学习英语。如果广播稿顺利通过，我就到演播室播报，在整个过程中，一位讲英语的检查员会站在我旁边。在占领斯堪的那维亚半岛之前，审查员非常宽宏大量。有趣的是：相同的某个条目有时会过关，有时就会被毙掉。你不得不一直尝试。"）

下午3点——开始广播。（"该钟点为德国夏令时，纽约时间是早上8点。广播完毕之后，午餐时间已过。由于人手和燃料限制，柏林的饭店需要在下午3点关门。每周，我会得到一些来自丹麦的奶酪，并将其存放在酒店里。我通常会回到酒店，让人送些热水，喝口茶，吃一块奶酪三明治。"）

下午5点——参加宣传部在剧场大厅举行的新闻发布会；准备之后的广播，等等。

夏姆尔先生解释说，剧场大厅是一座按现代主义风格装饰的礼堂，是专为类似的会议而建造的。

戈培尔偶尔会视察礼堂

"该礼堂可容纳200人左右，座椅是非常舒适的绒面椅，全部面对舞台。官员们就坐在舞台之上。舞台上，有一张巨大的被灯光照亮的地图，算是一种背景。最高统帅部的小伙子们经常会试着告诉我们为什么这样布置。戈培尔本人偶尔也会来到礼堂。"

夏姆尔先生说，有时候，级别稍低的官员和军事新闻的主角会时不时地占据舞台，对他们的采访通常或多或少会"越过脚灯"，即在舞台上面进行。他说，礼堂偶尔也会为记者们播放未经审查的新闻短片和"非政治性"美国电影，因为"德国人想方设法要让记者们保持好心情"。

他接着说，外国记者在柏林被划分为"重劳力"，因而可以享受双倍食物配给。他说，他离开柏林时，每周双份的口粮包括两磅肉、半磅黄油和四磅面包。此外，德国人还为记者们组建了一个俱乐部。在俱乐部里，他们可以得到"上等食物和地地道道的咖啡"。

他补充说道："有机会得到一杯真正的咖啡和鲜嫩多汁的牛排的确是一种不小的诱惑。"

但是，通常意义下，尽管当局多方"配合"，在柏林的生活经常是烦恼多、乐趣少，而且记者们通常需要遵守各种条条框框。夏姆尔回忆说，柏林的11月、

1940年6月，美国驻外记者威廉·L.夏姆尔（右二）与其他记者在法国。

12月和1月这3个月，天色在下午6点就暗下来了，"空袭可能要持续到晚上8点才能结束。这就意味着一旦空袭警报响起，你就得待在原地不动。"

他说："警报期间，严禁在市内转悠。""一切交通都会停止。如果你正好在车里，只能将车停在路边，找个地方躲避。所以，尽管我的第二次广播要到凌晨1点45分（柏林时间下午6点45分）才开始，但却不得不在晚上8点赶到广播站，然后坐在那里等候。"

时差带来的不便还不算什么，更大的困难是"整理来自战区的新闻故事"。为了报道波兰战役中的格丁尼亚战役，夏姆尔先生把自己的观察点设在了距前线大约2英里处。

他解释说："但是我得赶回到12英里外的但泽进行播报。在但泽，我还要联系纽约方面，安排一个时间段。我打电话给我们在柏林的办事处的人员，从他们那里得到播音时间表。之后我选出一个时间段，再由他们与纽约进行双向播报。约定时间一到，纽约方面向柏林办事处发出提示，柏林办事处打电话通知我，然后我便开始播报。"

关于西部战线的报道

夏姆尔先生说，对西线战事的报道更是难上加难。唯一的地方广播电台在科隆，距前线差不多有200英里。因此，"这意味着，为了在上午4点30分播报，我必须在夜间花大量时间驱车赶路"。

就战争的总体情形及其对德国公众的影响而言，夏姆尔先生说，到目前为止，英国皇家空军袭击所产生的最主要影响，就是削减了柏林人的睡眠时间。

他说："柏林人似乎相信他们会赢得这场战争，目前，食物限制还不足以严重影响人们的斗志。"

夏姆尔先生说，尽管无法知晓到底有多少德国人在收听外国电台的广播，但是"肯定有人在听"。

1941 年
1 月 29 日

英国的美元储备已花完
美财长称，民主国家的命运现在取决于美国国会

哈罗德·B. 辛顿
发回《纽约时报》的特别报道

【华盛顿 1 月 28 日电】今天，财政部长摩根索在参议院对外关系委员会上说，如果国会不能通过拟议的《租借法案》，英国、希腊和中国将无法继续战斗。财政部长是在上午的听证会上发表这一声明的。午餐后，委员会再次召开会议，他在会上就此做了详述。

摩根索先生在与参议员奈的谈话中说："英国向美国购买物资没有固定的程式，我认为英国将不得不停止战斗，事情就是这样。在财政部历经数年之后，我深信，我还是比较了解英国的财政需要的。

"我已经得出结论，英国已经没有任何美元储备，我深信，如果国会不设法让他们购买更多的物资，他们将不得不停止战斗。"

在参议员奈先生问他为什么形势突然变得"如此急迫，以至于我方有必要全力以赴"时，他做了上述答复。就在委员会休会吃午餐前，奈先生曾问财政部长，是否值得冒险贷款给英国。

当时摩根索先生回答说，他确实认为给英国贷款好处多多，撇开美元方面的原因，单单考虑到这会为美国重整军备方案争取时间就已经足够。他多次提到，因为种种原因，他曾要求英国政府公开其财务状况。

摩根索称，这将取决于国会

他说："他们对此并没有歇斯底里。""他们只是把事实摆在我们面前。如果不通过该法案，他们将无法继续战斗。国会必须慎重权衡是不是想要英国、希腊和中国继续战斗下去这个问题。"

当参议员奈先生问他英国政府是否已经表达这一意思时，摩根索先生回答：

"他们并没有说太多，但那是实际情况。"

摩根索先生说，英国财政部的一位专家此刻正在葡萄牙首都里斯本等候，准备赶到这里，向美国投资信托公司出售英国臣民持有的有价美国证券。

他说："英国人愿意出售他们在美国的财产，美国的投资者也愿意购买。这样一来，英国将能够支付他们所订物资的款项。""我们到处搜罗，看是否还有任何隐藏的资产，但一无所获。"

1941年 / 2月9日

英国迅速摧毁意大利的非洲帝国

埃德温·L. 詹姆斯

几个星期前，温斯顿·丘吉尔对意大利人民发表讲话，告诉他们英国会将非洲帝国撕成碎片。罗马方面反驳说，那只不过是自吹自擂的宣传。现在罗马对此有了更清楚的认识。

墨索里尼在自以为搭上了希特勒的顺风快车之后不久，把格拉齐亚尼从利比亚调往苏伊士运河。墨索里尼命令格拉齐亚尼占领埃及，然后步步推进，把地中海真正变成"我们的海"（古罗马人曾以此词称地中海。——译者注）。现在，仅仅几个星期后，意大利人就被赶出埃及，步步后退，直到英国人占领了班加西，控制了利比亚东部的大部分地区。格拉齐亚尼的部队损失过半，也就是将近12万人，其中大多数被俘。

12月上旬，英国从西迪·巴拉尼发起进攻，先占领拜尔迪耶，然后是图卜鲁格，并在1月底攻占德尔纳，从那里又进入班加西。意军虽然拥有优势兵力，却一个据点都没有守住。只有在拜尔迪耶，意军打了一场像样的战役。当时驻军的抵抗是为了给意大利的主力部队向西撤退赢得时间。现在英军已经到达班加西南海岸，切断了意大利的几个师。墨索里尼遭遇惨败。

厄立特里亚的攻势

与此同时，英军还在一步步蚕食意大利在埃及南部的领土。英军长驱直入，到达厄立特里亚中部，目标是马萨瓦和阿斯马拉。这两个地方是镇守厄立特里亚的意军，以及墨索里尼1936年征服埃塞俄比亚之后驻军的物资供应总部。伦敦又一次承认埃塞俄比亚前皇帝海尔·塞拉西为埃塞俄比亚的合法统治者。他和手下正在以原始的游击战骚扰意军。

在厄立特里亚和埃塞俄比亚的意军岌岌可危。弹药和石油供给已经被切断，每颗子弹、每加仑汽油，一旦消耗，便没有补给。因为英军控制了苏伊士运河及通往红海南部的通道，驻守意军与意大利本土的沟通被切断，即便罗马方面的船能绕道非洲，穿过英国的封锁也无济于事。

自然，意大利人在该地区备有大批物资，但这些物资全部存放在阿斯马拉周边，而现在阿斯马拉已成为英军从苏丹向东推进的目标。一旦英军占领供应基地，埃塞俄比亚的意军将处于极其危险的境地，南有来自肯尼亚的军队，西部和北部有来自苏丹地区的军队，当然还有海尔·塞拉西麾下的游击队的骚扰。

战役的重要意义

人们常说英国在利比亚取得的成功可喜可贺，但并没有击败希特勒。从某个角度看，这一点不容置疑。但话说回来，如果意大利人之前如愿以偿地成功抵达苏伊士运河，那么英国的通信线路就会遭到严重破坏，轴心国会有更多的筹码与英国海军角逐对地中海的控制权。

意大利人先是被希腊人击败，然后又在非洲失利。作为希特勒的轴心国伙伴，处境显然很危险。就墨索里尼对希特勒的价值而言，意大利的胜与败区别很大。

利比亚战役中耐人寻味的一点是，德国未向意大利提供有效的援助。不错，德国的飞机的确轰炸了英国的船只，还从西西里岛对马耳他发动了几次小型袭击。但这与人们想象的帮助相差甚远。事实上，到目前为止，希特勒对其伙伴在非洲的援助跟其在阿尔巴尼亚的援助一样微弱无力。值得一提的是，再过5个星期左右，就会迎来炎热的天气。在这种情况下，即便德国的运兵船能够突破英国海军的封锁，进入利比亚或的黎波里以帮助格拉齐亚尼成功撤退的可行性仍是令人质疑的。即使是现在也可动用飞机支援，但是，德国是否会派兵依然是疑点重重。

1941 年 / 2 月 16 日

《租借法案》赋予总统广泛的权力
根据《宪法》，总统有控制政府所有行政职能的权力，但《租借法案》又赋予了他更多的权力

迪安·丁伍迪

【华盛顿 2 月 15 日电】国会就援助英国的法案展开了辩论，辩论围绕的主要议题不是对英国的援助，而是总统的权力。参议院将在未来一周继续就这一问题进行辩论。现在国会和这个国家所面临的问题已经发生演变。现在的问题除了援助英国这一个目标，更多的是实现这一目标的手段。

现在国家面临的问题，和在不同时期所遇到的其他根本问题一样，所涉及的是《美国联邦宪法》体现的所谓的三权分立的理论。这一次，讨论的是有关总统和国会各自权力的问题。

两大权力

根据《宪法》，总统有两项不受立法影响的大权，这两项权力与目前的局势有着直接的关系：

一是代表美国开展对外关系；

二是作为美国海军与陆军的总司令。

第二项权力使得总统对整个国家的军事力量拥有至高无上的指挥权，同时他还是唯一有权领导和动用这些军事力量的人，无论是在和平时期还是战争时期。但是，总统的这种权力要取决于国会行使与之互补的宪政权力，如"征召与维持军队"及"培养并维持一支海军"。

总统和国会的这些权力都有规定说明，但在《宪法》中没有界定。尽管如此，人们似乎普遍承认，总统的宪制权力授予他指挥军事力量的权力，比如，在他觉得合适时，对商船提供海军护航。

专属权力

根据美国宪法，开展对外关系是总统的专属权力。最高法院指出，就对外关系而言，总统本身就是宪法上美国的代表。1936年，在大法官乔治·萨瑟兰支持政府当局运用《租借法案》所撰写的意见书中，最高法院对总统的权力进行了这样的描述："在国际关系领域中，总统是联邦政府的唯一机关，享有十分微妙的、充分的和专有的权力，这种权力的行使无须国会通过法案许可。"

总统除了这些主要的宪法权力，还拥有国会依法赋予的紧急时期国防方面的权力。那些法令，有的由来已久；更重要的法令，则是最近才出台的。这些权力包括但不限于：

禁止或限制出口；

征用出口退回的材料；

管制外汇；

控制航运；

管理银行经营；

调控或关闭广播电台；

向任何企业下达强制性物料订单；

征用任何拒绝接受强制性订单的工厂；

确定必要材料的优先权；

延缓与政府合同有关的劳动条件。

战争资源委员会主席，《租借法案》的监管者小爱德华·赖利·斯特蒂纽斯。

援助法案的目的

国会所颁布的总统可行使的这些法定权力，只在美国境内有效；这些权力与内部事务有关，与外部事务无关。国会通过其法令，没有干涉总统开展外交关系或指挥军事力量的宪制权力；国会反而贯彻了总统的宪制权力。

1941 年 / 3 月 12 日

泰国边境交易正式关闭
日本的"亚洲新秩序"胜利在望——维希政府对投降做出解释

通过无线电发回《纽约时报》的报道

【东京 3 月 11 日电】今天,因裁定法属印度支那和泰国的边境纠纷,日本外相松冈洋右声名大噪。日本人还将此事称为"大东亚新秩序"的第一次外交胜利。与此同时,松冈先生宣布他将立即启程前往柏林和罗马。

在这两起事件发生 72 小时之后,美国通过了《租借法案》。据日本的新闻机构评论,这预示着美国将要登上太平洋战争的舞台,以其庞大的海军、空军和军事实力,协同英国阻挠轴心国建立全球"新秩序"的计划。

当着世界各地新闻机构的代表的面,在电影摄像机的嗡嗡声和万众瞩目之下,松冈先生主持了法、泰休战的最后一次会议,日本正式担负起其所谓的东亚地区领袖的角色。为让松冈先生尽快开启其欧洲之旅,此事加快了步伐,代表们草签的文件只是一个初步的协议,其中的条款将体现在三国外交部门稍后拟定的正式条约中。

签署仪式在近卫文麿的官邸举行

签署仪式在首相近卫文麿的官邸的大厅举行,日本、法国和泰国代表团全体成员出席了该仪式。这些代表分组坐在马蹄形桌旁,各代表团团长坐在位于大厅中心一张稍小的桌子旁。

松冈先生发表了简短的欢迎致辞,之后各代表团团长开始草签文件。法国大使夏尔·阿尔塞纳-亨利和印度支那代表团团长勒内·罗班用法方的钢笔签署了文件。松冈先生和日本的全权代表松宫肇先生,非常注重东方的基调,用毛笔"描绘"下了他们的名字。泰国代表瓦瓦安王子和泰国公使菲亚·阿利亚·塞纳用钢笔签署了文件。

除了草签边界协议外，法国和泰国代表还互换了与日本之间的信函，信函中保证了现在所达成的协议。所有签署国承诺随后订立"关于维护大东亚的和平，以及建立和促进日本与泰国、日本与印度支那特别密切的关系"的协议。今天并未透露任何有关预期协议的内容。

1941 年
3 月 22 日

"军用吉普车"在迪克斯堡进行测试
鲍威尔通过了"驾驶考核"，发现除"爬树"之外，新车几乎无所不能

发回《纽约时报》的特别报道

【新泽西州迪克斯堡 3 月 21 日电】第四十四师指挥官克利福德·R. 鲍威尔少将今天驾驶陆军的新型"军用吉普车"，顺利地通过了该师的"驾驶考核"。

这项考核分室内和室外两个科目，由一一九军需官军团的人员主持。考核是在新泽西汽车交通部门和宾夕法尼亚州警察局的监督下进行的。

鲍威尔将军驾驶官方称为指挥车的"军用吉普车"越野穿过泥泞的田地，穿过营地西侧布满砾石坑的陡峭山坡后说，他深信，这款新车"除了不能游泳或爬树"之外，几乎无所不能。

这种考核比州驾驶证的考试要严格得多。除越野驾驶外，陆军的测试还有色盲测试、人工地平仪操作、汽车前灯防眩和协调等室内测试。该师有近 5000 人，其中大约 30% 的汽车和卡车司机未能通过考核。那些协调性差或患有夜盲症的人被永久排除在外，但是那些未通过路面测试的人将接受进一步的培训。

师团军需官大卫·S. 希尔上校签发了 3000 多张驾驶证，持证人可驾驶各种政府车辆。鲍威尔将军也将收到一张驾驶证。

| 1941年，旧金山码头等待装船的军用吉普车。

1941年
3月26日

贝尔格莱德方面加入轴心国
南斯拉夫加入《德意日三国同盟条约》以保证国土免遭敌军蹂躏

C. 布鲁克斯·彼得斯
通过电话发回《纽约时报》的报道

【柏林3月25日电】南斯拉夫在未来世界政治和军事事态发展中所扮演的角色今天得以明确。南斯拉夫已经成为欧洲第五个正式拥护《德意日三国同盟条约》的国家（不包括原签署国），并由此承认欧洲和世界"新秩序"原则的有效性。

在维也纳的贝尔维迪宫，德拉吉沙·斯维特科维奇总理和外交部长亚历山大·辛卡尔–马科维奇，代表贝尔格莱德政府于今天下午签署了遵守《德意日三国同盟条约》的协议。协议签署时，德国元首希特勒也在场。就在不到四个星期前，保加利亚也在此地正式加入了轴心国。南斯拉夫所签协议书的内容与之前匈牙利、罗马尼亚、斯洛伐克和保加利亚所签署的一样。

但是，与此同时，德国和意大利向南斯拉夫政府发了文本相同的照会，通知南斯拉夫政府：第一，德国和意大利政府决意在任何时候都尊重南斯拉夫的主权和领土完整；第二，轴心国已同意在战争期间，不向南斯拉夫政府提出要求通过其领土行军或运输军队的权利。

斯维特科维奇声言目的是追求和平

由此，南斯拉夫投入了轴心国的怀抱。欧洲东南部只剩下希腊这个唯一没有积极与柏林和罗马同流合污的国家。签订该协议使南斯拉夫有义务在签署国中任何一国遭到目前尚未参与欧洲战争和中日冲突的国家"攻击"时，"动用一切政治、经济和军事手段予以援助"。

在正式签约仪式之后，南斯拉夫总理斯维特科维奇发表讲话，声称"南斯拉夫外交政策的主要目标，实际上也是唯一目标，过去是、现在仍然是维护南斯拉夫人民的和平，加强他们的安全"。

为此目的，他继续说道，贝尔格莱德方面一直在尽一切努力加强南斯拉夫与邻国的关系。他说，南斯拉夫过去一直与德国保持着最大可能的友好关系，这一点可以从1934年到现在所发生的一系列重要的事件中得到证实。

斯维特科维奇接着说，南斯拉夫对他国没有任何要求，但是为保证本国生存和进步的根本利益，南斯拉夫要求欧洲东南部不受战争扩张的伤害，要求欧洲加强经济"合作，因为合作不仅为欧洲和平扫除了障碍，同时也是欧洲大陆及其千年文明的唯一救赎"。

这位总理还说，只有在"真诚、积极合作"的基础上，欧洲才能够为其"新秩序"找到依据，才能消除当今欧洲正在遭受的陈腐的偏见、虚伪的道义和实质性障碍。

在其短暂发言结束时，斯维特科维奇宣称：

"今天，南斯拉夫加入了《德意日三国同盟条约》，我们这样做是打算通过与德国、意大利和日本的合作保障南斯拉夫的和平。南斯拉夫在为新的欧洲体系做出贡献，不仅在为本国尽责，而且在为欧洲社会尽责。"

1941 年 / 4 月 2 日

英国模特在纽约因黄油而感慨
丝袜也让她们兴奋不已

昨天,纽约得到了 20 名英国模特热情洋溢的赞誉。这些"舟车劳顿、远途而来"的模特是乘船和火车抵达纽约的。

英国皇家空军的下一步举动固然神秘,但同样神秘的是 24 箱衣服,它们代表着伦敦的最新时装作品。这些箱子是搭载荷兰货客两用船"博德格拉"号到达美国的,3 名模特及英国海外贸易部的 3 位代表同船到达。

这些时装是由伦敦的 9 家法国制衣厂和 3 家英国制衣厂生产的,除 2 月份曾在专为国王与王后组织的服装秀展出外,还没有对外展出过。几周后它们被送至里约热内卢和布宜诺斯艾利斯时,才会公开亮相。据(美国)运输部威廉·杨和 C.J. 罗伯茨称,"这是跨越大西洋的首次官方贸易访问团。此举意在确立伦敦的世界时装中心的地位。这次展示的对象主要是南美国家"。

从到达的那一刻起,这群年轻模特的轻松诙谐的玩笑就接连不断。直至来到发廊美发,她们才停下时尚的话题,轻声细气地从帝国风格和蓬松裙子谈至她们买到的新鲜蔬菜及眼前所见的丝袜。

17 名模特周一在哈利法克斯登陆,并于今日 12 点 45 分抵达了纽约中央车站。她们对"宏伟壮观"的火车和火车站赞叹不已,对餐馆里丰富的黄油供应更是艳羡不已,惊叹说"这里一餐的黄油几乎相当于我们在伦敦一周的黄油配给"。

她们抵达车站后不久,其他 3 名模特也赶到了。这 3 名模特还穿着长筒羊毛袜,在遭到其他模特调侃时,她们解释说,船上特别冷,再说,丝袜目前在英国还没上市。模特们彼此嘲笑,嗔怪对方穿的还是"战前"的裙子。

有几个模特声明:"我们的时间没有花在买衣服上。"

当被问及在伦敦当模特是不是一种光彩照人和众星捧月般的生涯时,她们回答道:"很遗憾,完全不是这样。"其中一个说道:"不管怎么说,在这种时刻,我们宁愿要一串洋葱,而不是一串珍珠。"

她们将在美国逗留 11 天,希望能饱览"一切景象"。辛西娅·A. 毛姆小姐是萨默塞特·毛姆的侄女,她最想参观的就是摩天大楼。其他人说,打算前往华盛顿参观林肯纪念堂,同时看看美国首都。她们大概会在 6 月份结束南美之行,返回英格兰。据说,英国最近通过了一项法案,呼吁所有 18 岁以上的女性应征入伍。

1941 年 / 4 月 4 日

英军向亚的斯亚贝巴挺进
意军迅速撤退
在英军轰炸下,意军士气持续低落

通过电报发回《纽约时报》的特别报道

【开罗 4 月 3 日电】今天,英印联合部队从厄立特里亚的阿斯马拉出发,在快速向南面的埃塞俄比亚阿杜瓦市挺进时,发现沿路有一群意军在等待投降,英、印军抓获的战俘本已不少,现在又有所增加。

意军已经溃不成军,撤退时没有采取任何防御措施,将大量枪炮和其他战争物资遗弃给了英军。

意军主力南撤后的士气从阿斯马拉的局势可见一斑。阿斯马拉是厄立特里亚的行政首府,有 10 万人口。由本地人(很可能是埃塞俄比亚人)组成的部队离开城市,溃兵制造了一场危险的骚乱。警察局局长和一名教士出面要求英军进城,保护城里的白人市民。

今天,一些英军在调查港口城市马萨瓦周围的形势,但在开罗,人们认为,马萨瓦和再往南的阿萨布市中的意军均已撤离。一份来自皇家空军的报告表明,英军飞机轰炸了从阿萨布通向埃塞俄比亚德塞市道路上的卡车，还向它们开枪扫射。（昨晚，英国广播公司发表了一份由全国广播公司在开罗录制的公告，称英军已在马萨瓦市附近俘虏了6000意军，很快就会攻占马萨瓦市。）

在英军持续的轰炸和扫射下，从阿斯马拉南撤的意军士气越来越接近崩溃。同时，自由法国的部队也轰炸了阿克苏姆、阿杜瓦两市之间的道路上的一个意军营地。

一座铁路沿线城镇被攻占

非洲人组成的先遣部队攻占了被大火和炸弹夷为平地的米埃索镇。该镇位于

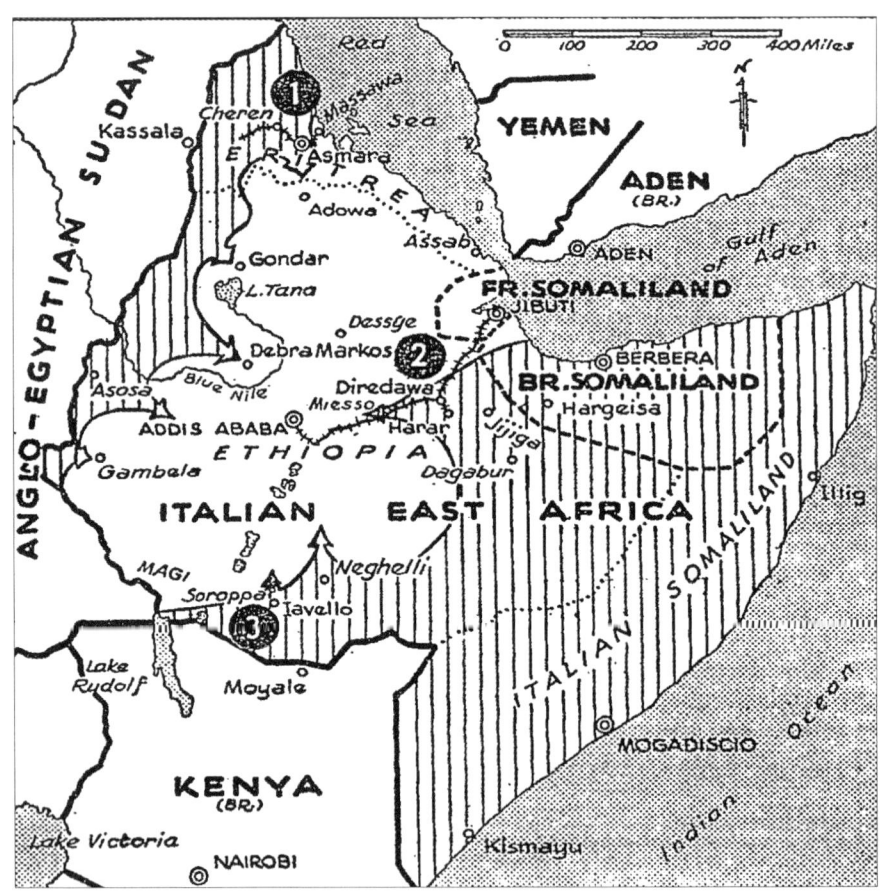

英军攻城略地、向东非深处挺进的势头正盛。北撤中的法西斯军队在阿斯马拉以南①遭到轰炸和扫射；向亚的斯亚贝巴挺进的英军占领了德雷达瓦以西、距首都180英里的米埃索②；在埃塞俄比亚南方地区，另一个纵队攻下了索罗帕③。图中的阴影部分大体为英军占领的区域。

吉布提铁路沿线，西距亚的斯亚贝巴180英里。南非空军轰炸意军列车时将这里炸得一片混乱，火车站的大火烧了数日之久。

意军正在迅速撤退中。虽然它打了一些小规模战斗，但米埃索镇以西90英里处的阿瓦什河，似乎才有可能是意军停下脚步、开始抵抗的第一站。

尽管意军可能在丢掉亚的斯亚贝巴前，士气就会崩溃，但英军已在考虑意军撤向德塞或贡德尔的可能性。贡德尔在塔纳湖以北，是个容易包围却难以攻取的地方，因为那里的乡村地形崎岖，而且意军在多处阵地筑有碉堡、暗炮位和其他现代化的防御工事。

但是，英军可以在意军完成向贡德尔的撤退前切断其去路并将其包围，而意军看来有可能在亚的斯亚贝巴地区的某个地方组织战斗，因为丢掉埃塞俄比亚首都对它已所剩无几的声誉打击太大。

1941年 / 4月6日

南斯拉夫在战斗
抵抗中的贝尔格莱德遭到空袭
来自保加利亚的进攻

雷·布罗克
通过无线电发回《纽约时报》的报道

【贝尔格莱德4月6日电】今日凌晨3点25分，贝尔格莱德拉响了空袭警报。对于南斯拉夫人民来说，这是国家处于战争的第一个信号。

一个多小时后，即4点32分，南斯拉夫战斗机出现在贝尔格莱德上空，并向东飞去。它们是从泽蒙机场起飞的。过了不久，又有两架战斗机出现。（就在此时，与贝尔格莱德的无线电通信中断。）

1941年 / 4月12日

纳粹向贝尔格莱德进攻
在南方的战斗中，另一支德军占领了萨格勒布和卢布尔雅那
意军受阻

丹尼尔·T. 布里格姆
通过电话发回《纽约时报》的报道

【伯尔尼4月11日电】在刚过去的24小时中，两个德军重装纵队，一个从奥—意边界出发，顺着南斯拉夫的萨瓦河谷和德拉瓦河谷扑来，另一个则从格拉茨出发，顺着穆尔河谷扑来。它们成功地占领了大体沿东南偏东方向通过卢布尔雅那、向东通过萨格勒布的沿线地区。

还有一个纵队可能是从罗马尼亚边界上的维赛特出发的，向西挺进，已抵达满目疮痍的贝尔格莱德市郊区。伯尔尼昨晚收到报告，否认了这个纵队已经和卢布尔雅那—萨格勒布方向的纵队会合的说法。

据报道，东南方向形势"稳定"，德军试图强攻卡恰尼克隘口，但无功而返。该隘口曾在1915年阻止了保加利亚军队前进。在很多方面，今天的战线让人想起那场战役。如果南斯拉夫军能够扼守这一隘口，那么它就会威胁到对泰托沃采取行动的德军位于斯科普里的基地；如果南军被困住了，那么，德军就至少降低了在通向南方平原的科索沃波尔耶峡谷中遇上抵抗的可能性。

意军被击退

阿尔巴尼亚的意军发动了4次进攻，试图通过拉拉·奥尔曼高地突围，并与向泰托沃推进的德军会合，但已被打退且"损失惨重"。

德军占领萨格勒布和贝尔格莱德后，伯尔尼的人们明白：西侧的驻萨格勒布的南斯拉夫第四军，以及东侧的驻诺维萨德的南斯拉夫第一军已按计划撤出，向原阵地以南的南斯拉夫中部地区转移，目的地可能是位于伯尔拉德和萨瓦河以南

的某个固定地点。据报道，意军撤退时只有殿后的部队进行了小规模的战斗。

南斯拉夫最高统帅部的一份发自"南斯拉夫某地"的公报中介绍了截至昨天中午的军事行动，称："摩拉瓦峡谷中的敌人继续前进，并占领了帕拉钦和丘普里亚。在北方前线，敌人在维罗维蒂察地区几乎毫无进展，我们的军队行动机警，挡住了敌人前进的步伐。"

对西北方向战线上意军的"某次行动"也有报道。公报称："伞兵在多个地点降落，已全部被我军包围并俘虏。"

公报称"阿尔巴尼亚境内的情况没有变化"，随即补充道："由于天气恶劣，

| 1941年，德军对南斯拉夫贝尔格莱德发动进攻后，平民在清除瓦砾。

空中行动受限。"

沿摩拉瓦峡谷进攻的德军是从尼什出发的，而尼什是昨天被保罗·冯·克莱斯特将军指挥的德军机动化部队攻占的。但是，南斯拉夫军方人士指出，摩拉瓦峡谷仍位于主要防御阵地以东，尽管局势严重，但还没达到灾难性的程度。

南军仍保持着在匈牙利边界的活动，昨天边界线上双方边防部队频繁冲突的报道证明了这一点。在伯尔尼，对这些行为的报道是，试图进入南斯拉夫领土的匈牙利军队与南军相遇，并向南军开火，从而导致了冲突。

南斯拉夫方面的报道则称，南军以重机枪和"其他自动武器"进行了还击。冲突中，双方互有伤亡。

尽管贝尔格莱德在德军的 5 次空袭中受到严重破坏，但是昨天，市内秩序正在迅速恢复。通信系统正在重建中，食物和医疗卫生服务也在恢复。根据克利齐施将军的命令，对市民的疏散已经停止，躲避空袭的难民们在野外度过四天三夜后，正在返回市内。

据报道，在中立国外交干预下，德军已保证不再继续轰炸贝尔格莱德。这一说法并未获得证实。

1941 年 / 4 月 27 日

编辑部读者来信
伊拉克成为危险地区
多种因素表明有必要保持警觉

《纽约时报》编辑敬启：

虽然巴尔干地区的战事让伊拉克和其他阿拉伯国家的国内事件黯然失色，但几乎不容置疑的是：这些国家对下一阶段大英帝国和轴心国之间在全球范围的较量至关重要。

最近的伊拉克政变推翻了塔哈·哈希米将军和摄政王阿卜杜勒·伊拉王子领

导的亲英政府，建立了以拉希德·阿里·盖拉尼为首相的激进民族主义政府。盖拉尼也是逊尼派穆斯林的宗教领袖，在伊拉克、波斯和印度的数百万逊尼派穆斯林中广受崇敬。在伊拉克内阁，他已数次任职和卸任，有新闻专电描述其为轴心国的朋友，而事实真相是：他是亲民族主义者和排外者。

尽管由德国驻安卡拉大使、精明的弗朗茨·冯·帕彭领导的使团，和德国驻巴格达总领事、敏锐的格鲁巴积极进行协作，想方设法争取伊拉克，但是争取阿拉伯人好感的角力并不像拔河比赛那样简单，还有一些更深层的因素。有观点认为，如果有人以为尚武的伊拉克心甘情愿地放弃得来不易的独立，放弃令人满意的《英伊条约》，去换取轴心国的统治，那就未免太荒谬了。

石油是关键问题

在上述因素中，首要的是石油战及德国长期以来预谋的建立柏林—巴格达通道的野心。末代德意志皇帝在世纪之交拜谒大马士革的撒拉丁墓时，首次公开了这一想法。摩苏尔的油田每年可供应大约 400 万吨原油。这块令人垂涎的宝地的特许经营权属于一家英、荷、美联合公司，这家公司每年向伊拉克政府支付一笔油田使用费，但是很有可能，万一英国战败（虽然纯属推测），纳粹代表可能会开出更慷慨的合作条件。其他油井位于波斯湾沿岸的巴林岛，如果控制了波斯湾，就打开了通向印度的道路。

伊本·沙特在今年 3 月于利雅得召集阿拉伯会议后，伊拉克很快就发生了政变，或许这只是巧合。但在该会议后不久，叙利亚的民族主义煽动就又开始了。因此，两起事件可能都是阿拉伯人争取所有阿拉伯国家彻底独立、建立阿拉伯合众国计划的一部分。

F.I. 沙塔拉

1941 年 4 月 23 日，布鲁克林

1941年 / 4月28日

希腊成为落入德国手中的第 14 个国家
纳粹占领雅典,德国统治的他国人口达到 1.52 亿

昨天,雅典陷落,希腊落到了阿道夫·希特勒手中,成为德国在 3 年多一点的时间内统治的第 14 个国家。希特勒现在是他所夺取的近 77 万平方英里"生存空间"的主人,或者说是面积为第三帝国(18 万平方英里)的 3 倍的"生存空间"的主人。德国人口约为 7938 万,而德国统治的他国土地上的总人口约为 1.5 亿,几乎是德国人口的两倍。

除 3 个国家外,其他国家均是被军事入侵征服的。这 3 个国家是匈牙利、罗马尼亚和保加利亚,当德军在其边界上集结时,它们就向"外交控制"屈服了。

下面是德国军事征服和外交征服的时间表:

1938 年

奥地利——面积 3.4 万平方英里,人口 800.9 万。于 3 月被德国以入侵方式吞并。

捷克斯洛伐克苏台德区——《慕尼黑协定》被签订后,于 10 月被德国占领。

1939 年

捷克斯洛伐克——面积 4.5 万平方英里,人口 1300 万(含 3 月被占领的苏台德区的人口)。苏台德区与波希米亚和摩拉维亚被合并为德国的一个保护国。

波兰——面积 7.4 万平方英里,人口 2240 万。于 9 月被入侵和征服,英法

于同月对德宣战。波兰东部，面积约 7.8 万平方英里，人口 1277.5 万，被苏联占领。

1940 年

丹麦——面积 1.7 万平方英里，人口 380 万。于 4 月被占领。

挪威——面积 12.5 万平方英里，人口 300 万。于 4 月遭入侵，6 月被彻底征服。

卢森堡——面积 999 平方英里，人口 30 万。于 5 月被占领。

荷兰——面积 1.2 万平方英里，人口 872.9 万。于 5 月被占领。

比利时——面积 1.2 万平方英里，人口 838.7 万。于 5 月被入侵和征服。

法国——面积 12.7 万平方英里，人口 2790 万。于 5 月遭入侵，6 月被征服。（面积和人口为德军占领区的面积和人口。）

匈牙利——面积 6 万平方英里，人口 1350.7 万。11 月，德军根据一份外交控制协定进入该国。

罗马尼亚——面积 7.2 万平方英里，人口 1410 万。于 11 月被德军占领，处于德国外交控制之下。

1941 年

保加利亚——面积 4.4 万平方英里，人口 650 万。于 3 月被德军占领，处于德国外交和军事控制之下。

南斯拉夫——面积 9.6 万平方英里，人口 1620 万。于 4 月被入侵和征服。

希腊——面积 5 万平方英里，人口 719.7 万。于 4 月被入侵和征服。

1941年 / 5月1日

报告称，苏联在加强防线
据称它正向乌克兰、波兰和爱沙尼亚增兵以防备第三帝国

丹尼尔·T. 布里格姆
通过电话发回《纽约时报》的报道

【伯尔尼4月30日电】苏联南北两面都受到威胁：在南方，由于土耳其摇摆不定，达达尼尔海峡被关闭；在北方，据称近期有一个德军装甲师抵达了芬兰的奥布。今天，来自伯尔尼的报道称，苏联正采取大量措施，迅速加强它在乌克兰、波兰和爱沙尼亚的部队，尽管这些地方的守军已经非常强大。此举是为了防止苏德关系在近期恶化，而两国关系的恶化据传会导致战争。

据了解，苏联实施的措施包括在德涅斯特河和普鲁特河沿岸的利沃夫至敖德萨地带，布置40个苏军师，现在苏联又火速增派25个师加强他们的力量。在该地区，苏联近来还集结了大量航空物资，以致有报道称德国人曾询问莫斯科方面为何会有此举。他们被告知：有600—700架一线轰炸机和大量歼击机被派至该地区，目的是为了"给今春的小麦喷水施肥"。

据了解，在爱沙尼亚，苏联没有试图掩盖其芬兰湾南岸的远程火炮防御准备。在已向邻国境内派驻了约20个师的情况下，苏联最高统帅部将再派出15—20个师，以保卫其新近获得的拉脱维亚、爱沙尼亚和立陶宛的领土。

据报道，有波兰人加入苏军

同时，据了解，在苏联占领的波兰领土上，苏联已争取到"大量"被征服的波兰当地人，加入苏军，以期报复德国人对波兰领土的进攻，当地的苏军指挥官大方地向他们承诺了这一点。

由于大部分苏军增援部队是从远东抽调来的精英部队，驻伯尔尼的外交人士纷纷猜测"已公布"的《苏日友好互不侵犯协定》的确切范围。大部分人认为，

这对日本政府来说是求之不得的解脱，日本外相在逗留欧洲期间曾多次遭到轴心国的拒绝。

但是，对于苏军主要增援力量集中于南部，伯尔尼的解读是这样的：苏联认为德国粉碎希腊抵抗后，再占领利姆诺斯岛和萨莫色雷斯岛，局势对自己非常不利。德军从这些位置出发，不但能以空袭来威胁一直不肯妥协的土耳其，还能封锁住一直试图从黑海进入地中海活动的苏联舰队。

这一形式还表明，苏联最高统帅部很担心德国可能会故技重演，实施著名的"霍夫曼计划"。1917 年，霍夫曼将军和冯·马肯森将军曾成功地用该计划打击了当时的苏俄军队。该计划设想，从南北两个方向同时推进，包围乌克兰境内的苏军，一旦行动取得成功，就直接从西面发起正面进攻。德军曾通过这一战术，于 1918 年 3 月成功逼迫苏俄签署《布列斯特－里托夫斯克和约》，并从中获益良多。

轴心国新闻界在提及苏联时，其日益辛辣的语调，让苏联人更为担忧。根据今晚伯尔尼收到的一份报道，今天下午，有几家德国报纸和一家意大利报纸，在嘲讽地提到苏联反复声明"希望控制欧洲冲突不再扩大"一事后，列举了莫斯科政府的 5 次行动，称每次行动都表明莫斯科有意打乱"欧洲新秩序的建设"。

1. 苏联大使伊万·迈斯基和英国外交大臣安东尼·艾登在伦敦多次会谈，轴心国认为这表明莫斯科方面对自己的敌对态度，渴望"与英国结成更紧密的同盟"。

2. 南斯拉夫前首相德拉吉沙·斯维特科维奇和前外长亚历山大·辛卡尔－马科维奇博士出访维也纳前夕，苏联向土耳其保证将遵守轴心国协定。有些报道中提到的"苏土交流"的拓展，据说被柏林解读为是针对德国，此事进一步刺激了轴心国。

3. 上述报纸还称，在德军进攻南斯拉夫前仅 3 小时，苏联人枉顾德军进攻在即的事实，在莫斯科与南斯拉夫签署了《苏南友好互不侵犯协定》。这一做法被解释为精心设计的"被动敌对"行为。

4. 苏联对布达佩斯方面提出尖锐的指责，称其应为进攻刚与自己缔结互不侵犯协定的国家"感到羞耻"。此事及其在全球各新闻机构引发的争论，被轴心国指责为"有意操纵以对微妙局势做出最坏的解释"。

5. 苏联曾多次企图拉拢保加利亚，防止其靠拢"其天然盟友的轴心国"。苏联的行为未被解释成是对德国在巴尔干、中东扩张的正常担忧所致，而是对"德国势力范围"的无理干预。

1941年 / 5月4日

美国军队接受新型战争培训
军事专家称,德军自克雷西战役以来首次改革基本战法

查尔斯·赫德

【华盛顿5月3日电】美国新陆军的大举操练和行军,以及美国的战争物资生产创下新纪录,让美国军事专家确信:德军创造了自成群士兵挥舞棍棒、剑和矛展开厮杀以来的第三次军事科学上的根本性变革。

战争的第一次重要变革发生于公元4世纪,其时一大群凶悍的骑兵压倒了曾经无敌的罗马军团。骑兵的胜利摧毁了旧罗马帝国,催生了骑兵这个职业,奠定了骑士时代的基础。

骑士时代延续了约1000年。直到在克雷西战役中,装备强力长弓的英军用箭穿透了骑士们及其战马的盔甲,步兵才又恢复了基本的战斗力。从长弓演化出了抛石机,能抛射重达2000磅的石头。

新战术

1940年,德军对欧洲的征服再次剥夺了步兵的基本攻击力,并将它交给了两种协同进攻的"骑"兵。

专家们通过研究德军去年征服低地国家和法国的战役,以及更近的昔兰尼加及巴尔干之战,发现了坦克和飞机协同作战的秘密。

坦克本身需要炮兵先行清扫前方的障碍,打开一条通路。飞机能对目标进行轰炸、扫射,但如果没有足够强大的军队立即进攻并"扫荡"空袭过的地区,并守住这些地区,空袭就几乎没有价值。而步兵已无力跟上现代闪电突击的速度。

相应地,德军将其飞机和坦克"婚配",只让步兵承担占领的任务。

1941年 / 5月7日

华盛顿对斯大林的举动保持警惕
外交观察家们认为斯大林的举动可能意味着加入轴心国，也可能意味着与轴心国进行对抗

发回《纽约时报》的特别报道

【华盛顿5月6日电】约瑟夫·斯大林取代了维亚切斯拉夫·M.莫洛托夫，成为苏联人民委员会主席。此事引起了华盛顿的极大关注，被视为一起意义重大的事件，虽然政府的专家们承认，根据经验，事件的完整意义在一段时间内可能不会为外界所知。

美国国务院未通过正式途径确认此事，而是照单接受了莫斯科的广播公告。但是，据信，莫洛托夫先生仍将担任外交人民委员的事实，让莫斯科的此公告不具有压倒一切的重要性，尽管该职务一向听从斯大林的命令。

外交专家们认为，这一变化可能意味着三件事：

苏共和苏联的一体化，这样，斯大林先生就能在重要时刻以国家领导人的身份处理问题了。

面对德国即将进攻苏联的预兆，斯大林先生集中了自己的权力。

苏联抛弃了旧政策，代之以如德国人所愿的新政策，可能意味着苏联加入轴心国。

| 20世纪40年代，约瑟夫·斯大林。

官方人士相信：该公告至少意味着，目前苏共和苏联已合为一体。他们认为，很明显，这一变动势必削弱苏共。

尽管有传言称德国会进攻乌克兰，但外交官们仍旧怀疑德国元首希特勒是否确有此意。

另外，他们更仔细地斟酌另一问题，即莫洛托夫的职务变化是否意味着苏联的新政策是更倾向于与德国交好，甚至这种关系会好到苏联加入轴心国的程度？

倘若莫洛托夫先生的外交人民委员这一职务也被免去的话，人们倒是会非常认真地考虑这种可能性。人们由此想起，马克西姆·李维诺夫被免去外交人民委员这一职务后，苏德签署了互不侵犯条约，而正是该条约加速了当前这场战争的爆发。

尽管有报道称，莫洛托夫先生未被免去外交人民委员这一职务，但近来还是有传言称多位苏联将军在向斯大林施压，企图使他采取对轴心国更加怀柔的政策。这些报道并未得到官方证实。

1941 年 / 5 月 7 日

印度支那与日本签署协定

通过无线电发回《纽约时报》的报道

【东京 5 月 6 日电】经过 4 个月的谈判后，日法两国于今日签署了日本和法属印度支那开展经济合作的两份协议。在东京，这些协议被誉为建立由日本领导的"大东亚共荣圈"的又一具体举措。

协议签字仪式于今日下午隆重举行，日方代表为日本外相松冈洋右和日本驻印度支那特使松宫肇，法方及法属印度支那代表分别为法国大使夏尔·阿尔塞纳－亨利和法属印度支那前总督勒内·罗班。

第一份协议是关于住房和航运方面的，规定了双方在动产和不动产的登记、确立、收购与持有，以及商业行为、生产制造、税款征收和公司待遇等方面，在互惠的基础上给予对方国民待遇，遇必要时，则给予最惠国待遇。

特别是，法属印度支那同意日资进入农业开发、采矿和水利等特许经营领域。协议对双方船只原则上给予平等待遇。

第二份协议涉及贸易、关税和付款，内容繁多，获得批准之前，需要数月时间进行研究。

对日本削减关税

协议规定两国在海关和关税方面给予对方最惠国待遇，但法属印度支那同意对日本的主要产品免征关税，或在最低关税基础上再作削减，而对其他日本产品仅征收最低关税。作为回报，日本同意对印度支那的主要产品给予关税优惠待遇。

贸易条款预计双方贸易量将有所提升。法属印度支那将向日本出口大米、玉米、矿产和其他主要产品，并从日本进口纺织品、其他制成品和杂项产品。

付款所用货币为日元和法属印度支那元，通过日本和印度支那的银行实行补偿贸易，无须通过外币中转。法属印度支那同意"日本向印度支那购买大米时在付款方面享有特别优惠"。

此外，法属印度支那同意接受日本商业公司加入进出口商联合会，这也是双方到近期为止的主要议题之一。法属印度支那还同意开办日语学校，以及建立定期经济会议制度，以研究两国间的一般性经济问题。

1941年 / 5月8日

英军出击解了伊拉克之围

大卫·安德森
通过电报发回《纽约时报》的特别报道

【伦敦5月7日电】昨天，伊拉克叛军在其占据的沙丘有利位置遭到了皇家空军的持续轰炸与机枪扫射，据信，这些叛军对英国驻扎在哈巴尼亚湖和幼发拉底河之间的机场的部队构成了威胁。英军的此轮空袭得到了步兵的支援。

伊拉克叛军在遭受惨重损失后，向费卢杰方向撤退，该城与巴格达有道路相连。今日，温斯顿·丘吉尔首相称，估计叛军损失 1000 人，其中有 26 名军官和 408 名士兵被俘。空军部透露：已从巴士拉向哈巴尼亚空运榴弹炮，这样，哈巴尼业的英军能开炮还击，此前他们已遭敌军连续炮击 4 天多。（据报道，德军在向苏伊士运河前进，且已要求叙利亚允许德军过境。报道称，德国还威胁了叙利亚，称如果叙利亚不向德军开放陆地边界，德军将通过伞降进入叙境内。驻纽约的英国新闻机构称，来自国外的报道显示巴勒斯坦"从未如此平静"，表明轴心国的报道"荒诞不经"。）

驻开罗的英国中东指挥部称，皇家空军夜间巡逻队上报称，发现了叛军遗弃的壕沟和炮位。之后，大英帝国的军队在伊拉克士兵的支援下，登上了哈巴尼亚陡崖的一个斜坡。随后，飞机发现一队伊拉克叛军集结在通往东部的输油管道周围。他们挥舞着白旗，要求投降。

由正规军士兵、阿拉伯人和空军人员组成的哈巴尼亚混成军，已占领了拉希德·阿里·盖拉尼叛军从周五起威胁他们的地点。公报称，正是伊拉克士兵与留守山顶的叛乱同胞进行了面对面的交战，并将他们赶往幼发拉底河的洪水中。

当山顶的战斗正在进行时，皇家空军的战机从混乱的叛军纵队头顶掠过，对正在后撤的敌军进行骚扰，同时向他们倾泻炸弹和子弹。叛军无心抵抗，因为英军飞机在之前的夜晚一直在对他们进行狂轰滥炸。

巴格达机场受到破坏

巴格达的莫阿斯卡·拉希德机场再次遭到轰炸，一个飞机库被大火完全烧毁，停机坪上的一架双发飞机被炸毁，其他飞机则被炸坏。

巴士拉，即英军从波斯湾登陆的地点，一整天都悄然无事。据报道，在鲁特巴井区，位于通向海法的输油管道上的沙漠机场也发生了战事。在那里，一架皇家空军巡逻机和一小股英军地面部队同时出现，驻守的伊拉克军队举手投降。公报称"城门打开了，英军部队进入城内。一些家庭得救，并被转移到安全地点"。

丘吉尔首相未排除德国人干预伊拉克的可能性，称德国可能于叛乱被镇压前入侵，还说："这样一来，我们的任务将变得更为艰巨。"他解释道，英国并非在对伊拉克开战，而是意在加速恢复一个"立宪政府，并协助伊拉克人尽早消灭国内的军事独裁"。

1941 年 / 5 月 13 日

英国震惊了
希特勒的副手从战机跳伞后住进医院

罗伯特·P. 波斯特
通过电报发回《纽约时报》的特别报道

【伦敦 5 月 13 日电】德国纳粹党副手、第三帝国三号人物鲁道夫·赫斯周六晚上空降到苏格兰土地上，现在成了一名战俘。

这听起来更像是奥本海姆创作的神秘的惊悚作品。但是昨晚唐宁街 10 号发表了公报，毫不夸张地说，这份公报可算是英国首相官邸有史以来最古怪、最富有戏剧性的文件了。

英国的声明

这份声明指出：

德国副元首兼国家社会党领袖鲁道夫·赫斯，因下列情况降落到苏格兰：

本月 10 日星期六晚上，我国巡逻人员发现了一架 110 型"梅塞施米特"战斗机越过苏格兰海岸，朝格拉斯哥方向飞行。由于 110 型"梅塞施米特"战斗机不会因为燃料问题而无法返回德国，所以起初人们并不相信这份报告。

之后，这架 110 型"梅塞施米特"战斗机在格拉斯哥附近坠毁，它的枪炮已被卸下。不久之后，有人在不远处发现一名跳伞落地的德国军官，他的脚踝摔坏了。

他被送进格拉斯哥的一家医院，在医院，他起初称自己是霍恩，但后来说自己是鲁道夫·赫斯。

他随身携带了自己不同年龄段的各种照片，很显然，他这样做是为了确定自己的身份。

有几名认识赫斯的人认为这些照片的确是赫斯。因此，外交部一位战前与赫

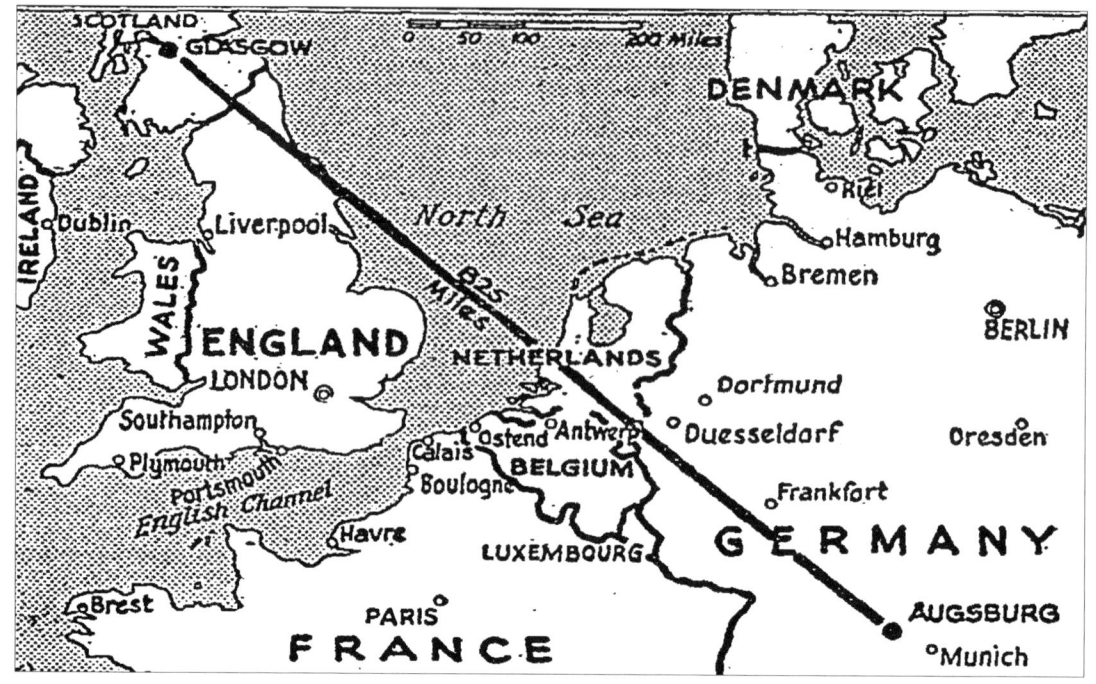

柏林披露的鲁道夫·赫斯的起点——奥格斯堡；伦敦披露的鲁道夫·赫斯鲁的抵达点——格拉斯哥。两地的飞行距离为825英里。

斯交往甚密的官员已经乘飞机前往医院探望。

官方确定其身份属实

这位被派到苏格兰的官员是之前英国驻柏林大使馆的 等秘书伊冯·A.柯克帕特里克。今天早晨新闻部宣布，已确认上述德国军官就是赫斯先生。

早些时候，德国人曾宣布，在纳粹德国地位仅次于希特勒元首和帝国元帅赫尔曼·戈林的赫斯先生，一直患有幻觉症，而且他驾驶飞机一事违反了希特勒先生的命令。

赫斯先生是在星期六日落之前被苏格兰一家农场的工人发现的，当时他身上缠着降落伞，正在痛苦地呻吟。他先是被带到了一幢两居室的小屋，之后被移交给了军方。今天早上，他住进了格拉斯哥附近的一家军事医院。

这是对迄今为止已知事实的直白概述。德国人到底是什么意思呢？德国人已经宣布，赫斯先生的"副官"已被逮捕。英国人倾向于认为，德国可能在进行另一次肃清行动，就像1934年6月30日恩斯特·罗姆上尉被捕之后的肃清一样。恩斯特·罗姆也曾是希特勒最亲密的合作伙伴之一。

但远在千里之外，就德国而言，很难说清此事意味着什么。人们只能记录下英方所认为的意思。一位英国人告诉笔者："这是战争开始以来我们的第一个'突破'。"

德方说什么赫斯先生精神错乱，英国人不会相信他们的话，一个患有"心理障碍"的人，是不可能成功驾驶"梅塞施米特"战斗机的。此外，英国人还强调了赫斯先生随身携带照片以确定其身份这一事实。英方坚持认为，这就清楚地表明赫斯先生头脑正常。

与他人不和的可能性

当然，很有可能赫斯先生与纳粹党内其他领导人政见不合，在适当的时机选择了逃离。还有一种可能，作为一名狂热的纳粹分子，赫斯先生发现了某些他无法忍受的"见不得人"的勾当。

无论是哪种可能，英方都会以中了一份价值不菲的大奖的姿态出现。如果赫斯先生神志清醒，而且真的是从德国逃出来的，他可能会成为情报官员梦寐以求的讯息源泉。如果他愿意，他所能提供的讯息将是无价之宝。既然他的飞行方向是直奔英国，那么似乎他不会不愿意帮助英国。

英国也正思考另一种说法。事实上，自从战争开始之后数月以来，许多英国官员都希望能从精神上击溃德国人，以赢得最终的胜利。其他人则认为，在德国未受到足以使之崩溃的武力打击之前，第三帝国将不会出现精神崩溃。

就赫斯一事而言，英国需要解决的一个问题就是堵住一些人的嘴巴。这些人可能会将这一动人但毫无文学价值的事件解读为德国垮台的信号。当然，他们可能是正确的，但英国领导人知道，自己不能做出任何此类的假设。

从英国的角度来看，这仍会是一场漫长而艰难的战争。无论是温斯顿·丘吉尔首相还是其他任何人，对事态的发展都不可能做出过于乐观的解读。

1941年
5月13日

精神病学家称，赫斯神志清醒
奥弗霍尔泽博士评论，赫斯此番驾机飞抵英国需要冷静的计划

【**美联社华盛顿5月12日电**】今天，美国一位领先的精神病学家称：阿道夫·希特勒的副手鲁道夫·赫斯上周六乘"梅塞施米特"飞机降落在苏格兰可能是"理智而非疯狂的举动"。

圣伊丽莎白医院是联邦政府下属的治疗精神病的主要医疗机构。该院院长温弗雷德·奥弗霍尔泽博士称，尽管赫斯先生"有点紧张不安，认为世界已经走到了尽头"，但他可能做出了很冷静、理智的权衡，并估计自己被英国扣留的冒险要优于滞留在德国的冒险。

精神科医师说，就算他精神失常，但他仍然可以驾驶飞机，所以"他完全有自制能力，只不过希望逃离"某种他认为再无力左右的局面。这种"想法更为合理"。

奥弗霍尔泽博士称，希特勒本人曾劝阻赫斯不要飞行，所以他的叛逃表明他之前曾做了从容的精心策划，而这种计划是一个精神错乱的人无法实施的。

1941 年 / 5 月 16 日

巴黎 5000 名犹太人被送往劳工营
难民从梦中被拖出扣押——维希政府否认下达了这样的命令

通过无线电发回《纽约时报》的报道

【法国维希 5 月 15 日电】据巴黎方面报道，5000 名年龄为 18—40 岁的犹太人被集中在一起并转移到了奥尔良附近的劳工营。这些犹太人主要来自中欧和东南欧。

报道指出，所采取的行动依据的是"1940 年 10 月 4 日的法律"，这一定是一个错误。对犹太人产生影响的法律颁布日期为 10 月 3 日，而且当中并未包含关于服劳役的条款。但是，的确有一项法律授权当局从劳务公司招收贫困和失业

1941 年 5 月，犹太人在巴黎奥斯特里茨车站启程前往法国奥尔良的一个拘留营。

的外国人,不分种族和出身。

法国政府人士宣称,该国政府并未下达在占领区实施收容措施的命令。(英国广播电台引用来自德国的审查过的消息称,维希政府当局已经在未占领区逮捕了近两万名外国犹太人。英国的这一报道,据称是发自荷兰希尔弗瑟姆电台,被哥伦比亚广播公司所获悉。)

期待新法律出台

有关法国犹太人地位的更多措施有望在不久的将来出台。如果不是因为当前阶段法国和德国关系的重要性,很可能在上周,内阁就已经批准由几位部长提出的一份草案。当时维希政府的亨利·菲利浦·贝当元帅和副总理、海军上将弗朗索瓦·达尔朗都不在场。

据了解,新措施旨在完善10月3日的法律,规定犹太人不得担任政府高级职位,不得在武装部队担任高级职务,不得从事新闻和电影等行业。

在授权发布的声明中说,现在的意图是完成、扩大和编纂对有关犹太人已经采取的措施,但这并非出于意识形态或宗教方面的考虑,而是出于"国家保护的必要性"。目前迹象表明,法国大多数犹太人都将受到约束在法外国人的法律的管辖。

新法律很可能会包括几个豁免条款,适用于在过去的两次战争中为法国而战的犹太人、1940年6月20日前皈依基督教信仰的犹太人、为国家提供情报服务的犹太人或祖祖辈辈长期居住在法国的犹太人。

人们可以回顾一下,目前犹太人在占领区和非占领区的待遇不尽相同。在占领区,德国当局已经根据纽伦堡"犹太区法律"颁布了相关条例,并于5月20日开始实行。简要地说,这个条例就是禁止犹太人从事任何商业活动,而且不给予赔偿。

1941 年 / 5 月 20 日

英国袭击叙利亚的纳粹军队
公报称，德国飞机被炸毁。伊拉克人声称在与敌人的冲突中有所斩获

通过电报发回《纽约时报》的特别报道

【开罗 5 月 19 日电】昨天晚间，法国驻叙利亚和黎巴嫩的高级专员亨利·弗尔南德·顿兹上将发表电台讲话，以挑衅的口吻称英国干涉了叙利亚内政，但与此同时，英国皇家空军飞机再次轰炸了叙利亚机场内的德国飞机。（哥伦比亚广播公司开罗办事处从德国广播中获悉，昨天，法国驱逐机首次在叙利亚上空击落了英国轰炸机。）

今天英国在开罗发表的公报称，在最近一次对泰德穆尔（巴尔米拉）机场的袭击中，一架 111 型"亨克尔"飞机和另一架大型飞机被烧毁。德国在大马士革和里亚格的装备也遭到轰炸和扫射受损。位于伊拉克巴格达附近的拉希德机场也再次遭到轰炸。

英国皇家空军在周六晚上对位于罗得岛喀拉托的轴心国机场发起了几次攻击。该机场被认为是轴心国向叙利亚和伊拉克运输飞机、人力和物资的经停站。

1941 年 / 5 月 25 日

"胡德"号被炸毁
世界上最大的军舰在冰岛和格陵兰岛之间沉没
恐有 1300 人毙命

罗伯特·P. 波斯特
通过电报发回《纽约时报》的特别报道

【伦敦 5 月 24 日电】英国海军部宣布,今天,世界上最大的战舰、英国舰队的骄傲、排水量 4.21 万吨的巡洋战舰,"不幸被击中"炸毁。在格陵兰岛附近的战役中,德国的新战列舰"俾斯麦"号击中了这艘巡洋战舰的弹药库,引发了爆炸。"俾斯麦"号也受到损伤。

很显然,英国接到消息称,"俾斯麦"号军舰在德国其他海军部队的伴随下,正要从德国人最喜欢的路线,即沿挪威、冰岛和格陵兰岛的北部路线,溜进北大西洋。英国动用了包括"胡德"号在内的大批战舰,前往拦截。双方发生战斗,"胡德"号被击沉。

英国皇家海军"胡德"号战列巡洋舰遭德国战列舰"俾斯麦"号炮轰,随即沉没。

"胡德"号正规船员编制 1300 多人都在船上，英国海军部担心没有几个人能幸免于难。

英国海军部报告说："对敌人的追击还在继续。"这项声明可能意味着，如果"俾斯麦"号真的受伤，那么英国舰船正在试图拦截并干掉它。毫无疑问，他们对此事不会声张报道，因为能否为"胡德"号报仇雪恨还是个未知数。（柏林报道称，德国的一个小型舰队在与"英国海军的众多部队"交火 5 分钟后，"胡德"号就被炸毁在冰岛水域。报道还说，德国舰队所受损失简直"不值一提"，仍在继续坚持军事行动。）

英国力量的象征

"胡德"号被击沉的消息势必会给英国社会蒙上一层阴影，因为这艘战舰是英国海军力量的象征。"胡德"号是皇家海军舰船中的佼佼者，英国人一向认为自己拥有水上最大的战舰。

"胡德"号的外形尺寸与"玛丽女王"号巡洋舰相同。"玛丽女王"号是一艘不知疲倦、战无不胜的战舰，但是在日德兰半岛战役中被炸毁，推测是因其炮塔弹药库中的装甲不足。"胡德"号巡洋战舰于 1916 年下水，其设计方案汲取了日德兰半岛的教训，但现在看来，这显然还不够。

无论如何，自英国巡洋舰在乌拉圭首都蒙得维的亚将德国袖珍战列舰"格拉夫·斯佩海军上将"号拦截并逼其自沉之后，这是德国海军方面的最大胜利，德国海军必将大肆渲染一番。

世人于是第一次了解到"俾斯麦"号这艘 3500 吨的船正在海上畅行。这艘船于 1939 年 2 月 14 日首次下水，下水时元首希特勒曾亲临现场。据说，"俾斯麦"号有 3 艘姐妹舰，其一是"提尔皮茨"号，于 1939 年 4 月 1 日投入使用，另外两艘据说仍在建设中。

1941 年
5 月 28 日

为"胡德"号报仇雪恨
美国制造的飞机辅助
英军发现猎物，派大舰队追击，帝国巡洋舰逃走

罗伯特·P. 波斯特
通过电报发回《纽约时报》的特别报道

【伦敦 5 月 27 日电】德国最新最精良的"俾斯麦"号战舰，今天上午 11 点 1 分（纽约时间早晨 5 点 1 分）在布雷斯特正西大约 400 英里处被击沉。此次海战持续了三天半，战线从丹麦海峡起，延伸 1750 英里。英国人终于为被"俾斯麦"号"不幸"击中而炸毁的英国战舰"胡德"号报仇雪恨。

根据英国海军部今晚发布的详细说明，此次战斗不仅是个英勇无畏的海上传说，而且还是足智多谋的工作和敏捷有效的行动。在这次行动中，英军投入了全部的海上和空中力量，甚至在没有护航的情况下，西地中海舰队也从直布罗陀海峡赶来，投入了战斗。

英国远程飞机与海军协力，参与了历史上最成功的海上搜寻，功不可没。追击部队曾一度跟丢敌舰，是美国联合飞机公司生产的水上飞机发现了"俾斯麦"号战列舰的踪迹。英国空军称这架飞机为"卡塔利娜"，美国海军则称它为 PBY-5 型反潜巡逻机。

卑尔根港出现军舰

故事始于皇家空军鲜为人知的海岸司令部。在挪威上空无休止的飞行中，海岸司令部的巡逻机发现了"俾斯麦"号战列舰和"欧根亲王"号。后者是一条装有 8 英寸口径的主炮的新型巡洋舰，从上周某些时候起，就停在了卑尔根港。英国海军部立刻在北海周围撒下了天罗地网。

英国两艘装备了 8 英寸口径的主炮的巡洋舰——"诺福克"号和"萨福克"号，直扑冰岛和格陵兰岛之间的丹麦海峡。其中"诺福克"号由海军少将 W.F. 维

克-沃克指挥。英方显然猜到那两艘德国军舰会绕过冰岛北上，试图溜进大西洋。温斯顿·丘吉尔首相今天表示，它们的任务是对贸易进行袭击，但另一个暗示是，它们可能试图偷偷溜进地中海，改变那里的军力平衡。

无论如何，猜测都没有错，那就是德舰会立即转移。上周五晚上，海军少将维克-沃克对英国海军部发出信号，称自己发现"俾斯麦"号和"欧根亲王"号正在急速向西南行驶。首次发现这两艘船的时候，它们就在6英里开外。但是由于风暴、降雪、冻雨和团团迷雾，有时能见度都不到1英里。尽管如此，这两艘英国巡洋舰仍掉转方向，开始尾随敌船。整个晚上，它们都一直尾随其后。

"胡德"号前去拦截

与此同时，英国舰队收到信号之后，就开始行动。世界上最大的战舰"胡德"号迅速前往拦截。与之同行的还有英国最新战舰"威尔士亲王"号战列舰，以及将大使哈利法克斯子爵送往美国就任的姐妹舰"乔治五世"号。

周六一大早，"胡德"号望哨发现，德国小舰队进入视野。战斗打响，双方隔着数英里的滔滔巨浪开始相互用大炮猛攻。"胡德"号炮塔的弹药库被德国重炮击中，随后爆炸，造成重大人员伤亡。首次登场战斗的"威尔士亲王"号战列舰也轻微挂彩。但德军的"俾斯麦"号并不是毫发无伤，它也被击中，一度曾有人看见火光。

但是德舰赢得了第一轮比赛。"俾斯麦"号和"欧根亲王"号趁机迅速逃走，仍然驶往西南方向，两艘英国巡洋舰在后穷追不舍。"俾斯麦"号的引擎显然遭到破坏，因为其速度已经下降。海岸司令部的飞机也成为罗网的一部分，在"俾斯麦"号战列舰的周围飞翔。它们报告说，"俾斯麦"号正在向外喷油。

周六整整一天，追逐都未停止。周六晚上，"威尔士亲王"号修复完成，再次赶上了逃离中的德国战舰。双方展开了短暂的接火，但是没有什么决定性的结果。德国战舰转身西行，"威尔士亲王"号战列舰和英国巡洋舰绕道堵截。然后，德国军舰又转身向南。夜幕降临，追逐的舰船拉开了距离。

派遣新的航空母舰

英军兵力正往事发地点聚集。"俾斯麦"号舰上的海军上将刚瑟·吕特晏斯一定知道，自己已经被重重包围，难以逃脱，除非奇迹出现。在急速驶往战斗区域的英国舰队中还有新航母"胜利"号。在距德舰数英里处，数架鱼雷轰炸机从"胜利"号上起飞。其中一架发射的航空鱼雷击中了"俾斯麦"号。

整个周六晚上和周日清晨，"诺福克"号、"萨福克"号和"威尔士亲王"号战列舰一直在穷追不舍。舰队的望哨瞪大双眼密切注视，但天气变得更加恶劣，能见度也更低，周日凌晨3点，他们跟丢了。当时德国舰队就在格陵兰南部据点的东南偏南方向约350英里处，距加拿大海岸不远。

无论是对于追击舰队还是英国海军部作战室，这都是痛苦的时刻，因为就在那时，它们失去了追踪目标，此后它们不得不在茫茫的海域展开搜索。海军军官深知，这将是漫长而艰难的搜寻，敌舰成功逃脱的机会很大。但是他们必须面对这一现实，并向舰队发出了各就各位搜索的命令。

在"消失"的那段时间里，"俾斯麦"号一直在向南行驶。以"乔治五世"号为旗舰的英国本土舰队在海军上将约翰·C.托维的指挥下，从北部的斯卡帕湾附近出发。西地中海舰队全体或部分船只，包括海军中将詹姆斯·F.索默维尔爵士指挥的"胡德"号级别的战列巡洋舰"声望"号，也已经起锚离开了直布罗陀海峡，驶往东北方向进行堵截。无疑，这两支舰队想封锁"俾斯麦"号可能行驶的航线及法国和西班牙的海岸，以防止它在那里的港口靠岸。

战列舰离开护航队

在大西洋，护航的两艘战列舰"罗德尼"号和"拉米利斯"号，分别掉头向东部和西部追击敌军。这样一来，英国舰队开始从四面八方围追堵截"俾斯麦"号。

英国潜艇纷纷行动，逼近德国港口和法国沿岸港口，特别是布雷斯特港口，因为负伤的"俾斯麦"号很可能躲到那里疗伤。

但最重要的是空中搜索。在不列颠海岸沿岸的海岸司令部的机场，所有的飞行员都时刻准备行动。巡逻机增加了一倍到两倍，"森德兰""洛克希德"和"卡塔利娜"等水上飞机在海面上空展开了广泛搜索。

远在大西洋彼岸的纽芬兰也感觉到了飞机的轰鸣。加拿大皇家空军从纽芬兰基地向东飞去，对其水域进行巡逻排查。除了这些巡逻舰机外，航母还出动海军航空兵的飞机加入了不间断的搜索。

但是，很长时间过去了，它们一无所获。周日凌晨3点，在格陵兰岛东南偏南方向 350 英里处，德国舰队就已经在英军的视野里消失了。直到昨天上午 10 点 30 分，英军才再次发现了目标。当时海岸司令部的一架"卡塔利娜"远程轰炸机正在英格兰海域巡逻，发现"俾斯麦"号就在兰兹角西 550 英里处。

"卡塔利娜"立刻遭到很可能是"俾斯麦"号弹射器发射的飞弹攻击。此时此刻，"俾斯麦"号单枪匹马。由于这次攻击，庞大而笨拙的"卡塔利娜"再次跟丢，但在此之前，它已经向其他搜索队发送了无线讯息。

"皇家方舟"号航母派遣飞机

幸运的是，"皇家方舟"号航空母舰就在附近某处，很显然，它同海军中将索默维尔的中队在一起。上午 11 点 15 分，"皇家方舟"号派出的一架飞机看到了"俾斯麦"号，后者仍然在独自向东行驶。特别有趣的是，发现"俾斯麦"号的飞机恰恰是从德国多次报道已沉没的航母上飞出的。

从那时起，追踪再未中断。海军中将索默维尔收到"皇家方舟"号的报告后，立即派遣"谢菲尔德"号巡洋舰带头尾随"俾斯麦"号。那天下午，在继续追踪的同时，"皇家方舟"号空投了一枚鱼雷，但没有击中目标。

可以动用空中力量扩大现代化海战的范围在下列事实中得到了明证："皇家方舟"号的飞机于昨天上午 11 点 15 分就发现了目标，而"谢菲尔德"号，当时大概已经远远领先于"皇家方舟"号，几乎是马上就开始了追击任务，但是直到下午 5 点 30 分，才发现了"俾斯麦"号的影子。

"谢菲尔德"号发出已经与敌交手的消息 20 分钟后，"皇家方舟"号又派出了第二支空军中队。它们用鱼雷击中了"俾斯麦"号的船中部及右舷部分。报告称，在这次袭击后，"俾斯麦"号在海上打了两个圆圈，速度开始下降。德国方面说，这些鱼雷捣毁了它的船舵和螺旋桨。

现在英军已布下天罗地网，"俾斯麦"号在劫难逃。参与围追堵截的英国驱逐舰下定决心，不能让航母和空军部队独享这份殊荣，昨晚轮到它们闪亮登场。

驱逐舰命中

昨天夜间 11 点，"部族"级驱逐舰的一个中队发现了目标。午夜 1 点 20 分至 50 分，它们发动了进攻。"祖鲁人"号与"哥萨克人"号先后出场，紧接着是"毛利人"号，纷纷逼近"俾斯麦"号。后两艘驱逐舰发射的鱼雷击中敌舰。"毛利人"号袭击得手后,"俾斯麦"号的艉楼开始着火。

袭击 1 小时后,跟踪者报告称,"俾斯麦"号停在了海面。当时其位置就在布雷斯特正西 400 英里处。随后,"俾斯麦"号继续启动,但是捕兽夹已经夹住它,它寸步难行,时速只有 8 英里。其火炮显然尚未损坏。

今天早上大西洋上空云雾弥漫,战斗也进入了最后阶段。"俾斯麦"号在劫难逃。它究竟还能造成什么伤害,当时尚是未知数。除了"梅里马克"号装甲舰外,在海军历史上几乎所有的战船中,"俾斯麦"号的战斗生涯最为短暂而又最富冒险性。

黎明时分,"皇家方舟"号再次派出了一个中队的鱼雷轰炸机,但能见度太差,攻击被迫终止。被困的德国舰船之后开始向空中悬停的驱逐机发动炮火反击。但到现在,英国主力战舰已进入战斗区。真可谓恶有恶报,带头追逐的是"诺福克"号,它打响了第一炮。不久之后,英国最大舰船的 16 英寸和 15 英寸口径的大炮开始齐射,重创"俾斯麦"号。

具体攻击细节尚不清楚,只知道"多塞特郡"号巡洋舰奉命用鱼雷击沉"俾斯麦"号。到那时,"俾斯麦"号肯定已是走投无路,满目疮痍。今天上午 11 点 1 分,漫长的战役落下帷幕。

1941 年 / 5 月 28 日

告全国同胞书
面临战争威胁,总统可采取必要步骤
必须制止攻击

弗兰克·L. 克拉克洪
发回《纽约时报》的特别报道

【华盛顿 5 月 27 日电】今晚,罗斯福总统宣布"无限制的国家紧急状态继续存在",美国总统可依法采取他认为战争"迫在眉睫"时的必要举措。

在向全国发表广播讲话时,总统发布了该声明。

他宣称,美国不允许德国霸占公海以进攻西半球。

美国准备采取任何必要措施,保证大不列颠运送战争物资的交付与供给,并确保轴心国的最终失败。

总统首先直截了当地指出,纳粹及其头子阿道夫·希特勒的目的是统治全世界,他呼吁所有的美国人行动起来保卫祖国,并预告劳资双方,政府已准备全力保证军备生产。

为基地尽一份力

总统明确表示,美国不会允许德国及其盟友获得可用来进攻新大陆的基地,如达喀尔、亚速尔群岛、佛得角、冰岛和格陵兰岛。并指出,随着美国海军部队的进一步转移或者即将转移到大西洋,美国政府会保证战争物资安全送达英国。

他宣称:"向英国运送所需的物资势在必行。这点我们能够做到,必须做到,也一定会做到。"

在讲到另一点时,他说,美国正在战略军事阵地部署军队。他补充道:"我们将毫不犹豫地动用我们的武装部队来击退敌人的进攻。"

之后,他警告全国人民,由于现代战争武器的发展,袭击可能来自比以往任何时候都更遥远的敌人。

总统说道:"我深刻意识到了我对同胞和祖国事业的责任,今晚特发出公告,宣布进入无限制的国家紧急状态,并且要求最大限度地使用我们的权力和职权以加强我国国防。"

总统在依据1917年法律发布的声明中,宣布国家处于紧急状态,并正式给

1941年5月27日,罗斯福总统发表广播讲话,对德国的侵略做出回应,宣布美国处于"无限制的"国家紧急状态。

出了原因：

第一，所发生的一连串事件清楚地表明，轴心国交战各方计划通过摧毁一切海陆空的抵抗，"推翻全世界现存的民主秩序"。

第二，如果再坐视不理，美国方面将会处于危险之中，所以，出于谨慎，我们要规定一项政策，实行比和平时期更有力的军事措施，允许即时反击侵略，"并抗击入侵我国领土和社会的外国间谍带来的威胁"。

宣言称："我，富兰克林·罗斯福，以美国总统的身份，正式宣布美国处于无限制的国家紧急状态，要求动用一切陆军、海军、空军和公民防御力量，做好准备，击退一切针对西半球任何地区的侵略威胁和行为。"

借用希特勒本人所述的当今有"两个世界"的声明，总统宣称，今天整个人类世界被分为两个部分，即"奴役的世界与自由的世界"。他说，美国选择人类自由。

1941年
5月30日

盖洛普民意调查显示，85%的人认为美国应该参战
自冲突开始以来，持该意见的人数增加了一倍

乔治·盖洛普
美国民意研究所所长

这些调查取自一个高度选择性抽样系统，是根据美国48个州中每个州的投票人口比例做出的。所以，美国民意研究所认为，所得结果与更大数据的细查的结果不会有什么出入。

【新泽西州普林斯顿5月29日电】之前认为美国可能会在欧洲战争结束之前参战的美国选民人数，在战争开始20个月后，几乎翻了一番。

虽然由美国民意研究所进行的民意调查一再显示，大多数人反对此时参战，但刚刚完成的一项调查表明，超过80%的选民认为美国注定会卷入这场冲突。

这种情绪自今年年初开始大幅上升,当时正是《租借法案》的辩论时期,也正是英国船舶损失迅速增加的时期。由于希特勒今年 4 月份入侵巴尔干半岛,英国军舰损失速度加快。

关于美国是否会参战这一问题的民意趋势,自 1939 年 10 月以来,连续做了 12 次调查,其结果如下:

你觉得美国会在欧洲战争结束之前参战,还是认为我们会置身其外?

	认为美会参战	认为美会置身战争之外
1939 年 10 月(战争爆发)	46%	54%
1940 年 2 月(战事胶着期)	32%	68%
1940 年 5 月(入侵法国)	62%	38%
1940 年 6 月	65%	35%
1940 年 9 月	67%	33%
1940 年 12 月(希腊、英国的联合行动成功)	59%	41%
1941 年 1 月	72%	28%
1941 年 2 月	74%	26%
1941 年 3 月	80%	20%
1941 年 4 月(入侵巴尔干半岛)	82%	18%
今 天	85%	15%

1941年 / 5月30日

纳粹军队在苏联边界大举集结
据说从巴尔干半岛归来的部队要被派往前线

通过广播发回《纽约时报》的特别报道

【安卡拉5月29日电】今天,来自外交人士的消息得到进一步确认,德国最高统帅部正从巴尔干半岛撤走德国军队,在罗马尼亚和波兰两国与苏联交界地带集结大批军队。

这些报道称,机动化突击师群正在南斯拉夫和希腊迅速推进,而集结于罗马尼亚西部和保加利亚的规模巨大的后备军正被运往罗马尼亚的锡雷特河流域,或折返布达佩斯并穿过斯洛伐克,抵达位于波兰的苏德分界线。

虽然对波兰境内的德国实力没有准确估计,但笔者从布加勒斯特获得的可靠消息称,仅最近在罗马尼亚集结的德军就超过41个师,据说其中包括两个装甲师和一个伞兵师。

对峙与博弈：《纽约时报》二战全纪实（1941—1942）
The New York Times: Complete World War II（1939—1945）

第二章

2
chapter

纳粹对俄罗斯人尝试闪电战

1941 年 6—7 月

到 6 月份，在德国及其轴心国伙伴与苏联之间长长的边境线上，将有大事发生，这已不是秘密，但并非人人都这么认为。6 月 17 日，资深新闻记者沃尔特·杜兰蒂为《纽约时报》撰写文章，指出苏德很可能选择做一笔交易，而不是开战。斯大林拒绝相信所收到的很多情报证据，认为是英国在故意煽动苏德战争。但是，如果斯大林阅读了《纽约时报》，就会知道，战争很难避免。比如，该报 5 月 30 日刊载《纳粹军队在苏联边界大举集结》；6 月 15 日，发表文章《冲突一触即发》，及德军入侵苏联的当日所刊《"东部战线"陈兵百万》。西部开战一年多以来，"入侵苏联"可谓是头号新闻，《纽约时报》柏林办事处在德军入侵当日上午就将消息发往了美国。与此同时，在莫斯科的拉尔夫·帕克也证实了这一消息。德国人的代号为"巴巴罗萨行动"的入侵是历史上最大规模的攻击，发动了 400 万来自德国、匈牙利、罗马尼亚和斯洛伐克的士兵。几天之后，共同参战国芬兰也加入其中。在一年前就确定将于 1941 年 5 月实施该行动，但后来不得不推迟，原因不仅仅是地中海战役让德国人缩手缩脚，更主要是因为冬末的融雪及随之而来的泥泞道路。《纽约时报》军事记者兼德国战术问题专家汉森·鲍德温撰写了一篇标题为《纳粹对俄罗斯人尝试闪电战》的文章，指出这一宏大的战役标志着希特勒"站在通往粉碎性征服或最终失败的分岔口"。此次入侵使所有人将注意力集中到了东部战线上。《纽约时报》刊发了《左翼敦促对苏进行贷款、租赁援助》。虽然《租借法案》尚不能正式适用于苏联，但予以物资援助的方法已被找到。丘吉尔在入侵当天就承诺提供援助。

记者所面临的主要问题是缺乏准确全面的新闻素材。虽然德国新闻界暗示捷报频传,但德军最高统帅部却表现出异乎寻常的沉默。我们不能依赖于苏联方面的新闻,但还是将它们转发到了纽约。事实上,在最初两个月的战役中,苏维埃捍卫者遭受了惨痛损失。仅仅几个星期,德军就横扫波兰东部进入了波罗的海诸国,向北逼近列宁格勒,向南直扑明斯克和基辅等更远的地方。7月30日,布鲁克斯·彼得斯从柏林发来题为《柏林对苏志在必胜》的文章,尽管德国的公报依然缺乏细节和说服力,但就在同一天,从莫斯科传来消息,称"苏联又遭重创"。在此次世界大战中,这一地区是为数不多的不得不依赖二手资料的地区之一。

　　虽然东线战事紧锣密鼓,美国也不能放松对太平洋的警惕。7月26日,罗斯福批准对日本实施更进一步的石油禁运,并冻结日本在美国的资产。一天之后,《纽约时报》报道,日本军队已经占领了印度支那南部的西贡(今胡志明市。——译者注)。道格拉斯·麦克阿瑟将军被任命为南太平洋地区盟军总司令。简单地说,这项任命旨在加强美国在菲律宾的军事存在。日本现在已直接威胁到了欧洲帝国在东南亚的势力范围,那里的石油等原材料可以抵消美国对日封锁带来的影响。美国现在不仅更加靠近战争的边缘,而且很有可能会在两大洋同时作战。

1941年／6月1日

英军入驻巴格达
报告称，德国飞行员逃离，民间组织控制伊拉克首都

大卫·安德森

【伦敦5月31日电】伦敦方面今晚得到消息，今天傍晚在巴格达签署的停战协定结束了伊拉克发生的针对英国的叛乱。英军下属的印度士兵占领了伊拉克首都郊外的阵地，之前叛军领袖拉希德·阿里·盖拉尼总理及其追随者就是从这里逃之夭夭的。

一度被拉希德·阿里废黜的摄政王阿密尔·阿卜杜勒·伊拉将立即着手组建新政府。显然，庆祝这些事态发展的唯一遗憾就是国王费萨尔二世不能亲临现场，据说这位年仅6岁的国王已被拉希德·阿里绑架。（美联社从伦敦发来的电讯称，一支英国机动化部队已经进入巴格达。这则电讯还称，德国飞行员正在逃离伊拉克。）

市长请求停战

昨天在拉希德·阿里越过伊朗的边境小镇卡利希瑞出逃之后，英国军队包围了巴格达。巴格达市长向英国提出签订休战协议的请求。据借道开罗发往伦敦的报道，由市长领导、4名公民组成的委员会接管了巴格达的事务。委员会下达的第一道命令就是所有非正规军组织解散武装。

作为休战谈判的第一步，一名伊拉克军官手持白旗，出现在了位置临近巴格达的英军总部。之前，巴格达市长曾与英国驻伊拉克大使基纳汉·康沃利斯爵士会面，大使建议他与英国的军事指挥官进行商谈。

停战协定的条款保证给予伊拉克统一和独立，要求人们立即返回工作岗位。巴格达将取消灯火管制，但入夜后实行宵禁，街上禁止通行。毫无疑问，英军将有权使用伊拉克所有的高速公路、铁路、机场和其他通信设施，而曾经正是因为它，拉希德·阿里与英方产生了争执。

伊拉克国内安全委员会主席阿哈德·埃尔·奥马里·莫哈菲兹今天在一份声明中说：

"现在敌对行动已经没有继续存在的理由，委员会在得到关于伊拉克完全独立和军队荣誉的保证后，敌对行动将立即结束。"

意大利公使逃之夭夭

值得注意的是，在休战后收到的一份报告中说，意大利驻巴格达公使及使馆工作人员纷纷匆忙离去。据说，他们去了伊朗，与拉希德·阿里在一起。正是通过意大利的外交人员之口，德国人利用宣传和阴谋在伊拉克进行了针对英国的漫长而耐心的心理攻势。

人们认为，德国人的工作就是在希特勒元首准备好攻击油田时，鼓动伊拉克人奋起反抗。然而，拉希德·阿里于4月3日夺取政权不久后，伊拉克就爆发了

1941年5月30日，伊拉克发生叛乱期间，在巴格达城外等候的一辆英国装甲车。当时英国官员正与叛军政府展开休战谈判。

战斗。如果战事发生在 6 月 3 日或更晚些，可能对柏林更为有利，因为那样就可以给德国空军赢得时间完成克里特岛战役。

伦敦方面已发表了澄清伊拉克局势的声明。这些声明称，麻烦已被理清，现在很清楚，之前的争斗并不存在于英国政府和阿拉伯各国人民之间，而是存在于英国与德国之间。人们认为，纳粹之所以未能及时向拉希德·阿里拉提供武力援助，很大程度上是因为英军在克里特岛战役中拼死搏斗，从而打乱了德国实施阴谋的日程安排。

人们强调了这样一个事实，拉希德·阿里逃到伊朗，而不是伊拉克的摩苏尔市，是因为那里还有德国人。与德国军队的战斗仍在继续，但主要是空中力量的较量。在伊拉克，针对阿拉伯人的斗争已经结束。

英国皇家空军轰炸机场

根据今天在开罗发表的公报，英军已从费卢杰逼近巴格达。英国皇家空军已经轰炸了首都附近的沃什沃什机场和拉希德机场，并协同地面部队袭击了喀西门。伦敦的许多观察人士认为，如果叙利亚是下一个战场，那将意味着英军和德军要展开一场竞赛，胜负取决于谁能首先巩固该阵地。英军已经取得了初步的优势，因为在德军拿下克里特岛之前，它已经解决了伊拉克的冲突。在未来几周，如果英军能以足够的兵力向北进军，横扫底格里斯河到摩苏尔的两岸，同时向西穿过通往叙利亚的沙漠，也许能在德军之前抢得先机。

英军在伊拉克的军事行动只出动了很少的兵力，而且主要是印度兵。英军在伊拉克采取的是经济制裁，同去年冬天它为攻占班加西而对利比亚实施严厉制裁如出一辙。正因为如此，它打败伊拉克人才花费了如此长的时间。当时伊拉克人只在哈巴尼亚机场这一个地方构成威胁。

在中东地区英军总司令、陆军上将阿奇博尔德·P. 韦维尔爵士看来，伦敦的《泰晤士报》明天将会这样说：

"我们可以区分两个前方区域——克里特岛和西部沙漠，及两个后方区域——伊拉克和阿比西尼亚。在前方区域克里特岛和后方区域伊拉克，我们都受到了德军的重压。而在另外两个区域，即西部沙漠和阿比西尼亚，我们都及时地扫除了较为弱势但危险的驻军。伊拉克的消息令人无比欣喜。这一成功使阿拉伯世界对美国的信心得到了普遍的巩固。"

1941年 / 6月2日

伊拉克战争结束
亲英派控制了生死攸关的摩苏尔油田
停战协议出台

大卫·安德森
通过电报发回《纽约时报》的特别报道

【伦敦6月1日电】今天，摄政王阿密尔·阿卜杜勒·伊拉进入巴格达，伊拉克境内的战事宣告结束。据报道，拉希德·阿里·盖拉尼总理绑架了年仅6岁的国王费萨尔二世，并出逃伊朗，非官方消息称，目前国王没有危险。

今晚，伦敦收到了伊拉克与英国的战争的和解条款的概述。协议规定，英国能获得使用高速公路、铁路、机场和所有通信设施的权利。本来《英伊条约》曾有相同规定，但是两个月前它被拉希德·阿里废除，此举导致了这场战争。

伊拉克军队，包括拉马迪卫戍部队，将返回其和平时期的驻地。后者曾对哈巴尼亚的皇家空军基地构成威胁。英国囚犯将会被释放，德国人和意大利人将被扣押。被俘的伊拉克人将交给阿卜杜勒·伊拉处理。

美国公使出席招待会

今天早上，在巴格达，英国驻伊拉克大使基纳汉·康沃利斯爵士出席了欢迎阿卜杜勒的仪式，参加欢迎仪式的还有巴格达多名达官显贵。阿卜杜勒在稍后举行的招待会上接见了他们。出席仪式还有美国公使保罗·纳本舒。

伦敦方面得到从开罗发来的消息，伊拉克北部重要的摩苏尔油田已经被亲英当局掌控。人们因德军在该地活动而产生的焦虑得以缓和。据悉，德国特工已盘踞在那里达数月之久，并建立了空军基地。据说，伊拉克摩苏尔的地方长官长期以来一直反对拉希德·阿里，所以预计他会采取措施来反制德国的影响。

在长达一个月的伊拉克战役后，英国人逐渐得出一个结论，地面部队和空中部队密切配合才是制胜法宝。英国皇家空军驻伊拉克总指挥、空军少将约翰·H.

德阿比亚科，每天上午从 6 点开始直到子夜，都在与英军总参部频繁磋商，希望确定一个互相支持的制度。

哈巴尼亚武装受到称赞

英国皇家空军发言人说："哈巴尼亚飞行训练学校在应对伊拉克叛乱的作战任务中表现不错。"他补充说，增援飞机正在持续涌入中东地区。

今天，伦敦首次收到过去几周内巴格达所发生事件的详述。对滞留在殖民地的几百名英国人而言，美国大使纳本舒发挥了主导作用。英国大使馆和美国公使馆为 500 人提供了庇护，时间达一个多月之久。自 4 月 29 日起，英国妇女和儿童就被疏散到了首都以外的地方。留下的男子听命于基纳汉先生和纳本舒先生。

5 月 2 日，警方守卫及当时的伊拉克士兵包围了公使馆，但两天后他们便撤离了。伊拉克外长打电话说，伊拉克臣民必须离开公使馆大楼，因为 1 小时内可能发生爆炸，此消息引起轩然大波。据称，英国曾威胁说，对英国皇家空军在哈巴尼亚驻地安全构成威胁的伊拉克军队必须撤离，否则就要摧毁巴格达的公共建筑。据传，拉希德·阿里回敬了一份最后通牒，称作为报复，巴格达所有英籍人士将会遭到轰炸。

多名说客与纳本舒先生接触，劝他向伊拉克人投降，以拯救美国公使馆，均遭拒绝。纳本舒先生帮助工作人员扔掉了地下室里所有的易燃材料，包括旧档案。任何一颗炸弹都可能将英国大使馆或美国公使馆夷为平地，但是他们有惊无险地渡过了这场危机。从那时起，纳本舒先生一直对英国人密切关照，与他们共同分担苦难。

1941年／6月2日

纳粹在克里特岛俘虏上万人
柏林称，南海岸港口已经拿下，入侵结束

C. 布鲁克斯·彼得斯
通过电话发回《纽约时报》的报道

【柏林6月1日电】今晚柏林方面称，入侵克里特岛现已大告成功。昨天，意大利军队和德国军队在耶拉派特拉联手，把本来处境危险的克里特岛南海岸的唯一可通航港口纳入轴心国手中。

由此，残留的英国和希腊军队中人数不少的特遣队唯一可能逃脱的途径据说已被切断。柏林方面今晚宣称，这些部队约有1万人被俘。在耶拉派特拉有一个沙滩，小股士兵可能已从那里乘轻型气垫船逃脱了轴心国军队的追击。

然而德国人声明，耶拉派特拉本身急需疏浚，因为任何大型船只都无法靠港。柏林有消息说，小股英国和希腊军队试图逃离，并乘轻型船只逃往公海。但又补充说，成功逃脱的人寥寥无几。

有望抓获更多俘虏

显然，德国人打算将仍在克里特岛上活动的盟军全部俘虏或歼灭。即使是那些成功到达公海的军队也并不一定安全。据报道，昨天德国空军袭击了英国海军部队，当时后者正在努力掩护尽可能多的部队从北非与克里特岛南部海岸之间的水域撤退。据报道，德军直接击中并严重损坏了一艘驱逐舰，击沉了一艘3000吨的商船，摧毁了一艘装满弹药的纵帆船，还毁坏了一辆距埃及海岸只有75英里的小型运兵车。

德军最高统帅部称，在克里特岛南部区域，四处溃散的盟军残兵清理工作进展良好。当局政府人士称，尽管一些分散的盟军部队占领了一些山头，但不消几天，德军就会粉碎一切抵抗力量，并随即占领克里特全岛。

1941 年 / 6 月 7 日

纳粹控制着 1/3 犹太人
美国犹太人联合救济委员会官员估计人数达 500 万 | 发回《纽约时报》的特别报道

【新泽西州大西洋城 6 月 6 日电】今天,美国犹太人联合救济委员会欧洲区副主席约瑟夫·A. 施瓦兹在全国"犹太社会福利"会议上发表讲话,指出全世界共有 1500 万犹太人,但 1/3 以上的犹太人所在的国家现在处于德国统治之下。他们受制于种族歧视性质的反犹太主义法规,经济活动和社会生活无法正常进行。

他说,全世界另有 1/3 的犹太人现在苏联境内或最近被苏联占领的国家,剩余的 1/3 在西半球,大多数在美国。施瓦兹先生强调,遭受迫害和歧视的欧洲犹太人在寻求美国犹太人的支持。

施瓦兹说道:"尽管战争局势引发了各种障碍和困难,但美国犹太人联合救济委员会今天正在整个欧洲发挥作用。对犹太人的帮助正在扩大到波兰、匈牙利、南斯拉夫、法国和荷兰,而且尽可能援助依然滞留在德国、奥地利、波希米亚和斯洛伐克的犹太人移民。"

施瓦兹先生估计,通过美国犹太人联合救济委员会的活动,100 万犹太人正在得到某方面的帮助或服务。

1941 年 / 6 月 15 日

冲突一触即发
德军被预计将发动攻击

丹尼尔·T. 布里格姆
通过电话发回《纽约时报》的报道

【伯尔尼 6 月 14 日电】之前伯尔尼的人们认为，苏联和德国之间的暗中较量仅限于外交圈，而现在由于政治军事事态的发展，人们预计战争会一触即发。

种种迹象表明，未来 10 天内，军事行动可能在波兰境内的苏德分界线上爆发。但一些观察家认为，阿道夫·希特勒在武装占领乌克兰之前，至少还会再有一个将苏联纳入己方阵营的政治举措。

有关双方在波兰分界线两边的驻地稳步增兵的频繁报告，早已充分说明了苏德之间谈判的走向。似乎每次克里姆林宫都会在最后时刻对德国的要求做出让步。

中立国外交部门收到的报告指出，现在德国的最新要求包括苏军从东部分界线撤退至少一半以上的武装；撤出布列斯特 – 里托夫斯克和利沃夫的空军卫戍部队；苏联增加汽油、石油和小麦的交付；接受德国管制委员会对苏军撤退及加紧生产的监督。

根据中立国外交圈消息，苏方对此做出的答复是，苏军将增设一条防线，从原东普鲁士地区和立陶宛延伸到比萨拉比亚的北部边境，并向那里调派 105—160 个团的军事力量。据报道，在防线的另一侧，德国人刚刚集结 143 个团，外加几个空军支队。

在北波罗的海国家，据说苏联已集结了 25 个全新装备的师团，而在南部，在掠夺来的比萨拉比亚，苏联缩减了其武装力量，但撤回到了德涅斯特河东岸新建的工事后面。在最后的 10 天中，德涅斯特河的武装得到了极大的加强，很有可能是为希特勒潜在的"政治"举措准备的对应措施。

这一"政治"举措直接关系到罗马尼亚,包括交换罗马尼亚军事基地的使用权,以及罗马尼亚军队全心全意的"协作"。据称,希特勒两天前已经向罗马尼亚总理扬·安东内斯库将军建议,让苏联归还去年年初占领的比萨拉比亚省。

中立国军事观察家从布加勒斯特发来的报告称,德国又有 27 个师抵达布加勒斯特,并正被送往东部。另外一个有案可查的"政治"举措就是传闻芬兰即将加入德意日三国同盟。但赫尔辛基方面对此表示否认,指出对迄今为止的苏德"谈判",芬兰将保持其根本的中立立场。

1941 年 / 6 月 17 日

德苏战争谣言四起,但双方更可能达成交易而不是发生冲突
据称,斯大林和希特勒对开局无所顾忌——称谈判正在进行中

沃尔特·杜兰蒂

关于苏联与德国之间即将发生冲突的报道,碰巧发生在英国驻莫斯科大使斯塔福德·克里普斯爵士抵达伦敦之际,这一切看来并非纯属巧合。早在去年 2

1941 年 6 月莫斯科郊外,苏联百姓在挖反坦克壕,准备抵御德国军队的攻击。

月，斯塔福德爵士就毫不掩饰地表示，德国会在今年夏天，大概7月底之前，攻击苏联。

大使认为，阿道夫·希特勒已经意识到无法与英国速战速决，"所以他必须"通过占领乌克兰，或许还有北高加索部分地区，为后续的和平提议寻求"一个坚实"的基础。这听起来似乎足够合理，但是，在莫斯科并没有多少人认为今年会发生这样的事情。

然而，斯塔福德爵士坚持认为，希特勒比任何人都更清楚苏维埃的"工业生产，尤其是军需生产，以及全面劳动纪律、红军的整顿和强化"的程度、速度和改进。

一封未经审查的信函

莫斯科消息灵通的外交圈子并不认同英国大使的意见，认为他过于从表面解读苏维埃方面公布的数据及声明。但值得注意是，我刚刚收到了一封未经审查的信函。信是自莫斯科一位掌握了相关讯息的朋友于4月27日写的，信中写道："种种迹象表明，德国人打算在6月向东（苏联）行动。现在这里很多人对此非常慎重。"

据称，塔斯社（苏联的通讯社）最近之所以否认苏维埃社会主义共和国联盟与德国之间的摩擦，是谈判失败所导致的。塔斯社模棱两可的态度，其实就是承认在苏联西部，德国重兵已经压境。

当然，塔斯社对苏联的防范措施只字未提。但据我所知，在西伯利亚，东部沿海省份的防御已经交给长期服役的边防部队（人数据说有25万之多）和当地的守军，而其余的前远东特种部队已经向西转移。与日本的中立协定将进一步保证苏联东部的安全。

还有其他事项预示着苏联和德国之间的冲突即将来临，虽然这种冲突看似很不可能。苏联驻罗马尼亚大使阿尔卡季·拉夫连季耶夫刚刚被召回莫斯科。芬兰人宣布加强边境往来的限制，而且允许德国军队出现在芬兰境内，但具体数目未定。

我们从伊斯坦布尔和安卡拉得知，土耳其与德国之间的紧张关系已经有所缓和，土耳其的担忧已经减少。最后，还有一个被战争预测者和权威人士忽略的事实，那就是，在巴勒斯坦南部，即阿拉伯北部沙漠和利比亚沙漠这两个通往埃及的地带，除了火山口湖，每年此时的气候情况都堪比人间地狱。

1941年 / 6月20日

德国政府否认会入侵苏联
柏林发言人承认"谣言泛滥",但边境并未发生冲突

【合众社柏林6月19日电】今天,纳粹官方发言人断然否认德国入侵苏联已经开始或已经发生边境冲突,尽管他们承认关于纳粹和苏联关系的"谣言已经泛滥成灾"。

德国人兴高采烈地赞叹新的《德国—土耳其友好协定》是战争爆发以来外交界的一件大事,但他们拒绝讨论这一协定对德国与苏联关系产生的明显影响,而关于德苏关系的话题在整个欧洲已经谣言四起。在柏林,人们到处传言,德国和苏联军队已经发生边界冲突。然而,一位发言人说,他没有听说过此类事件。

谣言源自外国

他说,有关德苏关系紧张的"大多数谣言"都来自外国,这"恰恰说明它们一点儿也不可靠"。(据英国广播电台的消息,英国指责说,谣言正是源自德国,是新一轮的"神经战",旨在迫使苏联同意德国人提出的更全面的合作要求。)

还有一个事实表明德苏关系尚未达到公开的敌对状态,那就是柏林的苏联居民今天一如既往地在从事日常活动。

德国一位发言人拒绝讨论德国和苏联之间的关系,但他否认了昨天在柏林签署一项新"德国—苏联经济协议"的报道。驻柏林的苏联人士也说自己对任何此类协议毫不知情。

对比萨拉比亚局势不予置评

关于德国对苏联提出明确要求的任何报道,德国官方人士都不予置评。他

们说，对于罗马尼亚在德国的支持下向苏联索回比萨拉比亚的报道，他们毫不知情。

据悉，关于实施现有"德苏贸易协定"的技术性谈判，特别是个别行业和公司交付情况的谈判，正在定期举行，谈判双方为常任苏联贸易委员会和德国的经济管理部门。苏联方面的消息称，这些技术性的会谈并没形成任何新的经济协定。

政治人士普遍认为，任何可能达成的新经济协定都将只是新的内容广泛的"德苏协议"的一部分。

1941年
6月22日

"东部战线"陈兵百万
苏联边境沿线军队调动表明冲突近在眼前

C.L. 索尔兹伯格
通过无线电发回《纽约时报》的报道

【安卡拉6月21日电】1939年8月，苏联和纳粹德国基于双方利害关系的考虑，缔结了一起奇怪的"婚姻"。虽然事态令人意外而震惊的发展似乎再次肯定了这起婚姻，但是它在本周与缔结之时一样，似乎仍徘徊在破裂的边缘。

尽管柏林和莫斯科时不时发出声明，表示双方伙伴关系持续良好，但一切的一切都表明事实恰恰相反。外交界普遍认为，苏联要么向德国"奉献"一份丰厚的嫁妆，要么就放弃与德国"免战"的权利。

从芬兰到罗马尼亚，在这两个革命政权不断变换的国家边境线上，火药味越来越浓。纳粹军队以从挪威撤回东普鲁士为借口，在芬兰铁路系统上来回穿梭。然而，进入芬兰的德国军队比离开的还多，莫斯科一定感觉很奇怪。

罗马尼亚是最耸人听闻的苏德战争一触即发的谣言的始作俑者，显然衷心希望战争爆发，它可以借机收回被苏联抢去的领土。罗马尼亚此刻已经完成了动员，并做好了一切准备，跃跃欲试。

百万雄师对垒

德国军队在从罗马尼亚到芬兰的一条边境线上集结了自法国战役以来最大规模的军队。我们有理由相信，它在那里驻军绝对不仅仅是欣赏风光，因为对面是浩浩荡荡的苏联武装。据苏联的新闻机构塔斯社报道，苏军只是在进行惯常的军事演习，但当这里的苏联人被问起为什么要在一个地方动用155个师时，他们支支吾吾，紧张地改变了话题。

很明显，最近的《土耳其—德国友好协定》与目前的外交局势有着某种关联。从广泛意义上讲，这意味着从巴尔干地区穿过黑海直到高加索地区的整个区域，都是德国的侧翼，其目的是为了保证德军与苏联开战时，能避免英国的干涉；就像英国在叙利亚建立据点是为了抵御德国通过土耳其对其进行干预一样。

万一与苏联开战，保护黑海对德国极其重要。纳粹在多瑙河下游集中了大量海上驳船，可用于向克里米亚半岛发起攻击，战略家认为此举可能性很大。黑海上现在有6艘由德国控制的潜艇，同时，苏联海军很大一部分也部署在这里，但是德国人相信德国空军可以对付这部分海军。由于德国不是《蒙特勒公约》的签署国，轴心国战舰要自由通过达达尼尔海峡，可能需要申请。

乌克兰成为目标

万一战争来临，德国的主要进攻目标可能是乌克兰的中心地区，同时向东推进，以切断苏联军队在高加索的石油资源，这样，苏联军队的机械化部队会因缺乏燃料而陷入瘫痪。还有人认为，德国人可能会寻求向伊朗边境以外的地区挺进，直至比波斯湾更远的地区，这样就可以发起一次大规模的机动战役，从侧翼包抄英军在中东地区的战略要点。

一段时间以来，关于战争爆发实际日期的谣言到处流传。莫斯科对相关报道的否认开始变得不那么确信，也不那么强烈。苏联军队的机关报《红星》已承认，苏联西部正在进行重型火炮训练，敖德萨也在进行登陆演习。

德国军队已经从西面成群结队穿过斯洛伐克，斯洛伐克傀儡政权本身也动员了10个师团。其内政部长萨诺·马赫在伯拉第斯拉瓦宣布，德国"解放"乌克兰的日子指日可待。

1941年 / 6月23日

希特勒称，军队掌握着帝国的命运
当天的命令是告诉军队"艰苦和重大"的斗争已经开始

通过电话发回《纽约时报》的报道

【柏林6月22日电】今天日出时分，德意志帝国武装部队开赴苏联。柏林和莫斯科之间的政治、军事和经济"联姻"迎来了一个"壮观"的结局。

双方源自战争权宜之计的"联姻"始于大约两年前。尽管表面上看来这一婚姻是稳固的，但在无数的中立观察家看来，它是那么的不堪一击，虽然它对当时的国际形势带来了一定的冲击。

在今天清晨德国广播的众多官方声明中，有一份是阿道夫·希特勒元首的公告。

"小心翼翼地肩负着压力，被迫沉默数月之久后，现在我终于可以开诚布公了。"这是希特勒对他所谓的"苏联背信弃义"演说的开场白。

希特勒对德军下达命令

他说，考虑到事态的严重性和致命性，沉默实在是迫不得已，因为，尽管机会微乎其微，他仍希望为两国的紧张关系找到一种让双方皆大欢喜的解决方案。

当天，这位总司令对其士兵们下达命令：

"德国士兵们！你们正在进行一场艰苦的重大斗争。欧洲的命运，德意志的未来和德国人民的生死存亡，现在就在你们的手中。愿上帝帮助我们赢得这场斗争。"

大约半年以前，德苏关系开始成为人们批判性审视的焦点。当时有人声称，在与纳粹德国进行下一步全面又快速的协作上，苏联的态度有些不冷不热。中立国外交界指出，在过去的6个月中，德国、意大利和日本，分别通过外交压力，赢得苏联明确同意加入《德意日三国同盟条约》并接受条约的所有条款。

几个月前，日本外相松冈洋右访问莫斯科，据称，松冈洋右的目的是想要得到莫斯科与轴心国联盟步调一致的一些保证。但今天外交部长约阿希姆·冯·里宾特洛甫的声明似乎有意暗示，苏联外交人民委员维亚切斯拉夫·莫洛托夫去年11月走访柏林，已经让人开始猜疑苏联并未满足。有断言称，即便德国心甘情愿地满足了莫斯科的要求，也只是出于紧急的军事和经济方面的考虑。

长期被禁止的话题

在过去的3个月里，苏德关系已成为外国记者的"大禁忌"。无论怎样巧妙粉饰，只要一涉及苏德关系，这个报道就会登上被禁止播送的新闻目录。直到今天，人们也只能在私底下窃窃私语。

外交人士听到风声

今天早晨7点，外国记者被召集到外交部参加新闻发布会。7点刚过，冯·里宾特洛甫先生和他的私人助理现身。不久，这位德国外交部长就开始叙述导致"苏德协定"被废弃的种种事件。

在此之前，宣传部部长约瑟夫·戈培尔向德国民众广播了希特勒的公告。

在德国民众获悉战场背景转换之后，柏林的大街上空无一人，苏联大使馆的窗帘依然拉得严严实实，人们无法得知，大使V.G.德卡诺佐夫及其工作人员是否已经登上了前往莫斯科的火车。

1941年/
/6月23日

丘吉尔首相就新战争发表广播讲话

本文是《纽约时报》记录的温斯顿·丘吉尔首相昨天在伦敦发表的广播讲话。

今晚,我要借此机会和大家说说话,因为我们到了战争的重要转折时刻之一。我们所遇到的第一个紧张的转折点是在一年前,彼时,法国匍匐在了德国的铁锤之下,我们不得不独自面对这场风暴。

第二个转折点是,皇家空军击败了德国佬光天化日之下的空袭,从而防止了纳粹入侵我英伦三岛,尽管那时我们装备破旧,而且准备不足。

第三个转折点是,美国总统和国会通过了《租借法案》,该国投入近20亿英镑的财富帮助我们捍卫我们的自由和他们自己的自由。

这是三个重要的转折点。

现在我们迎来了第四个重要的转折点。

今天凌晨4时,希特勒已攻入苏联。他一如既往,再次背信弃义,伎俩依然滴水不漏。首先,他与苏联煞有其事地签署了一项互不侵犯条约,这份条约已经生效。德国对无法履约一事不置一词。然后,以此为掩护,堂而皇之地在白海到黑海之间的沿线集结了大批德军,德军的航空舰队和装甲部队也慢慢地、有条不紊地各就各位。

斯大林曾收到警告

既没有宣战,也没有最后通牒,德国炸弹突然在苏联城市上空像雨点般落下;德国军队大举进犯苏联边界。1小时后,德国大使拜见苏联外交人民委员,称两国已处于战争状态。但正是这位大使，昨夜还在喋喋不休地向苏联人保证，德国是苏联的朋友，而且称得上是盟友。

就这样，他们以更大的规模再次践踏了所签署的协定和国际信心，这点我们有目共睹，同他们在挪威、丹麦、荷兰、比利时的所作所为如出一辙。而希特勒的帮凶和爪牙墨索里尼，在希腊也如法炮制。

我对这一切毫不奇怪。事实上，对将要发生的事情，我曾给过斯大林清楚而准确的警告。我给过他警告，就像我之前也曾给过别人警告一样。我多么希望我的警告没有被置若罔闻。

据我们目前所知，苏联人民正在保卫祖国，他们的领袖已经呼吁他们竭尽全力抵抗侵略。

希特勒是个十恶不赦、杀人如麻、欲壑难填的魔鬼。他已经将欧洲置于其铁蹄之下，还用其他各种卑劣恐怖手段使其他国家屈服投降，但是，他不满足，现在还要在广袤的苏联和亚洲展开疯狂屠杀和破坏。由于我们和文明世界的其他国家如此愚昧地、掉以轻心地、毫无理智地纵容纳粹分子的暴行，日复一日地坐视这一恐怖的战争机器发展壮大。而德国不会让这个机器束之高阁，唯恐其生锈或不能使用。它一定会连续不断地运转，碾碎人类的生命，践踏亿万人的家园和权利。

嗜血成性的恶棍

此外，这台机器嗜血食肉还不够，还需要石油来喂养。所以，现在这个嗜血成性的恶棍必须启动机械化部队再次去屠杀、掠夺和破坏。苏联农民、工人和士兵已经很可怜了，但他还要夺走他们赖以生存的面包，还要抢掠他们用于耕地的石油，制造人类史无前例的饥荒。

如果他能取得胜利（尽管现在还没有取得），带给苏联人民的将是残杀和彻底毁灭。他还会以这次胜利为跳板，试图把四五亿中国人和3.5亿印度人也拖入纳粹四处炫耀的无底深渊。

在这怡人的夏夜，又有10亿人的生命和幸福正在遭受纳粹残忍暴力的威胁，这样说一点儿也不过分。这足以让我们透不过气来。

但是，现在我将向你们展示背后的东西，它深切触及英国和美国的生活。

过去的一切，连同它的种种罪恶、蠢行和悲剧全都从眼前乍然消失。我看见苏联士兵站在祖国的大门口，守卫着他们的祖先自远古以来劳作的土地。我看见他们守卫着自己的家园，他们的母亲和妻子在祈祷——啊，是的，有时人人都要祈祷，祝愿亲人平安，祝愿他们的赡养者、战斗者和保护者回归。

纳粹的"恐怖战争"

我看见苏联数万个村庄里，人们正在耕种土地，艰难地维持生计，但是那儿依然有着人类最淳朴的乐趣，少女在欢笑，儿童在玩耍。我看见纳粹的战争机器向他们碾压过去，穷凶极恶地展开了屠杀。我看见全副戎装，身上的佩剑、马刀和鞋钉叮当作响的普鲁士军官，以及刚刚威吓、压制过10多个国家的、奸诈无比的纳粹特工。我还看见大批愚笨迟钝、受过训练、唯命是从、凶残暴戾的德国士兵，像一大群爬行的蝗虫在蹒跚行进。我看见德国轰炸机和战斗机在天空盘旋，它们虽然因英国人的多次痛击而心有余悸，但却在为找到一个自以为唾手可得的猎物而得意忘形。在这番嚣张气焰的背后，在这场突然袭击的背后，我看到了那一小撮策划、组织并向人类发动这场恐怖战争的恶棍。

于是，我的思绪回到了若干年前。那时，苏联军队是我们的盟友，和我们共同抗击不共戴天的敌人，他们坚韧不屈、英勇善战，帮助我们赢得了胜利，但后来，他们却完全同这一切隔绝开了——虽然这并非我们的过错。

我亲身经历了所有这一切。我想，如果我直抒胸臆，感怀旧事，你们是会原谅我的。但现在我必须宣布国王陛下的政府的决定，我确信了不起的各自治领会在适当时候一致同意这项决定。然而我们现在，必须立即宣布这项决定、一刻也不能耽搁。我必须发表这项声明，我相信，你们绝不会怀疑我们将要采取的政策。

我们只有一个目标，一个唯一的、不可变更的目标。我们决心要消灭希特勒，肃清纳粹制度的一切痕迹。什么也不能使我们改变这个决心。什么也不能！我们决不谈判，我们决不同希特勒或他的任何党羽谈判。我们将在陆地同他作战，我们将在海上同他作战，我们将在天空同他作战，直至邀天之助，在地球上肃清他的阴影，并把全世界人民从他的枷锁下解放出来。

我们将协助苏联

任何同纳粹主义做斗争的人或国家，都会得到我们的援助；任何与希特勒同流合污的人或国家，都是我们的敌人。这一点不仅适用于国家，而且适用于所有那些卑劣的、"吉斯林"（即卖国贼。——译者注）之流的代表人物，他们充当了纳粹制度的工具和代理人，压迫自己的同胞，背离自己的故土。这些"吉斯林"，就像纳粹头目一样，如果没有被自己的同胞干掉（这就会省下很多麻烦），就会在胜利的翌日被我们送交同盟国法庭审判。这就是我们的政策，这就是我们的声明。

因此，我们将尽力给苏联和苏联人民提供一切援助。我们将呼吁世界各地的朋友和盟友采取同样的方针，并且同我们一样，忠诚不渝地推行到底。

1941年 / 6月25日

左翼敦促对苏进行贷款、租赁援助

共产党报纸《每日工人报》昨天在头版发表社论，敦促美国按照《租借法案》对苏联进行全面援助，以阻止纳粹德国对苏联的入侵。

社论指出，副国务卿森纳·威尔士对纳粹攻击的谴责并不是很有力，因为它"没有拟议任何行动计划"。已经有多个组织呼吁对苏联政府提供援助。

这些组织包括美国退伍军人协会、民主行动联盟、非宗派反纳粹联盟，以及俄国社会民主工党中央委员会机关报《社会主义信使报》。唯一建议不向苏联提供援助的组织是"使美国置身战争之外大会"，该组织执行主任玛丽·W.希利尔称："我们反对向苏联提供军事援助。"

《每日工人报》的社论指出：美国公众的态度是向苏联提供充分的援助和支持，以抗击希特勒的进攻，其中包括适用于租借条款的援助；立即解除美苏贸易所有的限制和障碍，比如机器运输；解除对苏联贷款的限制；政府应采取一切其他必要的措施，推行对苏援助和合作的政策，以抗击希特勒主义对苏联的侵略。

"美国人民不禁要问，为什么副国务卿威尔士在以政府的名义讲话时，没有提出任何行动计划,也没有提供任何具体的援助措施呢?"

美国退伍军人协会位于公园大道 103 号,其会长是最高法院大法官费迪南德·佩科拉。该协会警告美国 3000 万在外国出生且有外籍血统的公民要"警惕第五纵队和'吉斯林'团伙"。

非宗派反纳粹联盟表示:"无论如何,让我们通过一切手段来援助苏联的抗击斗争,因为我们必须不惜一切手段,联合一切力量对抗纳粹称霸世界的威胁,这一威胁才是最大的危险。"

1941 年 / 6 月 29 日

纳粹对俄罗斯人尝试闪电战
其旧策略正被大规模沿用

汉森·W. 鲍德温

一周前的今天,德国进犯苏联,迎来了开战 22 个月以来突如其来的高潮。这场新的战役,就其范围和参战军队的数量来衡量,可能是这场战争乃至任何战争中规模最大的战役。它可能会影响欧洲未来几代人。德苏战争标志着战争的一个转折点,对英国来说,它所呈现的军事机会很可能之后再也不会有;而对希特勒的帝国来说,它标志着站在粉碎性征服或最终失败的分岔口。希特勒知道,德国人也知道,如果他们的计划流产,如果他们的战役陷入拿破仑式的徒劳困境,他们输掉的将不仅是苏联战役,很可能是整场战争。

无须过分强调,这场新斗争的开始,意味着英国有了喘息的机会,而这正是其求之不得的;这意味着英国可以在西线放手轰炸;这意味着一个新的盟友,尽管对英国来讲,这位盟友的实力和信念都有待明确;这意味着,至少几周内,也许几个月内,德国人必须将主要军事力量布置在东部战线;这意味着,德军的力量要进一步分布到更广大的区域。

1941年6月,德国入侵苏联前夕,苏军的重型轰炸机飞上天空。

苏德两军作战实力

当然,任何一方都不会孤注一掷投入战斗,因为苏联必须在远东保持大量军力,同样德国也必须照顾到整个欧洲和北非。双方所能够参与的兵力,其长短优劣大致如下:

德 国

飞机:4500—6000架,包括大量俯冲轰炸机,以及其他各种类型的配合地面作战的飞机。训练有素的、作战经验丰富的飞行员。德国性能最好的新型飞机,包括新式"亨克尔"战斗机,已在东线投入了战斗。

陆军:151个师,外加10个芬兰师及20个罗马尼亚师,此外还有可能会动用驻扎在挪威的12个师中的一个或多个。在敌对行动开始时,这些师团的部署如下:在芬兰北部,4个德国师;在芬兰南部和中部,10芬兰师;在东普鲁士—立陶宛地区,25个德国师;在罗兹—华沙地区以南较为遥远的地区,15个德国师。在这些武装的背后,还有50多个预备师。德军大约有25个师驻扎在波兰南部；在喀尔巴阡山脉的 U 形口有 20 个德国师；在罗马尼亚，有 12 个德国师和 20 个罗马尼亚师。德国一个步兵师的兵力大约为 1.6 万人；装甲师大约有 1.2 万人。整个前线大约动用了 20 个装甲师和机动化师。轴心国的总兵力为 280 万—360 万人。

海军：在波罗的海有："俾斯麦"号的姐妹舰——新战列舰"提尔皮茨"号，德国新航空母舰"齐柏林伯爵"号，两艘袖珍战列舰，两艘老式训练战列舰，7 艘巡洋舰，12 艘驱逐舰，众多的鱼雷艇和潜水艇。在黑海，德军部署了潜艇、鱼雷快艇，外加罗马尼亚海军的轻型气垫船做支援。

苏 联

飞机：2500—4000 架。几乎没有几架俯冲轰炸机，与地面部队协同作战的机型相对也很少。虽有很多远程轰炸机，但速度缓慢。飞机类型一般与德军的设计不同，基本上是其他国家设计的复制品。飞行员优秀勇敢，但空军参谋部参差不齐，作为一个空中作战部队，其协调培训质量堪忧。

陆军：苏联有 170—215 个师（30 至 50 多个师在远东，与日本在"满洲国"的 11 个师抗衡），共计约 200 万人。敌对行动伊始，就调动了这些部队，其中约两百万的兵力可在西线作战。其他兵种动员的数目可能要在此基础上翻一番，但是否所有人都能装备齐全令人怀疑，况且苏联的动员一向拖拖拉拉。在西线的兵力部署大致如下：在芬兰对面的列宁格勒地区，23 个师以上；在明斯克—斯摩棱斯克—戈梅利—平斯克地区，24 个师以上；在波罗的海地区，42 个师外加 12 个预备师；在基辅军区及从波兰南部至黑海一带，48 个师；在莫斯科东南周围，18 个预备师。苏联军队有很大比例的骑兵，居世界之首；西线的各师中，大概 1/8 为骑兵。苏联步兵师大小不尽相同，兵力为 1 万—2 万人；一个标准师的数量为 1.8 万人，但是平均规模比德国大不了多少。坦克部队一般以旅为单位，一个旅的规模基本上相当于半个德军装甲师。在西线，苏联部署了大约 40 个坦克旅。苏军大概有 2.5 万—5 万人的伞兵部队和一些空降兵师团。

海军：波罗的海有一艘过时的战列舰，7 艘巡洋舰，20 多艘驱逐舰，50—60 艘潜水艇；北极可能还有几艘潜水艇、鱼雷艇等；黑海有两艘过时的战舰，一艘航空母舰，16 艘驱逐舰，50—90 艘潜艇；里海有几艘轻型船只和巡逻艇。

坦克力量相差悬殊

苏军的坦克大约只能在数量上与德军一较高低。苏军坦克数量多,有的在技术上还算先进。但整体上,与德国坦克相比,它们既不现代化也不具备有效的战斗力。鲜有证据表明,苏联人已经开发了飞机坦克队,而飞机坦克队恰恰是德国征服过程中的先遣队。

苏军是顽强而优秀的防御斗士,其精锐部队无可置疑地拥有高昂的士气。但在参谋和领导层面上,在训练和装备上,它们都无法与德军抗衡。苏方大将铁木辛柯、谢苗·布琼尼和格里戈利·施特恩的军事才干,与德方的凯特尔和布劳希奇相比,不可同日而语。若干次肃清运动和政治运动极大地削弱了苏联军队的战斗力。

在过去 22 个月中,德军已经用战无不胜、攻无不克的事实证明了自己,而苏军在芬兰战役中却暴露了很多弱点。然而,苏军穿越卡累利阿地峡的决定性进攻显出了不凡的军事技能,苏军的炮火攻击尤其有效。苏军以"冰川攻势"著称,这一战术以庞大军力取胜。尽管其回旋转移显得迟钝,而且作为苏军后援的运输、通信和工业系统在重压下通常无法奏效,但它是果敢型、防御型的勇士。

德军的进攻

从上周的行动来看,苏军要阻止德军插入,必须殊死拼搏。德军沿用了之前节节取胜的战术类型,在长达 2000 英里的战线上发动了进攻。在毫无警告的情况下,成千上万的德国飞机袭击了苏联机场、通信和运输中心,到周三、周四时,德国人声称彻底消除了苏军的空中优势,此言八九不离十。

德国装甲师协同"斯图卡"俯冲轰炸机和机动化步兵,攻破了苏军防线,在其后呈扇形散开,切断了苏军通信,并扰乱了苏军。

从兵力部署和早期行动中,可看出德国战略方面的一些迹象。不出所料,以波兰为根据地发起的攻势对苏军打击最为沉重。两个攻势中,一个是在普利佩特沼泽地北边,沿明斯克—斯摩棱斯克—莫斯科方向,另一个是在其南边的基辅方向。此外,来自东普鲁士北部的先遣队,沿波罗的海向列宁格勒挺进。预计还有一个攻势将从芬兰穿越卡累利阿地峡向列宁格勒展开,可能同时对摩尔曼斯克发动海陆攻击。

在南部，横跨比萨拉比亚北部到基辅，再穿过比萨拉比亚到敖德萨的两起进攻很显然已经蓄势待发。

但很明显，所占领的领土和城市在战斗中没有太大意义。当然，如果这些城市，如明斯克和基辅，对苏军的调动、运输和通信计划有重要意义则另当别论。德国人的根本目标是彻底消灭苏军，他们希望运用之前取胜的同样战术来实现这一目标，如机械化部队渗透、段段分割、围剿和破坏等。

历史上最大规模的战役就此展开。虽然德军之前节节取胜，但是此次鹿死谁手仍未可知。大多数军事观察家认为，对苏军来说，唯一可采用的稳妥策略就是争取拖延时间，逐步向内陆撤退，但是一定要小心谨慎，尽量不损兵折将，慢慢地撤向内陆的深处。如果它能做到这一点，保存军队的实力、动员更多的兵力，依然扼守它必须依赖的军事供应的部分工业区（除乌拉尔山脉的开发区外，多数位于伏尔加河以西和以南），德国将无法实现速战速胜的目标。英国也因此可获得大量时间，并且也许在美国的帮助下将最终赢得这场战争。但话又说回来，如果在9月1日之前，德军快速彻底摧毁了苏军主力，那么阿道夫·希特勒第三帝国的战略地位，将会比之前更加强大。

斯大林广播的文本 | 美联社

【莫斯科7月3日电】苏联人民委员会主席、国防委员会主席约瑟夫·斯大林的广播讲话的文本，由塔斯社（苏联的官方新闻机构）翻译如下：

同志们！公民们！兄弟姐妹们！我们的陆、海军战士们！
朋友们，我今天向你们发表演说！
希特勒德国从6月22日起，背信弃义向我们的祖国发动的军事进攻，正在继续进行。

虽然苏军进行了英勇的抵抗,虽然敌人的精锐师和精锐空军部队已被击溃,遭到毁灭性打击,但是敌人又向前线投入了兵力,继续向前进犯。

希特勒手下的军队已成功占领立陶宛全境、拉脱维亚的大部地区、白俄罗斯西部地区、乌克兰西部部分地区。

法西斯空军正在扩大轰炸区域,对摩尔曼斯克、奥尔沙、莫吉廖夫、斯摩棱斯克、基辅、敖德萨、塞瓦斯托波尔等城市大肆轰炸。

我们的祖国面临着严重危险。光荣的红军怎么会让法西斯军队占领我们的城市和地区呢?

难道德国法西斯军队真的像法西斯的吹牛宣传家所不断吹嘘的那样,是无敌的军队吗?当然不是!

"没有不可战胜的军队"

历史表明,无敌的军队,过去没有过,现在也没有。拿破仑的军队曾被认为是无敌的,可是这支军队却先后被苏联、英国和德国的军队击溃了。在第一次帝国主义大战时期,威廉皇帝的德国军队也曾被认为是无敌的,可是这支军队曾经数次败在苏联军队和英法军队的手中,最后被英法军队击溃。

现在希特勒手下的德国法西斯军队,也不是无敌的军队。它在欧洲大陆上还没有遇到过强有力的抵抗,但是在我国领土上,它遇到了。如果我们的军队拼死抵抗,击溃德国法西斯军队的精锐师,那么,正像拿破仑和威廉的军队曾经被击溃一样,希特勒法西斯军队也是能被击溃的,而且一定会被击溃。

敌军"武装到了牙齿"

我国军队正开动坦克和飞机与全副武装的敌人英勇作战。苏联军队正在克服重重困难,为保卫每一寸苏联国土而奋不顾身地战斗。

拥有数千辆坦克和数千架飞机的苏军主力正在投入战斗。苏军战士的勇敢精神是举世无双的,我们对敌人的抗击日益加强。全体苏联人民都同苏军一道奋起保卫祖国。

为了消除我们祖国面临的危险,需要做些什么呢?为了粉碎敌人,应该采取哪些措施呢?

首先，我们必须让我们的人民了解到我们现在正面临什么样的危险，要坚决摒弃漠不关心的态度。现在战争已经发生了根本性的改变，若我们还抱有战前和平建设时期泰然自若的心态，那将是十分危险的事！

敌人是残酷无情的。他们的目的是要侵占我们用汗水浇灌出来的土地，掠夺我们通过劳动获得的粮食和石油。

事关"生死存亡"

因此，我们的国民必须认识到，这场战争事关苏维埃国家的生死存亡，事关苏联各族人民的生死存亡，事关苏联各族人民是享受自由，还是沦为奴隶。

我们的人民一定要自觉行动起来，以全新的工作方式应对战争，坚决杜绝疏忽大意、对敌仁慈。

其次，必须让抱怨者、怕死鬼、制造恐慌分子和逃兵在我们的队伍中毫无容身之地，使我们的人民在斗争中无所畏惧，奋不顾身地投入反法西斯的卫国战争中。

我们国家的缔造者、伟大的列宁曾经说过，苏联人的基本品质应当是面对斗争勇敢、大胆、无畏，随时准备着与人民一起抗击祖国的敌人。

要使布尔什维克的这种优良品质成为我国红军、海军以及各族人民中所具有的美德。

我们应当立即按照战时的方式改造我们的全部工作，让一切都服从于前线的利益，都服从于组织粉碎敌人的任务。

苏联各族人民现在都看到，我们的祖国保证了全体劳动者都能自由劳动、享有美好的生活，而德国法西斯主义者却对此咬牙切齿、极为仇视。

苏联各族人民应当奋起抗击敌人，捍卫自己的权利和自己的国土。红军、海军和苏联全体公民都应当捍卫每一寸苏联国土，应当为保卫我国的城市和乡村战斗，直至流尽最后一滴血，应当发挥我们与生俱来的勇敢、自觉和机智。

要同间谍和破坏分子做斗争

我们应当和一切扰乱后方分子、逃兵、制造恐慌和谣言者进行无情的斗争，消灭间谍、破坏分子和敌人的伞兵，在这些方面及时地协助我们的锄奸营。必须注意到，敌人非常狡猾，善于欺骗和造谣。

我们必须意识到这一点，免受敌人挑拨。凡是因惊慌失措和贪生怕死而有害防务的人，不论是谁，都应当立即交付军事法庭审判。

这场战争的目的

这场全民反对法西斯压迫者的卫国战争，不仅是要消除我国面临的危险，还要帮助那些在德国法西斯主义枷锁下呻吟的欧洲各国人民获得解放。

在这场解放战争中，我们不会孤立无援。

在这场伟大的战争中，欧洲和美洲各国人民，包括受纳粹头目们奴役的德国人民，将是我们可靠的同盟者。

我们为保卫祖国自由而进行的战争，将同欧洲和美洲各国人民为争取独立与民主自由的斗争联合在一起。这将是各国人民争取自由、反对希特勒法西斯军队奴役和威胁而结成的统一战线。

在这一点上，英国首相丘吉尔先生就支援苏联而发表的历史性演说，和美国政府关于准备援助我国的宣言，就是十分明显的例证，苏联各族人民对此表示衷心的感谢。

同志们！趾高气扬的敌人很快就会意识到，我们的力量是无穷无尽的！我们的工人、农民和知识分子，我们千百万的人民群众将同苏军和海军一道，奋起反抗进犯的敌人。

为了迅速动员苏联各族人民的一切力量，抗击背信弃义地进犯我们祖国的敌人，国防委员会已经成立了，它已经把国家的全部权力都集中起来。

国防委员会已经开始工作，号召全国人民团结在列宁—斯大林党的周围，团结在苏联政府的周围，以忘我的精神支援苏军和海军，粉碎敌人，争取胜利。

用我们的一切力量来支援我们英勇的红军和我们光荣的海军！用人民的一切力量来粉碎敌人！为了我们的胜利，前进！

1941 年 / 7 月 7 日

埃塞俄比亚大扫荡擒获 10 名意大利将军 | 通过电报发回《纽约时报》的特别报道

【开罗 7 月 6 日电】英国今日宣布,去年 8 月指挥意大利军队占领英属索马里的佩特罗·迦塞拉将军和德·西蒙尼将军,以及其他 8 名意大利将军,已经根据埃塞俄比亚锡达莫地区盖拉族的投降协议投降。至此,英军抓获的意大利将军已达 41 人,这还不包括被俘旅长的人数。

1941 年 / 7 月 9 日

李维诺夫敦促英国进攻德国
苏联前外交人民委员在莫斯科电台呼吁英国加紧进攻德国 | 合众社

【伦敦 7 月 8 日电】今晚,马克西姆·李维诺夫通过苏联电台敦促大不列颠趁苏军在东线牵制纳粹战争机器的时候,全力投入西线战斗,迫使阿道夫·希特勒在两条战线上疲于奔命。

这位苏联前外交人民委员,法西斯独裁者的长期死敌,暗示英国,进攻欧洲大陆的时机已经成熟。他说,苏联战役迫使希特勒"从西线撤出越来越多的兵力支援东线"。

李维诺夫先生是在莫斯科电台用英语发表广播讲话的。他承诺,无论付出多大的牺牲,苏联将"苦战到底"。

"我们下定决心,要排除万难,誓把法西斯的野蛮行径从地球上连根拔掉。"李维诺夫先生以此作为其演讲的结束语。

把握最佳时机

他对英国说,此时在西线沉重打击德国的机会不能错失,虽然英国人本身也已经从希特勒蛇吞象的苏联战役中获得了"一些喘息"。

"但重要的是,绝不能让希特勒得到片刻安宁。"他说道,"尽管他的惯用伎俩是在不同时间打击不同的敌人,但我们的策略是同时出击。此时对德军的每一次打击,都能做到事半功倍,且代价较之后会更小;如果延后,我们大家都可能变得更弱。"

1939年5月,大约在苏联与德国签署"互不侵犯条约"3个月前,李维诺夫先生被免除苏联外交人民委员的职务。他现在呼吁所有国家,支持苏联与英国抗击"希特勒及其杀人如麻的纳粹团伙"。李维诺夫先生警告说,只要希特勒主义——他称之为"我们这个时代最可耻的现象"——存在,那么任何一个国家,无论大小,都将永无宁日。

他没有说明苏联大型战役的进程,但坦率地断言,无论多么艰难,"毫无疑问,我们将不遗余力"地与英国一道"完成历史赋予我们的使命"。他的演讲中带有一丝警示的意味,那就是,粉碎德国的战争将会漫长而艰难。

1941年／
／7月12日

多诺万被任命为情报主管
罗斯福让他负责一个新机构以整理情报

发回《纽约时报》的特别报道

【华盛顿7月11日电】今天,威廉·约瑟夫·多诺万被罗斯福总统任命为国防情报协调员,领导一个新的情报机构。多诺万在第一次世界大战中曾任第六十九团指挥官。

他将以文职的身份监管政府情报机构所收到的报告,并对之进行消化整理,然后将所得讯息交给罗斯福总统和有关部门。

白宫在声明中对多诺万先生的职责进行了简短的描述:

"今天,总统作为武装部队总司令,任命威廉·约瑟夫·多诺万为情报协调员。

"作为协调员,多诺万先生的职权包括从政府各部门和机构收集、汇编与国家安全有关的资料和数据;分析和整理此类材料,为总统和总统指定的其他政府官员所用。

"多诺万先生的任务是协调和整理国防情报,但他的工作不是要取代或重复,以及参与指挥或干涉总参谋部、常规情报服务机构、联邦调查局或其他现有部门和机构的任何活动。"

多诺万先生将根据需要组建一个小团队,协助其完成任务。

迄今为止,各个部门仍在以政府部门惯常的方式处理其自身的情报事务,相互之间缺乏讯息交换。

总统已经多次对协调员说,送到他办公桌上的报告经常是零散且混乱不堪的。

声明未对多诺万先生的薪金做具体说明,也没有说新的情报机构何时能够开始工作。

| 指挥官威廉·约瑟夫·多诺万

1941年 / 7月13日

纳粹大举进攻
最高统帅部宣布部队在莫斯科之路上颇有斩获

C. 布鲁克斯·彼得斯
通过电话发回《纽约时报》的报道

【柏林7月12日电】今天夜间，德军最高统帅部在一份特别公报中宣布，苏军在斯大林防线上"所有决定性阵地"都已崩溃。数日以来，最高统帅部一直对东部战线行动保持完全的沉默，此公报在入侵苏联3个星期后才对外发布。

据称，在北部区域，德国坦克部队一直在爱沙尼亚边境附近的佩普西湖东岸地区行动，现在正向列宁格勒挺进。（据合众社报道，德国军队距列宁格勒大约只有125英里。）

最高统帅部称，德军已经占领了苏军位于普利佩特沼泽地北部中央地区第聂伯河阵地上的坚固防御工事。德军目前就驻扎在明斯克市以东大约125英里处，此处直通莫斯科。据称，自昨天以来，德军就控制了该地区的维捷布斯克。

这份特别公报还宣布，在遥远的南方，德军已经攻克了利沃夫，并向东逼近，现在已经到了乌克兰首府基辅的"眼皮底下"。

据称，德军正在向德涅斯特河推进

据说，在摩尔达维亚共和国（今摩尔多瓦。——译者注）行动的德国和罗马尼亚联军，已经将苏军甩在身后，渡过了德涅斯特河，占领了广阔的前线地带。公报称，斯洛伐克、匈牙利和德国3个国家的部队正在追击撤离加利西亚的苏军。

德国人声称，大批苏军编队在整个前线上已经出现瓦解的迹象。公报还称，德国空军部队已摧毁了苏联人所怀抱的大规模反击的任何希望，据称，苏联的铁路系统也被捣毁。

德方同时还声称，德军作为前锋的机动化部队和坦克部队继续前进所需的增援与供给已经得到保障。根据今晚的公报，供应基地已经向前推进，而且就建在"距原斯大林防线很近的地方"。

根据特别公告发布前的消息，德军步兵于昨天从北部区域攻入了斯大林防线的"潮湿地带"。在佩普西湖南部，大约介于普斯科夫和奥斯特罗夫的沼泽地带，德军向苏军阵地发起了攻击。

苏军阵地受到猛烈攻击

公报称，从今天黎明开始，德国突击队编队就对"潮湿地带"后面的苏军工事发起了猛攻。但是，公报对具体细节并没有说明。今天，最高统帅部的定期公报仅仅表示"联军部队正在按部就班地在东部战线进行军事行动"。

据称，参与此次北部区域新攻势的德军在过去的16天中已经跋涉了355英里。且这次行军困难重重，因为苏联人沿路布设了各种障碍，德国工兵不得不一一铲除这些障碍。德国人说，所到之处，道路被毁，桥梁失修，水井被毁或施毒。

据称，被堵在比亚韦斯托克和明斯克夹缝中四处逃散的苏军已被彻底击溃。德国方面宣称，所有的撤退路线已被切断，苏军阵地面临崩溃。

按德国方面的说法，苏军曾于周四，在维捷布斯克附近的广阔前线上对德国先锋队发起反攻。但是据称，就在反攻发起之前，德国机动化部队横扫了苏军集结的部队，将其打得四处溃散，并击毁了109辆苏军坦克。

据今晚在柏林收到的讯息，在维捷布斯克区域，德军再次围住了苏军。德国方面称，被困的苏军昨天拼力逃脱。据称，德军炮火20分钟内摧毁了21辆苏联坦克，其中8辆每辆重达52吨。

据说，在南部地区，滂沱大雨使得德军的推进更加举步维艰。尽管如此，德国的官方新闻机构的报道称，帝国军队昨天依然击退了竭力遏制它前行的苏联坦克和步兵。

报道中斯大林防线被摧毁的关键区域。德国方面宣称，德军坦克击垮了佩普西湖以东①的防线（整条防线如图中的阴影部分所示），该处距列宁格勒仅125英里；德军还占领了维捷布斯克②。但莫斯科方面称，第一次和第二次进攻分别在普斯科夫和维捷布斯克打响。纳粹称其进至明斯克以东125英里处③。苏联方面称，游击队在平斯克周围④大获全胜，并且已经阻止了敌军在沃伦斯基新城⑤的对乌克兰的进攻，但柏林称德军就在基辅附近。据宣称，轴心国军队已从加利西亚⑥开拔，并渡过了德涅斯特河⑦。苏军轰炸机突袭普洛耶什蒂、康斯坦察和苏利纳⑧。

1941 年 / 7 月 16 日

盟军占领叙利亚和黎巴嫩
英国和自由法国赶走德军，占领机场和港口

哈罗德·丹尼
通过电报发回《纽约时报》的特别报道

【开罗 7 月 15 日电】昨天，陆军上将亨利·梅特兰·威尔逊爵士和约瑟夫·德·瓦迪拉克将军分别代表英国与维希军事当局，在巴勒斯坦的阿卡签署协议。根据协议，今天中午，英军开始全面占领叙利亚和黎巴嫩。至此，大不列颠终于在一个重要战区抢先了德军一步。

英国驻开罗大使馆称，休战协议忠实地遵照了提交维希政府的高级专员亨利·弗尔南德·顿兹上将的条款。这些条款是威尔逊将军和代表自由法国的乔治斯·卡特鲁将军上周四通过美国驻贝鲁特总领事转交的。

顿兹上将不愿意与自由法国有任何瓜葛。但在英方的坚持下，顿兹上将同意卡特鲁将军参与所有的谈判。

休战协议的主要条款

除对托管地区的全面占领外，协议要求上交所有个人武器以外的一切武器、飞机及航空设备、船舶和港口设施、其他物资、弹药和燃料储备。英方有权使用叙利亚和黎巴嫩的所有机场。

双方同意释放俘虏，英方答应不对维希政府的官兵实施制裁。英国保留从维希政府的部队中征召"特种部队"（本土征兵）的权利，因为这些部队已经解除了对维希政府的兵役。法国士兵和平民可以选择被遣送回国，或加入英国和自由法国的军队，或继续留在托管区做普通平民。

双方将组建一个 5 人委员会，监督停火协议条款的执行。英国和维希政府将分别任命 3 名和 2 名成员。

本协定纯属军事协定，没有提及叙利亚和黎巴嫩的独立。然而，这在原有条款中是一个基本点，并隐含在了新的协议中。预计下一步，卡特鲁将军会与叙利亚领导人会面并做出安排。

条款被赞宽宏大量

开罗的人们对谈判取得的结果表示满意，而且认为条款非常宽宏大量。

由于休战协议的签署，德军现在已无法使用叙利亚的基地，英国—自由法国联军与土耳其之间建立了直接的地面通信。

据称，英国并没有羞辱其前盟友，对那些将遵守命令视为己任的士兵给予的只有尊重。然而，下达命令的人，则被要求承担责任。开罗人士认为，维希政府的抵抗，不过是帮助德国和法国人为希特勒元首战斗所做的垂死挣扎，德国人不会有任何损失。

1941 年
7 月 22 日

比利时人首用符号 V 代表"胜利"
弗拉芒语和法语中让德国纳粹忧心忡忡的关键符号

【合众社伦敦 7 月 21 日电】今日得知，符号 V 来自维克多·德·拉维利的构想。拉维利是英国广播公司的比利时播音员，今年 46 岁。他说这个想法始自去年 1 月，当时他正在与一名弗兰德难民坐在伦敦一家酒店的人厅里，讨论如何团结自己的同胞。

他说："我们在寻找一个比利时人随处可用的符号，要让纳粹感到不安。最后我们一致决定，无论是在法语、弗拉芒语还是英语中，这个符号的意思都必须一样。我们从头到尾翻了一遍字母表。"

"我一眼就看中了字母 V，因为它是法语单词'victoire'、弗拉芒语单词'vrijheid'和英语单词'victory'的打头字母，而这几个单词都是'胜利'的意思。1 月 14 日，在比利时广播中，我第一次提及了这个符号，我称之为'盎格鲁—比利时协约'的完美象征。"

1941年 / 7月27日

经济战争让东京胆战心惊
丝绸交易所关闭——股票行情跌至 10 年最低点

奥托·D.托里斯克斯
通过无线电发回《纽约时报》的报道

【东京 7 月 26 日电】罗斯福总统宣布冻结日本在美资产和信贷的命令几小时之后，作为报复，日本政府冻结了美国和菲律宾侨民及公司在日本帝国的资产与信贷。日本政府同时与在满洲、南京的亲日政权进行磋商，以扩大在各自境内的冻结行动。

冻结令通过外汇管制法律来解决民间受影响的交易，预计在周一颁布并生效。英国政府同样已冻结了日本在大英帝国内的全部资金，还废除了与日本签署的所有商业条约。政府正式发出相关通知后，大英帝国的臣民就会立即对日本采取相同的措施。

日本政商两界和新闻界普遍认为，一场公开的经济战争由此展开，一方为美国和大英帝国，另一方为日本帝国及其控制的地区。预计，这将使当前局势下的国际贸易进一步衰微。借用持极端民族主义观点的《日日新闻》的话：经济战争"离武装战争只有一步之遥"。在罗斯福先生发表行动声明的同时，日本也发布了与维希政府签订的旨在"联合保卫法属印度支那"的协议，以示反击。此声明是在维希政府协议发布约 48 小时之后宣布的，但这使得各种行动之间的相互关系更令人印象深刻。

显而易见，当天各种事态的发展，不仅对不知情的日本民众是个深刻的冲击，对消息灵通的工商界人士也是强烈的震撼。股票交易的行情，在过去两年期间平均介于 150 点到 170 点之间，现在狂跌 6 点多，指数跌至 94.8 点，创下 1931 年以来的新低。

事实上，有迹象表明，罗斯福总统迅速的行动让日本政府措手不及。尽管日本政府对其在法属印度支那的行动后果采取了一些预防措施，但它还是在很大程度上依赖于日本前外相松冈洋右先前对美国被动性的保证，依赖于美国坚持孤立主义的影响。近来，后者在日本新闻界引起了广泛的关注。

| 1940年左右，时任日本外相的松冈洋右。

不希望形势进一步恶化

与此同时，目前形势最显著的特点可能是，除了报纸上一些骇人听闻的声明外，日本各界都不希望局势进一步恶化。企业界甚至希望，可以利用美国法令的某些漏洞用现金支付达成少量的贸易。

就日本向法属印度支那的进军，日本政府在官方声明中曾强调，日本的行为是出于"自卫"，并且与维希政府达成了完美的协议。日本新闻局局长，也就是人称"日本戈培尔"的伊藤信文博士，在电台广播中也发表了同样的说辞。

官方声明还强调了法国与日本一贯的友好合作，以及日本与法属印度支那悠久的友好关系，说这种关系比日本长达一个世纪的自我孤立还要早。然而，声明称，欧洲和东亚地区的新事态威胁着法属印度支那的安全，出于自卫，日本和法国都不能坐视不理。

据称，谈判气氛融洽

声明继续说，日本曾与维希政府为此展开了谈判。据说，谈判气氛融洽，进展顺利，双方最终于 7 月 21 日达成一项关于印度支那联合防御的协议，但并未指出协议的确切性质。

该声明还说："有法属印度支那作为双方的连接纽带，日本和法国也由此迎来了更亲密的相互关系。"毋庸讳言，这将大大促进"大东亚共存和共荣"的稳定。

根据这项声明，伊藤博士重申了日本各界的一贯不满，称"美国政府未能了解日本的真实意愿"。

政府部门一直小心避免对美国或英国的任何直接指控。然而，新闻界声称，由于英国采取的措施，一大批"戴高乐分子"在西贡的活动，以及重庆方面的部队在北面的集结，法属印度支那面临着与叙利亚一样的命运的威胁。

日本的官方新闻机构同盟通讯社称，日本的这一举措"既不是领土侵略，也不是日本武装向南推进的先决条件，而只是一项和平经济政策"。

一些经验丰富的日本观察家认为，日本人对法属印度支那的进军，事实上更像是为了切断蒋介石委员长最后的交通而展开的侧面攻击。其目的是服务于日军在中国的总司令畑俊六所提倡的"最后大推进"，以"解决支那事变"。日本的核心关注点仍然是"支那事变"，而并非进一步向南推进。

对泰国的威胁

但日本政府电台今天表示，作为对日本举措的对策，英国可能对泰国采取"军事压制"。这一说法或许意味着种种不祥之兆。

日本普遍承认，美国和英国的冻结令必将给日本的贸易带来严重后果，不仅会拖垮日本与美国和大英帝国间的贸易，还将对日本与南美洲的贸易产生影响。冻结令将迫使日本做出大幅度的重新调整和更多的现金支付，即使在"大东亚共荣圈"也不例外，因为在这些地方，贸易仍然需要在纽约以美元结算。

但大藏大臣小仓正恒在安抚新闻界的一个声明中称，日本在美国的收支余额较小，而且过去美国和日本之间的贸易一直在减少，所以美国总统罗斯福措施的影响"比较轻微"。

1941年 / 7月27日

麦克阿瑟出任远东地区总司令
前美国陆军统帅将以中将军衔领导联合部队

发回《纽约时报》的特别报道

【华盛顿7月26日电】1937年，57岁的道格拉斯·A.麦克阿瑟将军宣布退役。今天他被召回美国陆军再次服役，并应罗斯福总统的命令，组建一支陆军新军种——"美国远东军"。他还被授予中将军衔，并成为驻菲律宾的美军和整个菲律宾部队的联军的总司令。

1935年以来，麦克阿瑟将军一直担任菲律宾自由邦的军事顾问。1937年，他成为菲律宾陆军元帅。此次新的任命将使麦克阿瑟将军的军衔高于菲律宾部队指挥官乔治·格鲁纳特。麦克阿瑟将军的任务是，将菲律宾的美国军队和部分受过训练的菲律宾预备役锻造成一支独立高效的军事部队。由于专家对其在菲律宾群岛的防御计划存在分歧，他的新任命今天在军界和政界引起了轰动。

麦克阿瑟将军曾任菲律宾军事顾问

作为美国陆军有史以来最年轻的参谋长，1935年，麦克阿瑟将军被派往菲律宾自由邦担任军事顾问。那时他刚刚在华盛顿结束为期5年的陆军参谋长任期。两年后，他宣布退役。

他曾提出为菲律宾扶持和培训防御力量的计划，并在一开始受到了菲律宾总统曼努埃尔·路易斯·奎松和菲律宾的很多其他领导人的赞同。但一年前，这些计划的可行性和有效性持续遭到批评，奎松先生对它们的热情骤然冷却，公开表示，即使每个公民都全副武装，接受系统的训练，菲律宾也不可能击退入侵者。

就在奎松总统发表声明的前一个月，美国驻菲律宾高级专员弗朗西斯·B.塞尔曾对麦克阿瑟的计划提出了批评。他指出，即使当时美国陆军的全部军事力量也不可能成功保卫菲律宾群岛。

信心十足的声明

1939年，麦克阿瑟将军预计日本可能企图入侵菲律宾，于是在马尼拉发表声明称："战火必将蔓延到这里的海岸，而敌军的整体实力会因在海外远征而相对受损……在我看来，无论怎样，敌人如果想要在这样的一场冒险中获得任何的成功希望，都要付出巨大的代价，至少要有50万名士兵和50亿美元以上的资金。"

此项发言在军界引发了一系列的激烈争论，有人指出，日本出海远征中国，数次击败训练和装备远胜于菲律宾军队的中国军队，并且事实是日本军队在中国付出50万人伤亡的代价很久以前，它已经征服了相当于整个菲律宾群岛面积5倍多的区域。

1936年，菲律宾自由邦采纳了麦克阿瑟的计划，准备到1947年，国防部队拥有40万士兵，届时每个人都会得到大约半年时间的培训。该计划意在每年培训4万名年龄在20岁的青年。计划生效伊始受到了菲律宾人的热情欢迎，在最初的两年里，每年的申请人数远远超过了预期的4万人，但是每年只能接收4万人。

早在1939年，麦克阿瑟将军就宣布自由邦拥有一支8万人的训练有

菲律宾总统曼努埃尔·奎松（左）对道格拉斯·麦克阿瑟将军重返现役表示祝贺。

素的军队。针对两年前的这一说法，今天战争部发布的估计指出，该部队现在的人数只有7.5万人，由此而引起一片哗然。

1941年/
/7月27日

日本占领西贡的基地
印度支那观察家认为，日本下一步目标是向苏联进军

【美联社印度支那西贡7月26日电】今天，日本高级陆军军官和海军军官随着第一批装备抵达西贡，一座日本军事前哨在西贡拔地而起。这座前哨位于法属印度支那深处，面向新加坡和荷属东印度群岛。

日本显然正在抓紧一切时间，把新获得的地盘改造成可供使用的基地。法国已经开始腾出西贡的现代化机场，以及海滨长半英里的货栈区。

在西贡的日本人挥舞着旗帜，列队欢迎日本驻印度支那军事特派团团长澄田睐四郎的到来。他搭乘一架法国民用航空运输机从北方而来，同行的还有3名陆军和海军的助手。日本军用卡车第一纵队也随之而来。

海军和运输船舶预计将在未来3天内抵达，很有可能就在明天。据悉，载着更多日本陆军和海军的军官及商人的列车已经从河内出发，现在正在途中。

然而，西贡人相信，此次日本一系列的进军完成了其在南亚的计划。这里的观察家争辩说，日本将会把注意力转向苏联，在此之前，它不会再朝南亚这个方向进行任何冒险。

1941 年 / 7 月 27 日

苏联人善于打游击战
军队和平民敌后作战经验丰富

贝特霍尔德·C. 弗里德尔

苏德战争开始 5 个星期后，德国和苏联两国的军事教育的主要差别栩栩如生地展现在我们面前。德军突击队接受的训练是在敌军领地发动孤立攻势，目的是摧毁敌人的通信，为步兵纵队开辟道路。德国主动性的心理基础是进攻性的战争。

苏军则不同。苏军的突出活动之一便是训练官兵进行游击战争，并为这种类型的战争提供技术基础。通过调动中下级指挥官的积极性，苏军强调组建独立于中央的小部队单独作战。即使与主力部队失去联系，苏军的所有部队，仍有继续战斗的能力。当军队被迫撤退时，预先约定的军团留在敌后，形成未来游击队的核心。这些军团有小型快速坦克，甚至火炮（游击战战争的全新特点）专供自己使用，而且还有之前安置的根据地可供撤退，并为他们提供补给、武器和弹药。

游击队根据地

因为有了这些准备工作，苏军在普利佩特沼泽地有着庞大的游击队根据地，德国军队尚无法清理。乌克兰与白俄罗斯分布广泛的森林也是"这些非正规军"的据点。苏军师团，甚至整支军队，一旦被包围，就会分成预先安排好的战斗小组。

在这样的游击战中，人们平常所用的评估胜负的方法，以及可防御或不可防御阵地的旧观念，变得毫无价值。在过去的纳粹战役中，征服一个主要阵地，就意味着一场战斗的结束，但是在这场战役中，征服阵地仅仅是个开始。

战事的新态势是苏军重新引入政委的原因之一。虽然在某种程度上，政委的任务可能是监督那些不可靠的军事指挥官，但今天，他们的主要目的是协调整体政治利益与军事利益。在军事专家眼中可能阵地已经失守,但事实上,战斗很可能还要持续很长时间。

苏联是如何让人民准备此类战斗的呢?

首先,整个苏联民族都经历过一定的军事训练。工厂和集体农庄都有武装。全国至少有 1/4 的人知道如何使用武器。在过去的 20 年里,所有人的生活中自始至终都有一个中心思想,那就是随时准备迎接战争的威胁,并以此规划了每个人在共同担负的国防任务中的角色。

甚至对青年的教育也在国防线上进行。培养一个坚强勇敢的民族与下面的一切紧紧联系在一起:注意身体的健康,加强情绪稳定性和早期社会化,组织各种运动等。苏联当代戏剧往往是以内战中的英雄人物事迹为蓝本。孩子们从小练习跳伞,进行防御练习来抵抗敌人的伞兵。在每一所苏联小学里,学生都要接受体育训练。如果能通过严格的考试,他们就有权佩戴 GTO(工作与国防预备员。——译者注)证章,那是一个了不起的荣誉。1940 年,84% 的苏军战士都佩戴着此证章。

1941 年,苏联游击队员讨论攻击德军阵地的方案。

每家工厂都是一个要塞

年轻人从学校毕业来到工厂或集体农庄之后，需要参加工人和农民的武装小组，它相当于内战时期旧游击部队的延续。每个工厂都拥有一支武装防卫力量。遵循斯大林的"焦土策略"，破坏工厂、捣毁道路和桥梁已不是什么难事，因为每一家工厂都有秘密弹药库，配备有充足的炸药，以备不时之需。此外，私人所有权的心理障碍，比如不情愿毁坏自己个人的财产，根本就不会出现。即便是在被德军蹂躏的地方，苏联公民也组成了集体农场和作坊，始终团结在一起以游击队小组的形式战斗。

苏联任何一个普通工人都抱有这样一种态度：祖国的安宁取决于自己，而且只取决于自己，这也是苏联人民一直以来的信念。如果说战争带来了什么改变，那就是强化了这种信念。在适当的时刻，任何苏联人都会献出其全部所有，甚至是生命，这一点毋庸置疑。值得注意的是，这点也许与法国人的心理有着巨大的反差：多年以来，法国人被告知，马其诺防线会保护他们，甚至在敌人入侵的情况下，他们可以一如往常我行我素。正是由于这种意识，法国人所有的战斗主动性和欲望都遭到扼杀。与此相反，苏联为战争所做的心理准备，不仅为红军的英勇抵抗奠定了基础，同时还促成了全国上下团结一致对外。

柏林对苏志在必胜

C. 布鲁克斯·彼得斯
通过电话发回《纽约时报》的报道

【柏林 7 月 29 日电】今天德军最高统帅部发表了一份公报，但是对德军在东部战线上行动的重要内容却透露甚少。来自苏联战区的其他报道对战事也是轻描淡写。比如，德军如何在苏军的顽强抵抗中前进？是快还是慢？

斯摩棱斯克的决战仍在继续。据《人民观察家报》将于明天发表的一篇社论，战斗正在维捷布斯克和莫吉廖夫一带打响。据报道，德军在西距斯摩棱斯克

60英里的维亚齐马冲垮了斯大林防线。

据说,德军撕开斯大林防线上维捷布斯克和莫吉廖夫之间的巨大口子之后,坦克和机动化步兵将由此推进,恢复运动战的策略。

为了堵住这个大裂口,据说,苏联人正前赴后继地向这个口子猛打猛冲。德国方面的报道称,这一企图"现在看来并未成功"。它补充道,在西德维纳河与第聂伯河之间至少100英里纵深的区域,运动战正在全面推进。

据官方消息,苏军大部在斯大林防线和斯摩棱斯克之间被德军夹击堵截,且几近覆灭。最高统帅部断言,斯摩棱斯克以东的最后一个口袋阵也正在被摧毁。这一口袋阵显然位于斯摩棱斯克和维亚齐马之间。苏军其他部队是否在同一区域突破了德国口袋阵,柏林方面没有透露任何消息。

德军司令部承诺,几天后,将向全世界公布斯摩棱斯克战役的结果。德方称,目前已经截获了大批俘虏和大量物资。

德军宣布,罗马尼亚军队从南翼发起攻击,已经占领了德涅斯特河黑海入口处的阿克曼。随后,它宣称,在罗马尼亚总理扬·安东内斯库将军的领导下,德国和罗马尼亚军队已经从苏联手中解放了比萨拉比亚。德国人指出,敖德萨距阿克曼只有30英里的飞行里程。

据报道,在乌克兰南部,德国、罗马尼亚、匈牙利和斯洛伐克部队组成的轴心国联军已经打得苏军步步后退,所遇到的只有地方武装的抵抗,而且轴心国部队已经临近黑海,占领了广阔的前线,尽管那里的天气依然恶劣。乌克兰首府基辅似乎仍在苏军手中,没有理由相信德国军队在这一区域成功地跨越了第聂伯河。

据报道,苏兰和德国在北部取得了一些进展。陆军元帅卡尔·古斯塔夫·曼纳海姆率领部队已经从拉多加湖与奥涅加湖之间的3个点跨越了原苏联—芬兰边界。

德国发布官方报告称,在佩普西湖西部,苏联军队已经被奉命扫荡爱沙尼亚的纳粹军队团团围住,随时都可能被消灭。

莫斯科再遭轰炸

德国空军于昨晚第七次轰炸莫斯科。柏林权威军事部门称,对苏联首都、苏联主要通信和工业中心同时持续的空袭必须"及时进行",以削弱苏维埃的抵抗

1941年，德军空袭莫斯科期间，德国空军拍摄的克里姆林宫尖顶的轮廓。

力量。

　　纳粹党报《人民观察家报》称，当前的战争是"世界上两个最大的军事强国"的对垒。所以，《人民观察家报》的编辑目前以为，在苏联战区如此大范围的争夺战役中，时间是一个非常重要的因素。

对峙与博弈：《纽约时报》二战全纪实（1941—1942）
The New York Times: Complete World War II（1939—1945）

第三章

3
chapter

总统志在参战

1941 年 8—10 月

随着苏联和大西洋战事的加剧，美国置身冲突之外的概率似乎越来越小。但美国公众舆论对这一问题依然各持己见。美国的一家杂志对全国的报纸的出版人和编辑进行了调查，在收回的 871 份问卷中，当被问及对立即参战的意见时，有 2/3 反对美国参战。

8 月 9 日，罗斯福与丘吉尔在纽芬兰普拉森舍湾的美国巡洋舰"奥古斯塔"号面对面地讨论战争的未来走向，罗斯福总统愈加倾向于参战。新闻界被要求对此事保密，直至 8 月 14 日，政府就该历史性会面发布了一份公告，即众所周知的《大西洋宪章》。两国领导人承诺各自的国家在整个战区重新建立民主主义和民族自决权。虽然美国没有做出正式的军事承诺，但全世界都很清楚，罗斯福已在政治和道义上对同盟国给予了支持。希特勒对公告表示愤怒，认为美国的干预只是时间问题。而日本人认为这份声明挑战了自己成为亚洲帝国的权利，对它冷嘲热讽。丘吉尔很高兴与罗斯福共同制定了这一联合协议，但是他不清楚这是否意味着美国能立即参战。

在世界的另一端，在苏联广袤大地上的一条延绵 1000 英里的战线上，战事更加激烈。苏联红军奋起抵抗，力阻敌军进入苏联的心脏地带。到 9 月，列宁格勒被重重包围，但并未被攻克。在接下来的两年时间里，大大小小的战役夺去了上百万人的生命。交战双方发布的战争消息都尽力呈现出乐观的画面，但无法掩饰苏军的缓慢撤退。9 月 19 日，基辅向德国投降。苏联军队遭受了 52.7 万人的伤亡。9 月 30 日，希特勒发起了旨在攻克苏联首都莫斯科的"台风行动"。出于安全考虑，苏联政府撤离莫斯科，来到远在东面的古比雪夫市。希特勒飞回柏林，并在欢腾的人群面前大肆吹嘘说，苏联这条巨龙已被斩杀，再也没有升腾之日。

纳粹政权已经在计划将德国犹太人运往东方，大多数西方人对那里一无所知。而在苏联，成千上万的犹太人已经惨死在纳粹武装党卫军谋杀队的手中，包括妇女和儿童。德国最高统帅部认为，苏联的后备队所剩无几，期望斯大林会像 1940 年的法国人一样提出和平要求，以便自己建立严苛的种族帝国。但严冬将至，正如汉森·鲍德温在《纽约时报》所写的：时间是战争中的一个关键因素。

对于美国来说，更大的危机仍在太平洋地区。9 月 21 日的《纽约时报》报道，美国与日本之间的谈判"实际上已经僵持不前"。英国对其在新加坡的主要基地，继续表现得信心十足，认为它可以作为屏障，应对日本的突然扩张，但来自亚洲的消息却说，那里面临着新的威胁。尽管美国与日本理性和解的希望渺茫，但孤立主义者仍然致力于美国的中立，并继续谴责罗斯福总统的外交政策。

9 月下旬，在一群有德国血统的美国公民组织的施托伊本社团的晚宴上，参议员杰拉尔德·奈宣称"总统志在参战"。抗议者聚集在外面，手持标语，上书"元首感谢你的衷心效劳"。德军从苏联草原到大西洋灰色海上的战场捷报频传。《纽约时报》的表述清清楚楚：《德国潜艇在海上再掀怒潮》《德军来势凶猛》。但危机不是来自欧洲，而是来自数千英里外的太平洋中部。

1941 年 / 8 月 1 日

多家报刊反对美国参战
一项对编辑和出版人的调查显示，反对者与支持者的比例为 2∶1

昨日，《编辑与出版人》杂志公布了一项调查结果，显示全美超过 2/3 的日报反对美国立即参与战争。这一结果将于明天在该刊发表。

该杂志向其国际年鉴中所列的 1878 家日报各发了一份调查问卷，有 871 家报社做出了答复。其中，615 家报纸反对陆军和海军参战，250 家赞成这一行动，其余的未作答复。该杂志评论说，这项调查表明，"无论是现在或将来，绝大多数编辑反对美国参与欧洲战争，且就与欧洲参战国的关系而言，希望美国维持现状就好"。

"不过毫无疑问，这种观点会在一夜之间因轴心国方面的悍然举动而改变。"该杂志继续说。

调查表明，绝大多数编辑还认为，美国为其自身的战略利益，应该占领外国列强所拥有的基地。多数编辑也赞同通过联邦法律规范商品价格调整和劳动争议强制仲裁。

1941年 / 8月7日

纳粹描绘大破坏
称重创敌军，战绩可喜，俘虏89.5万名俘虏，缴获大批物资

C. 布鲁克斯·彼得斯
通过电话发回《纽约时报》的报道

【柏林8月6日电】德国武装部队最高司令部在对苏入侵进程几乎完全沉默数周后，今天中午发布了一系列特别公报，择要概括了从7月12日公布的突破斯大林防线到目前为止在东部战线的作战成果。

今天的这一系列公报报告了从6月22日入侵开始后，苏联在人员与装备上所遭受的损失，但关于双方军队目前的位置，并没有比之前的公报透露更多消息。此外，与7月2日发表的特别公告不同，这些公报并没有断言已经强制性"决定"另一个"世界政治输入"，也没有暗示苏军的失败已成定势，且指日可待。

德国方面宣布，自6月22日以来，苏联遭受了巨大的人员和物资损失，详情如下：89.5万名俘虏、13145辆坦克、10388门大炮和9082架飞机。官方称，苏军的伤亡人数是被俘人数的"很多倍"，但权威军事部门拒绝解释"很多倍"是否为两倍以上。

但是，据德国消息灵通人士估计，苏军的伤亡在250万到300万人之间。因而，苏军有生力量的总损失预计在350万到400万人之间。

据1939年苏联人口普查的数据，苏维埃社会主义共和国联盟的总人口大约为1.7亿，其中不包括兼并的芬兰、波罗的海和苏联东南部的领土的人口。如果苏联每百万人有3个师的话，那么苏联大概有510个师。如果每个师总计有2.5万人，那么苏联的总武装力量将达1275万人。据其他中立消息估计，苏联可以动用的全部兵力大概有1750万人。

因此，如果苏联红军已经损失了350万到400万人，这会是总体兵力的1/5

1941年7月，苏联境内的第一批德国集中营内的苏军俘虏。

至 1/3。但是，德国保守派消息灵通人士宣称，在敌对行动爆发时部署完毕的苏军，多数已被击败。他们补充说，苏军正在一步一步走向灭亡。

德国对己方损失只字不提

德国人对自己在东部战线上的损失只字未提。在概述比亚韦斯托克和明斯克的两场战役时，德军宣称己方的损失"微不足道"。知情人士宣称，"相对于敌人的伤亡，德国的损失微乎其微"。

今天系列公告的最后声明称，有几个因素促使"装备惊人的苏联武装力量被击败"，并解释说，这里所指的是已经被打败的部队，而不是整个苏联武装部队。最高统帅部宣布，新一轮的行动已经开始。

有一份特别吸引人的声明称，德军可能已经恢复所占领领土上的铁路连接。它宣称，铁路系统已经开始全面运转，可以直通战区。

这5份公报是在德国的全国新闻联播中连续播出的。序言部分承认，德国人民误解了最高统帅部的长时间沉默。然后补充说，这种情况也是无奈之举。由于苏联的通信设施落后，他们也没有获得准确的前线战况。不过现在，德国人民了解每日最新事态发展的"正当"希望将会得到满足。

德国的声明与苏联的回应。在昨天一系列的特别公报中，纳粹最高统帅部报告，德军正在逼近列宁格勒、莫斯科和基辅。图中的箭头表示德军先遣队进军的范围，带有编号的方块表示苏联方面声称的战斗区域。对列宁格勒的攻势①中，纳粹称已经突破了斯大林防线，占领了普斯科夫、波尔霍夫和霍尔姆，并在佩普西湖两岸向北推进；苏方报告称正坚守爱沙尼亚北部⑤，在波尔霍夫附近⑥发起反攻，还在霍尔姆周围⑦击退了纳粹的袭击。德国人称已经赢得斯摩棱斯克战役②；苏联称仍占据着斯摩棱斯克，并在奥尔沙到多罗戈布日间⑧发起反击。在基辅前线③，纳粹称正成功地继续围剿战；然而，莫斯科则称已经粉碎了科罗斯坚和白采尔科维⑨的纳粹先遣队。柏林方面称，在遥远的南方④，德国和罗马尼亚军队已经重新夺回比萨拉比亚，并向东北挺进，跨越德涅斯特河中部，与来自北面的部队会合。

1941年 / 8月14日

敖德萨重现"敦刻尔克"大撤军 各条战线面临攻击

C. 布鲁克斯·彼得斯
通过电话发回《纽约时报》的报道

【柏林8月13日电】据德国官方报告,德国武装部队正在苏联战区的各个战场发动袭击,包括基辅东部,而在乌克兰南部的进展尤为迅速。

据称,德国军队及其友军的机动化部队和步兵师群,正在追击向南撤退的苏联军队。德国方面称,被追至黑海港口的苏军,已无法跨越第聂伯河向东逃离,可能会背水一战。

据德国报道,在敖德萨和奥恰科夫之间,苏联大军很可能面临又一场"敦刻尔克撤退",因为所有安全逃跑的海上线路已被封锁。柏林有评论说,不消数日,就会知道在乌克兰南部的港口,苏联黑海舰队和空军到底能疏散多少部队。

据称疏散代价惨重

柏林消息灵通人士称,事实上,由于苏军在这一区域面临的压力太大,苏联指挥部试图疏散被困在敖德萨的部队,将其运到克里米亚半岛。根据这些人士的消息,德国空军已经采取措施阻止这次撤离,击沉了此区域内的2.21万吨的运输船和两艘驱逐舰,另外还击毁了一艘4000吨的轮船。

据说,苏军已经开始使用平底船疏散部队。消息灵通人士补充说,这暗示着另一场"敦刻尔克"大撤退,苏联人是否能够像英国人去年横渡英吉利海峡那样成功撤退?他们对此表示怀疑。

根据德国报告,苏军似乎普遍向乌克兰西南方向撤退。所提到的唯一战斗,是苏军后卫部队试图阻挠德军的追击,以便苏军能够有序撤退。德国官方宣布,在这些小规模战斗中,苏军人力和装备都遭受了严重损失。

今天，德国的官方新闻机构德国新闻局称，德国航空兵的主要攻击目标和主要兵力，都是针对第聂伯河南部河区的"横渡"。据说，由于试图逃跑的军队人数太多，这些"横渡"严重受阻。

德国轰炸机频繁出动

昨天，在南部地区，德国轰炸机炸毁了 240 辆机动车、8 辆坦克、2 辆装甲列车和数段铁路。德军称，在整条战线上摧毁了 184 架敌机，进行了 121 次空战和 63 次地面战，而自己仅损失 3 架飞机。

在东部战线的中心，德国人发布报告称，被包围的苏联军队昨天试图疯狂地从其被困的口袋阵中逃离。德方虽未指出本区目前作战的具体地理位置，但宣称苏军昨天在那里损失惨重。

德国人称，在北方，德军飞机投掷的炸弹摧毁了列宁格勒—莫斯科铁路的数个路段。在同一地区，据说苏军攻击受阻，损失了 18 辆坦克。据报道，德军的反击大获成功，并再次摧毁 10 辆坦克和 32 门火炮。

伊尔门湖以南，苏联第 103 步兵团据说已被包围，除了少数士兵被俘外，其余全部被歼灭。

1941 年 / 8 月 15 日

官方声明

合众社

【华盛顿 8 月 14 日电】罗斯福、丘吉尔会谈的官方声明全文如下：

美国总统罗斯福和代表英王陛下政府的丘吉尔首相，在海上会晤。

陪同的还有英美两国政府的官员，包括两国的陆军、海军和空军高级军官。

该会晤对《租借法案》所提出的战争物资供应的整体问题做了进一步审查，

对象包括美国武装部队和积极抵抗侵略的国家。

英国政府的军需大臣比弗布鲁克勋爵也参加了这些会议。他计划前往华盛顿,与美国政府的相关官员讨论进一步的细节。这些会议还将涉及苏联的供应问题。

美国总统和英国首相已经举行了几次会议。考虑到德国希特勒政府与其他轴心国政府通过征服手段,采取军事统治政策,将会给世界文明带来威胁,英美两国已各自制定出明确的措施,以应对危险,保障自身安全。

双方一致通过的联合声明如下:

美利坚合众国总统和大不列颠英王陛下的代表丘吉尔首相,经过会商认为,应该把各自国家政策中的若干共同原则公布于众。这些共同原则寄托了两国对一个更加美好的未来的希望。

第一,两国不寻求任何领土的或其他方面的扩张;

第二,两国不希望发生任何违背人民自由意志的领土变更;

第三,两国尊重所有人民选择自己将生活于其下的政府的形式之权利,两国希望看到被强制剥夺了主权和自治权的人民恢复这些权利;

第四,两国要在尊重现有的义务下,努力促使所有国家,不分大小,战胜者

1941年8月,在大西洋会议期间,罗斯福总统(前左)与英国首相温斯顿·丘吉尔(前右)在"威尔士亲王"号战列舰上。

或战败者，都有机会在同等条件下，参加世界贸易和获得世界的原料，以实现经济繁荣；

第五，两国希望促成所有国家在经济领域内最充分的合作，以促进所有国家的劳动水平、经济进步和社会保障；

第六，在纳粹暴政被彻底消灭之后，两国希望建立和平，使所有国家能够在各自境内安然自存，并保障所有地方的所有人在免于恐惧和不虞匮乏的自由中安度一生；

第七，这样的和平将让所有人能够在公海上不受阻碍地自由航行；

第八，两国相信，全球所有国家，为了现实的和精神上的理由，必须放弃使用武力。如果那些在本国境外进行侵略威胁，或可能进行侵略威胁的国家继续使用陆、海、空武器装备，则未来的和平将无法维持。所以两国相信，在一个更普遍和更持久的全面安全体系建立之前，解除这些国家的武装是必要的。同样，两国会支持和鼓励其他一切可行措施，来减轻爱好和平的人民身上沉重的军备负担。

富兰克林·D.罗斯福
温斯顿·S.丘吉尔

1941年/8月15日

日本人对"八条提议"不屑一顾
日方认为，罗斯福—丘吉尔计划"缺乏新意"，且"为时已晚"

【合众社东京8月15日电】今天日本官方人士称，昨天罗斯福总统和温斯顿·丘吉尔首相的联合宣言"并没有什么新内容"，即使他们所提出的世界新秩序"八条提议"可以实施，"现在也为时已晚"。

东京最感兴趣的是"英美集团"声明的第四条，即关于贸易及同等条件下获得世界原料的条款，但是他们谴责它所用语言"含糊不清""模棱两可"。据说，这一点关系到"目前全球战争的整体原因"。

日本又补充说，自己有理由认为，对于那些"贫穷"国家，伦敦和华盛顿两方过去从未想过给予它们经济平等。日本也相信罗斯福总统和丘吉尔首相未来也不会或不能够给予这个国家"世界市场中的同等机会"。

逆转苗头初现

消息灵通人士说，英美两国多年以来一直满怀猜忌地守护着全球的大量财富，无论是原材料还是消费市场。听它们谈论经济平等的新时代，真是奇怪。

报纸认为罗斯福、丘吉尔的联合宣言远不如德苏战争中乌克兰前线的捷报重要。《日日新闻》说，苏德冲突依然是国际局势的关键，日本"每时每刻都不能放松警惕"。

极端民族主义小报纸《国民新闻》，也对罗斯福、丘吉尔的联合宣言发表了评论，称英国此举是为维持在远东地区的现状做最后一搏，但是终将会失败，因为无论英国和美国玩什么计策，耍什么花招，日本"在东亚地区建立新秩序的决心绝不动摇"。该报纸还说，伦敦和华盛顿方面的鲁莽行为，将"把远东局势置于更加危险的境地"。

报纸接着说道："美国人应该意识到，他们被英国人玩弄于掌心是多么愚蠢可笑。"

《国民新闻》宣称，如果罗斯福、丘吉尔的联合宣言有任何作用的话，那就是，它"标志着轴心国变本加厉的攻击"。

1941 年 / 8 月 15 日

"八条提议"广受好评
被称赞为民主国家版的《我的奋斗》和新秩序的蓝图

昨天,各组织和个人普遍称赞罗斯福、丘吉尔的联合宣言是民主"新秩序"的蓝本,是"胜利法典",是民主主义版的《我的奋斗》。

然而,美国第一委员会纽约分会主席约翰·T. 弗林却提出了不同意见。他认为宣言不过是"词汇堆砌——掩盖真相的声明"。

保卫美国委员会代理主席克拉克·M. 埃切尔伯格指出,美国总统和英国首相"已经拉开未来的序幕,并向全世界提出了世界秩序的总体原则,民主的胜利将会使这些原则的实现成为可能"。

在代表"为自由而战委员会"所做的发言中,亨利·W. 霍布森主教——美国圣公会南俄亥俄教区的主教、"为自由而战委员会"主席说:联合宣言的八条提议是"我们的胜利法典",但只有在"我们开始向全人类的敌人射击后"才能生效。

弗林提出质疑

弗林先生在美国第一委员会从纽约办公室发布的一项声明中宣称,罗斯福总统和丘吉尔先生的会晤"不是为了起草他们所发表的声明"。

"他们应该开诚布公,告诉美国人民他们会晤的真正原因及真正决定要做的事情。"他说道,"美国人民很想知道丘吉尔提出了什么样的要求,罗斯福又给了什么样的承诺。"

"他们所说的让全世界民众选择自己想要的政府的言辞都没有意义,除非它适用于印度、印度支那、荷属东印度、英属马来亚、立陶宛、拉脱维亚、爱沙尼亚和芬兰等。"

威廉姆·T.曼宁主教以个人的名义说，联合宣言"巩固了我国与其他英语国家的兄弟情谊"，还称宣言"将我们和他们坚定不移地团结在一起，共同推翻暴政和侵略，维护正义和人类的自由"。

反纳粹联盟的领导人的观点

反纳粹联盟理事会主席詹姆斯·H.谢尔顿说，联合宣言是民主主义版的《我的奋斗》，它将作为"1941年为全世界被压迫民族而书写的一个《独立宣言》"而载入史册。他说，那"八条提议"是"民主主义反对纳粹的恐怖战略的战略"。

唯爱社书记、A.J.缪思特牧师说，联合宣言并不令人鼓舞，人们可以"回忆'一战'中理想化的'威尔逊—劳合·乔治宣言'是如何燃起人们的希望，却又让人们大失所望的"。他断言，该宣言将会引发"另一个《凡尔赛和约》"，说"第二次世界大战将催生第三次世界大战，就像第一次世界大战导致了第二次世界大战一样"。

1941年 / 8月22日

纳粹占领关键城市
苏联人放弃戈梅利

C.布鲁克斯·彼得斯
通过电话发回《纽约时报》的报道

【柏林8月21日电】今天，德国最高统帅部称，苏联前线各个分区战绩可观。

公报称，党卫军占领了乌克兰南部的赫尔松市，该市为尼古拉耶夫市东南的第聂伯河港口。

在斯摩棱斯克和基辅之间的戈梅利地区，德军继续越过城市前行，可能沿着第聂伯河向南，从侧翼攻击乌克兰首府基辅。

在诺夫哥罗德市北翼，金吉谢普市和纳瓦市已经陷落。由此可以判断，再前进40英里，就可以到达目的地，切断列宁格勒—莫斯科铁路这一命脉。

两个月里斩获颇丰

在敖德萨和奥恰科夫，德国空军部队实施了地毯式轰炸，其时黑海港口的苏军士兵正在向船上疏散。据报道，一艘6000吨的运输船在这次"超级敦刻尔克大撤退中"葬身海底。官方新闻机构德国新闻局称，另外3艘大船，其中一艘为1.5万吨级的客轮，也被损坏。

两个月前的第二天，即6月22日，德国人开始了对苏联的入侵。在柏林的权威军事部门称，截至目前，大约500万名苏军伤亡或被俘。据说俘虏数目总计超过了120万，那么，按照德方的估计，苏军已有近380万的伤亡。（今天早上，苏联公报承认放弃了戈梅利，而早些时候，苏联曾发布声明称，列宁格勒面临"直接威胁"。然而，一位苏联发言人说，在8个星期的战争中，德军伤亡近200万人。无论战争持续"几个月还是几年"，苏联终将赢得胜利。）

此外，据说德军还缴获或击毁了1.4万门各种口径的火炮，1.4万辆坦克和1.1万多架飞机。

1941年7月，德国军队在白俄罗斯莫吉廖夫放火后，乘船渡过第聂伯河。

德欲开春再战

尽管战争胜负未定，但知情人士认为，德军在战争中的确略胜一筹。这些知情人士补充道，苏联军官团已遭重创，为苏军未来的反击增加了难度。

消息灵通人士说，现阶段攻势的唯一重要战略上的考虑就是摧垮苏军的抵抗力量，让它到明年春天也无法恢复元气，如此一来，占领城市便成为次要的考虑因素。

他们宣称，比如，莫斯科可能"会有一段时间保持在我军的后方"。他们补充道，还有，列宁格勒是一座堡垒，不易强攻，只可包围。

克利缅特·伏罗希洛夫元帅呼吁列宁格勒的居民拿起武器，准备反击，保卫城市。德国人回应说，如果德军进攻这座城市时，苏联胆敢派出狙击兵来应对，那么建议苏联比较一下惨烈的华沙战役与毫发无伤的巴黎和布鲁塞尔。

1941年 / 8月28日

伊朗新政权扫平叛军
等待德黑兰提议，英苏部队继续前进

詹姆斯·麦克唐纳
通过电报发回《纽约时报》的特别报道

【伦敦8月28日电】昨天刚组建的伊朗新政府发表声明，命令伊朗部队"停火"。该声明今天通过德黑兰电台同时发往了伦敦和欧洲其他首都。伦敦方面对此表示赞赏。

同时伦敦方面强调，英国和苏联军队将继续穿过伊朗前进。以阿里·福鲁吉为首的伊朗新政府，会对整体局势各个方面给出怎样的提议，包括会采取何种措施驱逐残留在伊朗境内的纳粹分子，并防止他们再次潜入该国，苏英两国官员都拭目以待。苏英宣称，进入伊朗的原因之一就是驱逐这里的纳粹技术人员和其他人士，但是潜在目标之一，就是在彼此间建立直接的地面通信，同时防止蕴藏丰富的油田落入德军之手。

期待两军会合

在向伊朗的"停火"命令表示欢迎的同时,伦敦一些人士指出,伊朗部队在广大山区的负隅抵抗,毫无实际意义,只会造成严重的流血伤亡。

英国和苏联军队现在已经能够以更快的速度控制更多的通信线路,通过伊朗全境铁路和德黑兰—大不里士公路,直逼关键目标。据非官方人士推测,英国和苏联的部队将继续推进,直至最终会合。之后它们将加固通信线路,并对输油管道采取保护措施。

德黑兰电台还没发出公告,伦敦方面就收到消息,称伊朗下达了总动员令。这似乎在说明,伊朗方面不会坐等盎格鲁—苏联占领自己的国家。根据后来的事态发展,这一命令仅仅被解读为"在危机时刻,伊朗适龄男性要随时待命准备服兵役"的意思。

为了说明伊朗的抵抗是多么的徒劳,试举一例:不到24小时,英国军队已控制了位于阿巴丹的全球最大的炼油厂,俘虏了整个伊朗海军,占领了霍拉姆沙赫尔的战略性无线电台,还围剿了几艘停靠在沙普尔港(霍梅尼港的旧称。——译者注)的轴心国商船。此外,一个纵队已经从伊拉克的哈奈根,逼近伊朗的西伊斯兰阿巴德。这100英里左右的行程,英军用了不到3天的时间。

伊朗总理发布声明

伦敦接收到的从德黑兰电台发出的声明,引述新总理的话说,政府将尽其所能与外国政府保持良好关系,"特别是我们的邻邦",并将继续与世界其他地区保持和平关系。

"为向全世界表明这一心愿,"总理说,"我们现在宣布,鉴于苏联和英国政府下达命令采取某些行动,按照国王陛下爱好和平的政策,伊朗政府现在命令,本国全体武装部队放弃一切抵抗,以避免流血牺牲和安全隐患,并保证公众和平与安全。"

1941 年 / 8 月 31 日

草鞋大热
纳粹工业无法满足鞋类订单生产

通过电话发回《纽约时报》的报道

【柏林 8 月 30 日电】去年还是新鲜事物的儿童草鞋，现在需求量猛增，新"工业"的生产能力已经无法满足订单需求。

这种鞋用稻草密密编织，据说有防水功能。鞋帮中衬有布料和薄薄的皮革，鞋内足弓用轻金属支撑。这种鞋可穿一年左右，但每 4 到 6 个星期须更换鞋底。每双标价为 16.5 马克。

人们同时也在试验用树皮生产鞋子，但迄今收效甚微。夏季伊始，大众市场的皮鞋销售量急剧下降。

1941 年 / 9 月 21 日

东京方面立场坚定
日本坚持在远东地区的特殊地位

弗兰克·L. 克拉克洪
发回《纽约时报》的特别报道

【纽约州海德公园 9 月 20 日电】今日据可靠消息称，尽管日美谈判一直在进行之中，且日本一直期望能够达成最终解决方案，但是谈判实际上已经僵持不前。

据了解，造成谈判僵持的原因是，至少目前是，日本坚持认为自己应在中国享有相当高的控制权，但国务卿科德尔·赫尔也不愿放弃自己的主张，他认为日本不应该在东亚有特殊地位。

与此同时，美国海军每次与大西洋上的德国和意大利的潜艇、水面部队和空中部队作战时，都要在太平洋水域预留一半以上的兵力。人们担心，苏联在乌克兰和列宁格勒一带的兵败会刺激日本，如此一来，便为远东局势的和解增加了难度。

根据来自外交界人士的可靠消息，由于国务卿赫尔坚持要求日本放弃其意欲在中国获得特权的计划，并且在日本改变现有立场前，拒绝谈论详细的条款，日本首相近卫文麿决定尝试与罗斯福总统直接谈判。

总统已反复就此问题向国务卿征询意见，但是根据所获得的资料，美国政府和日本政府就此问题的立场均未见缓和。总统昨天向记者表示，即便是在海德公园，他与赫尔先生也一直保持频繁接触。

对于近卫文麿的来信，罗斯福先生尚未做出任何公开的答复。从昨天的总统新闻发布会上，可以明显看出，对日问题近期未取得任何进展。然而，上个星期，日本驻华盛顿大使馆透露，使馆的一名工作人员正从东京经秘鲁转道美国，因为日本船只目前不直接驶往美国港口。人们认为，他很有可能会带来日本政府的新指示。

但是目前，由于美国对日实行"禁运"，两国的贸易几乎处于停滞状态，也正是因此，日本一直忙着应对巨大的经济压力。

日本首相近卫文麿。他在遭国务卿科德尔·赫尔回绝后，寻求与罗斯福总统的直接接触。

担心来自太平洋的威胁

人民普遍担心，如果德国陆军在苏联继续所向披靡，且东京方面认为纳粹战胜苏联指日可待，那么日本会加紧与轴心国的协作，并向北或南进军，同时对大西洋和太平洋的美国海军构成威胁。

人们有充分理由相信，鉴于上述威胁随时都可能更加严峻，罗斯福总统本人对此仍然相当重视。然而，毫无疑问，美国政府倾向于认为，日本政府最近的人事改组，包括天皇本人对大部分军事机构的接管，是美国政府向日本施加经济压力所致。但是美国人所能得到的最好消息就是，除非日方态度有所缓和，否则要找到解决这些困难的方案几乎是不可能的。

虽然具体拟议的和解条款并未公布，有报道称，日本力求控制中国的通商口岸和北方四省，并在中国其他地区建立"象征性"的军事要塞。据报道，作为交换，日本愿意从法属印度支那撤出，并放弃一切向南征服的计划。虽然这些条款可能不完全准确，但外交人士认为，它们大体准确地给出了日本立场。

同样可靠的消息指出，美国政府不愿意以牺牲中国为代价，接受日本的条件，但如果日本放弃武力征服，美国将为它提供经济援助，并恢复对它的正常贸易。

1941 年 / 9 月 21 日

参议员奈说总统志在参战
呼吁"所有忠诚的美国人"反对外交政策

昨晚，参议员杰拉尔德·P.奈呼吁"所有忠诚的美国人"团结起来反对罗斯福总统的全面援助反纳粹国家的外交政策。他认为，这一政策意味着美国总统和英国领导人将不顾美国人民的意愿，让美国卷入战争。

美国施托伊本社团在比特摩尔酒店举行了年度晚宴。国会里孤立主义者阵营的主要成员参议员奈在晚宴上发表了讲话。他主张，美国"仍然与世界保持和平",但是如果总统和他的支持者们继续奉行现在的外交政策,美国的民族团结就不可能实现。

该社团有1000名成员出席了晚宴,并对参议员奈的讲话致以掌声。酒店内外警卫戒备森严,当天晚上没有发生骚乱。

"当美国处于危险时,美国有识之士能够而且愿意团结一致,倾囊相助,献计献策。"参议员奈断言道,"只有坦诚相见,我们才能获得这种团结。但美国参战这一问题,永远都不可能赢得这种一致。"

"我坚持认为,总统已经让我国面临卷入战争的危险,在这种情况下,不管人民为国家效忠的愿望有多强烈,他们也不愿为战争团结一致。还有一件必须正视的事就是,只要目前全球的局势保持现状,那么美国永远、永远、永远不可能在卷入战争的问题上达成统一。"

当参议员奈在大宴会厅向这个由德国血统的美国人组成的社团的成员们发表讲话时,"为自由而战委员会""美国青年代表大会"和其他几个坚决反对该参议员的孤立主义立场的组织的代表在酒店外抗议。

这些抗议者高举标语,上面写道:"'元首感谢你的衷心效劳',参议员奈。""为自由而战委员会"和其他组

| 参议员杰拉尔德·P. 奈

织曾促请社团主席特奥多尔·霍夫曼，请他允许一位与参议员奈持相左意见的发言者在晚宴上陈述自己的观点，"让忠诚的德国血统的美国人说句公道话"。但该请求遭到拒绝。

整个晚上，一队警察都在随时严加防范，以免发生骚乱。在副警长约翰·J. 马蒂诺的指挥下，175 名警察允许抗议者在酒店前方游行，但驱散了试图聚集在大楼前看热闹的过路人。

在为晚宴印制的一封信中，施托伊本社团主席特奥多尔·H. 霍夫曼宣称，其组织成员憎恨那些"职业煽动者、某些报纸和某些评论家将德国血统的美国人标为反美分子或第五纵队"的企图。

"日耳曼出身的美国人不想要法西斯主义、纳粹主义或英国帝国主义，"他说道，"他们相信只有一个主义，那就是美国主义。我们社团的原则与目标教导我们要对我们这个国家有信心、对我们的政府形式有信心，对我们政府赖以存在的原则有信心。"

1941 年 / 9 月 21 日

纳粹宣布，对基辅进行大扫荡

C. 布鲁克斯·彼得斯
通过电话发回《纽约时报》的报道

【柏林 9 月 20 日电】今天，德军最高统帅部发布公报，提到了基辅驻军的投降、在乌克兰首府的扫荡行动，以及对困于基辅、普里卢基和乌克兰之间的三角形地带以东的 20 万苏军的清算进展。据称，苏军企图殊死突破围困，但屡遭挫败。

据说基辅的征服者正在向东推进，已经越过波尔塔瓦，把注意力转向波罗的海前线。据称，德军在进攻中拿下了两个岛屿，为进军列宁格勒打开了海上通道。（美联社转发的德国新闻局的一篇报道称，德军昨天向列宁格勒和被包围在该城防区中的苏联军队发起了"猛烈"空袭。该报道称，该城多处失火，防空阵地、供应中心和营房遭到重创。然而，据说德国空军主力部队攻击的目标是苏联的炮兵阵地和碉堡。）

目标已经实现

明天，德国对苏联的入侵将进入第 15 周。依柏林消息人士来看，德国在东线作战计划的主体目标已经实现。柏林称，德国领导层的目的是，以 5 种方式彻底摧毁苏联的抵抗力量：

第一，持续攻击苏联预备役兵力。据说在以前的战争中，预备役兵力是取之不尽、用之不竭的，除非正规军已全部被俘虏或杀害。

第二，最大力度地摧毁或截获苏联现有战争物资。

第三，削弱苏联的工业潜力，使苏联丧失发起大规模军事行动的能力。

第四，以德国空军为主力捣毁苏军的通信线路。如果不可能捣毁全部，至少也要加大苏联国内战争产业与前线战斗部队之间协作的困难。

第五，德国空军对政治中心实施空袭，阻碍苏联人有效地管理自己的国家，以尽可能削弱苏联在这场战争中继续实施集中式的指挥。

对基辅的集中攻势据称始于上周三。昨天上午，设有弹药库和营房的大本营遭到突袭。今天的公报称，在上周三的突袭之后，基辅被逐片区扫荡、然后被占领。

据报道，苏联人已为保卫基辅的巷战做了充足的准备。德国新闻局称，平民编队和人民内务委员部（苏联秘密警察）的军团已经在街道上竖起路障、挖好坦克陷阱，并设置其他障碍。但是，所有这些措施据说都因德军从南部和北部发起的突然且迅猛的攻势而无法派上用场。

顿涅茨攻势旗开得胜

继德国在基辅地区的攻势奏效之后，苏联似乎已经丢掉了整个乌克兰北部地区。纳粹军团向哈尔科夫和顿涅茨盆地发起攻势，并于周四占领了波尔塔瓦，现在已经越过此地。

因此，德国先遣部队距哈尔科夫不足 75 英里。公报强调，整个乌克兰东部因而危如累卵。

由于纳粹从彼列科普插入，克里米亚与北方的地面连接通信已完全切断。

至于德军在塞瓦斯托波尔进攻中对半岛的渗透到底有多深,公报没有透露。然而,人们认为袭击将会接连不断。在不久的将来,有望得到来自这一地区的官方消息。

1941年 / 9月24日

纳粹要求所有犹太人佩戴大卫星,违者将被放逐

未佩戴大卫星的儿童也要遭到惩罚并送往战俘集中营

【美联社柏林9月22日电】关于犹太人佩戴大卫星的共35条条例,对何时以及怎样佩戴大卫星给出明确规定,并已被通知到犹太人中央理事会。而佩戴大卫星的要求是在上周五首次提出的。

条例规定,犹太人出门时,必须时刻佩戴醒目的大卫星。仅仅在外罩或大衣上佩戴大卫星还不够。犹太人身穿无袖衬衫进入家中的院子,衬衫上也必须有大卫星。

有非犹太人登门拜访,按响了门铃,犹太人在开门时必须佩戴大卫星。犹太

根据纳粹的法令,德国犹太人被迫佩戴大卫星。

人在大街上用公文包或购物袋遮盖大卫星的，可能会被送到集中营。（合众社报道，据可靠消息称，通常对违反这些条例的惩罚就是将违者送到集中营。如果儿童触犯条例，据说父母和监护人要承担责罚。）

除非持有离开城市的批条，并且已经购买了车票，否则犹太人不得进入铁路候车室或车站餐厅。未经书面许可，犹太人不得搭乘出租车、医院汽车或急救卡车。

科隆两名"非雅利安人"天主教教士在教袍上佩戴了大卫星。

1941 年
9 月 28 日

苏联人正为冬季战役做准备
他们相信那时的胜算要大于德国人

赛勒斯·L. 索尔兹伯格
通过无线电发回《纽约时报》的报道

【随在中央前线的红军 9 月 27 日电】"这是一场沉痛的闪电战。在前线的大部分地区，德国军队已经开始挖掩体藏身。摆在他们面前的是堑壕战，苏联泥泞的道路和寒冷的冬天。"这是中央区红军才华卓越的将领之一、陆军中将瓦西里·索科洛夫斯基的观点。在他看来，和铁木辛柯元帅正在作战的漫长前线一样，南北两端的战线也正在稳步形成。

在索科洛夫斯基将军看来，一旦形成该局面，苏联军队将拥有巨大的优势。由于糟糕的路况，德国陆军的机动性将被削弱而失去打击力。他相信，由于无法再发动之前惯用的闪电战，德军的士气也将一落千丈。

天公作美

到底这些预言是否准确，接下来的几个月便可见分晓。从重新夺回的中央战壕里破烂的衣服可以看出，纳粹已经开始往前线运送带羊皮衬里的外套。不过，苏联人相信，入侵者不久就会被严酷的气候拖垮。

说到天气因素，可能有人会提及过去，认为德军在以往的战役中所面临的天气或地形上的困难都被习惯性地夸大了。但无论是哪种情况，可以肯定的是，红军正在为冬季战役积极准备，正在深入组织一场长期的斗争，不仅要拖住希特勒的战争机器，更要让它彻底瓦解。

红军的准备工作可分为三类：后方的准备、前线后面的准备和前线上的准备。后方的准备包括以下基本步骤：开通通往伊朗的新贸易航线，以便接收盟军送达的物资；从受威胁地区继续向东转移大量重要的机械设备，以维持国内充足的生产能力；训练新兵团，包括在乌拉尔地区驻扎的 10 万波兰士兵；在所有高中设立军事科学课程。

整顿工厂

索科洛夫斯基将军说，后方的工厂正在重新调整生产计划，并已初见成效。事实证明，现在苏联空军在中央区能用的飞机比一个月前多了两倍。行政工作所面临的严峻问题之一，是保持通往前线的交通运输线路畅通。随着秋季恶劣天气的到来，交战双方都将面临阻力。

除了少数铺好的公路外，其他公路使用起来都困难重重。这些公路只有在春季融雪消失到秋雨开始之间短短的时期才可使用。即使是在冬天，道路上的泥泞已经结冰变硬，交通也并非易事，因为届时会大雪纷飞。

关于气候因素对敌方机动部队的影响，最好的情况就是速度减慢，而最糟糕的情况则是几乎全面停止行军。而红军所面临的供应线困难，即便有，也会相对较小。因此，随着严寒的来临及持续的降雨，人们注意到，双方将越来越多地把精力集中在交通设施的维护上。

公路上的劳动

下面引用的是作者笔记本上的杂记：

"碎石路的尽头，一队队工人正在修土路，有男有女，都是农民，还有压路机；用于铺路的土按一定间隔堆在道路两旁；隔一段就有哨兵和巡逻队，头戴钢盔的士兵跟在一排拖拉机后面，看着它们沿路行驶；卡车货运站藏在路边的树后面；成队的工人在路边充当武装警卫；树林里新开了一条小路，替代那条已经踩成泥浆的老路；一小队农民手持铁锹修填受损路面，士兵们在一片烂泥地里铺设木排道；成群结队的士兵守在路况糟糕的地方，帮着把车推过去。"

为了让军队在冬季保持战斗力，保证士兵的健康至关重要，因而需要准备充足的食物和御寒衣物。苏联人对自己的抗寒能力感到自豪。正如索科洛夫斯基将军所说：

"冬季会给德国人带来更大的困难，而每个苏联人都有羊皮大衣，他们习惯了恶劣的天气，还有毡靴可穿。在芬兰战役中，我们经受了 -50℃ 的严寒。如有需要，红军可以日夜待在户外，而德军会冻成冰棍。我们现在所处的地方，温度为 -40℃——35℃，与西伯利亚的气温不相上下。虽然德军正在从挪威大批购买滑雪板，但我怀疑，德国士兵究竟有几个懂得如何使用。况且，滑雪板也运不了坦克和重型装备。因此，战争将会进一步趋于稳定，并逐渐走向终结。"

今年冬天对敌我双方来说都不太好过，但红军司令部已经下定决心，尽其所能保证士兵在严冬不至于太冷。有这样一句格言："俄国人安之若素，而德国人片刻难捱。"

1941 年 / 9 月 29 日

战争演习结束；蓝军靠近目标
马歇尔称赞士兵表现出色
新军队迅速成为"强大机器"，35 万军人备战完成

汉森·W. 鲍德温
发回《纽约时报》的特别报道

【路易斯安那州什里夫波特市第二集团军演习指挥部 9 月 28 日电】今晚，当火红的夕阳在得克萨斯平原西沉时，美国有史以来最大规模的军事演习也进入收尾阶段，什里夫波特几乎被"敌军"包围。

这场为期两周的战争演习的艰苦程度，是美军从未经历过的，演习结束，士兵们个个疲惫不堪、满身淤泥。第二集团军和第三集团军的 25 万名士兵也正从 3 万平方英里的演习场地赶回各自的营地，之后便将迎来 15 天的假期，这无疑让人很开心。

得知自己出色地完成了任务并得到了参谋长的首肯，士兵们很受鼓舞。

马歇尔称赞官兵精神可嘉

在一份致"全体指挥官、军官和士兵"的电报中,乔治·卡特利特·马歇尔将军说:

"刚刚结束的演习中,地面部队、空中部队、后勤和维修部队都取得了巨大的成功。士兵们表现出来的热情、活力、耐力和精神都堪称楷模。我们还有更多东西要学习,但在过去两周里所犯的错误也要改正,物资供应不足的问题也要妥善解决。"

"装甲部队和空军中队现在已经是军队的一部分,拥有海军及海军陆战队的俯冲轰炸机的支持。现已证明后勤部门可以胜任它的职责。新的公民军队正在迅速成长为各部通力合作的强大机器。"

"我谨代表我本人和战争部全体工作人员,对你们大家,特别是即将退役的老兵表示感谢,谢谢你们所做的出色的工作。"

演习双方在烈日下经受了一天的折磨后,在下午4点45分收到了"停火"命令。

当裁判最后一次挥动旗子时,负责进攻的蓝军第三集团军的小股部队已经占领了什里夫波特的水厂,逼近城区的北郊,并与红军第二集团军部队在市郊十字河口大桥桥头展开拼杀。

主力部队在20英里外

什里夫波特的中心显然就在北部大炮射程内,但是红军守卫部队称,蓝军在北面的部队只是小股骚扰部队,蓝军主力军仍在18—25英里外。第二集团军指挥官、陆军中将本·李尔将军仅仅动用了其强大陆军守备部队的一部分——第一装甲师和第六步兵师。

今晚,李尔将军从三个方面赞扬了第二集团军在演习中的表现,特别是路易斯安那州的演习,其最出色之处就是,"官兵们一心一意完成了全部任务"。他认为,侦察和安全分队等情报部门表现出色,并宣称"航空兵的表现完全达到了我的期望"。

虽然,下午时分陆军中将莱斯利·J.麦克奈尔的指挥总部就发出了"停火"命令,但直到日落时分,演习场上的各个分队才收到通知。其时,蓝军第一装甲师的装甲分队在步兵协同下,仍在与红军作战。战斗地点就在得克萨斯州东部沙宾河沿岸茂密的树林间,交战的红军部队为第二骑兵师,其后援包括一个骑兵侦察团、一个步兵团和一个反坦克小分队。

得克萨斯州戴德伍德镇阵阵马蹄声

自拓荒时期以来，得克萨斯州的戴德伍德小镇及其周围从未如此热闹。这里聚集着数支具有古老的"风驰电掣"传统的骑兵军团，从其战马身上，我们可以清楚地看到战士们在过去两周里所经历的严酷考验。附近停放着所缴获的几辆 13 吨轻型坦克，每辆坦克都布满泥土和灰尘。

参与此次战争演习的两个骑兵师和一个骑兵旅表现非常出色。此次参加演习的骑兵，可能比大战爆发时德军拥有的骑兵数量还要多，因为当时德军拥有的骑兵只有一个师外加数个骑兵团，当然，这个数字后来可能有所增加。

长久以来，人们对骑兵在现代战争中的战术价值都抱有相当大的分歧。但在本次演习中，这两个骑兵师，即英尼斯·P. 斯威夫特少将率领的第一骑兵师和约翰·米利金少将率领的第二骑兵师，都有骄人的表现。它们所在的地方地形复杂，坦克很难推进，有些地方连战马都很难通过。

这两个骑兵师，连同来自得克萨斯州的第五十六国民警卫骑兵旅（现已由正规军的军官指挥），因表现卓越而赢得嘉奖。

恶劣的天气和地形

第二师的两个旅，即陆军准将特里·德拉·艾伦率领的第三旅和陆军上校邓肯·G. 理查德率领的第四旅，大部分时间都处于激烈的战斗中。它们还顶着最恶劣的天气行军数百英里，穿越了几个州最难通行的地形。

有一次，第二师行军 70 英里，持续作战达 30 小时；第四旅仅一天就推进了 45 英里。本周夜间还经历了飓风的袭击，风速高达每小时 25—45 英里，大雨倾盆而下，偏僻的森林道路泥泞满地，马蹄都陷了进去，很多车辆无法行驶，但骑兵部队却前进了 25—30 英里。

这些战马虽然体瘦毛长，但是非常强壮。饱经风吹日晒的骑兵，已是憔悴不堪，但他们对自己的成绩和耐力非常自豪。他们现在正用全新轻快的调子吟唱着古老的骑兵歌曲，向得克萨斯州和堪萨斯州的驻地开拔。

但是，第四旅的歌曲则略显得与军歌有些不搭调，因为第四旅是由黑人组成的。今晚当他们向营地行进时，一阵阵《平脚板放荡女》的歌声回荡在仙人掌丛和松林间，但经常被《上帝所有的孩子都有鞋穿》等黑人哀伤的灵歌曲调所盖过。

1941年
9月30日

英国对新加坡基地信心十足
英国军力在远东稳步提高　堡垒更加牢固

F. 蒂尔曼·德丁
通过无线电发回《纽约时报》的报道

【新加坡9月29日电】"英国现在可以'从容'面对太平洋战争的可能性了。"英国驻新加坡基地舰队司令、海军中将杰弗里·莱顿爵士今天在著名的新加坡海军基地的海岸司令部接受采访时,对记者如是说。

记者问他如何看待英国在新加坡加强军事存在。杰弗里爵士说,如果新加坡一年以前受到攻击,这里的守军"绝对会焦虑"。"现在,"他说,"我们有信心迎战。"

他说英国"目前显然不想太平洋发生战争",但是他宣称:"一旦我们的领土受到攻击,我们肯定挺身而战。"

他明确表示,驻扎在远东地区的英国人现在对自己的实力满怀信心,敢于抵御任何一方的攻击。以新加坡为基地,海军中将莱顿指挥下的英国舰船足以跨越浩瀚的海洋,不仅可以抵达马来群岛海域,还可以抵达从中太平洋西部至孟加拉湾的海域。

对东印度群岛的防御缄默不语

当被问及与荷属东印度群岛的共同防御安排时,海军中将莱顿拒绝发表评论,他说,这一问题应该由英国政府说明。但是,他声称:"显然,对荷属东印度群岛的任何攻击都会引起我们的密切关注,因为它会危及我们通往澳大利亚的生命线。"

他强调了马来西亚对美国的重要性。

"我希望美国人能逐渐意识到,"他说,"一旦日本控制了这一地区,美国将不得不向日本乞求橡胶、锡和石油等国防和工业不可或缺的资源。"

在解释英国的立场如何变得日益坚定时,海军中将莱顿走到办公室的窗前,放眼望着广阔的海军基地,手指着一处处的建筑工地,工地上成千上万的人正在为各种工程而忙碌着,这些工程都是为提高基地防御系统和设施而设计的。

基地新工程开建

"在那边,"他说,"我们正在建立一座新的鱼雷仓库,这边正在建造一个新的码头;在更远处,我们正在为海军航空兵兴建新的设施。其实,现在我们可使用的基地应有尽有,我们还会不断改善其设施和防护。"

采访过后,记者参观了该基地。巨大的干船坞看似很小,但是里面有2艘船正在维修,其中一艘还是世界上最大的船只之一。一支建筑队正在抓紧为新增兵力建造营房,用海军中将莱顿的话说就是"申请参军的人太多,我们都不知道该往哪儿安置他们"。

从高射炮林立的地方,到舰队船员岸上营房宽敞而舒适的厨房,各处都在高效而有序地运转着。基地已成为英国在远东地区的标志,更让人感受到英国军队的坚不可摧。

1941年,空军少将康威·普福特、陆军少将阿瑟·E. 珀西瓦尔(白思华。——译者注)、空军上将罗伯特·布鲁克–波帕姆爵士、海军中将杰弗里·莱顿爵士(左起)讨论军事演习。

1941年
10月2日

"莫斯科会议"保证巨额援助
由于英美对苏联在供应问题上几乎有求必应，会谈得以迅速结束

美联社

【莫斯科10月2日电】昨晚，三巨头会议闭幕。美国和英国同意向苏联提供其所需要的几乎全部战争物资，作为交换，苏联为英美两国提供"大量"原材料。

本次会议持续了3天，比预计提前两天结束。这可能是国际理事会在这个规格上所举行的最短暂的会议。英美两国代表团和苏联代表分别发表了此次会谈结果的公告。

W. 埃夫里尔·哈里曼和比弗布鲁克勋爵分别是美英两国代表团的团长，他们承诺，"实际上，对于苏联军事当局和政府所有要求，他们将按照苏联政府的要求进行安排"。

哈里曼先生和比弗布鲁克勋爵在发表的公报中称，作为回报，"苏联政府已向英国和美国提供两国急需的数量庞大的原材料"。

据称，为"使各个方向上的交通运输更加顺畅"，相关方面已做出相应安排。

苏联公报强调"相互谅解，彼此信任，会议气氛很融洽"，并称"想到要将其他国家从纳粹威胁中解放出来"，代表团"觉得这是一项伟大的事业，很受鼓舞"。

在闭幕式上，苏联外交人民委员维亚切斯拉夫·米哈伊洛维奇·莫洛托夫发表了演说。他说，该次会谈表明，"对苏维埃社会主义共和国联盟进行武器和重要防御物资的交付，虽然早就开始，但是以后必将会更加广泛而频繁"。

莫洛托夫先生补充说："飞机、坦克、其他武器和装备，以及原料的交付都将会增加，也会更受重视。"

英美联合声明

哈里曼先生和比弗布鲁克勋爵发表了联合声明,内容如下:

由苏联、美国和英国政府各派代表参加的莫斯科会议已经结束。

与会成员主要是商讨为击败轴心国,英美两国应为苏联提供的物资。

此次会议从周一开始,由苏联外交人民委员维亚切斯拉夫·莫洛托夫主持。会议研究了苏联政府的现有可用资源,以及英美两国的生产能力。

之后,会议决定,对于苏联军事和民事当局的所有要求,基本上按照苏联政府的要求进行安排。苏联政府已向英国和美国提供两国急需的数量庞大的原材料。

会议对交通设施也进行了全面的审查,并制订了计划,力图让各个方向上的交通运输更加顺畅。

斯大林先生已请哈里曼先生和比弗布鲁克勋爵转达他对美英两国的谢意,感谢它们慷慨提供原材料、机械工具和军需品。

基于如此慷慨的援助,苏联军队可立即大幅加强防御力量,猛烈攻击来犯敌人。

哈里曼先生和比弗布鲁克勋爵也代表美国和英国,对苏联政府提供原材料表示感谢,称这将大大增加两国武器的产量。

哈里曼先生和比弗布鲁克勋爵强调,会议的友好精神使协定以破纪录的速度被制定出来。他们特别清楚地指出,斯大林先生在双方合作上通情达理,态度真诚。他们感谢莫洛托夫先生在主持会议时做出的建设性工作,以及所有苏联代表的帮助。

闭幕时,与会代表重申将拥护三国政府的决议,即在彻底消灭纳粹暴政后,全世界建立和平秩序,让所有人都能免受战争威胁,在各自的国家无忧无虑地生活。

1941年 / 10月3日

据称纳粹寻求与苏联和解
华盛顿外交界听闻，斯大林尚未拒绝希特勒的请求

伯特仑·D. 许伦
发回《纽约时报》的特别报道

【华盛顿10月2日电】今天，其他国家的外交圈人士收到来自莫斯科的报告，称希特勒元首已向斯大林主席提出所谓的"自由和平"提议，且尚未遭到明确拒绝。这些外交人士与任何交战方都没有密切的联系。有关细节尚不清楚。

就目前掌握的情况来看，美国并未收到类似报告。美国方面对此消息的准确性表示质疑。另一方面，他们也认为报告的内容并非完全不可能。

哈利法克斯持不同观点

然而，刚从伦敦归来的英国驻美大使哈利法克斯子爵，并不认同这些已经有所保留的观点。他与罗斯福总统会谈之后离开白宫时，有人问他对苏联可能与希特勒举行和平谈判的传言怎么看。

他回答说："我（在英格兰）对此一无所知。事实上，我要强调的是，这些谣传与（W. 埃夫里尔）哈里曼先生、比弗布鲁克勋爵和苏联政府（昨天）在莫斯科所发布的公告大相径庭。他们的会议似乎很成功。"

尽管如此，华盛顿方面从中立国收到的报告似乎在暗示，斯大林先生在三方会议上的立场非常坚定，这点给英美留下了深刻的印象，所以，英美两国才会很快承诺提供苏方所要求的一切援助。如果这些报告确实是来自外交观察员的评论，希特勒可能会在苏联位于近东和欧洲的土地上对苏联做出让步，以期抵消英美对苏联的承诺。

据称，决定性因素可能在于如何对待苏联军队，而不是领土。评论说，如果报告属实，斯大林先生在做出最后决定前，仍可能会权衡哪一方对自己更有利。

1941年
10月7日

德国潜艇在海上再掀怒潮
大西洋的战争更受重视
伦敦感到出乎意料

美联社

【冰岛雷克雅未克 9 月 28 日电（延时报道）】大西洋之战正在进入关键时期。

消息灵通人士称，德国潜艇对大西洋北部的供应线发起猛冲，攻击范围同 3 月和 4 月间的攻势不相上下。

为削弱英国为战争所做的努力，德国此举的目的是英国的大批战争物资，其中大部分为美国制造。

今年夏天，伦敦方面的高层人士曾对大西洋之战志得意满，但英国和美国海军军官或商船船长对此并不乐观。他们认为形势非常严峻。

实际损失的船只的总吨位依然秘而不宣。

德军部署了 600 艘 U 型潜艇

伦敦方面普遍估计，去年春天，德军在大西洋作战的 U 型潜艇多达 600 艘，包括各种类型，此外，德军还投入 200 架福克—沃尔夫公司研制的"信使"和"秃鹰"飞机用于侦察和轰炸。

知情人士认为，尽管去年夏天大批新增驱逐舰和飞机给了 U 型潜艇沉重打击，德军损失惨重，但德军潜艇实力仍保持在 600 艘左右。

考虑到船员需要靠港休息，潜艇本身需要整修，以及靠岸获取补给所花费的时间，似乎共有 200 艘德国潜艇活跃在亚速尔群岛以北的大西洋。每隔两个星期，这些潜艇就会被另外 200 艘所替代。

在战争开始最初的几个月中最为英勇善战的德军"海底斗士"们——海军上尉京特·普里恩和其他潜艇指挥官，现在要么已丧生，要么已失踪。然而，法国

| 1941年6月，英国客货班轮的船员弃船而去，将它留给了德国人。

的沦陷为德国海军潜艇战提供了极大的便利，每次航行之后，新近接受培训的指挥官和船员都更加勇敢无畏。

现在德军潜艇又在成群结队地"捕捉猎物"。"信使"和"秃鹰"飞机可以在暗处发现"猎物"，然后把所观测到的护航队的速度发送给U型潜艇指挥官，指导潜艇找到猎物。德军依然倾向于在破晓之前发动攻击。

但是国务卿诺克斯发表声明称，美国海军将为运送租借物资的船只护航。据说此举是为了减轻英国舰队的负担。

一些观察人士认为，要对付德国潜水艇，必须动用数百艘驱逐舰。英国海军依然牢记海军上将比蒂勋爵的遗言："我们必须有300艘驱逐舰。"

冰岛是反攻德国U型潜艇的中心之一。英国和美国的驱逐舰都配备有最现代化的探测设备和强大武器，是护航的领头兵。

故事中最英勇的部分来自那些在海上袭击中活着出来的商船水手。在他们中间遇到经历过两次甚至三次鱼雷袭击的海员，是很寻常的事情。他们无一例外地都渴望"得到另一条船"。

他们有数以千计的同伴先后丧生海底,还有人被送进了医院,终身残废。对救生艇中的海员来说,坏疽是致命的死敌。

他们的故事大多悲壮而惨烈:一些人精神失常,从救生艇跳进大海;还有人因缺水而舌头肿胀;夜间巨浪袭向脆弱的救生艇,一半船员负责往外排水,另一半奋力划船求生;远远看着护航船的浓烟消失在地平线,他们的内心极度绝望;有些人落入冰冷刺骨的海水中,身体慢慢麻木,然后沉入海底深处。

1941 年
10 月 13 日

德军来势凶猛
据称,一个德国先遣队距莫斯科只有 90 英里   通过电话发回《纽约时报》的报道

【柏林 10 月 12 日电】柏林的军事观察员认为,德军的一个先遣队已经逼近莫斯科,距离不到 90 英里。今晚德国消息人士称,过去 48 小时所取得的进展很有可能是真的,因为红军的反击显得杂乱无章,有一搭无一搭。

一份特别战争公告宣布,朝莫斯科方向逼近的德国军队已经将维亚齐马和布良斯克战场远甩在身后。柏林的新闻机构坦率地表示,驻守顿涅茨盆地的谢苗·布琼尼元帅的军队已被打得"落花流水"。

据称苏军 20 万人被俘

德国的公报称,迄今为止,在维亚齐马和布良斯克的围剿战中,有 20 万苏联士兵被俘。公报补充说,尽管苏联拼死抵抗,不断试图突围,但"无望逃脱自己的命运"。最高统帅部称,被俘苏军人数正在稳步上升。

公报还宣布,随着德军逐渐逼近莫斯科,始自 10 月 2 日"新行动"已经逐步展开。但公报并未清楚说明新行动到底是什么。据说,从亚速海到伊尔门湖南面的瓦尔代高地长达 750 英里的前线上,德军及其友军正在向东进攻。

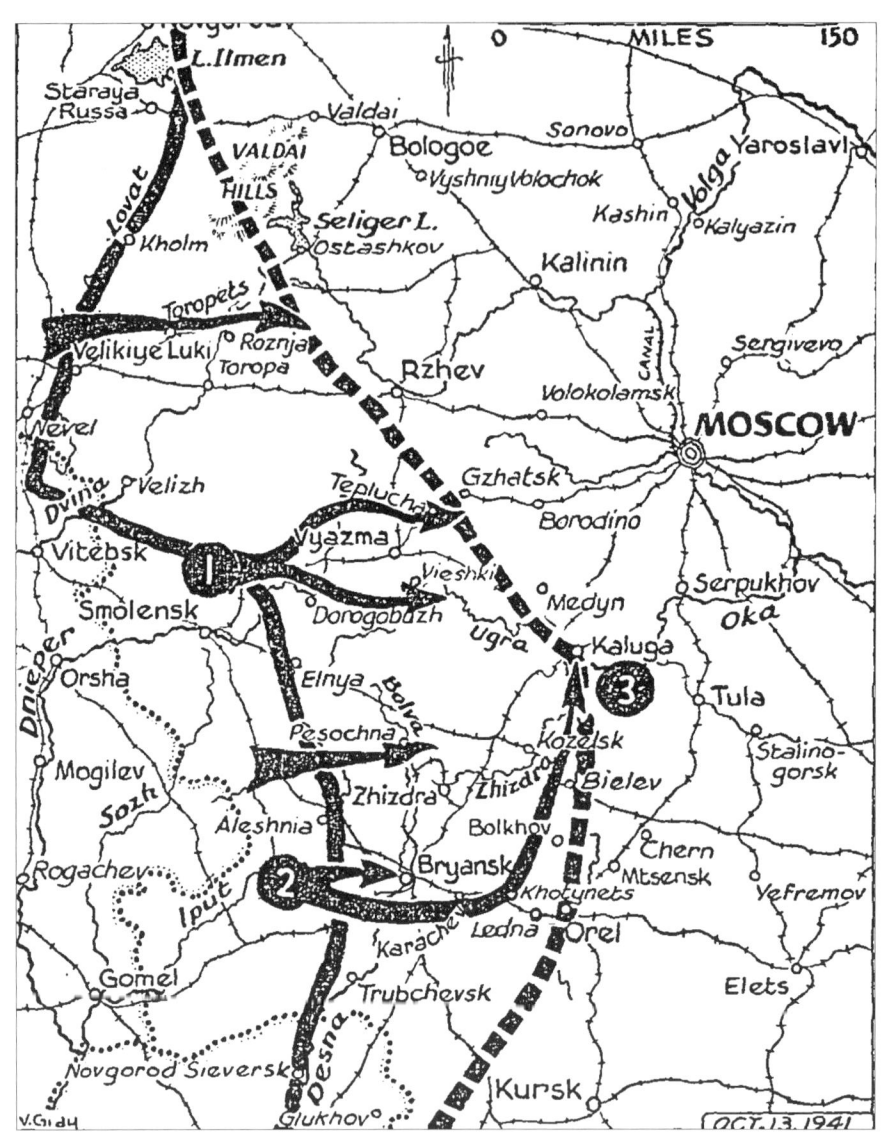

苏联首都的危险加剧。在德军对中央前线的若干次攻势（图中的黑色箭头所示）中，最险恶的攻势似乎发生在维亚齐马地区①和布良斯克地区②。图中维亚齐马上方的箭头所示的攻势，向东面插入，距首都最近。莫斯科承认，苏军已撤离了布良斯克。柏林方面也称德国某一纵队已经席卷了布良斯克周边地区，并已经到达卡卢加③。图中的实线表示进攻伊始的前线，虚线表示柏林方面发布的军队目前的态势。

这份公报还声称，苏联军队被围困在亚速海北部。消息一出，各大新闻机构几乎无条件地宣称苏联在南方已经停止抵抗。苏军一名发言人则显得略为谨慎地称，布琼尼元帅可能会"迅速调用预备队来抗击德国军队"。

"不过，"该发言人继续说道，"必须指出的是，那里已不存在正规军队或正规军团。如果顿涅茨盆地过早失守，苏联将无力扭转局势，无力补充早先损失的战争物资，一点儿都补充不上。"

称海军展开行动

德国的官方新闻机构德国新闻局报道称，德国海军部队正在黑海作战。它还称，德军正在重建从苏军手中夺取的一些黑海海岸基地，并用从苏联截获的商船为德国地面部队运送补给。

据德国的其他报道，在列宁格勒地区，克利缅特·E.伏罗希洛夫元帅的红军部队仍在抵抗，但是据说所有的努力已被德军的炮火粉碎。然而，关于德军在该地区的进一步行动没有报道。德国报纸刊登了一篇目击者的文章，给出了一个理由。该报告出自一名观察员，他曾飞越列宁格勒附近苏联守军的上空。

观察员说："在我们的下面，除了一大片堡垒外，看不到任何东西。""在上空连续飞行半小时或更长时间，看到的也只是反坦克炮、战壕、无数小型机枪堡和另外一些战壕。列宁格勒西南一带，大约30英里的范围内，皆是这种情况。"

对峙与博弈:《纽约时报》二战全纪实(1941—1942)
The New York Times: Complete World War II (1939—1945)

第四章

4
chapter

日本偷袭美国

1941年11—12月

1941年12月7日，美国夏威夷，日军突然向停泊在珍珠港的美国太平洋舰队发动袭击。如果翻阅当年11月份的《纽约时报》，可能对此事不会太过惊讶。然而，它当时确实给了人们一个措手不及。来自苏联的消息表明，随着严冬步步逼近，德军也正在缩小包围圈，而莫斯科方面已经准备好要进行一场鏖战，但当时所有新闻关注的焦点都转向了日本。《纽约时报》驻东京记者奥托·托里斯克斯将审查员审查通过的新闻传回国内，但传来的都是坏消息。11月5日，日本要求美国撤销"经济封锁"政策，否则就会"面临冲突"。11月17日，日本首相东条英机在日本国会发表演说，对美国发出最后通牒，要求美国取消"经济封锁"，并停止插手亚洲事务。日本内阁秘密决定，如果11月30日之前美国没做出让步，日本就发动战争。日本图谋借此在东南亚和太平洋打造一个南部帝国，这样它就可以从中获得石油和其他原材料，而这些是它从国际市场上无法得到的。12月1日，《纽约时报》宣布，美国提出的和平解决太平洋问题的方案，"被日本视为'异想天开'而拒绝"。就在同一天，在日本帝国的正式会议上，东条英机要求裕仁天皇授权一周后开战。为了掩盖此决定，日本装模作样地派了另一名谈判代表前往华盛顿继续商谈。12月6日的《纽约时报》刊登了《日本称对继续和谈有信心》。来自新加坡的消息再次证实，英国不认为日本会发动战争，但澳大利亚已经开始为可能爆发的敌对行动做准备。

　　12月7日，《纽约时报》报道了日本人的观点，说有大事要发生，但到底是什么事情却所知甚少。那天正值星期天，《纽约时报》的办公室里一片安静。突然传来了日本海军航空兵部队大规模突袭珍珠港的新闻，那天正好是日本的

12月8日。虽然详情未知，但这则消息令人不寒而栗。《纽约时报》的出版人阿瑟·索尔兹伯格当时正在外地，在这危机时刻，他想方设法尽快赶回了纽约，当晚在办公室将就睡了一宿。按照当时的情况，报社只能在次日早晨，也就是星期一早上，刊登关于此事的全部新闻。整个事件对美国影响深远，但由于日本空军和海军的部队是在马来亚到关岛的大范围的弧形区域发起的袭击，所以很难将新闻汇聚在一起。此时再也没有孤立主义者或和平主义者的声音了。《纽约时报》华盛顿分社社长亚瑟·克洛克报道了当时全国人民迅速团结到一起的情况："今天，你可以看到华府上下，一致对外。"12月9日，罗斯福总统签署了对日作战宣言，并在国会宣布"1941年12月7日，将成为我国的一个耻辱日"，以及它所带来的灾难。

接下来的3个星期里的消息更加残酷。12月10日，英国战列舰"威尔士亲王"号和"反击"号在马来亚海岸被日本海军的飞机击沉；同一天，报道称日军入侵菲律宾。两周后，英联邦驻香港军队投降。日军沿着马来半岛直接向新加坡挺进，并穿过吕宋岛直奔马尼拉。对于正在东京的托里斯克斯，战争的来临亦是一场个人的悲剧。日本秘密警察以"向美国传递机密讯息"为由将他逮捕，并连续数周对他施以酷刑，逼他承认自己是个间谍。由于定期遭到毒打，他的腿脚变得肿胀、鲜血淋漓，他不堪忍受，甚至想就此了断。但他仍然拒不妥协，最终他被法庭传唤并被判处缓刑。1942年8月，他与其他新闻记者一起同日本人员交换，回到了纽约，重获自由的他当时满眼热泪。

1941 年 11 月 1 日

"鲁本·詹姆斯"号战舰被击沉
中弹后沉没于冰岛西部,是美国在此战中损失的第一艘军舰

查尔斯·赫德
发回《纽约时报》的特别报道

【华盛顿 10 月 31 日电】美国海军部今日宣布,昨晚,"鲁本·詹姆斯"号驱逐舰在执行护航任务时被鱼雷击中并在冰岛西部沉入海底,成为美国在大西洋战役中损失的第一艘战船。

海军部稍后宣布,已有 44 位船员获救。战船满员人数为 120 人,而海军部对战船上其他官兵的命运只字未提。

人们当时认为,之所以对此次战舰沉海的报道很少,是因为在大西洋巡逻的所有船只必须恪守一条原则,除非发送最紧急的讯息,否则所有无线电必须静默。如果我方船只通过无线电发送事件的具体情况,敌军可能会依此找到信号源。

"鲁本·詹姆斯"号的沉没在华盛顿当即引起一片哗然,特别是在国会上。然而,罗斯福总统在随后的新闻发布会上表示,沉船事件丝毫不会改变美国的国际立场。

第三次攻击美国军舰

最近的鱼雷战的攻击目标还包括另外两艘驱逐舰,"鲁本·詹姆斯"号的沉没只是这几场战斗的结果。最近的鱼雷战中,都有德国潜艇的身影。在鱼雷战开始阶段,"希腊"号驱逐舰侥幸逃脱。另外,有 3 枚鱼雷同时对"卡尼"号驱逐舰发动了袭击,其中一枚命中。虽然"卡尼"号逃过一劫,但 11 名船员因此而丧生。

"卡尼"号是新型驱逐舰,在抗击鱼雷中,充分证明了它的优势。但对于

"鲁本·詹姆斯"号这样在驱逐舰队中服役了 21 年的船只来说,所有的水手都清楚,如果它被鱼雷击中,是注定要沉没的。

据说,在"鲁本·詹姆斯"号下沉的水域,还有其他美国驱逐舰遭到攻击。

据推测,如果致使"鲁本·詹姆斯"号葬身海底的那场战斗发生在之前其他船只受到袭击的地方,目睹并报告它沉没的船只,应该是位于距陆地数百英里的地方,这块陆地可能是冰岛,也可能是纽芬兰。也许要等一整天,或更久,幸存者才能完全被确定,并到达一个可以向国内发送消息的安全地点。

国内一些熟悉"鲁本·詹姆斯"号驱逐舰且了解舰队作战方式的专家认为,很有可能,"鲁本·詹姆斯"号是在一场混战中,而不是与德国潜艇一对一的作战中被击沉没的。

同英国驱逐舰一样,美国的驱逐舰也配备了各种设备,所以一艘单独的潜艇几乎不可能悄悄地接近驱逐舰而让其毫不知情,并进入可以发动鱼雷袭击的距离。因此,很可能是"一群"潜艇参与了这次袭击。第二点就是,根据海军作战体系,同时在作战现场的除"鲁本·詹姆斯"号外,很可能还有其他驱逐舰。如此一来,那艘潜艇在赢得胜利后不久,很可能也一命呜呼了。

1941 年 / 11 月 2 日

"民主国家的兵工厂"启动
为我军和盟军生产的武器数量惊人

汉森·W. 鲍德温

上个星期,随着《租借法案》框架下另一笔资金到位,"生产战"进入了全新的阶段。美国总统和他的工业顾问也已完成整个全新的"胜利计划",该计划旨在使目前计划中的军需品产量再翻一番。

自《租借法案》通过以来,"民主国家的兵工厂"的武器产量大增。9 月,首批 24 门陆军用 90 毫米高射炮已经运抵北卡罗来纳州的戴维斯营地;中型坦克陆续驶出生产线；每月的飞机产量达 2000 架左右；几乎天天都有新船下水。

但在许多项目中，我们还处在威廉姆·S. 努森所称的"预备"阶段。还有一些项目，仍在设计和绘制蓝图。某些武器已经"彻底失败"，其他武器则由于这样或那样的原因而被严重耽搁。有些是技术上的困难，有些是人力资源不足，或物力或管理不到位。几乎每条生产线都存在物资短缺和人力瓶颈。许多项目的拖延已远远超出预计。在弹壳已经严重短缺时，制造商仍在使用黄铜生产口红和粉盒。虽然很多罢工都是可控的，但是此起彼伏的罢工仍然困扰甚至严重拖累了军工生产。然而，尽管存在上述各种问题，美国的车轮还是运转起来了。

| 依照《租借法案》，美国的车床被用来生产枪支零件。

生产开始

生产计划始于两年半之前，当时的目的是为加强美国的国防。在欧洲战争开始前后，英国和法国开始下订单，向美国购买武器弹药。在某些程度上，这些订单立即引起了飞机工业的扩张。法国沦陷之后，美国的生产计划经历了大幅扩张和调整，以满足打造两洋海军、强有力的空中力量和庞大的陆军的需要，此外还要给英国生产一部分武器。但美国几乎没有考虑为实际战争需要而调整这个生产计划，且并不十分了解英国当时的生产状况或生产能力。

直到去年夏天，美国采购器材局的史黛西·梅去了趟英格兰，我们的生产计划人员才得以全面了解英国的生产状况。正是基于这种了解，我们开始制订生产计划，致力于满足美国本国的需要，同时满足英国甚至是全球其他国家一半的订单。

我们可以满足苏联、中国、希腊和拉丁美洲，以及其他几十个国家所提出的订购要求，只要订单扔进"料斗"里，军火便可以出炉。所以，在原有订单的基础上，我们最近不断接到新的订单，以及其他国家的订单。

结果就是，为新的"胜利计划"授权或占用的军备生产方案累计高达600亿美元。人们只知道坦克产量要增加一倍，也就是说，成本预计会翻一番，该计划的其他细节无人知晓。

新的计划

据推测，人们深信这一计划是"打败希特勒所必需的"，而且有意将此计划与战略计划联系起来。但是，这些计划仍然有很多不足和缺陷，比如，运输这些武器弹药的所需商船一直没有到位。

当前的计划（而非那个大幅扩张的"胜利计划"）的目的是打造两洋海军，为172.5万陆军士兵生产整套装备，为300万陆军士兵生产武器，建设工厂以满足400万人的军队作战的物资需要，每年生产飞机近4.2万架。此新计划，预计会使生产飙升至一度被认为是异想天开的产量。例如，按照"胜利计划"，从战争开始到计划结束，美国工厂的飞机产量将远远超过10万架。

仅陆军的新弹药工厂就已经花费了17.5亿美元。此外，扩大海军的造船设施花费了4.6亿美元；钢铁行业增加了600万净吨的设施，生产力提高到每年8800万吨；1939年1月1日至今，飞机制造厂的占地面积从约945万平方英尺增至 5400 万平方英尺。1940 年 9 月国防支出为 2 亿美元，今年上升到 13.6 亿美元，明年可能增至 20 亿美元甚至更高，因为采购器材局的许多统计学家和实业家的年度军备计划目标是 400 亿美元。

纵观全局，前景似乎很鼓舞人心。现在和将来的主要问题，将是在不影响我国其他工业、国内物价和人民收入的前提下，管理这已经开始运转的庞大工业机器，并为其提供充足的原材料。这是美国有史以来所承担的最重大的任务。

1941 年 / 11 月 4 日

莫斯科清除一切成为战役大本营
发往古比雪夫的报告讲述守军的战斗精神

通过无线电发回《纽约时报》的报道

【苏联古比雪夫 11 月 2 日电（延时报道）】莫斯科，这座连接欧亚大陆的城市，现在变成了一座坚固的堡垒，或许是现代战争史上最大的防御城市。这座城市现在已被基本掏空，定额外的人口已悉数疏散，外交官和其他外国人已经离去，留下的都是守城必不可少的人员。

成千上万的工人——建设工人、铁匠、纺织工、铁路职工、锁匠、地铁售票员、建筑师、家庭主妇、工程师等——都在为建造苏联首都的同心圆工事而孜孜不倦。莫斯科人民从未有片刻想过为免于战事而向德国投降。

城市周围的峡谷、田野和森林现在遍布着一圈圈深深的反坦克壕，布满一排排地堡和碉堡，中间穿插着步兵的战壕。川流不息的汽车日日夜夜地将倒班的工人运往郊外，以保证防御工事的施工昼夜不停。

为加快建设，各个分区都在志愿兵中倡导竞争意识。此间今日报道称，来自季米里亚泽夫区的男女工人获得了首都"斯达汉诺夫式工作者"的称号，因为他们在构筑所分配地带的防御工事时速度惊人。据说，该小组的一名男子每天可挖土 7 立方米。

莫斯科人用各种口号声言抗击纳粹以保护"苏联的心脏"。

1941 年
11 月 5 日

日本要求美国改变立场，否则会面临冲突
外务省喉舌要求美国收回对日政策，否则"后果自负"

奥托·D. 托里斯克斯
通过无线电发回《纽约时报》的报道

【东京 11 月 5 日电】日本新闻界继续要求美国"自我反省"其远东政策。这种呼声越来越强烈，尽管有些混乱，论点也自相矛盾。

日本外务省的喉舌《日本广告时报》（现名《日本时报》。——译者注）今天列出了美国必须做到的事项，"否则后果自负"。该列表如下：

第一，必须停止对重庆的所有军事和经济援助。

第二，必须让中国"自由应对日本"，必须忠告重庆与日本讲和。

第三，必须结束对日本的军事和经济封锁。

第四，必须承认日本的"共荣圈"，必须允许"满洲国"、中国、印度支那、泰国、荷属东印度群岛以及其他国家和保护国与日本建立政治和经济关系，不得以任何方式加以阻挠。

第五，必须承认"满洲国"；"任何人不得破坏满洲的现状。"

第六，必须无条件地解冻日本和中国的在美资产。

第七，必须恢复贸易条约，必须结束对航运和贸易的所有限制。

新任内阁下属的国家总动员委员会准备在周五举行第一次会议。

内阁决定于 11 月 24 日（继特别的国会议会后）召开地方长官特别会议，会议将对地方政府发布为维护国内和平与秩序所做出的特殊指示。预计本次会议期间，东条英机首相将向地方长官发出指示，要求他们以坚定不移的决心进行备战。预计相关各大臣将就各自领域发出具体的指示，特别是在食品和日用生活品

的配给标准以及增加生产等方面。会议将持续一天。

所有的报纸都预测，在其国会演讲中，东条英机首相将重申《日本广告时报》所呼吁的日本的"保守的目标"，即圆满结束"支那事变"，建立"东亚共荣圈"，并揭示美日对话的真相。但是美国谴责了这一"保守"的态度，称其"令人愤慨"。

日本所有的报纸都强调，日本曾试图耐心地、真诚地开展对话。日本右翼记者德富苏峰在《日日新闻》上刊文宣称：

"日本对美国的友谊已经结束。日本为寻求与美国和解已经做了力所能及的一切。近卫文麿（给罗斯福总统）的消息代表了日本最大限度的让步。"

但此声明的作者承认，他不知道前首相近卫文麿给罗斯福的消息的详情，因此，无法说明日本到底做出了怎样的让步。新闻中唯一指出的让步就是，以"东亚共荣圈"代替了"大东亚共荣圈"，尽管这种区别是否重要仍模糊不清。

日认为美国发动包围圈

《日日新闻》在通栏大标题中进一步宣布："美国在东亚以牺牲重庆方面和荷属东印度群岛为代价，发起了旨在破坏大日本帝国的包围圈。"但《报知新闻》重申："日本的目的是消除世界上形形色色的国家在东亚的不公正的权利和利益，因为它们企图将东亚人民视为奴隶。"

1941年，日本首相东条英机将军。

此外,《报知新闻》记者武藤祯夫近期宣称,"赶出外国蛮子"。在《日日新闻》中,蒋介石委员长被描述为只是美国的一个工具,而美国的目的是渐渐取代英国,称霸亚洲。

但是,不管论点如何,所有的报纸都不断强调日本决心应对当前局势,并发出警告,称日本已经忍无可忍。《日日新闻》称,对日美谈判抱太大希望是一个错误,因为所有的问题现在已经上升到国际范围,只有在国际概念下才有可能构建和平,但同时也警告说,那种认为日本对遭受经济封锁会坐以待毙的想法是错误的。

这名轴心国联盟的斗士称:"那完全是一种犹太理论。"

1941年／
／11月7日

德称已占领图拉
塞瓦斯托波尔即将遭到围攻

乔治·阿克塞尔松
通过电话发回《纽约时报》的报道

【柏林11月6日电】今天,柏林从前线收到机密消息,莫斯科防线南端的图拉市在坚守了将近一个月后,落入德军之手。据说此消息非常可靠。

最高统帅部称,克里米亚半岛鏖战仍在继续,德军宣称扩大亚莱山前线缺口后,已大举推进到了费奥多西亚和雅尔塔之间的黑海海岸浅滩。如果此消息属实,雅尔塔可能已经被占领。

如果德国人已经占领了图拉,采取的一定是德军最高统帅部选择保持沉默的某个特别的行动。图拉市位于沼泽低地的乌帕河谷,北距莫斯科约100航空英里。

初现包围计划

事实上,柏林的军方发言人称,截至今晚,他们对攻克图拉之事也毫不知情,并称数日来关于莫斯科前线行动的公报没有提及任何重要的战斗。

图拉的工业支柱是步枪制造。早在1595年，沙皇鲍里斯·戈东诺夫就在这里建立了第一家俄国造枪厂。图拉的失守可能意味着德国人正在从四面包围莫斯科，就像他们包围列宁格勒一样。

柏林的中立军事专家分析，如果德国人不需要停下来巩固他们的既得利益，很可能直逼萨兰斯克、梁赞省和奥卡河。由此，他们将攻击北部和西部，并与莫斯科西北加里宁（今俄罗斯特维尔。——译者注）地区的德军会合。

据报道，通往亚莱山的通道已经在辛菲罗波尔市到阿卢什塔镇之间的阿卢什塔隘口路上破开。这条路就在一条大宽谷的深处，非常适合用作主要交通线，也是机械化部队通往黑海海岸的最佳途径。

意料之中的塞瓦斯托波尔围攻

当然，苏联无意拱手让出克里米亚，因为德国方面承认，苏联军队正在试图突破包围圈，并一度撕开了德军防线。当然，苏军的企图据说已经全部失败。

德国人预计，必须先包围塞瓦斯托波尔，才有希望拿下苏联这一重要的海军基地。他们信心十足，认为能迅速除掉克里米亚的苏军余部。

受困期进入第二个月的列宁格勒，明天将迎来十月革命二十四周年纪念日。德国报道称，最近几天德军已经发动空中、地面连续轰炸，但是很显然，在这场旷日持久之战中，这些意在让列宁格勒投降的攻势收效甚微。

自9月8日德军进军什利谢利堡以来，列宁格勒前方的防线大部分仍被保有着。德军在报告中称，当地反击活动频繁，被困守军再三企图突破围绕该城的"铜墙铁壁"，所以德军似乎仍在原地踏步，并没有比两个月前更接近其目标。

1941年
11月9日

"传说中的苏联严冬即将围困侵略者"
腊月的刺骨寒冷和积雪将考验德军斗志

C.L. 索尔兹伯格
通过无线电发回《纽约时报》的报道

【苏联古比雪夫11月8日电】苏联的传统盟友"冬天将军",正在悄悄展开行动。苏联之冬是这个国家最受推崇的歌曲、诗歌和绘画主题之一,而且可能也是最好的主题之一。每年至少有5个月,这个国家的大部分地区被冰雪覆盖,农民的活动局限于饲养牲畜、聊天、唱歌、饮酒、狩猎、保护牲畜免被狼群叼走。妇女和儿童们围坐在茶壶旁,一杯一杯地啜茶,男人们则坐在一边抽着长长的装了一半烟丝的烟卷,要么闲聊着,要么伴着三角形的俄式三弦琴或者手风琴唱起哀怨委婉的民歌。

农民之间流传着古老的关于冬天的传说。也有很多故事是关于狼群带来的破坏。薇拉·凯瑟的故事就有数不清的版本。故事说,一户农民举办过婚宴后,返回家中,大家都喝得酩酊大醉。他们赶着三套车,摇摇晃晃地穿过冰雪覆盖的道路,一路被一群贪婪的狼群追逐。开始,一架雪橇不幸翻了,马匹和车上的人被狼吃了个精光。紧接着,头狼对那些受惊的马发起猛冲,雪橇一架接一架被挤进积雪堆。最终只剩了一架雪橇了,赶雪橇的人为减轻负荷,将新娘和新郎赶下车,逃命而去。

有事实依据

这些传说到底几个有事实根据,无人知晓。但是狼的确很多,当冬日的大幕遮住了一切时,它们会成群结队来到村庄附近觅食,为了生存它们不会放过任何猎物。

一只狼、一辆铃儿叮当响的三驾马车、一片银装素裹的树林,一直是俄罗斯艺术中经久不衰的题材。在莫斯科郊外 200 英里处，有一座小小的村庄，那儿的农民工匠仍在为举世闻名的漆器盒子上色，辛辛苦苦地绘制着小松鼠的尾巴、草丛、蛋黄色的克瓦斯和五颜六色的图片。他们在方寸大小物体的表面上描绘这些场景，然后由旅客们带到世界各地。古老的民歌、伊戈尔王子的传说、农民的童话故事，都洋溢在冬天的寓言中。

中世纪，莫斯科的商人首先将它们带到欧洲各国的首都。直到现在，冬天一直是苏联传统绘画的标志。在人们的印象中，莫斯科人都胡子拉碴，头戴皮帽，身穿厚厚的大衣。苏联的最早国际贸易品就是皮毛、木材、沥青和橡胶等御寒的用品。

极寒世界

一名老农曾说过："苏联不是一个国家，而是一个世界。"对这个农民来说，那是一个极寒的世界。他居住在一间木质房子里，冬日的冷风就从上面呼呼刮过。他已经学会了如何保护自己，比如穿厚厚的棉衣，喝烈酒，以对抗他最大的天敌——冬天。只有在战争时期，这一敌人才能转变成盟友。任何见过梅索尼埃关于拿破仑灾难性撤退画作的人，都可以看出这一盟友是多么高效。

对于不甚习惯这种气候的异乡人，如果没有当地人的帮助，那种孤寂凄凉可能会是灾难性的。苏联人这样谈论他们的敌人："德国人将会用斧背来打麦。"今年冬天，德军就不得不这么干。在疏散区，主要粮食储备已被转移或烧毁。一座座村庄和城镇都被战争或殿后部队毁坏。

随着寒冷的逼近，在广阔的前线上，突出部一个接一个变得了无生机。在卡累利阿和科拉半岛，有报道说，德国人正在深挖壕沟，并非为防御苏联人，而是为抵御寒冷。

到底冬天会给军事行动带来什么实际影响，还很难预测。但毫无疑问，军队必须在冬天作战，而且奋勇作战，无论安逸与否。这点，在第一次世界大战中已得到证实。而且，在近期芬兰之战中也得到了证实。

过去的经验

但是，毫无疑问，在苏联严冬条件下持续战斗，无助于提高侵略者的士气。在第一次世界大战结束之后，协约国曾武装干涉俄国内战。索科洛夫斯基将军告诉笔者，当时日本人虽然带来了电热垫，但依然无法忍受西伯利亚的严寒。如果

1941年11月,德国步兵部队向罗斯托夫进军。

苏联仍然继续坚守列宁格勒和莫斯科,德国人在两条前线的后方将没有任何可提供温暖房屋的根据地。

　　据报道,就在摩尔曼斯克高地附近,德军指挥官迪特上校正在召集芬兰增援部队,因为它们更能经受寒冷的冬季。德国人正在奋不顾身地攻占克里米亚,主要原因之一,就是他们想夺取苏联的里维埃拉,占领那儿暖和的医院和疗养地给伤员居住。

　　在冬季到来之前,希特勒正在全力以赴地争取实现他最近的攻势的主要目标。速度是完成其任务的根本。红军每坚守一天的防线,就算是胜利一天。

　　苏联已遭多次入侵,但这些入侵最终都要经历严寒的考验。到底这一"招"对现代机械化部队是否有用,无人知晓。德国空军还可以在冰冷的天空继续有效地作战吗?希特勒的部队能轻松地面对另一个冬天吗?德军能轻松地面对第三个让闪电战减速的冬天吗?目前,这些尚属无法估量之事。但可以确定一点——这里的冬天来得早,而驻足的时间长。

1941年/11月12日

总统警告说，国家再次面临全球性战争 为自由和尊严而战

弗兰克·L. 克拉克洪
发回《纽约时报》的特别报道

【华盛顿11月11日电】今天，美国欢庆第一次世界大战停战协议的签署，罗斯福总统在讲话中宣布，受德国所迫，美国可能被卷入另一场战争。其他发言者也强调了纳粹危险这个主题。在阿灵顿国家公墓的无名战士墓旁，隆重而庄严的仪式刚刚结束。总统站在附近的小山上，任风吹着头发，告诉全国的听众和一大群聚集在现场的人，美国在第一次世界大战中曾为保护自由和民主而战。他说，美国人相信为自由而战是值得的。对于自由，他说：

"如果我们不得不为自由而奋斗，我们会战斗到底。这是我们应尽的责任，不单单是为我们自己，还为很多曾为我们赢得自由而牺牲的人，以及为自由万古长存而牺牲的人。"

阿灵顿国家公墓的庄严场面

带着严肃的神情，总统全程参加了在阿灵顿国家公墓举行的庆祝典礼：奏响国歌、吹响安息号声、两尊21响礼炮鸣炮。时间正好是11点，自第一次世界大战结束已经整整过去23个年头。他向齐聚在美国退伍军人协会旗帜下的群英发表了讲话，讲话时语气从容坚定。

他说，那些在1917年至1918年阵亡的人为世界安全而牺牲了自己的生命，他们的牺牲体面而有尊严。

"我们知道，"他接着说，"这些人的牺牲挽救了当时祖国面临的可怕危险。我们知道，因为我们今天再次面临着这种危险。"

美国总统回忆起那些在欧洲战场上为民主而献出宝贵生命的人，说"23年前

他们防止了一场灾难，今天我们需要遏制已从欧洲一端蔓延到另一端的事情"，为纪念他们，为了不让他们白白牺牲，我们现在要勇敢承担起义务和责任。

"无论数年或数月之前，我们所知或自认为所知的是什么，现在我们知道，残暴的危险、暴政的危险和奴役的危险对热爱自由的人们是多么真实、多么可怕。"

乐队开始演奏美国国歌《星条旗永不落》，总统立正致意。然后在其陆军副官埃德温·M.沃森中将和海军副官约翰·莫纳什上尉的簇拥下，总统开始向前移动。全场默哀1分钟，彼尔德奥上尉从一名身着蓝色制服的海军陆战队中士手中，接过一个白色的菊花花圈，代表总统将它放在了墓前。

1941年／
／11月15日

轴心国鱼雷在直布罗陀击沉"皇家方舟"号

克雷格·汤普森
通过电报发回《纽约时报》的特别报道

【伦敦11月14日电】"皇家方舟"号航空母舰最终葬身海底。在此之前，德国人和意大利人经常报道已经将之击沉，以至于它成了神出鬼没于从北极圈到赤道再到地中海的海域的"幽灵舰船"。这艘航母昨天在驶向直布罗陀港时，被一艘意大利潜艇发射的鱼雷击中，今天在直布罗陀以东约25英里处沉没。

海军大臣A.V.亚历山大宣布，人员伤亡"很轻"。目前看来，已不可能抢救出航母上的飞机，这意味着约70架飞机——大多是"剑鱼"鱼雷轰炸机、"贼鸥"俯冲轰炸机以及侦察机，将随它一起葬身海底。

"皇家方舟"号是英国在此次战争中失去的第三艘航母，另外两艘是"勇敢"号和"光荣"号。

常被报道已沉没

战争开始后没几天,德国电台夜间询问:"'皇家方舟'号在哪儿?"随之声称该航母已经在1939年9月26日被击沉。最近几个月,还多次有人断言,第三艘拥有如此辉煌的舰名的航母已被摧毁。然而,在此期间,该航母一直在正常服役且屡建功勋,比如,在大西洋搜索袖珍战列舰"格拉夫·斯佩海军上将"号,在挪威海域参与海军行动,在地中海与意大利拼杀,在"俾斯麦"号战舰的沉没中发挥主要作用,最后在地中海执行任务时发现轴心国护航队。

从1938年仲夏开始,在其服役的整段时间,"皇家方舟"号上的飞机击落了100多架德军或意大利的飞机,其中有69架是最近几个月在地中海的行动中被击落的。该舰的陨落对英国海军部队是个沉重的打击,尤其是在德国人和意大利人大力向利比亚驻军增援士兵和补给这个关键的时刻。

在"我们的海"的行动

在墨索里尼总理所谓的"我们的海"中巡逻时,"皇家方舟"号执行了一项重要任务。它所载的70架飞机一旦飞离它长800英尺的甲板,通常有几个目的。

英国"幽灵航母"——"皇家方舟"号。

有些是在水面上远距离飞行,以定位来自非洲的轴心国护航队,并帮助英国舰队赶上这些护航队。英国舰队在此之前还在忙着切断德、意与非洲的联系。

还有一些是"剑鱼"飞机,在水面低空飞行,发射鱼雷。一年前,在撒丁岛西南追击意大利舰队时,一架"剑鱼"飞机用鱼雷击中了一艘"利托里奥"级战舰,还击中了巡洋舰和驱逐舰,同时,"皇家方舟"号上的"贼鸥"轰炸机从上空发动攻击。

当德国电台声称"皇家方舟"号航母已经葬身海底时,它依然在发挥作用,而这只是这期间的表现之一。在此前数次声称已经击沉此航母后,今天轴心国首都的广播电台和官方都显得格外沉默。此间认为,这或许是因为它们所号称的功绩迟到得令人尴尬。

1941 年 / 12 月 1 日

美国的原则被日本视为"异想天开"而拒绝
外务大臣东乡茂德首次对华盛顿的照会发表评论
日将军威胁发动新侵略

奥托・D. 托里斯克斯
通过无线电发回《纽约时报》的报道

【东京 12 月 1 日电】就美国向日本递交的关于和平解决太平洋问题的正式声明,日本外务大臣东乡茂德今天明确表示拒绝,称之为"异想天开",并表示美国的态度不现实且令人遗憾。他重申了日本继续构建"东亚新秩序"的决心。

昨天早些时候,日本首相、陆军大将东条英机发布了一条措辞强烈的声明,成为国民议论的焦点话题。日本外务大臣宣布:

"全球面临着前所未有的动乱,但是在大东亚,日本与'满洲国'、中国的密切关系必须得到进一步巩固。日本、'满洲国'和中国必须在共存、共荣的基础上向构建东亚新秩序迈进。

"在与美国的谈判中,我们始终坚持这一原则。然而,美国不了解东亚地区的实际情况，试图强行在东亚国家推行与世界实际情况不符的异想天开的原则和规则，这会影响新秩序的构建。这一点令人感到极其遗憾。"

在以"为亚洲人建立一个日本领导下的亚洲"的口号反对美国"门户开放"原则的同时，日本、"满洲国"和南京伪政权昨天首次举行了联合声明发布一周年纪念。各大城市在其"政府"的组织下，举行了隆重的群众集会。半官方机构重申了这3个"国家"的坚定决心，即通过构建"大东亚共荣圈"，作为人类的指路明灯，镇压一切阻挠这个"神圣和历史性使命"的外部势力，把东亚的10亿人民从欧洲和美国的"剥削"中"解放"出来。

新闻界对会议上表达的情感做出了回应。《读卖新闻》宣布，该周年纪念日在日美谈判紧张的背景下具有特殊的意义，因为"东亚地区的完全独立必须加强，必须在地球的这一部分铲除西方帝国主义"。

1941年
12月4日

新加坡对日本的威胁将信将疑
英国舰队的到来有望让东京下令大撤退

F. 蒂尔曼·德丁
通过无线电发回《纽约时报》的报道

【新加坡12月3日电】新加坡当局一致认为，昨天，强大的英国海军舰队在"威尔士亲王"号战列舰的带领下赶到，大幅增加了对日本作战的胜算。

新加坡当局指出，一年前，日军在东南亚英属和荷属领土的进军似乎很轻松，但现在却要付出拼死努力，而且成功的可能性甚微。

英国新远东舰队的主力舰和辅助舰形成了一支强大的力量，如果考虑到要与荷兰在东方的海军力量协作，这股力量更是不可小觑。荷兰海军拥有的巡洋舰、驱逐舰、潜艇和数十艘娇小敏捷的鱼雷艇，与英军派往东方的海军部队相得益彰，并非纯属巧合。两国海军联合后的实力远远超过舰船数量和吨位的硬指标。

新加坡方面的政治观察家认为，英国舰队的到来，为在华盛顿举行和平谈判的日本人带来了新的巨大压力，并认为，这可能是迫使日本放弃新的侵略计划、开始总撤军的决定性因素。

1941年 / 12月5日

澳大利亚备战太平洋战争
东京方面观察英国人动静

通过无线电发回《纽约时报》的报道

【墨尔本12月4日电】澳大利亚战时内阁召开了军事领导人会议，为新的紧急战备做出全面部署，以防战争蔓延到太平洋地区。后勤部门主管人员也参加了此次会议。内阁会议明天还将继续。

澳大利亚总理约翰·柯廷说，内阁会议审查了现役和战备状态，审查了应对一切紧急情况的预防措施，并授权在必要时可以采取的进一步预防措施。

澳洲政府对英国战舰编队抵达新加坡的消息感到特别欢欣鼓舞，因为主战派部长曾一再促请派遣主力战舰前往马来亚，以防日本侵略者向南进军。如此一来，现在人们认为，澳大利亚的北部防线更加安全。

1941年 / 12月6日

日本称对继续和谈有信心
发言人称，双方都很"真诚"

奥托·D.托里斯克斯
通过无线电发回《纽约时报》的报道

【东京12月6日电】日本内阁新闻局发言人堀智一在昨天举行的一次新闻发布会上宣布，华盛顿谈判将继续下去。他驳斥了日本新闻界对美国的指控，说什么美方缺乏诚意、故意拖延谈判等。

堀智一先生说："双方将继续满怀诚意地谈判，以找到一个共同缓和太平洋地区局势的良方。如果没有诚意，继续谈判也将没有必要。"

发言人堀智一说，美国对日本的远东政策持续存在深刻误解，令日本政府感到非常惊讶。他说，美国国务卿科德尔·赫尔指责日本是在奉行武力、征服和军事专制的政策。

征引了傀儡政权

堀智一说，当然，从冲突的角度看，中国的局势并不正常。但他坚称，在前任首相近卫文麿的声明中，已经确立了"支那事变"的最终目标，即已经放弃了领土野心和赔偿。堀智一先生称，这一原则包含在与南京方面（日本在华傀儡政权）签署的基本条约中。

他继续说道，华盛顿谈判的目的之一就是消除这种误解。虽然他不赞同赫尔先生关于谈判又回到起点的说法，但他明确表示，双方意见仍存在巨大分歧。

关于占领法属印度支那，他声明说，经外国政府同意后，派遣军队到其领土的例子不胜枚举。堀智一先生宣布，就美国关心的问题，日方的答复是，从来自维希政府的新闻报道来看，日本在法属印度支那的军队并没有超出双方议定的限度。

"既然维希政府都这样说，"他说，"那么任何其他方都不应有任何不满。"

百般辱骂美国

与此同时，日本国内的报纸纷纷热衷于四处搜罗找出各种名目谩骂赫尔先生和美国，而日本外务省的喉舌《日本广告时报》试图就赫尔先生的基本论点提出相悖的论证。该报称，赫尔先生所做的披露，看上去有失政治家风范。他试图抓住宣传的主动权，将谈判的崩溃归咎于日本。《日本广告时报》提出的几点论证，归纳如下：

第一，美国奉行门罗主义，罗斯福总统本人也宣布，其他地区也享有奉行类似信条的权利。因此，日本认为，自己有权为远东确立一个类似的信条，用于防止远方列强对西太平洋的版图的蚕食。但是不得干涉列强现有的殖民地及其远方属国的声明仍被保留在对门罗主义信条的征引中，这一点并没有被更进一步地讨论。

第二，罗斯福总统宣布，所有民族必须能够自由地选择自己的政府形式，免遭外国干涉。因此，远东各国应该自由地决定自己的命运，免受美国的干涉，当然，日本除外，因为其目的是促进远东的"共荣"。

第三，赫尔先生指控日本政策是以武力为基础的。虽然东方事务的核心是和解与整顿，但一旦面临敌对倾向，日本将动用武力。

第四，赫尔先生说，自己推迟谈判是基于一些基本原则。这些原则是蒙昧主义的产物。

第五，日本提出了人类最高秩序的实用原则，包括不干预远东事务。美国、重庆方面、荷兰和苏联都反对日本。

该文结束时指出：

"美国和英国人民现在要运用其影响力，让赫尔先生做出一些切实的努力，与日本就太平洋原则达成一致，而不是通过大肆宣传去诋毁一个极力试图避免战争的国家。"

1941年／12月7日

日本人称处于生死存亡之际 称美国有侵略性
新闻界暗示和谈解决方案不久将被遗弃

【合众社东京12月7日电】日本今天早些时候指出，就太平洋问题在华盛顿举行的外交谈判，正处于放弃和平解决方案的边缘。

同时，到处传播的谣言说，估计在远东拥有84万大军的苏联已经加入了美国、英国、中国、荷属东印度群岛和英国的自治领，组成了对日统一战线。

作为日本舆论界领头羊的新闻机构恐吓道，日本即将面临关乎生死存亡的重大时刻。一位政府发言人表示，日本快要忍无可忍了。

人们认为，随着东亚经济理事会的休会，日本为应对所谓的"公开加强对日封锁"所做的经济准备已经完成。此次会议非常重要，因为该理事会是由 300 名日本工商业领袖所组成。

关于苏联与所谓的四大强国（美国、英国、中国、荷兰）联手的报道出现在了《报知新闻》上，投稿人为"身份不明的东京人士"。

李维诺夫的上任被视作不祥

苏联新任驻美国大使马克西姆·李维诺夫即将抵达华盛顿。据说，他的到来将增大苏联参与反日行动的预期。

报纸估计，尽管有报道说苏军一些部队已经从东线战区转移到西部前线，但苏联在远东地区的红军兵力仍有 84 万之多。

日本已经到了"忍耐"极点的声明是内阁规划局长官、陆军中将铃木贞一做出的，他是在东亚经济理事会的讲话中提到这一点的。

"日本的忍耐，"他说，"在有些国家敌视东亚和平的情况下已没有必要。这些国家的意图已明确无疑，那就是让远东的动乱继续并加剧。"

他又说："我们日本人正在紧张地等待，看罗斯福总统是否将犯下进一步延长世界动荡的划时代的罪行。"

1941 年
12 月 8 日

东京方面抢先行动
对美国和英国发动空袭与海战之后发表开战宣言
东乡茂德召集外国使节

美联社

【东京 12 月 8 日电】今天，日本对美英两国开战，在夏威夷进行空中和海上袭击，随之正式声明向两国宣战。

黎明时分，早晨 6 点（美国东部标准时间星期日下午 4 点），日本帝国总部宣布，在西太平洋地区与这些国家处于战争状态。

此后不久，日本的官方新闻机构同盟通讯社宣布，"海军的战斗正在夏威夷打响，至少有一艘日本航母参与了珍珠港作战"。珍珠港是美国在夏威夷群岛的海军基地。

据称，夏威夷时间早晨 7 点 35 分（东部标准时间星期天下午 1 点 5 分），日本轰炸机对火奴鲁鲁（华人称"檀香山"。——译者注）发动了袭击。

早晨 7 点，日本首相兼陆军大臣东条英机在其官邸，召开了 20 分钟的内阁会议。

据称，日本外相东乡茂德随后召集美国大使约瑟夫·C. 格鲁和英国大使罗伯特·莱斯利·克雷吉爵士。

同盟通讯社称，日本外相就 11 月 26 日美国国务卿科德尔·赫尔向日本发出的照会，向格鲁先生递交了日本政府的正式答复。（同盟通讯社称，在外交谈判过程中，日本不能接受赫尔先生的照会的前提，所以导致了昨日的事件。）

在格鲁先生被召见一刻钟后，东乡茂德召见了罗伯特爵士。

同盟通讯社称，在简短的内阁会议中，首相东条英机汇报了对英国和美国军队作战的计划的进展，并概述了日本政府的政策。

日本偷袭珍珠港，美国战列舰"加利福尼亚"号被击中下沉，冒出滚滚浓烟。

1941年
12月8日

日本对美国和英国开战
对夏威夷发动突然袭击

弗兰克·L. 克拉克洪
发回《纽约时报》的特别报道

【华盛顿12月8日电】昨天早间，由于日本空军和海军对珍珠港、火奴鲁鲁与美国在太平洋的其他领土发动突袭，把美国和日本拖入了交战状态。

对夏威夷的最初袭击，日本显然出动了鱼雷轰炸机和潜艇，造成了大规模的破坏和人员伤亡。旋即，日本又发动数起其他袭击。未经证实的报道称，德军参与了这些袭击。

关岛也遭受了空袭，菲律宾群岛棉兰老岛的达沃和北部吕宋岛的约翰海军营也遭飞机轰炸。但美国陆军远东地区的总司令、陆军中将道格拉斯·麦克阿瑟称，美军损失甚少。

太平洋上的日本潜艇在距旧金山1300英里处击沉了一艘运输木材的货轮，一艘距旧金山700英里的货船收到了它的求救信号。

美国战争部的报告称，日本对夏威夷希卡姆机场的袭击造成104名美军士兵牺牲、300人受伤。全国广播公司从火奴鲁鲁发回的报道称，"俄克拉何马"号战舰失火。（日本的新闻机构同盟通讯社称，"俄克拉何马"号已沉没。）

举国进入全面战争状态

日本偷袭美军的消息如同一枚炸弹在华盛顿炸开了花。罗斯福总统立即下令，全国上下、美国陆军和海军进入全面战争状态。昨晚，他安排了一次白宫会议，准备今天中午在国会联席会议讲话，预计是要求国会宣布正式参战。

内阁召开了一次长时间的特别会议，随后国会领导也加入了其中。之后才透露了这一消息。这些领导人预示一天之内美国将采取"行动"。

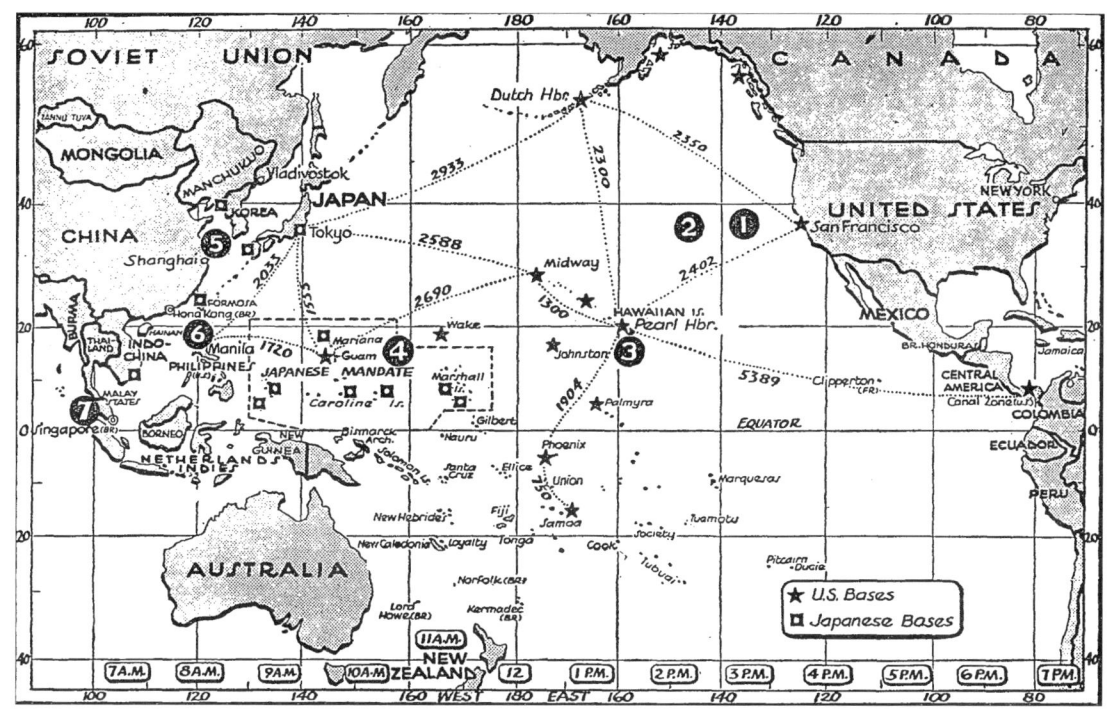

战事爆发不久，一艘美国船在图中①所示海域发出了求救信号，美国陆军运输木材的货轮在图中②所示海域遭鱼雷袭击。最重大的军事行动是在夏威夷③进行的，日本飞机轰炸了那里的珍珠港基地。关岛④也遭到袭击。美国轰炸机从马尼拉⑥呼啸北上，但菲律宾群岛西北地区连同香港都遭到了袭击。在上海⑤，一艘英国炮艇被击沉，一艘美国的炮艇被缴获。在南面的马来亚地区⑦，英国轰炸了日本船只，日军企图登陆英国领地，新加坡遭受空袭。地图上显示的太平洋关键地点的距离的单位是法定英里。

白宫会议散会之后，司法部长弗朗西斯·比德尔说，明天国会将推出"解决方案"。被问及这一方案是否会是宣战时，他没有详述也没有证实。

汤姆·康纳利主席宣布，国会可能会在一天内"采取行动"，他会为此召集参议院外交关系委员会进行磋商。（合众社今晨从伦敦发来的电讯称，丘吉尔首相曾通知日本，称英国已对日宣战。）

随着激战的报告闪现在白宫，伦敦半官方报道称，大英帝国将兑现温斯顿·丘吉尔的承诺，如果美国与日本开战，将给予全力支持。美国总统和丘吉尔先生通过越洋电话进行了交谈。

随后，荷兰流亡政府在伦敦发表声明，称荷兰与日本之间处于战争状态。加拿大、澳大利亚和哥斯达黎加三国也采取了类似行动。

日军登陆马来亚

一份新加坡的公报披露，日军已经抵达马来亚北部，新加坡已遭轰炸。

美国总统在昨晚的白宫会议上称，瓦胡岛上（火奴鲁鲁）的美国海军和陆军"无疑遭受了重大损失"。有报告称，在珍珠港，"俄克拉何马"号和"西弗吉尼亚"号战舰，外加六七艘驱逐舰被击毁或击沉，350架美国飞机当场被击毁。但此报告是否属实无法确认。

白宫将控制新闻发布，因此海军部称，对日本如何突破夏威夷的防线，又如何在毫无先兆的情况下出现在那些水域的，海军部无法置评，也无法回答。

政府人士预测，随着德国对轴心国伙伴日本的支持，美国不久将卷入世界范围的战争。德国的官方电台今晚攻击了美国，以支持日本。

在联邦调查局和当地警察部队的协同下，司法部长比德尔下令在全国范围内把日本国民集中起来。

本次行动意在保护国防工厂，特别是加利福尼亚州的国防工厂，因为那里的日本人特别多。美国民航管理局也发出命令，要求除预定线路外，大部分私人飞机停飞。

舰队驶离夏威夷

昨天，国务卿科德尔·赫尔与日本的"和平使者"在华盛顿举行了最后会议，称日本的偷袭为"阴险狡诈"的袭击。昨晚，美国海军从珍珠港受轰炸的基地撤离。美国战争部和海军部都无法与位于马尼拉的指挥官取得联系。

美国战争部部长亨利·刘易斯·史汀生下令全体美国陆军进入战备状态。海军部部长弗兰克·诺克斯随即对海军发出了同样的命令。他们之所以这样做，是因为罗斯福总统曾指示海军和陆军要随时准备服从之前下达的国防命令。

预计美国海军舰艇会尽快驶出新加坡基地迎战，保护对美国的国防计划至关重要的橡胶和锡的运输。

尽管已经采取了这些初步防御措施，但是，很显然细节问题还要进一步磋商。美国、英国、中国、荷兰和澳大利亚各国官员要制订一个总计划，限制日本舰队的活动。

中国的生命线滇缅公路面临的威胁在增大，因此也需要立即采取措施。有可靠讯息表明，日本正准备大规模攻击这条公路，企图在同盟国把足够多的部队送达防御阵地前切断美国的供应。

美国对一切外发的电报和广播实施审查制度。

据来自日本首都的电讯，美国驻日大使约瑟夫·C. 格鲁在东京收到了对国务卿赫尔早先发出的讯息的答复。

据总统的秘书斯蒂芬·厄尔利称，日本对珍珠港及火奴鲁鲁的偷袭始于"拂晓时分"。由于时差，华盛顿在下午2点22分才发布了日军第一次轰炸的消息。随后白宫方面宣布，另一批轰炸机和俯冲轰炸机再次袭击了火奴鲁鲁所在的瓦胡岛，美军防空部队再次与之交火。

随后白宫宣布，美军关岛前哨也受到攻击。起初白宫说马尼拉也受到攻击，但后来因未能与那里的陆军和海军指挥官取得联系，罗斯福总统表示，"希望"马尼拉未遭袭。马尼拉方面的广播证实了这一希望。

夏威夷遭突袭

来自夏威夷的报道表明，火奴鲁鲁事先毫无防备。机翼上带有"旭日"红圈的日本轰炸机，在战斗机护航下，突然出现在火奴鲁鲁上空。它们先是在高空飞翔，随后猛然间俯冲轰炸，袭击了珍珠港这座海军基地、陆军的希卡姆机场和福特岛。人们看到，至少有一架鱼雷机向珍珠港的军舰发射了一枚鱼雷。

夏威夷海军的指挥官C.C. 布洛赫海军上将在一份报告中，认为"夏威夷遭受重创，人员损失惨重"。

这一报告随后在夏威夷总督约瑟夫·B. 波因德克斯特与罗斯福总统的电话交谈中得到了证实。总督还称，火奴鲁鲁市区也伤亡惨重。

许多日本人和美籍日本人都居住在夏威夷。

就在日本图谋这次突袭时，一直与美方进行"和平谈判"的日本特使坂井三郎，以及日本大使野村吉三郎曾在下午1点请求拜会美国国务院，并于2点5分抵达。不久，国务卿赫尔就收到日本已经毫无预兆地发动战争的报告。罗斯福夫人昨晚在广播中透露，收到偷袭的消息时，总统正与日本大使会谈。

两位特使在等待了一刻钟后，把一份文件交给了赫尔先生。国务卿看过之后，转向来访者，惊呼这是"一派无耻的谎言和歪曲事实"。

罗斯福总统下令，一收到战争消息就立即通知白宫。在接下来的几小时中，每隔几分钟就有关于这次偷袭的断断续续的消息传来。

昨晚8点30分，内阁成员来到了白宫椭圆办公室举行会议。从收到第一条消息起，罗斯福总统就一直与哈里·L.霍普金斯在椭圆形办公室密谈。总统已经与战争部部长史汀生、海军部部长诺克斯、陆军参谋长乔治·卡特利特·马歇尔将军进行了电话磋商。海军作战部司令、海军上将哈罗德·R.斯塔克忙得不可开交，无暇与总统电话交谈。

总统表达了对和平的期望

总统表达了"对和平的热切期望"，同时也概述了局势的危险。

美国总统告诉日本天皇："我们曾希望太平洋和平会得到完善，各个不同民族的国家可以肩并肩存在，而免受入侵的恐惧。"

总统首先回顾了在日本走向全球的过程中，美国所发挥的作用，然后说，为在太平洋地区寻求和平，"我敢肯定，天皇陛下您，跟我一样清楚……日本和美国应一致消除任何形式的军事威胁"。

尽管日本对美国基地发动了精心策划的袭击，但日本的公文却坚持认为：

"另一方面，美国政府却始终坚守无视现实的理论，拒绝在其不切实际的原则上做出一丝一毫的让步，因此造成了（和平）谈判不必要的延误。"

| 1941年12月8日，旧金山一角。

1941年/12月8日

赫尔谴责东京的"无耻行径"
一边进行谈判,一边准备袭击,这种行径是欺骗

伯特仑·D.许伦
发回《纽约时报》的特别报道

【华盛顿12月7日电】今天,国务卿科德尔·赫尔指责日本对美国"背信弃义的、完全无端的袭击"。它一边准备袭击,一边进行外交谈判,口口声声地宣扬维持和平,这是"无耻的谎言和欺骗"。

但是,在得知美军遭偷袭之前,赫尔先生实际上已经言辞激烈地终止了外交谈判。他几乎要向日本大使野村吉三郎和特使坂井三郎大发雷霆,因为11月26日赫尔向日方阐述了美国的基本原则,而日方在答复中却使用了侮辱性字眼。

赫尔提议就太平洋地区签署多边互不侵犯条约,以保护该地区除法国外的所有国家的利益。

日本断然拒绝

日本的答复断然拒绝,并终止了谈判。日本指责美国与英国在远东地区"共谋",试图将日本分离出轴心国,而且忽视了日本的立场。

日方还指责说,美国的立场是乌托邦式的,与现实格格不入。在赫尔先生提案中唯一值得称道的就是美国可能缓解对日本的一些经济压力。

这份文件明确透露,8月份日本首相曾寻求与罗斯福总统会谈,但称这一要求遭到了拒绝,直至协议达成。日方还说,罗斯福先生曾表示,愿意充当日本和中国之间的和平"介绍人"。

国务卿赫尔认为,日本的答复充斥着谎言和歪曲的事实,他暴跳如雷的样子不禁让人想起他年轻时在田纳西州的慷慨陈词。正如美国国务院在公告中所描述的,他"盛怒之下"对野村大使宣称:

"我必须指出,在过去九个月里,我与你(日本大使)的谈话中,从来没有讲过一句假话。会谈记录完全可以证明。在我50年的公职生涯中,我从未见过如此充满无耻谎言、如此歪曲事实的文件。直至今日我都难以想象,在这个星球上居然有政府可以如此信口雌黄。"

对袭击毫不知情

这次会面的时间是下午2点20分,其时白宫已经收到了夏威夷遭偷袭的消息。赫尔先生对此并不知情,显然日本特使也并不清楚。几小时之后,赫尔先生发出了谴责日本的声明。

"日本背信弃义,无端对美国发动了袭击。"国务卿赫尔说道。

"就在美国政府代表应日本政府的请求,与其商讨和平的原则和进程的同时,日本武装部队正在各个战略点集结,向日本所宣称保持和平的国家和人民,包括美国,发动新的攻击和侵略。

"本国政府一直坚守各个国家之间公平交易、和平和正义赖以存在的所有原则,也一直在坚定不移地努力促进和维持本国与所有其他国家之间的这种关系。

"现在全世界都很清楚,日本最近所宣扬的和平渴望从来就是无耻的欺骗和谎言。"

赫尔先生与日本使节的会议持续了10分钟。

会后,日本使节神情忧郁、面容沮丧。

1941年,国务卿科德尔·赫尔。

1941 年 / 12 月 8 日

美国黑人宣誓效忠
黑人领袖发电报给罗斯福称 1200 万黑人随时待命 | 发回《纽约时报》的特别报道

【华盛顿 12 月 7 日电】今晚,全国黑人委员会主任兼美国政府雇员联合会总裁埃德加·G. 布朗,向罗斯福总统发去电报,誓言黑人在对日战争中将忠于美国并支持美国。电文如下:

"1200 万美国黑人公民今天重申了他们的誓言。他们将全心全意地效忠我们的国家和总司令,抗击日本和一切侵略者。在国家危难时刻,黑人青年在等待您的召唤,他们将无限制地利用所有机会,报效自己的祖国,全身心地投入陆军、海军、海军陆战队、海岸警卫队、陆军航空军和一切国家力量。"

1941 年 / 12 月 8 日

荷兰参加对日战争
在伦敦的荷兰流亡政府与东印度群岛总督发表声明

【美联社伦敦 12 月 8 日电】今天早间荷兰流亡政府授权发布声明,宣布与日本处于战争状态。

这份声明指出:

"日本对英美两国挑起战事,而荷兰一直与两国关系尤其紧密,日方举动直接威胁荷兰切身利益，荷兰王国政府宣布荷兰与日本帝国之间处于战争状态。"

据悉，有关说明已经发往荷属东印度群岛总督，以及荷兰在西半球的两个属地——苏里南和库拉索岛的地方长官。

1941年/12月9日

国会团结一致
总统呼吁对日宣战夺取胜利时只有一张反对票
喝彩声此起彼伏

弗兰克·L.克拉克洪
发回《纽约时报》的特别报道

【华盛顿12月8日电】美国今天正式对日本宣战。在罗斯福总统高声谴责了日本的侵略行径后，国会破纪录地仅以33分钟就通过了一项决议，只有一票反对。总统本人在参议院和众议院联席会议上发表了讲话。下午4点10分，总统签署了战争决议。

1917年4月2日，威尔逊总统要求对德宣战时，以及4月6日国会通过战争议案时，国会曾进行辩论。这次不同，国会没有进行辩论。

罗斯福总统今天的演说只用了6分30秒。而当年伍德罗·威尔逊总统的演讲持续了29分34秒。

今天就"反击日本"的投票结果是：参议院82∶0，而众议院是388∶1。众议院中，唯一投票反对该决议的人是詹娜特·蓝肯女士。她来自蒙大拿州，是共和党人。她的"反对"票引起了阵阵不满的嘘声。1917年，她在对德宣战决议中也投了反对票。

总统在宣战请求中并没有提及德国或意大利。然而，黄昏时分，白宫发表一项声明，谴责德国在不顾一切地让日本卷入战争。声明称，德国的目的是切断美国对英苏等国的租借援助，但美国仍将"百分之百"地执行其租借承诺。

一场蓄谋已久的突袭

美国总统罗斯福向与会代表发表了简短而果断的演说。与会代表来自美国民主制度的各个基本组织,包括参议院、众议院、内阁和最高法院。

他说:"美利坚合众国遭到了日本帝国海军、空军有预谋的突袭……胜利必定属于我们。愿上帝保佑我们。"

在美国总统兼武装部队总司令的整个演讲过程中,雷鸣般的喝彩声此起彼伏。当他宣布美国人"要永远记住这次袭击"时,掌声尤其热烈。他说,这一天是我们的耻辱日。

在一片喝彩声中,他宣布,"这种背信弃义的行径永远不会再危及我们","美国人民正义在手,有力量夺取彻底的胜利"。

然后,在雷鸣般的喝彩声中,他要求对日开战。

总统正式告知国会,称日本帝国政府一边希望维持和平,一边又卑鄙地发动了袭击,"许许多多的美国人失去了生命"。据报告,若干艘美国船只"在旧金山

1941年12月8日,罗斯福总统发表题为《勿忘耻辱日》的演说。

和火奴鲁鲁之间的公海上被日军鱼雷击中"。

总统逐一提到日本对菲律宾，对美国的中途岛、威克岛和关岛群岛，对英治香港及马来亚的袭击，之后通过电台直接直截了当地告诉美国人民和他们的代表：

"美国人民已经清楚地意识到，这是关系我国存亡安危的问题……大敌当前，我们的国民、领土和利益正处于极度危难之中，这是无法忽视的事实。"

他警告说，取得胜利可能需要时间

罗斯福先生警告说，"击败这次有预谋的侵略"可能需要很长时间，但是他对美国人民有无比坚强的决心，对美国的武装力量有坚定的信心。这两点他本人和美国人民都毫不怀疑。然后他说：

"我请求国会宣布：由于日本在1941年12月7日星期日无端卑鄙地偷袭美国，美国和日本已经处于战争状态。"

面对肃穆的国会和一群面色凝重的旁听者，总统提到了珍珠港事件的伤亡。官方估计，有1500人丧生，1500人受伤。

在他面前，左边是最高法院的代表，身着黑色长袍。右边，前排坐着内阁成员，国务卿赫尔在过道旁，其他人按等级排开。内阁成员后面是参议员，参议员后面是众议院的议员。

罗斯福先生的发言简洁、明确、说服力强。与会人员纷纷同意，由于日本肆意妄为的袭击，美国应对日宣战。

总统从官邸到国会大厦再返回白宫，路程只有短短1.25英里，但特勤局采取了特别预防措施以保护总统的安全。

当总统乘车驶出白宫的东大门，穿过熙熙攘攘的国会大厦广场，抵达众议院后门入口时，面容严肃而坚定的人群里响起了热烈的欢呼声。在返回途中，还是那群人站在那儿，默默相送。

联席会议闭幕

总统发言后，宣战决议顺利通过，两院立即分头行动。只在两件事上花费了些许时间，即正式通过战争决议，以及讨论宣战之后要解决的实际问题。

总统的秘书斯蒂芬·T.厄尔利说，今晚，欧洲方面没有传来任何关于德国和意大利考虑向美国宣战的官方消息。然而，人们普遍预计，希特勒会履行对日本的条约承诺，向美国宣战，而意大利将紧随其后。

《宪法》规定，国会有权决定对外宣战。但是在美国正式对日宣战的时间点上，人们有些疑虑：是从下午1点10分众议院通过宣战决议（在参议院会议10分钟后）算起，还是从总统签署决议的时间，即下午4点10分算起？被咨询的大多数律师倾向于下午4点10分，因为它标志着历史性的一步。

1941年/
/12月9日

总统的演讲

以下是《纽约时报》从广播中记录的罗斯福总统在国会上发表的战事演讲：

副总统先生、议长先生、各位参议员和众议员：

昨天，1941年12月7日，将成为我国的一个耻辱日。美利坚合众国遭到了日本帝国海军、空军有预谋的突袭。

在此之前，美国同日本仍处于和平状态，并应日本之请，同日本政府及天皇谈判，以期维持泛太平洋地区的和平。

日本空军中队在美国瓦胡岛轰炸了1小时后，日本驻美大使及其同僚居然还就美国政府发去的知会向美国国务卿递交正式复函。这份文件虽然声言目前的外交谈判已无继续之必要，但未有任何威胁的言辞，也没有暗示将对美国发动战争或采取军事行动。

蓄意攻击

夏威夷岛距日本颇远，这说明此次袭击显然是许多天以前甚至数周前所策划的。这一点我们要牢记在心。在此期间，日本政府还装模作样地表示希望继续维持和平的局面，处心积虑地欺骗美国。

日本昨天对夏威夷群岛的袭击，给美国海军和陆军造成了严重的伤亡和损失。我非常痛心地告诉你们：许许多多的美国人失去了生命。同时，据报告，好几艘美国船只在旧金山和火奴鲁鲁之间的公海上被日军鱼雷击中。

昨天，日本政府还发动了对马来亚的袭击。

昨夜日军袭击了香港。

昨夜日军袭击了关岛。

昨夜日军袭击了菲律宾群岛。

昨夜日军袭击了威克岛。

今晨日军袭击了中途岛。

昨晚和今天的一系列事件表明，日本在整个太平洋区域发动了全面突袭。美国人民已经清楚地意识到，这是关系我国存亡安危的问题。

作为海陆两军总司令，我已下令采取一切手段进行防御。我们要永远记住这次袭击。

我们必将赢得胜利

无论需要多长时间去击败这次有预谋的侵略，美国人民正义在手，有力量夺取彻底的胜利。

我在此承诺，此次我们不仅要最大限度地保卫自己，还要确保日本这种背信弃义的行径永远不会再危及我们。我想这也是国会的意愿，也是美国人民的意愿。

大敌当前，我们的国民、领土和利益正处于极度危难之中，这是无法忽视的事实。我对我们的军队有信心，对我国人民坚定的决心有信心，胜利必定属于我们。愿上帝保佑我们。

我请求国会宣布：由于日本在1941年12月7日星期日无端卑鄙地偷袭美国，美国和日本已经处于战争状态。

1941年 / 12月9日

总统被赋予更多权力
华盛顿的法律顾问说,大敌当前,除放开对总统的权力限制外别无他法

【美联社华盛顿12月8日电】应对战争需要赋予总统更多的权力。

针对目前情况实施的法案,授权总统接管运输系统、工业生产、广播电台、电力设施和船只,并在一定程度上接管通信系统。

作为三军统帅,总统在发布紧急公告时,已经行使了其中一些权力。

一位身居高位的政府法律顾问说,政府在战时有权"采取任何必要措施,以应对紧急事件"。

一个多世纪前亚历山大·汉密尔顿也曾提出类似的想法,他写道:

"战争的方向意味着公民力量的方向;领导和使用公民力量的权力,应是行政权力平常而不可或缺的部分。"

一言以蔽之,以下是面临战时或重大紧急情况时,总统所享有的其他权力:

可要求临时连接电力线。

可暂停1930年《关税法案》的部分条款,允许所需商品自由入港。

可以任命更多陆军军官,同时提升他们的军衔。可重新征召退役军官和护士加入现役。

海岸警卫队可编入海军执行战斗任务(已经下达命令)。

陆军可以因特定目的征用土地。

战争部部长可以租用哥伦比亚特区的任何建筑物。

可以使用为应急储备所购买的战略物资。

可暂停证券交易所(18个城市中共有19家)的业务,或暂停任何选定的证券交易。

可以限制与本土产品构成竞争的商品进口。

若某些工作牵涉到与政府的合同，可适当放宽《劳动法》中对 8 小时工作机制的规定。

采购时可省去广告招标等手续。

可暂停给政府部门和机构的月度拨款。

1941 年 12 月 10 日

菲律宾群岛遭袭
据报告，日军从两处登陆，对菲律宾群岛发动猛攻 | 美联社

【马尼拉 12 月 10 日电】今天，菲律宾警察部队发表公告称，日本从两处登陆菲律宾吕宋岛。菲律宾一位军方发言人指出："种种迹象表明，在海军分遣队和飞机的协同下，敌军地面部队发动凶猛攻势。"

不久之后，美国驻菲律宾总司令、陆军中将道格拉斯·麦克阿瑟从司令部发出了一份公报，称"在吕宋岛北部海岸，从维甘一直延伸到阿帕里（维甘在吕宋岛海岸，南距马尼拉约 200 英里；阿帕里在更北处，是吕宋岛最北端的港口），敌人均布置了重兵"。

公报称，美国轰炸机重创日本海军部队，直接命中 3 艘运输船，其中一艘倾覆。（合众社报道，遭受重创的日本舰队的 6 艘运输船都由海军进行严密保护。有 3 艘被击中，其中一艘倾覆，之后，美军炸弹对准了剩余的 3 艘船，但均落在船只附近，没有击中目标。）

在日军飞机首次袭击菲律宾群岛的同时，第五纵队破坏分子两次发出虚假的空袭警报，并通过在地上用灯光暴露军事目标，给日机指路。之后不久，当局发现了这起阴谋。

在昨天午夜之前，马尼拉这个进行"灯火管制"的首都，两次发出空袭预警，

后证实是虚假警报。菲律宾国家防空主任阿尔弗雷多·欧金尼奥宣布，已经逮捕了两名工人，还有两名嫌疑人在监控之中，但欧金尼奥并未透露他们的国籍。

早些时候，美国陆军发言人曾宣布，昨天早上，在日军对马尼拉城外的尼科尔斯机场的袭击时，有人用照明弹和烟花"在某些地区发出了信"号。

他说，昨晚负责空袭警报的人员在收到匿名电话之后拉响了两次虚假警报。他表示，那些第五纵队破坏分子意图发出多次虚假的警报，在不知情的群众中引起恐慌，从而让他们感觉这种警报不可信。

昨天夜间两次警报响起的时间分别是：第一次，7点41分时；第二次，9点50分时。每次警报都持续了大约1小时。

据说，美国飞行员和防空兵在第一次轰炸中表现良好，在马尼拉以北60英里的克拉克机场的对地扫射中也表现出色。

头天晚上月色皎洁，但据报告，日本并未空袭菲律宾。夜间高射炮曾几次响起，美军飞机也一直在低空巡逻，但没有日军来袭。此前，陆军当局曾预计，日

1941年12月10日，菲律宾吕宋岛甲米地海军基地遭日本轰炸，燃起熊熊烈火。

本可能会利用有利的天气情况发动袭击。

报纸报道，一架日本飞机曾出现在达沃上空，但未投弹。卢塞纳和塔亚巴斯的居民报告说，美国飞机赶走了三架日本飞机。

"这是场硬仗，能打跑日军，我们很高兴。"一名炮手说，"但是下次我们会做得更好。即使炸弹如雨点般落下来，我们也会一直注意哪些细节还能做得更好。这些来犯的敌人只会让我们更强大！下一次我们会让他们死无葬身之地！"

一名美国飞行员信心十足地说，美国飞行员对付日本的战斗机没有问题，据他说，日本战斗机都武装充分，配有一门20毫米枢纽发射加农炮和大量机枪。他说，日本地面扫射的战术表明，若非德军实际参与，也一定是接受过德军的指导和训练。有报道说，一名德国飞行员从燃着的飞机上跳伞落地时被俘，但此消息未经证实。

消息灵通人士说，日本空军袭击时用的是德国装备。参与昨天克拉克机场空战的飞行员称，他们确信，捡到的20毫米弹壳上有德国标志，而这些弹壳是装备了加农炮的日本驱逐机所留下的。美军机枪手还射中了一架日本战斗机底部的小型备用油箱，上有德国制造商的标志。

美军飞机上的射击手说，谣传纷起，称被击落的日军飞机中出现德国人，但他断言："我们击落的确实是日本鬼子。"

有报道说，到目前为止，在菲律宾群岛上空，日本飞行员在一对一的空战中明显地吃尽了苦头。

有报道称日本军队借助第五纵队，已完全控制了马尼拉湾西南卢邦岛，但消息仍未经证实。

昨日陆军的官方公告称，周一在菲律宾群岛上方的空战中，双方损失的飞机都"不在少数"，但并未给出具体的数字。

美国海军消息人士否认了日本袭击达沃期间水上飞机供应船"兰里"号被炸毁的传言。他们说，这艘船很安全，在执行日常任务。

1941年 / 12月10日

总统设定审查制度
首先，消息必须真实

发回《纽约时报》的特别报道

【华盛顿12月9日电】今天，罗斯福总统规定了战争新闻审查的两个主要规则，保留总统及高级官员对发布资料的决定权。他说，所发布的消息首先必须是真实的，然后还要经过检验是否符合规则，绝不能"给敌人以帮助和安慰"。

总统是在对日宣战后的首次新闻发布会上描述这两项基本规定的。记者们抗议称，战争部和海军部的官员对调查做出答复时"闪烁其词"，甚至记录在案的事情也是如此。罗斯福先生说，上尉、少校、海军少校或指挥官都无权发布战争相关消息。

罗斯福先生说，一旦有了情报并符合审查规则，记者就会马上得到消息。他接着说，政府部门的某个分局有权得到新闻快报，但无权发布。他告诉记者，这些机构及其负责人都无权确定某条新闻是否符合规定。

征引英国的公报制度

总统表示，这个决定应该由战争部和海军部两部部长做出，而且新闻必须准确，必须得到批准。他以现行的伦敦方面的公报制度为例，指出美国政府可以在最终处理战争报告时以其为参考。

在回答一个问题时，总统说，现役军官要接受泄密审查。

一名记者问道："就日本偷袭我国夏威夷司令部一事，您对国内要承担的责任有何评价？"

罗斯福先生回答说他不知道，国会成员中也没有任何人知道。

总统在话语里提及并赞同的英国新闻审查制度，让那些曾在战争期间驻伦敦的记者感到一丝担忧。伦敦的新闻审查规则跟这里的一样：必须准确，绝不能给敌人任何帮助和安慰。同样，在伦敦，最后的决定权在于陆军部和海军部的官员，最为美国驻伦敦记者所诟病的是，军方领导往往倾向于规定：任何对英国不利的消息都是在援助和安慰德国及意大利。

1941 年
12 月 11 日

出台"灯火管制"规则

在昨晚的特别会议上，纽约市警察局对千名空袭警报员下达命令，要求全城所有居民执行"灯火管制"。主要命令和指示如下：

大型建筑

熄灭所有外部灯光、照明灯牌等。

熄灭或有效地遮盖所有室内灯光。

如果大楼的总闸没有关掉，所有公寓建筑的监督人和管理员应负责关掉所有的灯，或拉上遮光窗帘。

管理员和监督人要负责对楼房经营场所的保护人员做出指示和培训。

住　房

尽量不要出门。

在收到灯火管制信号或者有关负责人的命令后，关掉或有效地遮住所有的灯光。

不得在户外使用火柴或打火机。

看管好宠物。

远离街道或公路。

汽车司机

靠边停车，熄灭车灯，锁上车门，寻求庇护场所。

不得在路口、消防栓、警察局、医院或消防车库附近停车。

避开拥挤区域。

行　人

远离所有拥挤地区。

不要穿过街道或公路。

前往安全的地方，待在那儿。

不得使用手电筒或火柴；不得在街上点烟。

命令还要求，在大型建筑物中，电气总开关和煤气总阀均应该关闭。最后警察局指出，所有的人都必须遵守一切合法的命令和指示。

| 应对空袭而设的灯火管制开关

1941 年 / 12 月 11 日

打击震撼伦敦

詹姆斯·麦克唐纳
通过电报发回《纽约时报》的特别报道

【伦敦 12 月 10 日电】今天,令人震惊的沉重打击让英国举国陷入悲痛。海军损失了两艘最强大的战舰:一艘是英国新组建的远东舰队的旗舰、3.5 万吨的战列舰"威尔士亲王"号;另一艘是 3.2 万吨的"反击"号战列巡洋舰。

显然,两艘战舰都被从马来亚起飞的日本飞机击沉。有报告显示,它们可能是满载弹药的"自杀式"飞机直接俯冲爆炸的牺牲品。

这两艘军舰是日军击沉的第一批英国主力舰。摧毁两舰后,日本在马来亚水域获得巨大的初始优势。一些英国观察家并未低估两舰的沉没带来的影响,还预计,此事将对全球的战争进程产生直接影响。

温斯顿·丘吉尔首相在下议院发表了一份简短而庄严的声明,确认"威尔士亲王"号和"反击"号已沉入海底,证实了日方的声明。

1941 年,英国"威尔士亲王"号战列舰。

"威尔士亲王"号战列舰是"乔治五世"号的姐妹舰，也是英国最新的战舰之一。舰上至少有1500名官兵，海军上将汤姆·S.V.菲利普斯爵士也在舰上。菲利普斯被任命为新成立的远东舰队的司令，任命状于12月1日公布。（英国远东大臣阿尔弗雷德·达芙·库珀证实，"威尔士亲王"号遇袭时，海军上将菲利普斯就在船上，并说巡逻船正在搜寻幸存者。）

"反击"号虽然建于1916年，却是一艘战斗力很强的现代化战舰，其常规船员编制为1200名官兵。

"反击"号舰长W.G.坦南特的妻子说已收到消息，得知丈夫被一艘驱逐舰救起。"威尔士亲王"号战列舰上的海军上将菲利普斯和J.C.利奇舰长现在还吉凶未卜。

这两艘船的沉没，加上自日本开战后美国海军的损失，是一场灾难性的打击。英国几乎每个人都在焦灼地关注着远东战区的战争。

英国赢得战争最终胜利的坚定决心，因美国对日本宣战而得以加强，始终坚定不移。

1941年 / 12月12日

安静的旁听席关注战争投票
旁听者听取了总统的讲话及对德宣战的唱名表决，但到对意宣战的唱名表决时，纷纷离去

发回《纽约时报》的特别报道

【华盛顿12月11日电】国会没有丝毫犹豫，也没有任何辩论，一结束正常的议会程序，便通过两轮表决，正式依宪法通过了美国向轴心国全面宣战并战斗到底的议案。

两院都没有人对德国和意大利宣战的议案投反对票。

詹娜特·蓝肯是一名来自蒙大拿州的议员。她在1917年对德宣战时投了反对票，在本周一时还拒绝接受日本在太平洋地区的挑战，今天投出赞成票。

众议院一致同意,为防止程序上的延误,使用参议院的文本,并去掉其中的例外和限制条款。

表面上看,参议院对德宣战的议案的表决结果为88∶0。对意大利宣战的议案的表决结果为90∶0,因为有两位参议员错过了第一次快速的表决,及时到达议席赶上了第二次表决。

在众议院,对德作战的议案的表决结果为393∶0。而轮到关于意大利的议案时,又有另外6名议员到达议席,使票数成为399∶0。

旁听席挤满了人

罗斯福在国会发表简短讲话时,英国大使哈利法克斯子爵及其夫人紧张地倚在外交官椅子的扶手上。表决尚未开始,他们便匆匆离去。

参议院和众议院的旁听席上人头攒动,他们静静地听完了罗斯福的讲话和对德宣战的议案缓慢而有条不紊的唱名表决的全过程。轮到对意大利宣战的议案时,观众们开始觉得索然无味。在众议院会议厅,由于人们挤着要离场,动静很大,雷伯恩议长不得不暂停表决以恢复秩序,但人群还是继续鱼贯而出。

1941年12月11日,罗斯福总统签署对德宣战的议案。

1941 年 / 12 月 14 日

日本偷袭美国
在南美激起民愤

阿尔纳多·科尔泰西
通过电报发回《纽约时报》的特别报道

【布宜诺斯艾利斯 12 月 13 日电】对于日本攻击美国的消息，南美公众的普遍反应先是难以置信，之后便是愤怒——居然还有外国政权胆敢袭击美洲大陆的一个共和国。

人们对日本的所作所为感到出奇的愤怒，这其中包括许多到目前为止毫不同情美国的人。美国事实上成了日本侵略行径的受害者倒是次要的，即使是美洲最小的共和国受到攻击而不是最大的共和国，美洲各国人民的反应也不会有丝毫差别。关键是，日本这双暴力的手已经伸向了美洲大地。在这片连接北极和南极的大陆上，整个美洲大陆的公民，不论国籍或政治主张，均对日本的这一行径感到义愤填膺。

南美洲的人们突然发现，而且相当吃惊地发现，在某些事情上，他们是站在同一立场上的。

同一个大家庭

他们首先感同身受的，也是最重要的一点，就是这片大陆令人难以捉摸。凡是涉及一个美洲国家和一个非美洲国家的事务——不论是哪个非美洲国家，阿根廷和巴西、智利和委内瑞拉、乌拉圭和哥伦比亚，都会切身地感到自己的家庭成员被牵扯其中。日本只花了 5 分钟就大幅度提升了美洲国家之间的兄弟情谊，这是全美洲所有政治家孜孜不倦努力了一个世纪都没有做到的。

德国和意大利宣战时，南美人民还没有这么激烈的反应；他们对日本背信弃义、偷袭美国深感愤恨，在很大程度上是因为美国成了受害者！但几乎这些都被当作事态发展的必然结果。它们引起了人们的猜测和兴趣，但是带给人们触动最大的，还是突然听到日本飞机轰炸了太平洋美属基地一事。

1941 年 / 12 月 21 日

海军上将金统领海军，成为海上行动总指挥

发回《纽约时报》的特别报道

【华盛顿 12 月 20 日电】自 2 月以来指挥大西洋舰队的海军上将欧内斯特·J. 金，今天被任命为美国海军舰队总司令，直接向总统汇报，并且受海军部部长的统一领导，成为大西洋、太平洋和亚洲水域所有海军行动的最高指挥官。

海军少将罗伊欧·E. 英格索尔接替金的职位，成为大西洋舰队司令。

海军部部长诺克斯是根据上周四罗斯福总统签署的一项行政命令进行这些人事调整的。就在上周三，航海局局长、海军上将切斯特·W. 尼米兹受命接替海军上将哈斯本·E. 金梅尔的太平洋舰队（在夏威夷）司令这一职务。

海军上将金是一位航空专家，曾任海军航空署署长，现在全权指挥海军在水面、空中和沿海边疆的军事行动。

总统的命令中具体指出，其参谋部将根据需要进行相宜的设置，包括一名

1941 年，海军上将欧内斯特·J. 金。

参谋长、其他军官和相应的机构，大体上履行以下职责：

为决策提供所有相关讯息和海军情报。

准备并执行当前的战争行动计划。

明确作战职责。

保证所有必要的通信设备可正常使用。

指导进行基础技能训练以开展行动。

作为总统的私人助理。

虽然海军上将金的总办公室设在海军部，但海军部强调上述命令并未缩小他在海上的职权。

海军部说："他可根据实际情形在海上自由行使个人命令。"

金的服役履历

1878 年 11 月 23 日，海军上将金出生于俄亥俄州洛雷恩市。1897 年，他从俄亥俄州被推荐到海军学院学习。后来，他在海军各个部门工作，当过水兵和海军航空兵，在潜艇部队服过役，也做过行政领导工作，积累了丰富的经验，并脱颖而出。

在美国—西班牙战争期间，他在美军"旧金山"号巡洋舰上服役，在大西洋海岸执行巡逻任务。从 1916 年到 1919 年，他曾任美国海军舰队总司令、海军中将亨利·T.梅约的助理参谋长，由于服役表现出色，荣获海军十字勋章。

1923 年，他执掌康涅狄格州的新伦敦潜艇基地，并支持打捞 1925 年 9 月在布洛克岛沉没的 S51 潜艇。在此期间，他获得海军杰出服役勋章。

1927 年 12 月，S-4 潜艇在马萨诸塞州普罗温斯敦沉没，他负责指挥打捞部队，被授予海军杰出服役勋章，饰一枚金星。

1927 年，他在佛罗里达州的彭萨科拉成为一名合格的海军飞行员，1928 年被任命为侦察舰队的飞机中队指挥官。

1928 年至 1929 年，他担任海军航空署副署长，同时兼任"列克星敦"号航空母舰舰长直至 1932 年去职，接着前往美国海军战争学院进修高级课程。1933 年 5 月，他被任命为海军航空署署长。

他获得的荣誉还包括：1898 年，因在美国"旧金山"号巡洋舰上表现优秀，被授予桑普森勋章；西班牙战役勋章；在美国巡洋舰"泰利"号上服役期间，被授予墨西哥服役勋章；在美国太平洋舰队"宾夕法尼亚"号战舰上服役期间，被授予胜利勋章。

他的家在安纳波利斯。

1941 年
12 月 23 日

社论：希特勒为自己封官加爵

在苏联的德国军队虽然没有被摧毁，但它的首要目标已经失败。它原定的目标是摧毁苏联的武装部队。

它的次要目标也没有达成，未能进军南方的油田，也未能在寒冷的天气到来之前攻占莫斯科。这种企图让它付出了惨重的代价。雪上加霜的是，美国参战了，任何有点脑子的德国人都开始疑惑是不是什么地方出了问题。

是因为德国陆军元帅冯·布劳希奇被解除陆军总司令的职务，而自称"政治家"的阿道夫·希特勒夺过最高指挥权？当然，很有可能。希特勒依靠德国对其百试不爽的"内心的召唤"和"直觉"的信心，以及他的"狂热的意志力"动力，以亲自就任总司令一职设法消除德国人民的焦虑，或者以此举暗示德军在苏联的失败应归罪于布劳希奇，尽管后者的任务是执行希特勒本人的命令。还有一种可能，那就是纳粹党与陆军之间原有的裂痕由于在苏联的失败而加剧，希特勒并不完全信任他的最高指挥部。第三种可能是，希特勒梦想着发动新战役，但那些顽固的陆军官兵实施的积极性不高。

无论是哪种情况，希特勒的不败神话都已经显得极其牵强附会，即使是德国人也不再笃信。转眼一年将逝，这名纳粹头目已经不再信誓旦旦地说这场战争会立即结束。但是从 1941 年伊始，希特勒就承诺其国民，战争将会胜利，他们的艰辛和困苦即将结束。在新年元旦公告中，他发表声明称"1941 年将迎来我国历史上最伟大的胜利"。1 月底，在其夺取政权的周年纪念日上，希特勒夸口说：

"1941年将是建立欧洲伟大新秩序的历史性一年。"3月中旬,在每年的德国阵亡将士纪念日仪式上,他许诺要在1941年"结束前一年开始的战役"。4月中旬,在其生日宴会上,他与戈培尔博士一唱一和地表示,胜利"已经在望"。还有,在苏联战役一开始,他对德国人称这将是建立"新秩序"的决定性战役。最近,他还向德国人民保证,苏联的抵抗"已经被粉碎,并将永无翻身之日"。

即使是惯于严格管制的德国人民也一定意识到这些声明,与最近几乎歇斯底里连哄带骗请求他们做出更大的牺牲是互相矛盾的。为了征服在人数和装备上比迄今立于不败之地的德国军队更占优势的敌军一说,已经不能称其为理由。德国人民到底需要多久才能远离,以及认清并摧毁希特勒这个导致他们的苦难的根源?

1941年4月,阿道夫·希特勒从火车车窗向外行礼。

1941年 / 12月25日

美海军英勇捍卫威克岛，谱写海军陆战队新篇章

查尔斯·赫德
发回《纽约时报》的特别报道

【华盛顿12月24日电】美国海军今天无奈地翻过了威克岛战功卓著的篇章，据猜测，该岛现已落入日本人之手。据透露，378名海军陆战队队员，在7名海军医疗人员的协助下，抵挡了日军长达14天的海、陆、空立体攻势，直到其电台静默宣告岛屿失守。

这一小组战斗人员只装备了轻武器和12架战斗机，没有一架轰炸机，却在火奴鲁鲁以西约2000英里的这座小岛的防御战中，重创日军一艘巡洋舰和三艘驱逐舰。

战斗从12月9日持续到12月23日。在此期间，威克岛守军没有得到任何援助，显然，美军也没有机会使其撤出。守军对此很清楚，但是不顾一切战斗了很长时间，它的表现在服役记录中无出其右。

大约两周前，关岛被日军占领。威克岛的陷落切断了火奴鲁鲁与马尼拉之间的另一个联系。目前已知，中途岛仍在坚守，已有数天未遭袭击。

英勇的威克岛守军

从美国海军部搜集的大量事实中，再结合威克岛电台的报道，我们所看到的画面是海军陆战队队员从一开始就寡不敌众，承受了一波又一波粉碎性的袭击，即使在损失了大部装备之后也战斗不息。

有报道称，在最后一天的防御战中，尽管守军的大部分武器已被摧毁，但它依然击沉了日军的另外两艘驱逐舰。这一消息从昨晚东京电台的报道得到了证实。

除了驻扎在威克岛的飞机外，海军陆战队所拥有的武器只能算是"轻型武器"。这里的驻军没有重型火炮，也没有要塞，只有驻军大楼、飞机库和建在观察哨上的普通小楼。海军部列出了开战初期威克岛上的武器装备——6 门 5 英寸口径的大炮、2 门 3 英寸口径的高射炮、18 挺 50 毫米口径的机枪，"外加平时所用的轻型武器"，还有 6 盏探照灯。

14 天之后的官方战争报告如下：

"早在 12 月 9 日，威克岛就受到敌军从海上和空中发起的袭击。在 48 小时里，守军击退了 4 次袭击，但同时也失去了大多数的战斗机。然而，海军陆战队队员通过空中行动，成功击沉了敌军的一艘轻型巡洋舰和一艘驱逐舰。"

机场遭袭

"守军向海军部报告，预计这些袭击还将继续，并且敌军会尝试登陆。守军已经准备好尽其所能予以抵抗。"

"12 月 12 日，罗斯福总统报告称，威克岛还在坚守。12 月 14 日，敌军轰炸机在夜间袭击了海军陆战队，机场被击中。守军报告说，没有造成重大损害。但是次日早上，41 架轰炸机飞临威克岛上空。在这次袭击中，我方本来数目就在迅速减少的战斗机被毁于地面。"

"威克岛守军报告称，有两名战士牺牲，但我方用高射炮成功地击落了敌军的两架轰炸机，还击伤了几架。守军将继续抵抗。"

"12 月 15 日，守军再次经受了两次轰炸袭击，一艘敌军潜艇据说就徘徊在威克岛周围。在此之后的 17 日和 18 日，我方又遭到了两次袭击。"

"12 月 21 日，这支小小的驻地守军已经岌岌可危。17 架重型日本轰炸机向该岛发起了攻击，虽然被击退，但守军也遭到重创。2 门 3 英寸口径的高射炮的炮台被击中，发电厂受损，柴油库房及其设备被炸毁。只剩下一门 3 英寸口径的高射炮可以使用。"

"第二天，即 12 月 22 日，威克岛守军报告，又遭受一次空袭，同时，几艘敌军舰艇和一艘运输船已经逼近该岛。此次登陆敌军动用大批部队，但是损失了两艘驱逐舰才登上该岛。"

"数小时以来，人们对此说法一直表示怀疑。12 月 23 日，东京声称，威克岛已被日军全面占领，美国海军部只好承认与威克岛的通信已全部中断。"

1941 年 12 月 25 日

罗斯福与丘吉尔表达对饱受战争蹂躏的世界的信心

发回《纽约时报》的特别报道

【华盛顿 12 月 24 日电】今晚，罗斯福总统和温斯顿·丘吉尔首相站在白宫南面高高的门廊上，在脚下社区圣诞树草坪上闪烁的灯光里发表讲话，呼吁两国人民，再次献身于正义的事业，并为"武装他们的心灵"而劳动，忍受苦难，为未来最终的胜利而奋斗。

成千上万的人，在白宫南草坪边，在清澈柔和的暮色中，听取了两位领袖的发言。与此同时，电台将他们的声音，连同传统圣诞欢庆仪式上的赞美诗和圣诞颂歌一起传向了世界各地。

丘吉尔先生站在门廊中央的立柱间，在美国总统的左侧，发表了公开讲话。这是他抵达美国展开关于联合作战的历史性磋商后，首次发表公开讲话。

另外，这也是美国总统和英国首相第一次在圣诞节前夕会晤。这对两国人民传递的是近似联合的信号。

丘吉尔被誉为朋友

罗斯福总统称赞丘吉尔先生为"我的伙伴，我的老友和好友"，丘吉尔先生称美国听众和观众为"为共同事业而奋斗的同事、伙伴、战士"。他说，有了团结和协作这条纽带，自己"可以和你们一起坐在炉边，分享你们的圣诞快乐"，他还敦促美国人民，在这个节庆时期，不要忘记他们伟大的事业。

他说："如果我们不能认识到，正是由于觊觎其他人民的土地和财富导致我们走到这步田地；正是由于下流的野心，以牺牲他人为代价而赢得物质利益的肮脏贪欲导致我们走到这步田地，那么这个圣诞节对我们来说就毫无善意。"

"此时此刻，我们周围的战争正打得难解难分，而且遍布所有的土地和海洋，正在偷偷潜入我们的心灵和家园。面对这些动乱，我们的每一间小屋都充满了和平的精神，我们每个人的心中都充满了和平的精神。"

全副武装的士兵在白宫草坪周围警戒，围绳将人群挡在门廊的 100 码之外，警察和联邦调查局成员在隔离带内巡逻，但严峻的战时预防措施并没有影响观众对总统和丘吉尔先生讲话的热情。

演讲不时被掌声打断

那充满活力的声音，那浓浓的维多利亚式的措辞，那敏捷而又象征性举起的左手，那坚毅的下巴和嘴巴，都标志着一个表情丰富而傲视群雄的丘吉尔，他的发言一次又一次地被观众的掌声所打断。

但并非他所有的言辞都是决心和挑战。恰逢喜庆季节，他祝愿听众："在上帝庇佑之下，我谨祝各位圣诞快乐。"然后他要求道："仅此一晚！"沸腾的人们开始为节庆欢呼。

1941 年 12 月，这天黄昏时分，温斯顿·丘吉尔在白宫南草坪上演示其著名的"警报服"上的简易拉链。在他身旁，白宫助手哈里·霍普金斯的女儿戴安娜·霍普金斯奋力抱住罗斯福总统的狗——法拉，让它待在椅子边。

1941 年 / 12 月 26 日

英国驻军结束为期 16 天的抵抗
香港无水可用
回天乏力，守军撤离

克雷格·汤普森
通过电报发回《纽约时报》的特别报道

【伦敦 12 月 25 日电】拖延已久的香港的公报今日才送达伦敦，殖民地办公室宣布香港被围攻 16 天后已沦陷。看来，香港总督杨慕琦爵士已经得到指示，那就是寻求妥协谈判，而不是与日军死战到底。

今日傍晚早些时分，殖民地办公室透露，香港海军和陆军指挥官曾报告杨慕琦爵士称继续抵抗无益，他因而正在采取措施应对。

这与日本的报道完全吻合，港督正在九龙与日本的军事领导人举行谈判。只有日本广播直接播报了香港投降的声明。

眼看战斗就要结束

就在杨慕琦爵士在九龙跟日本谈判时，有报道说中国军队正在朝香港成功挺进。

然而，伦敦很多人认为，战斗随时可能终结。7 天以来，英国驻军不仅遭受日军从中国大陆射来的无情炮火，还遭受日军从香港各处发起的打击。但是英国驻军仍在继续奋战，先后拒绝了两次劝降。

香港已有 3 座水库落入日军手中，人人忧心淡水资源出现短缺。炸毁的自来水总管道被修好，又被侵略者一次又一次地毁坏。星期二，香港的淡水供应已仅能维持一天。

香港军民伤亡惨重，但在港督鼓舞人心的领导下，军民士气可亲可敬。

"直面敌军压倒性优势的英勇战斗就此结束，"官方声明称，"英国皇家海军、加拿大和印度军队的勇气和决心，以及包括很多中国人在内的当地官兵的勇气和决心将千古永存。"

在 8 天时间里,香港经受了 45 次空袭。日本人仍在进行猛烈炮轰。他们两次提议和谈,但都遭到当场拒绝。

港督致电英国殖民大臣莫因勋爵,称"我们将战斗到底"。

东京方面报道称,日本上周五已经占领香港,但英国的公报驳斥了这一说法,称侵略者遭到了沉重打击。

1941 年 / 12 月 27 日

演讲大师丘吉尔
他的战争演说中扣人心弦的段落频频出现

合众社

【华盛顿 12 月 26 日电】温斯顿·丘吉尔是一位语言大师,他的演讲气势磅礴,抑扬顿挫。最广受赞誉的当数一个由 11 个单词组成的句子,那是 1940 年 5 月 13 日张伯伦政府下野后,丘吉尔重组政府以适应全面战争需要时发表的演讲中所说的。那时,丘吉尔先生告诉他的同胞们:

"我所能奉献的,只有热血和辛劳,眼泪和汗水。"

之后,1940 年 6 月,德国人占领了英吉利海峡对面近在咫尺的海滩,英国局势危如累卵,丘吉尔先生许下诺言:

"我们将保卫我们的岛屿,不管付出什么代价。我们要在海滩上战斗,我们要在陆地上作战,我们将在田野和街道上战斗,我们将在山区作战。我们决不投降!"

同年 6 月,英国军队在欧洲被击溃,他说:

"因此,让我们肩负责任,勇往直前。如果英联邦和大英帝国能够存续 1000 年,那时人们仍然会继续说:'这是它们最光辉的时刻。'"

1940 年 8 月,德国开始全力轰炸英国迫使其就范,丘吉尔先生对英国飞行员说:"在人类战争史上,从来也没有人能够像这样,以如此少的兵力,取得如此大的成功，保护如此多的众生。"

1940 年 9 月 11 日，丘吉尔先生这样谈到阿道夫·希特勒：

"这个邪恶的人，这个灭绝人性的令人深恶痛绝的万恶之源和化身；这个集各种错误和耻辱于一身的恶魔机器，现在试图通过肆意妄为的屠杀和毁灭来破坏我们著名的岛民。他的所作所为燃起了英国民众心中的怒火，燃起了全世界人民心中的怒火，这种熊熊的火光，即使在战争的痕迹被全部抹去后，依然会经久不息。"

1941 年 1 月，他再次警告说："不要以为我们已是穷途末路。虽然道路漫长而艰辛，我丝毫不怀疑，我们将战胜邪恶势力，赢得全面的、决定性的胜利。这一胜利本身只会激励我们进一步努力战胜自我，证明我们的国家在战争岁月中如在和平时期一样令人敬仰。"

1941 年 2 月，他对美国人传达了这一消息："把工具给我们，我们会完成任务。"

1941 年 / 12 月 28 日

日军缓缓逼近马尼拉　　　　　　　　合众社

【吕宋岛北部美军前线战地指挥部 12 月 27 日电】今晚，日本大军以南北夹击之势缓慢逼近马尼拉，但是遭遇美军和菲律宾部队的顽强抵抗。在北部，日军先头部队已穿过北部狭窄的山区隘路，长驱直入广阔的邦板牙平原，据报已抵达乌尔达尼塔。该地在比纳罗南以南 8 英里处，距马尼拉约 97 英里。

南部战线发来报告，称日军已经挺进卢塞纳，此地虽然距马尼拉只有 64 英里的航空距离，但相隔重重山岭、湖泊、沼泽及通行极其不便的地形。到目前为止，日本已经从其登陆处拉蒙湾向前推进了约 26 英里。拉蒙湾是一个从阿蒂莫南到毛班的 20 英里的狭长海滨。

日军的这两处突入被认为非常危险。后面还有越来越多的日军摩托化部队作为支援，他们人人手持轻武器和装备，从西北的林加延湾和拉蒙湾东南的运输船登陆。

然而，无论是北方战线还是南方战线，主要战役都还没有打响，美国远东地区部队总司令道格拉斯·麦克阿瑟将军已经做了精心部署，要打一场敌众我寡的防御战，以抗击侵略者。

日军的攻势在 J.M. 温赖特少将的战地指挥部眼中不过是虚张声势。温赖特将军在一份公报中称，他正在慢慢调回自己的部队，前往很久之前就定好的主战线上。主防守线的位置没有标出，但这条悠长平坦的峡谷里，数条水道纵横交错，一直是通往马尼拉的要道。

日军从北部进犯的部队分成两大纵队。一个纵队试图强行突入林加延湾最前面的林加延，日军就是在该湾的沿海港口登陆的。该纵队在包围了海岸平原公路后，又包围了海湾沿岸地区。第二个纵队已经攻入邦阿西楠省的罗沙礼示和乌尔达尼塔。这两个地方位于马尼拉正北 97 英里处。

温赖特将军报告说，日军"在吕宋岛北部前线进展缓慢，因为我军正在按计

1941 年年底，在菲律宾的日军士兵。

划撤退至主防线"。他说:"我军的抵抗还在继续,丝毫不减。"

麦克阿瑟在一份公报中只说北部战线上"时打时停",而东南部战线上的战斗"非常激烈",但并未提及细节。

公报称,"敌军增援部队正在从林加延和阿蒂莫南乘运输船源源赶来"。"敌军的空中攻势非常猛烈"。

来自南方战线的报道说,现在日本的国旗已经在卢塞纳上空飘扬,该城是吕宋岛南部海岸塔亚巴斯省的首府。

日本占领卢塞纳的工厂之后,断然跨过塔亚巴斯地峡。那是一条狭窄的海峡地块,连接着吕宋岛中部和它狭长的南部向东南绵延175英里的地区。日本控制了塔亚巴斯地峡,似乎切断了在南部黎牙实比市与日本地面部队战斗的美军部队,现在只剩海上通道。

现在,日军在阿蒂莫南—毛班地区登陆的部队人数估计为1万—1.5万,当然也有可能更多。北部的兵力为8万—15万人。总之,日军在吕宋岛的岸上部队或准备从运输船登陆的部队有15万—20万人。

人们相信,美军和菲律宾部队在南部战线的部署非常强大,至少在目前,足以应付日军。

对峙与博弈:《纽约时报》二战全纪实(1941—1942)
The New York Times: Complete World War II (1939—1945)

第五章

5
chapter

战时工作需要百万女性参与

1942 年 1—2 月

战争给美国带来了广泛而深远的影响。总统被赋予了更多权力。战时生产委员会在接手工业生产管理后，大幅削减了轮胎和汽车以外的几乎所有民用品生产。美国开始实施民防措施，强制实施灯火管制（后被称为"警备管制"）。在实施灯火管制之前，曾有德国潜艇潜入美国东海岸，借助岸上的灯火，用鱼雷袭击了一艘商船。《纽约时报》的电子布告牌也因灯火管制停止运行，时代广场亦陷入了前所未有的黑暗之中。战时经济让美国从高失业率一下子变得劳动力供不应求。1月下旬，战时生产委员会劳工部主任西德尼·希尔曼呼吁百万妇女投身战时生产。他说"妇女可以制造飞机"。这一号召在随后的3年里得到数百万美国女性的响应。

黑人社团一直请求参战，促使美国于1942年1月组建了第一支完全由黑人士兵组成的陆军师，但是种族偏见并没有消失。美国红十字会拒绝使用美国黑人的血液进行输血，直到迫于政府压力接受了黑人献血。

在参战的最初几个星期里，罗斯福本人也是摸着石头过河。2月，《纽约时报》在其社论中抱怨"华盛顿方面所描述的局势令人困惑"，称美国政府一直未能如实地把战事的真相告诉民众。然而，真相非常糟糕。2月15日，也就是日军攻陷新加坡并俘虏10万多名盟军战士的那一天，《纽约时报》军事记者汉森·鲍德温警告说，日本那些"狂热的小斗士"绝不会就此善罢甘休，还会制造更糟糕的局面。他继续说，战争的最初几个星期恐怕是"我们历史上最黑暗的时期"。1月2日，菲律宾首都马尼拉落入日军手中，美军和菲律宾部队被迫退守巴丹半岛，并最终撤至科雷希多岛这个要塞。日本军队横扫一切抵抗，以闪电战夺取了荷属东印度，并在 2 月 27 日的爪哇岛海战中击溃了盟军的一支海军部队。2 月 22 日，麦克阿瑟将军收到通知，要求他离开菲律宾，前往澳大利亚。2 月初，《纽约时报》的当红记者拜伦（巴尼）·达恩顿被派往澳大利亚，报道太平洋战争危机。结果仅仅在 9 个月后，达恩顿就命丧黄泉，当时他所乘的登陆艇正前往新几内亚海岸，遭盟军飞机误袭。

新闻中几乎没有什么喜人的消息。利比亚港口城市班加西落入隆美尔指挥的德意志非洲军团手中；德军潜艇的下潜深度创出新高。唯一的一丝希望寄托在东部战线，在那里德国军队受困于冰天雪地、刺骨寒冷之中，但是还远没有被击败。苏联著名的战地记者伊利亚·爱伦堡从前线向《纽约时报》发来报道，称斯大林的军事干将朱可夫将军表示，一直以来太"习惯于轻松取胜的"德国人，终于尝到了"真正战争"的滋味。《纽约时报》报道了苏联士兵的装备是如何精良，说他们脚穿高筒靴（毡靴），身穿羊皮大衣，而德军则只能由远在德国的同胞们送来皮大衣和毛衣以御寒。虽然太平洋战争在新闻报道中独领风骚，但罗斯福总统很清楚，1941 年 12 月他在华盛顿与丘吉尔举行的阿卡狄亚会议，其首要任务就是摧毁德国的威胁。1942 年 1 月 26 日，美国远征军首批部队在北爱尔兰登陆。这些早期的特遣队，后来将发展成美国历史上组建的规模最大的海外驻军。

1942年 / 1月3日

美国、英国、苏联、中国和其他22个国家联合签署战争协定

弗兰克·L.克拉克洪
发回《纽约时报》的特别报道

【华盛顿1月2日电】与一个或多个轴心国作战的所有26个国家签署了《联合国家宣言》，承诺不与各自的敌人单独签署休战或和平协议，并承诺动用全部军事或经济资源对敌作战。该协议在华盛顿签署，并于今天在白宫公布。

《联合国家宣言》是罗斯福总统和英国首相丘吉尔两人最近举行的会议的结果，它不是以条约形式出现的，因此不需要批准。

罗斯福总统、丘吉尔首相、苏联大使马克西姆·M.李维诺夫、中华民国外交部长宋子文分别代表美国、英国、苏联和中国签署了该声明。英联邦成员、印度政府及各流亡政府和中美洲各国政府的代表均在宣言中签字。自由法国和南美洲各国政府都没有签字，但是这些国家可能会继续"提供物资援助"以"战胜希特勒主义"。

同舟共济

为免去办理正式对日宣战的流程，《联合国家宣言》经过精心措辞并于下午3点时公布于众，即在日本军队宣布占领马尼拉仅几小时后。

签署各方深信，"彻底战胜敌人"是捍卫"生命、自由、独立和宗教自由"的基础，不仅对自己国家如此，对其他国家也是如此。各国代表纷纷宣言参与"共同斗争"，抗击妄图独霸世界的邪恶势力。

因此，每个签署方都代表其政府承诺与其他签署国政府合作，"不与敌人单独签署休战协议或和平协议"。一些参战的拉丁美洲国家只有很少的军队，这也许可以解释为什么要写"各国政府承诺动用全部军事或经济资源"，"以抗击与己方处于交战状态的《德意日三国同盟条约》成员国及其追随国"。

《联合国家宣言》是一项关于共同战争的政策，但它保证，在"粉碎纳粹暴政"后，所有参与国家接受"八条提议"。此"八条提议"是1941年8月14日，罗斯福总统与丘吉尔先生在海面上经过会谈达成并共同签署的《大西洋宪章》的一部分。

1942年／
　　／1月4日

社论：战争中的公民自由

"全面战争"对我们的日常理论、政府实践，以及我们赖以生存的民主和自由原则的实践都是严峻的考验。战争引发的可怕紧急状况，迫使我们重新审视许多政治权利的先决条件。公民自由的前提就是其一。极端主义分子倾向于主张战争期间所有公民的自由都必须暂停；持反对意见的极端主义者则倾向于主张任何在和平时期享有的公民自由权在战时都不应受到限制。

显而易见，事实就介于两种极端之间。但是要精准确定个案的尺度并非易事。即将退休的美国社会学协会主席斯图亚特·A.奎因博士，在一次讲话中提出几个问题，以展现当前战争所引发困境的性质。他问道："我们是应该全面维持通信自由，从而帮助藏身在我们中间的敌人，还是应该对它加以限制，从而威胁我们为之奋斗的民主？"这个疑问可能夸大了问题的严重性，但它确实足以强调奎因博士论点的正确性，即公民自由"是紧急时期民主国家的人民所面临的最困难的问题之一"。

在和平时期，我们可以说，我们所享有的各种公民自由是"绝对的""不可剥夺的权利"。然而，实践从未与这些言辞相一致。要想举出一个在实践中没有受到任何限制的公民自由实属不易。因此，言论自由的权利从来都不是绝对的。法律一直反对诽谤、反对亵渎、反对直接煽动骚乱或暴力。在所有上述情形中，不同年龄的人和不同群体对于界限的划定有着巨大的不同，但若说他们从未划定界限，则是极为少见。在战时，这些限制必然更多。不允许新闻界刊登军事机密，不允许个人发表叛逆言论。在实践中，关于引发内部纠纷事由的定义更是没边没沿。

我们永远从纯消极的角度把自由等同于没有任何限制。这种概念只会导致无政府状态。若要确定什么是适度自由，我们必须以最终目标为前提，而非仅仅没有任何限制。这种目标，从广义上考虑，就是国民的福利。自然而然，出于国家安全的考虑，对个人自由的限制，战时比和平时期更多。但这一切并不意味着个人自由可以无限制地减少，否则，便会威胁到未来的自由和民主制度。它并不意味着任何一个政府机关或小团体可以拥有无限的权力，来支配什么自由可以被剥夺。它并不意味着可以限制个人自由批判政府外交政策或其战争行为的权利。旨在保护个人权利而建立已久的法律保障不应被轻易搁置一旁。

在国内，我们不能放弃我们一直为之奋斗的自由和民主的原则。但我们必须承认，在特殊情况下，在此时做出关于限制公民自由的决定往往比在和平时期更难。

1942 年 / 1 月 4 日

底特律服从汽车禁令
逐渐降低生产计划，向生产武器过渡

弗兰克·B. 伍德福德

【底特律 1 月 3 日电】联邦物价局局长莱昂·亨德森发布命令，禁止一切新轿车和卡车的生产，这一命令无异于击垮底特律的工业支柱。底特律的民众得知该命令时颇有微词，在某些人心中甚至激起满腔怨恨。

接连几个月来，汽车业的生产计划被一再削减。整个行业中大多数人已经接受，毕竟亨德森先生的这些命令势在必行。尤其是从 12 月 7 日日本偷袭珍珠港而将美国拉入战争以来，这种感觉就更加明显。

希望能够延迟

在底特律及其周边的汽车工业城市,民用汽车停产势在必行,但是行业内人士还是希望能够延期停止其销售和生产,直到汽车厂商能重新吸收全体从业人员,并把他们的生产设备转型为适合军工生产的设备。

亨德森先生下令,在2月1日前后,底特律彻底停止汽车生产。停产的首要影响就是大量裁员,预计该地区大约有25万人将面临失业。

而这又会引发一系列其他问题。为解决国家财务负担和失业补偿金问题,政府机构已经开始多方筹资。在曾生产汽车的工厂,战争就业问题正在稳步推进,但若要解决战争物资生产导致的失业问题,需要几个月的时间。

1942年底特律,克莱斯勒汽车厂装配车间在战时转为给军队制造坦克。

失业工人

对于已经失业或即将流落街头的工人来说，此时或能得到少许安慰，因为汽车行业负责人发布声明称，不出数月他们就可以返回工作岗位，而且汽车制造厂的劳动力会出现严重短缺。

汽车行业现在已经高高兴兴、心甘情愿地接受了停产命令。帕卡德汽车公司总裁兼美国汽车工业协会主席阿尔万·麦考利代表行业保证，它们将完全配合实施生产管理办公室发布的停止汽车和卡车生产的法令。

"如果政府需要我们这么做，我们就自始至终地贯彻执行。"麦考利先生提及停产令时说道。

"但制造商必须拿到更多的国防合同，以实行大规模生产。"他补充道。

另一方面，全美汽车工人联合会以爱国的善良的心意接受这一形势的同时，对停产措施也提出了批评。他们认为，随着和平生产向战时生产的转变，有关方面应该早些做出调整以避免大规模裁员。

托马斯的声明

全美汽车工人联合会主席 R.J. 托马斯说："为了帮助我们的国家取得胜利，汽车工人准备克服任何艰难困苦。""然而，汽车行业是我国最大的设备库，有着最丰富的训练有素的劳动力储备，我们不明白停产令有何意义。"

"大部分的汽车工业机械都可以转换成军备生产。我们在一年前就提出了此建议，但是旋即不了了之。现在这个行业很清楚，既然厂商不能再生产汽车，设备可以经过改造，为现代战争生产物资。"

"目前我国唯一的也是最重要的任务就是，迅速地将汽车工业转为战时生产。这个行业可以也应该可以成为民主国家的兵工厂的重要生产伙伴。与此同时，必须通过适当的失业补偿津贴和公共事业振兴署拨款，对成千上万名失业汽车工人及其家庭进行援助。"

对管理层和劳工来说，一个切实的问题是，私家车可能出现短缺，轮胎也实施严格定量供应，不知道对该地区战时生产所需的交通会产生怎样的影响。很多兵工厂，尤其是克莱斯勒坦克公司、哈德逊兵工厂和福特轰炸机厂，都在城郊，没有便捷的公交车和电车通往市区。

没有公交车，也没有电车，人们上下班都离不开私人交通工具。

虽然经销商称，本地区有充足的二手车库存，但是当地的人们倾向于认为，这些二手车可能被征用，以缓解美国其他地区的汽车短缺，而此举会让底特律出现严重的新、旧车辆短缺。

福特汽车公司生产轰炸机的柳木厂距底特律近20英里。到初夏时节，该公司考虑再雇用6万名工人。几乎所有的工人都将从底特律招募，而他们将不得不搭乘私人交通工具。这里不仅没有通往工厂的现成的公交线路，交通官员甚至怀疑，眼下是否有足够的设备可用于建设新的公交线路。

1942年
1月12日

纳粹列出捐赠服装

【柏林1月11日电（源于合众社在纽约记录的德国广播）】今天，德国的官方新闻机构德国新闻局报道，在为期16天的服装征集中，民众为德国士兵累计捐赠服装56325930件。

所收到的捐赠包括2958155件皮衣、4948766件毛衣及其他羊毛衣服、7781711条紧身裤、104841双毛皮衬里的靴子、170214双光头靴、1174748副滑雪板、3138405顶羊毛帽、3854064副手套，以及1485115床羊毛毯和毛皮毯。

哥伦比亚广播公司收到了伦敦的电台援引布拉格的电台的广播，得知今天是帝国元帅赫尔曼·戈林的49岁生日，"捷克斯洛伐克人民预计会在生日庆祝会上，向国家的收集袋中捐献旧衣服，这些衣服将被集中起来送给在苏联前线作战的部队。"

1942 年
1 月 13 日

战争使自行车在女性中更为流行

最近，轮胎定额配给令引起人们对交通运输所受影响的猜测，自行车行业成为讨论最多的话题，尤其是在家住郊区的家庭主妇之间。她们当中许多人在之前就开始骑自行车了。调查表明，骑自行车往来市场的人会增加，而不是减少。

在最近几个月，很多人都在购买自行车，罗斯福夫人也不例外。她因为要在华盛顿的国民防御总部工作，没有闲暇去海德公园，她的自行车就闲置于海德公园。她还没有时间去学习骑自行车。

虽然自行车轮胎的生产仍将削减，但已经生产出来的则可能面市。在期待已久的 1942 年行业生产计划的终审中，可能会增加生产计划。目前正在等待暂定计划总路线的许可信号，该计划是业界代表和采购器材局官员在 12 月下旬的会议上起草的，要求今年生产 100 万辆自行车，还规定要使用大众化的、轻便的设计。

自行车运动作为一种娱乐方式，再次出现在大众视野，目前女性运动服饰的时尚潮流还未掀起。往昔那些骑单车的吉卜赛少女往往显得不合时宜。与之不

1942 年，纽约州北部的两轮交通工具。

同，今天的女性单车手对这种权宜之计的效果非常满意。最实用而且正引领潮流的服饰包括裙裤，搭配一件套头衫，外加一件皮夹克或风衣。一项安全帽、一副抓绒内衬的连指手套和一双结实的鞋子，就构成了最近几个月精心打造的单车服装时尚。

1942 年
1 月 13 日

两洋海军

昨天，就美国海军在这场战争中的作为问题，海军部部长诺克斯在为华盛顿举行的年度市长会议准备的讲话中给出了答复。在保持美国和不列颠群岛之间这条世界上最为重要的海运通道畅通方面，美国海军取得的成就是有目共睹的。诺克斯先生说，然而，为完成此项至关重要的任务，美国海军已经出动了大批兵力，所以听众们不要指望"在不久的未来，美国会将全部的海军力量投入太平洋战争"。他请求大众理解并支持在大西洋部署庞大海军的战略："我们清楚谁才是我们的劲敌，所以我们必须在打败其他敌人之前，击败这个敌人。我们的劲敌不是日本，不是意大利，而是希特勒和他领导的纳粹分子，是希特勒的德国。"

幸运的是，诺克斯先生不需要为其论点提出理由。美国从进入战争的那一刻起就已接受这一论点了。这足以证明美国人民的头脑是多么冷静，即使在令人义愤填膺的偷袭珍珠港之后的最初几天，即使在丘吉尔先生来访美国之前的日子，即使在联合国家——26 个国家的大联盟组织强调反希特勒前线的重要性之前，美国公众从未迷失过真正的目标。关于这一点，盖洛普民意调查提供的证据令人信服。12 月 11 日至 19 日期间，就在珍珠港事件之后，盖洛普博士的民意调查机构发现，认为德国威胁比日本更大的人，比持相反观点的人高出 4 倍多。此外，对于这个基本问题没有任何细枝末节的分歧。美国远西地区（从落基山脉以西到太平洋沿岸）民众的意见与全国其他地区民众的意见几乎完全吻合。

1942年 / 1月21日

罗斯福签署《夏令时法案》
2月9日凌晨2点，时钟向前拨动1小时
大大节省电力

美联社

【华盛顿1月20日电】今天，罗斯福总统签署《夏令时法案》，该法案将于2月9日凌晨2点生效，并适用于所有州际商务和联邦政府活动。

在国会辩论中，有推测说，新的时间，即时钟向前拨动1小时，将在全国各地普及。

这项措施将在战争结束6个月后失效，除非国会投票表决提前终止。

总统的秘书斯蒂芬·厄尔利说，本项措施与第一次世界大战的《夏令时法案》的目标相同，那就是"大大提高我们为战争加强工业生产的效率"。

联邦电力委员会估计，此举实施后，每年将节省73628.2万度电。据说，美国在1940年共耗电14498456.5万度。联邦电力委员会称，夏令时的真正好处，是将缓解目前从黄昏到就寝时间之间的电力峰值需求。联邦电力委员会估计，时间的调整将提供74.116万千瓦的功率用于扩大工业生产能力。

厄尔利先生指出，国会的行动很有必要，可以让美国各州拥有统一的制度。

罗斯福总统指示，他签署该法案所使用的钢笔应送交匹兹堡市的罗伯特·加兰德。加兰德先生曾率领国家委员会参加立法听证会，并呼吁实施这项法案。

厄尔利先生说，在第一次世界大战中，加兰德先生也是夏令时的积极倡导者，那时他除了向伍德罗·威尔逊总统索要签署法案所使用的钢笔外，别无要求。

1942年
1月22日

敌人在巴丹半岛被击退；游击队在基地杀敌110名

发回《纽约时报》的特别报道

【华盛顿1月21日电】今天，美国战争部宣称，在菲律宾群岛吕宋岛的巴丹半岛，守城的小股部队，在击退日军的"惨烈"战中取得了新的胜利，以不小的代价击退了突入其防线的日军。道格拉斯·麦克阿瑟将军向美国战争部报告称，美国、菲律宾联合部队在此次战斗中先发制人，伤亡"不大不小"；除此之外，一支游击队还配合守军，突袭了敌军土格加劳市以北的机场，击毙110名日军，并击退日军300人。

戏剧性的篇章落幕

关于菲律宾的战事，今天的公报算是翻开了新篇章，因为昨天的公报发布时，人们对这场战斗的结局相当悲观，因而战事的结果显得更加引人注目。

两天以来，得到增援的日军在轰炸机和扫射飞机的协同下越过巴丹半岛海峡，直扑中央地区的15英里长的防线，力图强行突破防线，在丘陵地带打开缺口，以便将来突袭。

今天的公报说："尤其在巴丹半岛的残酷战争中，美国和菲律宾军队击退了敌军，并重新建立了先前已被渗透的防线。日军通过渗透和正面攻击中央地区附近的防线，取得了一些初步的成功。然后我们的军队开始反击，并重新夺回了所有阵地。敌军损失惨重。我们的伤亡不算太重。"

华盛顿方面的军事观察家认为，这份报告为我们展现了一幅战斗画面：麦克阿瑟将军在防御中采取了前线作战的方法，防范的是一支浩浩荡荡的大军，这支大军显然试图在山峦和沼泽战役中采用德国式闪电战。

日军发动进攻时，先用坦克击溃了地面防御，天上则有军机像雨点般投弹，显然此时的麦克阿瑟防线已经分崩离析，同时守军也被迫退回到以备不时之需的躲藏点。然后，等敌军攻势转弱时，我军分批袭击先头部队，打了它们一个措手不及，让其彻底乱了阵脚。

声明中一再强调这一战术，还指出所谓的防线根本不是一条"线"，而是一系列事先备好的阵地。在小小的巴丹半岛的中心，守军早就在石头山上开山凿洞，准备了无数的阵地，在空袭的时候，可以躲在里面。山洞里还贮藏了充足的物资，部队能够长时间等待战机。

根据公报，游击队的突袭发生在吕宋岛北部的卡加延，吕宋北部的河谷远离主战场。仅凭已发生的事实本身，就足以证明菲律宾人根本没有被彻底击败。就在昨天，另一份报告还指出，棉兰老岛南面 500 英里的另一支民兵，与镇守达沃港口的日本军队发生了交火。

据说，吕宋岛北部的游击队"完全出其不意"地教训了那里的日军，并且"取得了辉煌的局部成功"。

1942 年
1 月 23 日

全黑人师编入陆军，多人接受军官训练 | 发回《纽约时报》的特别报道

【华盛顿 1 月 22 日电】今天，战争部部长史汀生在新闻发布会上称，2 月 15 日陆军作战部队的坦克军队将新增第六装甲师。在会上，他描述了加速扩军的计划，称今年陆军预计将增至 360 万人。

战争部部长说，所有军官将接受为期 4 个星期的特种作战训练，然后分配到 32 个新型"三三制"师，另外还要新建一个黑人师和第二个黑人空军中队。

战争部预计，新的黑人师将在 5 月最终成形，其驻地将设在亚利桑那州的瓦丘卡堡。该师是"三三制"师，将会把现有的黑人部队收编在内。

而那个新的黑人空军中队,将被命名为第一百驱逐机中队。它会在亚拉巴马州塔斯基吉市的黑人学院接受训练。第一个黑人驱逐机中队,即第九十九中队,即将完成在那里的训练。

培训黑人军官

战争部部长史汀生在宣布新成立黑人军团的同时指出,黑人正在后备军官学校学习,该校专门培训从应征入伍者中选拔出来的士兵。此外,他指出,诺克斯堡的主要练兵场最近被命名为"布鲁克斯"练兵场,以纪念二等兵罗伯特·H. 布鲁克斯——装甲部队第一位在菲律宾牺牲的黑人。

战争部部长史汀生说,新的装甲师将接受训练,而其他训练成熟并装备完毕的装甲部队,可能会部署在全球任何地方。有些部队的装备尚未齐全,但是他声称,美国拥有充足的武器对官兵进行彻底的培训。

美国陆军航空军历史上第一个黑人飞行员班的成员。他们以少尉军衔毕业于亚拉巴马州塔斯基吉市的高级飞行学校,教官为乔治·E. 斯特拉特迈耶少将。

每个装甲师包括 1 万多名官兵，分为两个坦克团、三个独立野战炮兵营、一个步兵团、一个侦察营、一个机动化反坦克炮兵营、一个工兵营、一架观察机，以及负责补给和车辆维修的常规分队。

师就是微型军队

因此，每个师就是一支具有非凡攻击力的微型军队，这种构成是为了方便将之分成两个或多个独立的兵种。这个新的师，就像之前所组建的师一样，将在肯塔基州的诺克斯堡接受培训。

新培训项目旨在培养军官满足新指挥官的要求，让他们能够教授其部队各种特殊技能，以应对现代战争对各类战斗部队的要求。参加这门课程的第一批人员包括被分配到 3 个新建"三三制"师的 500 名军官。这 3 个师将在未来几周内组建，而这只是一个开始，我们的目标是建立 32 个新的师。

1942 年 / 1 月 26 日

苏军军服御寒性能好
高筒毡靴是红军冬季胜利的一个重要因素

通过电报发回《纽约时报》的特别报道

【莫斯科 1 月 25 日电】苏联军队今年冬天的战服非常好，可以最大限度地保暖，同时最大限度地减少自由活动的障碍。

从保暖的角度来看，苏军穿着的齐膝的厚毛毡高筒靴——毡靴至关重要，很多外国军事观察员认为，这是目前苏军胜利的一个主要因素。这些靴子看起来很笨拙，是由一整块 1/4 英寸厚的毛毡做成，别无其他。每只靴子重约 1.5 磅。士兵们穿这种靴子时不穿袜子，而是用布缠脚。士兵无论站坐，毡靴都能提供良好的保护。冬天的大部分时间里，雪是不化的，所以毡靴不容易打湿。

士兵们在行军中把毡靴挂在脖子上，换上前面比后面略高相对轻便的高筒靴，每只靴子只有一磅多重。这些靴子的靴头特别宽，让行进中的苏军士兵步伐有点笨拙，但无疑，它非常实用。很多士兵在毡靴里面加垫了一层鞋底，这个被称为"增高靴"。

苏联红军的马裤里絮有木棉或绒毛，根据时节的不同，分量也不同。这些裤子可以让膝盖以上的大腿关键部位保持温暖，因为这个部位受凉，可能会影响整个身体。马裤里面穿的是粗布裤子，质量和重量都没有特定标准。

苏联红军战士在背心和束腰服外面穿的是羊皮袄，人称"舒巴"。作战中所穿的大衣长度齐膝，还有更长的大衣，不过是为其他行动准备的。皮袄的衬里是羊毛的，重量大约在 9 磅，穿着非常舒适。这种皮大衣中间收腰，但是肩部很宽松。

红军的毛皮帽子重量不同，平均为 20 盎司，但设计规范统一。这种帽子状如脸盆，里面絮着厚厚的棉毛，有很宽的护耳，可以卷上去，系在头顶，也可以放下来系在下巴下面，护住耳朵和脸颊。

大部分的帽子都絮着羔羊的羊毛，但有些衬里用的是厚厚的羊毛布料。军官的帽子虽然不比普通士兵的帽子暖和，但样式非常潇洒。

手套没有统一标准，基本上是布手套或皮手套，里面用羊毛做衬里。有时，

1942 年，苏联红军部队。

士兵们会在军用手套里戴上自己的羊毛五指手套或连指手套，就像他们经常身穿自己的套头毛衣一样。

1942 年 / 1 月 27 日

黑人献血禁令遭多方谴责

发回《纽约时报》的特别报道

【奥尔巴尼市 1 月 26 日电】今晚，黑人议员威廉姆·T. 安德鲁斯在州议会发言时读了一封署名为 E. 斯隆·柯尔特的信。该信是在华盛顿的红十字会全国总部发出的，信中解释了红十字会拒绝接受黑人为战争献血的原因。

信中指出，白人捐献的血足够使用；鉴于有些人对黑人的血液有偏见，红十字会通过了这项政策，尽管"目前还未发现白人和黑人的血液的物理属性有何差异"。

安德鲁斯先生抨击这项政策违反了民主精神。

大会通过了《汉利法案》并将之呈给州长。该法案允许企业向红十字会捐款。

1942 年 / 1 月 28 日

据称，战时工作需要百万女性参与

【美联社华盛顿 1 月 27 日电】美国战时生产委员会劳工部主任西德尼·希尔曼今天估计，今年美国武器和弹药工厂需要上百万名熟练女工。

希尔曼在一份声明中说："飞机可以击沉战舰，而妇女可以制造飞机。战争号召美国妇女提高生产技能。总统已经指出，美国政府的一项政策是，让所有战争企业实行每周七个工作日制,以加快其生产。

"要求妇女参加战争物资生产工作的数量大大超过往年。

"妇女在战时生产中几乎无所不能。在美国,就像在英国一样,她们已经受雇于飞机制造厂、弹药厂、军械厂、雷管和火药厂。"

希尔曼先生的办公室估计,战争物资生产企业今年要满足战争生产的目标,需在现有 500 万工人的基础上,再雇用大约 1000 万工人。

希尔曼先生敦促妇女,立即为即将接手的工作做好准备。他呼吁国民关注政府的国防培训项目和国家就业服务部门,并敦促有工厂工作经验的妇女尽快前往就业服务部门报名。

1942 年,20 岁的安妮·塔博尔在美国中西部一家大型的增压器厂操作车床,制造飞机发动机的零件。

1942 年 / 1 月 29 日

得州实施灯火管制　防范德军潜艇偷袭
敌方潜艇出没墨西哥湾，船只禁止出港

【合众社得克萨斯州科珀斯克里斯蒂 1 月 28 日电】今晚，得克萨斯州 100 英里的狭长海岸奉命实行全面灯火管制。此前，科帕斯克里斯蒂的海军航空站的指挥官阿尔瓦·D. 伯恩哈德上尉曾宣布，据报有两艘轴心国潜艇在得克萨斯州南部沿海地区活动。

美国巡逻机发现，其中一艘潜艇停在阿兰瑟斯港以南 15 英里的墨西哥湾水面。收到了其东面约 4 英里处的另一艘潜艇发出的烟雾弹警告信号后，它在不到 10 分钟的时间里就潜入了海底。据称，第二艘潜艇也随即潜入水中。

科珀斯克里斯蒂基地立即组建了由 21 架海军飞机组成的巡逻队，陆军飞机也奉命从得克萨斯内地的据点赶到该地区。

从罗克波特到科珀斯克里斯蒂以南 30 英里的区域奉命实行灯火管制。

伯恩哈德上尉说他是得到海军部授权发布这一讯息的，但是任何进一步的细节的发布将由华盛顿方面来进行。他说，这两艘潜艇"可能是德国潜艇"。第一条有潜水艇出没的消息，是指挥官 R. R. 弗格森从阿瑟港的海军港口发出的。他警告各类船舶，已在距阿兰瑟斯帕斯 15 英里处发现一艘潜艇。阿兰瑟斯帕斯是从两个浅滩之间进入阿兰瑟斯湾的水道，距科珀斯克里斯蒂 50 英里，南距得克萨斯州最南端 130 英里。

指挥官弗格森说，尚未确定这艘潜艇就是"敌人"的船，"但可以假定它是"。

得克萨斯州沿岸的航运通常相当频繁。数以百计的油轮能从得克萨斯州的海港出港，是美国参战的先决条件之一。

1942 年 / 1 月 31 日

英国承认班加西失守
报告称,面对轴心国的优势兵力,盟军撤退,且损失大量物资

约瑟夫·M. 利维
通过电报发回《纽约时报》的特别报道

【开罗 1 月 30 日电】尽管印度军队奋勇战斗,昨天德国夹击行动还是扼住了班加西的咽喉。德军最近几日明显获得大量增援部队,还将增援的坦克和机械化步兵投入战斗,附近的大英帝国军队发现,己方兵力在数量上远不及德军。

据说,印度军人在从班加西疏散之前,摧毁了大部分保存在那里的物资。不过,人们为印度第七旅感到忧心忡忡,它在城市的南部作战,部分恐怕已陷入德军陷阱。

在班加西正南,两支庞大的纳粹纵队动用大批坦克,向印军第七旅发起了攻击。攻击者的力量远胜印军,到周三,印军不得不让步。它英勇奋战,坚守每一处阵地,但最终还是被驱赶至城市边上。

海岸公路攻势

与此同时,一支更加精锐的轴心国部队,逼近距班加西 16 英里的埃尔利基玛,并于周三黄昏时分控制了该市北面的海岸公路。因而,依然留守班加西的印度第四师,处境相当危险。为避免遭纳粹军队夹击,它向东北方向撤离,班加西落入了轴心国手中。

德军尚未与所占领城市边上的英国大军遭遇,但是考虑到德国统帅埃尔温·隆美尔一向有乐观主义倾向,有理由认为,他会继续向东转移,即便再打一仗也在所不惜。

英军失去了大量的物资和补给,德军则缴获了英军大量汽油,暂时缓解了物资供应的困难。

然而，隆美尔占领班加西的成就被认为作用甚微。当然，如果他选择穿过沙漠向东进军以保护其北翼，则另当别论。由于沙漠行动可能会导致班加西轻松地被包抄，因而其价值并不确定。

梅基利更有价值

没打一场恶战，英国是不会轻易放弃梅基利的，因为此地比班加西更有优势掌控杰贝勒阿里区域。如果隆美尔决定铤而走险，他将面临严峻的通信问题。他是否会立即进军取决于所获增援的力度，他手下的兵力对付班加西守军绰绰有余，但要应对艰难险阻重重的长距离沙漠进军，可能远远不够。

德军还有大批部队留守在姆色斯区域，它位于班加西与梅基利之间，但昨天那里只发生过巡逻战斗。

德国分遣队从姆色斯向东北巡逻时，遭遇英国巡逻队，然后撤离。如果隆美尔尚未放弃进军埃及边境地区的想法，该地区的德军部队将成为纳粹进攻的先头兵。

1942年 / 2月2日

吉斯林被任命为总理
德国专员约瑟夫·特波文为挪威傀儡政府任命头目

伯纳德·瓦列里
通过电话发回《纽约时报》的报道

【斯德哥尔摩2月1日电】今天，德国专员约瑟夫·特波文宣布，维德孔·吉斯林少校就任挪威总理。新的头衔丝毫没有改变吉斯林少校的傀儡地位。

任命仪式在阿克尔堡隆重举行。该城堡位于奥斯陆，始建于16世纪。德国人一直将此地作为军事总部，曾在该城堡的墙上处决经过德军军事法庭宣判的挪威人。

吉斯林的手下从全国各地赶来，挪威首都人山人海。所有的大饭店和大房屋都被征用以供他们使用。只有一个例外，那就是挪威皇家汽车俱乐部大楼，这栋楼现在被德国驻挪威军队指挥官、陆军一级上将尼古拉斯·冯·法尔肯霍斯特占有。据传，他拒绝让任何吉斯林分子进入他的居所。

为行动提供支持

挪威通讯社发布了专员特波文的演讲摘要，根据消息，他"出示了文件证明，指出奥斯陆主教艾纳·贝格拉夫在战前曾宣布，英国是挪威中立的敌人，而德国是其朋友"。特波文先生说，因此，主教证明了自己"在挪威民族统一党的（纳粹党）绝对正义的政策问题上，是一个重要的证人"。

贝格拉夫主教现在无法证实或否认这一"文件证明"的真实性。抛开此事实，斯德哥尔摩的观察家指出，他领导了所有挪威主教联合抗议民族统一党的政策的运动，他一直在勇敢地坚持斗争，而且吉斯林团伙并不掩盖一有机会就要取其性命的打算。

这位德国专员进一步比较了德国国家社会主义工人党对权力的争夺和吉斯林少校领导的政党的态度。在结束时，他宣布："今天，民族统一党的这场运动，即使仅从参与者人数的角度看，也是挪威历史上最强大的运动。"

在斯德哥尔摩，有人断言，吉斯林党的成员不足 3 万名，而挪威存在已久的社会民主党至少有 12.5 万名成员。

吉斯林感谢希特勒

吉斯林少校用德语"代表全挪威人民"对希特勒元首和特波文先生表示感谢，感谢他们"对挪威人民最深切的渴望所表现出来的理解"。然后，他又用挪威语转身对其同胞们说，"我们是挪威唯一合法的政府"，

挪威傀儡政府总理维德孔·吉斯林

"国家政府的首要目标是维系与德国的和平"。

关于瑞典，吉斯林少校称，瑞典以保护挪威在境外的利益的名义代表"挪威流亡政府"这种非常态关系将尽快改变，但他答应对瑞典遵循一项"诚实而冷静的政策"。

斯德哥尔摩观察家称，整个仪式是完全不符合宪法的。吉斯林少校并没有被国王任命为总理，也没有获得合法议会的信任票。

显然，特波文先生将继续留在挪威，担任德国民政管理当局的长官及吉斯林少校的顾问，继续在幕后统治这个国家。据推测，德国人意识到，他们与挪威反对派的斗争将愈演愈烈，所以将吉斯林少校扶上台，想把他作为最终的替罪羊。

1942年
2月9日

社论：这是一场空战

美国陆军宣布计划独自创建一支200万人的空军。这支空军力量可与纳粹德国空军所宣称的100万到125万的实力相媲美，也堪比拥有约100万人的英国皇家空军。除陆军的计划外，美国海军还在筹建庞大的空中力量。

这些计划显示，美国政府当局已经意识到，在这场战争中，空中力量所能发挥的巨大而又决定性的作用。美国必须比任何其他国家更注重发展空中力量。到目前为止，阻隔我们大陆免受空袭的汪洋大海，现在也成了我们进攻轴心国的首要障碍。要突破这一屏障只有两个方法，一是远程轰炸机，另一个是船舶。

我们需要船舶来运送士兵、坦克、枪炮和驱逐机，但是我们的船舶数量很有限。与飞机相比，船舶速度慢得让人不堪忍受，而且还必须严格节约货舱空间。这意味着，它们只能在很小的范围内用于纯粹运送人力；它们的主要作用是短程运输飞机、航空人员和完全机械化的师团。如果能将这些空军部队和机械化部队运到苏联和中国，它们就可以作为先遣队，把这两个国家的无限人力，尤其是中国的人力，把防守行动转换成有力的进攻行动。美国要想赢得这场战争，军舰和由航空母舰保护的商船和飞机是首要的武器。

我们现在计划打造的一支大型空军力量，再次引发了战争组织中的诸多重要问题。空中力量上升至这种规模后，已经不再仅仅是古老战争中的"辅助"。我们不得不认真考虑一下，从我们当前的情形看，这种关系是否发生了颠倒，而这种颠倒是否不应该再出现在新的组织形式中。

至少有一点是准确无疑的，无论在何种情况下，陆军、海军和空军都必须接受唯一的统一指挥。空军部队的指挥官必须是接受过全面的训练，并懂得空军战术和战略的人。自然，在珍珠港，不曾出现这样训练有素和领悟力强的指挥官。如果有的话，我们的飞机不会摆得那么集中，也不会以那样的方式暴露在外，我们还没起飞，日军就给我们造成了极大的损伤。我们在关岛、威克岛和菲律宾群岛，飞机要么明显缺乏，要么养护出了问题。因此，我们不得不提出一个非常严肃的问题，12月7日之前在华盛顿负责战略计划的那些人，是否真的理解空军力量的作用？是否意识到了当前形势需要空军？

拥有一支庞大的空中力量，和懂得使用这一武装力量的指挥官同等重要。这里必须指出另一个问题：那些全程使用旧式武器、针对传统战争训练的将领，是否值得相信，是否会在战争计划中以最佳方式指挥这支空中力量？珍珠港事件后，人们越来越倾向于让懂得空中作战的人掌握指挥权。这种改革一定要彻底。

1942 年 / 2 月 15 日

太平洋战争爆发 10 周，日军势如破竹
摇摇欲坠的新加坡将富饶的东印度群岛和印度洋拱手让给敌人

汉森·W. 鲍德温

【华盛顿2月14日电】10周前的今天，日本人在珍珠港赢得了本次大战中的第一个重大胜利。上周，成千上万狂热的小斗士穿过柔佛海峡蜂拥而至新加坡，

日本赢得了第二次巨大的胜利。此次胜利具有不可预知的影响。另外，随着马来屏障的突破，太平洋战争的第二个阶段也将收场，联合国家的战略前景因此役失败而暗淡无光。

在 10 周内，日本势如破竹，取得了令人震惊的全面胜利。联合国家的酒杯中满是苦酒，但还不至于溢出来。因为，坦率地讲，联合国家的人民需要真相，需要直截了当、开诚布公而又冷酷无情的真相，那就是更糟的事还在后头。

现在可能毫无疑问，我们正面临历史上最黑暗的时期。德军"沙恩霍斯特"号战列舰和"格纳森瑙"号巡洋舰的逃脱、德国在利比亚攻势的成功，现在正在发展成为毅然决然和赶尽杀绝的进攻，再加上纳粹在苏联一触即发的攻势，以及在大西洋接二连三沉没的盟军船只，都给本来暗淡的太平洋画面增加了阴暗的笔触。但是，欧洲仍然潜伏着巨大的威胁。报纸头条新闻中记录了太平洋战争的现状。

| 1942 年，日军在新加坡俘虏的英国士兵。

东方前景一片漆黑

新加坡是马来屏障的基石。安汶岛是荷属爪哇在泗水的海军和空军前哨站，现在已经陷落。婆罗洲（即加里曼丹岛。——译者注）的大部分港口，连同其中的油田都落入了敌人手中。西里伯斯岛（今苏拉威西岛。——译者注）已经沦陷。日军已经强渡缅甸的萨尔温江，并在进军仰光市的路上。东方前景一片漆黑。

新加坡之首要性在于它不仅是马来屏障中的关键堡垒，还是联合国家在整个远东地区唯一的主要海军和空军基地。自从日军在马来半岛发动攻势把新加坡纳入战斗机打击范围之后，这座花费 4 亿美元建立的基地，其价值被大大削弱了。

但是，该基地并没有仅被看作马来屏障线上的重要据点，只要它在联合国家手中，就还是抗击日本的一个潜在跳板，联合国家可凭借它发起军事行动，而且足以一击即中。它还是印度加尔各答和澳大利亚悉尼之间的唯一停靠港市。它拥有大型干船坞，可容纳大型战舰，包括战列舰和航空母舰，而且还拥有至少 4 座飞机场。

干船坞可能被保留

英国人可能已经从废墟中抢救出一些东西。干船坞可能已被拖往安全地带，并没有将其销毁，但这仅仅是一种可能。

事实上，现在爪哇岛的二级海军航空基地泗水是该战区唯一可用的主要基地，但也遭受了数次枪林弹雨。爪哇现在是荷兰在荷属东印度群岛进行抵抗的最后堡垒。

它是东印度群岛戒备最森严的地方。岛上可能有相当于 2 到 4 个师的兵力，外加辅助部队（荷兰和本土的军队）。此外，岛上还有荷属东印度群岛的主要空军基地和空军武装。防御力量包括荷属东印度群岛海军和美国远东海军的一小部分武装。在该岛南面是达尔文港和宽广的澳大利亚次大陆，现在已成为我们在远东展开行动的军需品供应基地。

1942 年 / 2 月 16 日

英军投降
东京称，在新加坡南部缴获 32 艘盟军船只

詹姆斯·麦克唐纳
通过电报发回《纽约时报》的特别报道

【伦敦 2 月 15 日电】今晚温斯顿·丘吉尔宣布新加坡已经沦陷。

英国在太平洋和印度洋的重要基地将会被日军占领，是人们长久以来最担心的消息，也是一个数日前就被准确预测的坏消息。

这个消息终于在维希政府和东京报道几小时后传来。在丘吉尔首相宣布之前，就有从法国维希政府和日本东京发回的快讯称，陆军中将阿瑟·E. 珀西瓦尔的部队于英国夏令时今天下午 3 点 30 分（新加坡时间周日晚上 9 点 50 分，东部战争时间上午 10 点 30 分）无条件投降。

新加坡的失守而造成的危机局势、英军所制订的应对计划、是否正在酝酿在别处建立一个海军基地，对于这些，伦敦官员自然不肯透露半点消息。他们不能或不愿意透露到底有多少帝国士兵被俘或逃脱。

指挥官会谈

据东京官方消息，在珀西瓦尔将军和日本总司令山卜奉文中将举行会谈 3 小时后，前线全面停火。会谈是在武吉知马山山脚下的福特汽车厂进行的，投降文件也是在这里签署的。报道并未透露条款内容，但日本同盟通讯社今天夜间发布消息称，根据投降协定，1000 多名英军将继续留守新加坡维持城市秩序，直到日本军队完成接手工作。

回顾往昔，在圣诞节当日香港投降时也包含了类似条款。

东京广播电台称，日本源源不断地派遣生力军，以弥补在与大英帝国军队的激烈对抗中损失的力量。

在最后的战役中，据说有 3 个日本纵队逼近该城。昨天，中央纵队完成了对水库的占领，部分士兵到达该市北郊，直逼一段 6 英里长的防线。另一个纵队绕过水库、渡过加冷河，切断了新加坡通往民用机场的道路。第三纵队到达了该城西面的亚历山德里斯路。

东京称，新加坡仍有抵抗

根据合众社从东京广播记录的消息，日本军队乘驳船离开了主岛，并占领了吉宝海港对面的绝后岛，从而获得新加坡南面的制海权。

合众社收到东京发出的另外一则广播，称今天日军接受了英军投降条款，驻军新加坡市，但是同盟通讯社的新闻快报称，一些防守部队和"其他敌对分子"仍在抵抗。

柏林电台引用日本报纸《朝日新闻》的报道称，英国和澳大利亚最主要的兵力"显然"已经在周五离开新加坡，转移到苏门答腊岛。

今天晚间，伦敦收到非官方报告，称从新加坡撤离的 2000 人已经抵达孟买。

就在新加坡奉命"停火"时，该市的广播电台还像往常一样发布新闻公告，并以此作为结束语：

"马来亚广播公司新闻节目即将结束。欢迎明晚继续收听。晚安，各位晚安！"

当天早些时候，印度新德里收到新加坡广播，称"我们正在顽强抵抗敌人的进攻"。在印度的听众最有理由关注新加坡战役，因为一旦新加坡陷落，日本海军就有可能独霸印度洋。预计，日军将立即展开对苏门答腊岛和荷属东印度群岛的其他岛屿的大举进攻。

夺取新加坡的新闻让日本举国欢腾。东京《新闻快报》称，裕仁天皇听闻日本帝国总部宣布英军统治 123 年的历史性基地落入日军之手，"颇为满意"。日本议会两院定于明天举行特别会议，首相东条英机和海军大臣、海军大将岛田繁太郎将在会上做正式报告。

1942年/2月20日

达尔文市遭第二次轰炸
在新一轮袭击中,机枪横扫港口——东京报道,日军在帝汶岛登陆

美联社

【悉尼2月20日电】今天,达尔文市继昨天之后又响起空袭警报,但是日本飞机并没有出现。昨天,日军对位于澳大利亚北部海岸的这个极为重要的盟军海军基地发起两次空袭,炸死15人,炸伤24人。

空军部长阿瑟·S.德雷格佛宣布遭到了第三次突袭,但后来的情报说,尽管"警报"响起,但是敌机没有出现。(合众社今天早上记录的东京的广播称,日军分别在澳大利亚北面的帝汶岛的荷兰属地和葡萄牙属地登陆。)

1942年/2月22日

巴丹半岛之役炮战激烈

C.布鲁克斯·彼得斯
发回《纽约时报》的特别报道

【华盛顿2月21日电】战争部报告称,巴丹半岛战役今天显著的情况是,日本对道格拉斯·麦克阿瑟将军在菲律宾的阵地加强了攻势。

在过去的24小时里,日本和美国—菲律宾部队都向对方阵地发动了猛烈炮击,战争部称之为"重型火炮射击"。

报告称,在巴丹半岛的整个战线上,步兵巡逻队非常活跃,小规模冲突接连

不断。

其他公报纷纷强调说，菲律宾平民对日本侵略者进行了越来越多的有效抵抗，并且从马尼拉附近的美军甲米地基地疏散的海军将士携带枪支和其他装备，大力支持了麦克阿瑟将军的战斗。

据称，日本空军再次在美国防线上方和后方投放了燃烧弹。据说，为此目的，敌军曾频繁飞越麦克阿瑟将军的防线上空。

日军重新组织远程炮火向麦克阿瑟将军的防御工事发动全线攻击。弗兰克要塞扼守马尼拉湾的入口处，是科雷希多岛这个堡垒的辅助要塞之一，遭敌军火炮攻击最为严重。

日军在马尼拉湾对岸的甲米地部署了炮位，不时地对美属岛屿上的防御工事进行炮轰，但是对于日本炮击效力没有任何说明。战争部报告说，港口防御炮台进行了还击。

麦克阿瑟获"海军补给"

海军部报告说，海军第十六区司令官、海军少将弗朗西斯·W. 罗克韦尔一直与麦克阿瑟将军协同作战，他指挥的水手营及海军陆战队在甲米地海军基地被敌人攻陷之前，成功带走了"数目可观"的装备。报告称，"其他来源的海军补给"也被极大限度地用于巴丹半岛防御。

海军部说，用于帮助麦克阿瑟将军部队防守阵地的其他海军装备，包括 3 英寸和 4 英寸的火炮，以及船只、枪支和各种型号的机枪及弹药。

此外，海军部还称，大量手榴弹、航空炸弹和深水炸弹、汽油储备、柴油和润滑油也被抢救出来，并且有效地用于了美军的野外作战中。

海军少将罗克韦尔的部队，还为麦克阿瑟将军提供了汽艇和拖船。

海军部还称，除电气和弹药供应外，该营队还抢救出了用于修护大炮、坦克和卡车的设施。

此外，海军部报告称，海军航空兵基地机构中之前由政府雇来的员工，在战斗区域建造并修复了机场和道路。海军部透露，该机构还利用蒸汽挖土机、拖拉机、起重机、卡车和平地机有效地为巴丹半岛及科雷希多岛服务。

菲律宾平民的抵抗

美国战争部宣布，麦克阿瑟将军已发回报告，称敌占区的菲律宾人忠于自己的国家，且斗志昂扬。

"尽管侵略者强加了苛刻和严酷的军事统治，"战争部说，"但热爱自由的菲律宾人仍然彰显出大无畏的精神。"

报告说，菲律宾平民对日军的抵抗正变得"越来越有效"。菲律宾还成立了一个抵抗侵略者的秘密社团，名为"为自由而战（Fighters for Freedom）"，或称"F.F.F"，以培养抗击侵略者的民间力量。

据说，在菲律宾，日军公布的重奖之下的告密者已被菲律宾爱国人士铲除。

该报告还称，几天前，敌军在马尼拉和整个近郊张贴了布告，称任何对日军的抵抗都将受到惩罚，还指出每杀死1名日本人，将有10名菲律宾人偿命，但是这一布告在一夜之间就被改动。更改之后的布告为："每杀死1名菲律宾人，10名日本士兵就会丢掉性命。"

1942年 / 2月22日

印度在战争中的作用变得至关重要
英国着力寻求团结民众

克雷格·汤普森
通过无线电发回《纽约时报》的报道

【伦敦2月21日电】日军正稳扎稳打地穿过英国和荷兰两国位于远东的壁垒，向印度和印度洋推进。同时，阿道夫·希特勒正在集结前所未有的大量大炮、坦克和战车，可能准备穿过土耳其和伊朗，向东朝印度进攻。自从新加坡沦陷以来，英国人敏锐地发现，这场战争的很多重大战役，都在凉爽的山丘和炙热的山谷间展开。在这片王子与贱民同在的神奇土地上，这一发现让很多人感到错愕不已。

轴心国军队在中东和远东任何地方的会合，都意味着东印度地区的财富对其而言是唾手可得。在这场观念之争引发的席卷全球的战事中，英国的敌人找到了唯

——一个有可乘之机的地方，可以更好地利用印度这个充斥着纠纷与反帝国统治情绪的地方。印度被各种不可调和的组织搞得四分五裂，任何事情都无法将它们团结在一起。但是有一点除外，那就是它们都有一个共同的愿望——摆脱英国的统治。

团结的压力

从政治上讲，现在所有的事情都系在一种情况的可能性上——目前的危险处境可能会让印度各方人马团结起来。如果能够团结起来，为战争所做的努力可能会比以往任何时候都更能让印度人解决这个有 3.88 亿人民的富饶国家的领导权问题。但是有迹象表明，朝这个方向发展的趋势已经出现，尽管印度已接纳了许多外来者的政治预言，而这些外来者的所作所为堪比第五纵队这种破坏分子。

不断扩张的工业

战争力量的发展意味着工业的进步。从战争开始后，印度在这个方向取得了突飞猛进的发展，虽然很多印度人坚持认为，英国的政策显得疲软无力。

中国的蒋介石委员长出访印度，被伦敦方面视为在团结方向上迈出的一步。人们希望，蒋介石和蒋夫人能给印度人留下这样的印象：团结的民族无比坚韧，历经近 5 年的战火，不仅没有被粉碎，反而变得更加强大。

这背后还有个潜在的动机，虽然没有明说，却引发了英国和荷兰政府的真正担忧。那就是日本人的口号的力量，"亚洲人的亚洲"。

蒋介石委员长的访问似乎并没有给这个局面带来什么改观。某些迹象显示，印度人会暂时捐弃前嫌，唯一的条件是，英国政府保证印度战后独立，而且列出的条款必须是确定的、具体的，当目前危机或假如目前的危机过去之后，这些条款不应造成任何误解，也不能被取消。

没有任何迹象表明英国政府现在准备就此让步，但鉴于远东事态的发展，关于印度的忧虑正在日益加深，所以伦敦方面很可能迫于战争局势做出让步。然而这种让步，并不比印度各党派为抗战而精诚合作做出的让步大。

政治分歧

印度有两个主要政党，一个是以穆罕默德·阿里·真纳为首的穆斯林联盟，另一个是国大党。国大党长期以来接受圣雄甘地的领导，现在又把几个月前刚刚出狱的博学贾瓦哈拉尔·尼赫鲁收入麾下。尼赫鲁因发表被认为违反印度国防规则的政治言论被判入狱4年，但他服刑不到一年就获得释放。在战争爆发后的数月中，他只是由于同样原因被捕入狱的成千上万人中的一员。

差不多两年前，英国首次提出要在印度总督林利思戈管辖下建立一个扩大执行委员会时，甘地先生对此进行了反驳，并提议只有英国保证印度的完全独立，他才会认可。甘地的要求没有得到满足，所以他传播了非暴力不抵抗主义来掩盖一切，包括战争，甚至规劝英国放下武器，让德国践踏印度，并承受所能承受的所有侮辱，除了效忠英国。英国委婉地做出了答复，赞扬了他在建议中提出的精神，但表示无法接受。

博学尼赫鲁当时在国大党内领导一个小组，将非暴力不抵抗的运用降低至最基础的程度，使之可用于战争或国防。但该党的条件是至少得到英国给予印度独立的保证。

对峙与博弈：《纽约时报》二战全纪实（1941—1942）
The New York Times: Complete World War II（1939—1945）

第六章

6
chapter

利迪策，伊利诺伊州

1942年3—6月

1942年春夏两季，轴心国占领的疆域达到极盛。春天，德国集结军队，重新夺回哈尔科夫市。另一方面，希特勒下令展开新一轮行动，代号为"蓝色"，夺取苏联南部和高加索地区的产油区与小麦产区。德军首先摧毁了苏联港口塞瓦斯托波尔，然后于6月28日发起"蓝色行动"。在北非，隆美尔指挥的德意联军势不可当，横扫利比亚，于6月21日占领了图卜鲁格，俘获3.2万名英军及盟军士兵。

　　至于日军部队的高歌挺进究竟还要维持多久仍是未知数。东京方面有人声称日本已经完胜美国和欧洲殖民部队了。4月6日，锡兰（今斯里兰卡。——编者注）的首都遭日军战舰炮击，据信日军发动短暂但颇为有效的攻势占领缅甸之后，将于4月下旬挥师进犯印度。美国人关注的焦点则转向菲律宾吕宋岛的巴丹半岛，大批美军被困在那里，仍在拼死抵抗。3月9日，麦克阿瑟将军离开菲律宾前往澳大利亚，守备部队交由陆军中将乔纳森·温莱特指挥。在日军将领本间雅晴指挥的第十四集团军的持续攻势下，美军和菲律宾部队继续向科雷希多岛这个要塞撤退。但4月9日，由于缺少弹药和补给，其中7.8万名士兵被迫投降，另外2000名士兵逃往科雷希多岛。在那里，温莱特和约1.1万名将士又坚持抗击了一个月，最终于5月6日投降。数千名士兵疲惫不堪、饥肠辘辘，被赶往战俘营，这就是后来人们熟知的"巴丹死亡行军"。日本的军事文化教导军人们战斗至死，日军不会对投降的敌军抱有一丝同情，因此投降的士兵遭到日军虐待。

　　全球各地噩耗频传，让丘吉尔在英国的执政感到压力。北非战场失利，敌军对马耳他岛上的军事基地进行了无情轰炸，大西洋战场的伤亡人数不断攀升，种种因素引发了各界对英国目前战略的一致批评。《纽约时报》报道称"丘吉尔渡过难关",但显然,英国民众参战两年多来已经厌倦了失败。在一片愁云惨雾之中,突然有迹象表明,日军的攻势终于到了尽头。5月5日至7日,日本海军试图占领新几内亚南部和所罗门群岛,美日航空母舰在珊瑚海展开战斗,胜负未分。此次空战中,美国损失了"列克星敦"号航母,日军则损失了"祥凤"号轻型航空母舰,另有"翔鹤"号航空母舰遭到重创。日军占领了所罗门群岛,却被迫撤出新几内亚南部。真正的转折点出现在几周后的第二次重大战役中。日本海军大将山本五十六率领一个庞大的特遣队,企图攻占中途岛,从而摧毁美军太平洋舰队余部。6月8日《纽约时报》报道了海军上将欧内斯特·金发布的公报,这就是后来人们所称的中途岛海战。公报并未谈及战斗细节,而且《纽约时报》的报道几乎没有意识到这场战役的重要性。此次战役中,盟军仅损失了"约克镇"号航空母舰,却击沉了日军4艘主力航母,击毙了1/3的日本海军飞行员。中途岛海战成为太平洋战场的转折点,但其重要性人们到后来才充分认识到。

中途岛海战期间,刺杀帝国安全总局的残酷头目莱因哈德·海德里希的行动吸引了美国民众的目光。捷克游击队员展开刺杀行动。6月4日,海德里希终因伤势过重身亡。德国当局挑选捷克利迪策村以示惩戒:全村男子悉数被杀,女人则被送至集中营,孩子们被送往收养所。这一骇人听闻的暴行震惊了全世界。《纽约时报》在报道中问:人们怎样才能记住此次暴行?据报道,几天后的6月30日,伊利诺伊州克里斯特希尔附近的斯特恩公园镇更名为"利迪策",以纪念这座消失的村庄。

1942 年 / 3 月 1 日

麦克阿瑟维持巴丹战线

发回《纽约时报》的特别报道

【华盛顿 2 月 28 日电】美国战争部称,本周美军进一步逼退了日军在巴丹半岛上的防线。陆军上将道格拉斯·麦克阿瑟指挥的美军和菲律宾部队今天正坚守着前沿战场上的军事据点。

今天的公报称,战斗在减少,军事行动则"缩减至规模相对较小的侦察作战"。

公报称,麦克阿瑟将军的部队对日军据点发动了几次奇袭后,"从马尼拉湾阿布开稍北地区穿过巴丹半岛到中国海某处,在巴加克和莫龙之间"形成了一道防线。

主要军事据点仍在日军手中,而最近的战斗都只是小规模冲突。

1942 年 / 3 月 8 日

纳尔逊要求无线电和留声机工厂 4 月 22 日全面投入战时生产

发回《纽约时报》的特别报道

【华盛顿 3 月 7 日电】由唐纳德·M. 纳尔逊领导的战时生产委员会今天要求无线电和留声机制造商 4 月 22 日暂停民用设备生产。由此,该行业 55 家生产商都能够投入战时生产,主要为陆军和海军生产无线电收发器和航空探测仪器。

早前的一项命令要求，1941 年 1 月 23 日至 4 月 23 日期间，大型制造商的民用设备生产率降至其总生产率的 55%，小型制造商则降至 65%。

今天发布的命令称，如果制造商的生产原材料价格不超过 500 美元（不包含木柜成本），就可以在 4 月 22 日前开始军用设备生产。战时生产委员会称，允许制造商继续生产替代零件，以保障大批现存的家用无线电设备在战争期间也能有效运转。

1941 年军工生产雇员达 3 万

1941 年，接到军工生产订单的公司雇员约 3 万人，生产了 1300 多万台设备，交易额达 2.4 亿美元，总共用去 2100 吨铝、1.05 万吨铜、280 吨镍和 7 万吨钢铁，所用材料全部为关键原材料。

战时生产委员会无线电设备生产负责人罗伯特·伯纳称，该命令不会导致长期失业，反而会因就业人员转向军工生产而大幅提升就业率，预计 6 月 30 日前，这一转变过程会完成 95%。

据称，55 家公司接到的军工生产订单总额已达 5 亿美元，其他无线电设备制造商也签订了同等价值的生产合同，它们的民用设备生产也已受到限制。今天，55 家公司都接到了军工生产订单。除 13 家公司外，其余公司都已开始投入军工生产。

业已制订转包计划

为了促进小企业转型，战时生产委员会的军需品部和耐用消费品部下的无线电设备生产部门制订了一项转包计划。根据该计划，每家分包企业都将指派给一家主承包商，从而形成一系列"家族生产体系"。

据称，军工生产份额将平均分配，确保每家企业都能拿到生产订单，进行精确生产，以满足陆军和海军对产品的要求。

战时生产委员会预计，今年家用无线电设备的产量在停产前将达到 300 万台，而全国民用无线电设备的数量将增至 5000 万台。

1942年 / 4月2日

金发或有助于战争
飞行设备测试需要的是未染过的直发

根据紧急应变管理局昨天发布的一则公告，计划剪个胜利式短发的金发女郎可能会对战争做出巨大的贡献。然而，要达成这一目标还需满足另外两大"条件"。

生产飞行设备的军工厂都需要14英寸或更长的金色直发来测试设备。测试所需的头发不得沾染任何染发剂或化学药剂，也不得经过烫发定型。这些工厂包括本迪克斯飞机制造公司下属的在巴尔的摩的朱利安·P.弗雷泽—颂斯制造厂。

如果哪位姑娘的头发满足这些要求，她可以向公司出售，也可以让工厂报销她前往美国红十字会或劳军联合组织所产生的费用。如果选择第二种交易方式，那么她将获得一张为战时生产提供战略物资的证明。

1942年 / 4月6日

科伦坡遭到攻击
敌军对印度半岛南端发动首轮攻击，并未造成严重损失

通过电报发回《纽约时报》的特别报道

【伦敦4月5日电】今天，日军对锡兰展开首轮攻击。75架日军飞机突袭了英军在印度半岛南端的军事基地的港口、机场和科伦坡的拉特马拉那铁路。英军击

退了日军的攻势并已确定击落 27 架敌机。

之所以在此列举日军蒙受的巨大损失，是为了表明日军飞机在遭遇真正的抵抗时会出现何种结果。

当地报道称，复活节当日的攻击并未对锡兰首都造成严重损失。

锡兰武装部队司令、海军中将杰弗里·莱顿爵士称，英军除击落 27 架来袭飞机外，还重创 5 架，致其坠海。另外，英军还击中了 25 架日军飞机。他称，这些突袭的飞机是从一艘航空母舰上起飞的。

突袭发生在早上 8 点

早上 8 点整，大批敌机从孟加拉湾袭来，刹那间，尖厉的防空警报响起，炮弹呼啸而来，高射炮纷纷打响。

安达曼群岛距锡兰 900 英里，是航空母舰停靠的天然良港，自日军占领该地以来，科伦坡就加强了军事布防。最近，该市拆毁了贫民区的大片房屋，腾出多条防火通道。今天，大批民众在露天避弹壕中躲避空袭，防空救护队则有条不紊地展开救护工作。

空袭中有部分平民伤亡。当地消息称，除部分民众因与家人失散而情绪激动外，目前尚无任何恐慌或混乱的迹象。

英军立刻出动大批防御性战机展开反击，击落 25 架敌机。另有两架飞机被高射炮击落。

突袭科伦坡是日本迄今为止最接近印度大陆的一次行动，被当地许多人视为日本集中进攻亚洲次大陆的揭幕战。

只要盟军还掌控着新加坡和印尼的爪哇岛，锡兰在对日作战进程中的重要性就是次要的。如今，锡兰亭可马里海军及空军基地也至关重要。锡兰是英国殖民地，面积略大于西弗吉尼亚州，不仅是保卫印度免受海上进攻的战略要地，还位于途经波斯湾和印度洋的补给线上。

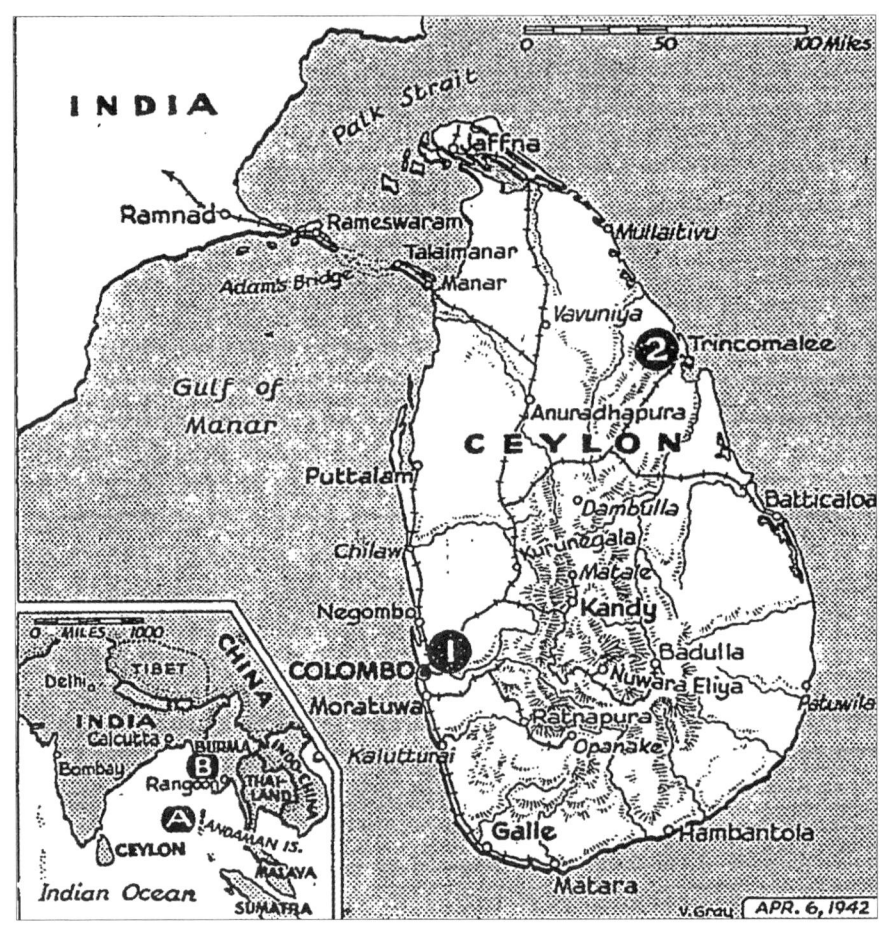

敌军本欲奇袭却适得其反。75架日军飞机组成的飞行编队进攻锡兰科伦坡①，日军原想以此揭开摧毁亭可马里海军基地②的序幕，却至少折损了27架飞机。据称，实施突袭的飞机是从一艘航空母舰上起飞的，这艘航母就停靠于日军最近占领的安达曼群岛（小图上的A位置）。美军飞机对仰光港（小图上的B位置）发起猛攻，在该港口引起了3场大火。

1942 年 / 4 月 7 日

社论：战事持续 4 个月

4 个月前的今日，日本突袭珍珠港，把美国拖入战争。此后，日军一路势如破竹，在现代战史中最长的战线上不断取胜。综合同盟国的情况来看，盟军在东方战场损失惨重。与损失相比，我们取得了哪些战果？在反日、反德法西斯战争初期，我们进行了哪些抵抗？在战争的第三年，我们又将有何作为，才能确保未来战争的走向呢？

我们既不能降低已有损失，又不能缩减未来的战斗任务，但至少我们可以断言：

美国人民将保持冷静、不减勇气、坚定信念，从容地面对从和平到战争的剧变。他们已做好准备，打一场长期而艰苦的战争。面对战场失利的消息，他们既不会感到气馁，也不会因此产生分歧。他们坦然地接受美国史上最惨痛的败仗。他们积极而热切地回应一切请求。每次民意测验都表明，美国人积极响应领导人的号召，愿为赢得战争胜利付出一切代价、做出任何牺牲。

我们可以如此断言，而且还可以说，美国充分利用这 4 个月的时间为解决战争中一些最为重要的原材料和战术问题做了进一步的努力。美国大力革新了最高指挥部。不幸的是，最高指挥部不仅接管了珍珠港，统一指挥夏威夷等前沿基地，还改组了美国作战部，并成为掌管军工机械生产的唯一机构。但至少人们已经采取措施，成果也在逐步显现。每种武器的产量都在不断增加。长期以来，主要商品行业受政策影响，在和平时期无法大批量生产民用商品，如今它们正全力投入军工生产。美军军队在遥远的战场上站稳了脚跟。随着联合国家的军力的进一步加强，美国的飞机、大炮和坦克数量也与日俱增。

这些都是美国目前取得的成就。但是，只有美国所有生产武器的机器都投入战时生产，只有每一名熟练工人都开始超时工作，只有每位公民的利益都服从于国家需要，只有这时，也只有这时，我们才能说已经做好了奋战到底的准备。

1942年
4月18日

巴丹半岛6万余人被敌军俘虏
史汀生称，被俘人员包括战斗部队的3.5万名士兵、16位将军和2.5万名平民

查尔斯·赫德
发回《纽约时报》的特别报道

【华盛顿4月17日电】遭日军围困的科雷希多岛今天仍在抵御日军持续的空袭，另一方面，美国战争部则宣称，巴丹半岛上约3.5万名美军和菲律宾"战斗部队"可能已落入敌手。

4月9日开始，报道就没再提及这些部队，人们认为这部分人已被日军俘虏。被俘人员可能包括3名美国陆军少将、7名美国准将、1名菲律宾少将和5名菲律宾准将。

美国战争部还称，日军俘虏了"数千名非战斗部队和后勤部队士兵以及2.5万名平民"。这些人原是吕宋岛上的居民，是跟随部队到巴丹半岛避难的。

今天早晨，战争部部长亨利·刘易斯·史汀生举行了记者招待会并发布了一份公报，详细列举了盟军的损失。最新军事行动的报告将于今天下午发布。

班乃岛上的抵抗行动

目前班乃岛战斗的细节尚不得而知，但一份官方报告称，伊洛伊洛和卡皮兹附近爆发了"激烈的战斗"。昨天日军曾数次试图在班乃岛登陆，表明日本侵略者不惜巨大代价也要攻占这座岛屿。班乃岛位于菲律宾中部，面积与康涅狄格州相当，是富庶的蔗糖生产地。

美国战争部在公布巴丹半岛战役的伤亡人数时称，68名随军护士被安全转移

至科雷希多岛，但医院里的 5536 名病人却被留在当地。"相对少量的部队"也转移至科雷希多岛。显然，与陆军中将乔纳森·M. 温莱特专门下令派遣到岛上加强防御的 1500 名海军陆战队队员和约 2000 名海军士兵相比，这只是少数。

4 月 9 日失去联系

美国战争部的报告称，自 4 月 9 日起，科雷希多岛就与巴丹半岛失去了联系，因此无从知晓巴丹半岛上失去联系的人有多少被杀、多少被俘。

美国战争部称，"目前没有接到任何关于最近几天战斗的伤亡报告，但双方都可能遭受巨大的人员伤亡。"

巴丹半岛上失去联系的部队的名单中，赫赫有名的第三十一步兵师就位于前列。这支部队已在菲律宾永久性军事基地驻扎了数年。

1942 年 4 月菲律宾吕宋岛，日军迫使战俘步行穿过巴丹半岛。这次押解就是后来广为人知的"巴丹死亡行军"。

1942 年 4 月 19 日

《纽约时报》读者来信
黑人寻求种族平等
战争对他们而言是国家大事而非种族问题

《纽约时报》编辑：

让我们彼此理解。黑人和白人共同生活在美国这片土地上，这里信奉人生而平等，人权天赋，不可剥夺。上帝赐予的权利包括了生存、自由和追求幸福的权利。150 多年来，我们不断努力，希望全国上下实现这一共同的目标。

昨天我们没有达成这一目标，明天也不可能一蹴而就。愿所有的美国人都承认这一现实：美国社会或政府还不能保证所有人都享有不可剥夺的权利。我们所有人最好都能坦然而诚实地面对这一现实，并真正努力纠正一切有损美国民主基石的政治或经济行为。

当今社会，民主正遭到敌我双方的审视，这是前所未有的现象。美国的生活方式正受到国内外各种势力的挑战。美国民主体制的敌人试图用专制和严格管控来取代我们所获得的解放与自由。

黑人希望共享权利与义务

大多数美国人，无论白人黑人，都反对这些共同的敌人。当黑人要求全面参与国家战争时，他们是认真的，因为他们认为美国需要投入一切可用的人力和物力来赢得这场战争。他们还认为，那些趁火打劫、利用目前危急形势来满足一己私欲的个人或团体和那些与美国民主为敌的独裁国家并无二致。

每天都有新迹象表明，赢得战争需要人人全力以赴。而美国黑人们感到，无论是在武装部队还是在工厂培训中心，但凡拒绝让忠诚的美国公民履行这一义务的人，都是美国赢得战争的威胁。

另一方面，有些人明明具有帮助国家赢得战争的义务却任由他人否决这一权利而没有表示抗议，也没有揭露那些参与反美和颠覆活动的个人和团体。他们的举动也是在协助并助长那些与美国民主敌对的势力。

黑人愿意战斗

黑人希望赢得战争。他们愿意流血流汗以赢得战争，他们并不打算袖手旁观，眼睁睁地看着美国民主被钉死在金钱、贪婪、偏见或自私的十字架上。

对黑人们而言，这不是一场种族之战。这是彼此矛盾、针锋相对的两种理念之间的战争。一方是那些蔑视任何个人解放和自由因素的国家。与之相对的则是为了建立民主政府，争取更多的解放、机遇和个人自由的各族人民。美国黑人这些年来一直渴望解放、机遇和自由。他们又怎么会突然转向，与那些试图摧毁他们最珍视事物的人同流合污？

作为美国公民，为了获得《独立宣言》和《宪法》赋予美国人的一切权利、机遇和义务，他们会继续奋斗。与此同时，他们会义无反顾地与向美国宣战的一切国家战斗。

詹姆斯·T. 泰勒
北卡罗来纳州黑人学院院长
1942 年 4 月 15 日，北卡罗来纳州杜伦

4 名在英国曼彻斯特休假的美国士兵在看足球比赛。

1942年 / 5月10日

珊瑚海战役
此次战役被视为战争决定性阶段的揭幕战

汉森·W. 鲍德温

珊瑚海大战是世界大战进入决胜阶段的揭幕战。

澳大利亚总理约翰·柯廷把这场战役准确地解读为震惊全世界的开端。交战国在夏季展开了一系列军事行动，这些行动可能决定着战争成败。

澳大利亚在东北部岛屿遍布的迷人水域初战告捷，很可能要归功于盟军的加入。昨天晚些时候的一些报道称，交战双方的海战和空战仍在继续，盟军似乎占据优势。

几乎可以确定的是，日军损失了相当数量的海军部队和飞机。而且似乎可以肯定的是，日军在此次战役中的损失远比此前任何一次都要严重。

虽然据道格拉斯·麦克阿瑟将军驻澳大利亚的指挥部称，与日军相比，盟军损失"相对较轻"，但目前并未通报具体情况。海军部昨晚发布的公报称，尚无报告证实美国航空母舰或战舰发生任何损毁，这一消息固然令人振奋，但是，我们必须对折损做好思想准备，因为在后一阶段的战斗中，盟军可能产生更加严重的损失。

主力舰队并未参战

珊瑚海海战的细节尚不清楚，而且未来几天可能也不会公布。但是，通过零星的报道可以推断，双方主力舰队都未出战，战斗只发生在大批特遣队之间。

道格拉斯·麦克阿瑟将军驻澳大利亚指挥部发布的公报中提及的战斗事实表明，参战的美国海军部队受他指挥。美国太平洋舰队的大部分兵力受海军上将切斯特·威廉·尼米兹指挥，其指挥部位于夏威夷。然而，美军主力舰队也有可能暂时归麦克阿瑟将军领导的西南太平洋司令部指挥。如果进一步加强西南太平洋地区的军事行动，太平洋主力舰队的大部分军力可能就要部署在珊瑚海。

珊瑚海海战似乎预示着更大规模的军事行动。官方及非官方评论仍然强调，即便是最乐观的结果，也无望摧毁日军舰队力量。

战争开始后，包括大型军舰、航空母舰和机动部队在内的日军舰队主力就集中在特鲁克岛附近的托管岛屿上，距珊瑚海海战的周边区域只有1200—1500海里。如果日本决心攻占澳大利亚或新喀里多尼亚或附近岛屿，日本或许能毫不费力地增援珊瑚海的海军部队。

日军的特点之一就是顽固不化，它从不放弃，从不妥协，直至胜利或战死。然而，如果日本像公报声称的那样损失了两艘航空母舰和部分海军部队，那么这将是战争打响以来日军遭受的最严重的挫折。

日军掩盖战争意图

战场传来的消息少之又少，因而无从推断日军的特遣队究竟是否真的企图入侵新赫布里底群岛、新喀里多尼亚岛或澳大利亚。日军在世界大战中的意图尚不明了。

美国副总统华莱士警告称，日军完全有可能企图入侵阿拉斯加、阿留申群岛甚至美国西海岸，但不太可能在取得其他战斗的胜利之前发起。伦敦方面和中国发来的报道表明，日军正在苏联边境的"满洲国"集结部队，企图与苏联争夺滨海诸省，为"无法避免的战争"做好准备。

与此同时，日军仍在中国南部的滇缅公路上持续作战，日军飞机从阿恰布机场起飞，袭击了印度吉大港的火车站和港口，这可能是日军全面入侵的先兆。日军先四处形成威慑，掩盖自己的真实意图，这是典型的希特勒式战术。

但珊瑚海海战可能很快就会迫使它暴露战略意图。

在欧洲，东部战线上地面逐渐干燥，阿道夫·希特勒却仍停滞不前。4月20日后，苏联南部的德军部队可能随时冒着苏军炮火向前挺进，但如果德军意图攻打莫斯科并继续北上，可能还要等待数日或数周，待当地道路在春天融雪后变得足够干燥，能够进行大规模军事行动。从现在起到6月15日，德军随时可能在苏联发起攻势。

但各战区之间已经形成一个不可分割的整体，苏联战场的战况与西南太平洋战场的战况休戚相关。因此，珊瑚海散落的船只残骸（如果是日本船只的话）同样象征着希特勒希望的破灭。

1942 年 / 5 月 10 日

丘吉尔渡过难关
尽管支持率下降，但是他仍掌握政权，因为没有人出面与之竞争

雷蒙德·丹尼尔
通过无线电发回《纽约时报》的报道

【伦敦 5 月 9 日电】两年前的今天，德意志国防军以迅雷不及掩耳之势摧毁了荷兰、比利时和卢森堡三国，甚至在短短几周内击败了强大的法国。两年前的今天，内维尔·张伯伦于日落之前辞去首相一职，温斯顿·丘吉尔接任。

如今，这历史性的一天已过去整整两年，其间充满了腥风血雨、艰辛、泪水和汗水。英国这两年来几乎没打过一次胜仗。然而，丘吉尔作为英国首相的执政地位依然不可动摇。1940 年 5 月清晨，阿道夫·希特勒下令实施闪电战后，坏消息便接踵而至。先是荷兰陷落，然后是比利时投降，滞留的英国远征军终因奇迹般的敦刻尔克大撤退而获救。很快，法国媾和，只剩下英国孤军奋战，仅凭英吉利海峡这道狭窄的天堑抵御纳粹德国的凶猛攻势。

丘吉尔的精神感染众人

德国纳粹企图通过不断空袭英国城镇形成威慑，迫使英国投降。丘吉尔凭借无畏的勇气、坚定的决心和振奋人心的演说，鼓舞着人们的士气，领导英国人民在被动防御中抵抗纳粹攻势。他呼吁人民顽强抵抗，让千年后的人们在翻阅英国历史时不禁评价"这是英国最辉煌的时刻"。

英国人民也没有令他失望。

在遭到德国疯狂打击的日子里，英国人未想过会战败，但同样没有任何明确

的取胜计划。丘吉尔曾满怀信心地承诺，如果美国"提供武器，我们将奋力抵抗"。最近，他承认，在那段遭受德国攻击的岁月里，自己也不明确未来如何才能取胜。但笔者可以肯定的是，丘吉尔坚信"庄严而强大的新世界将拯救旧世界"，这一天终将来临。

也许只有历史才能评判他的领导力：他鼓舞并领导人民战胜种种艰难险阻，尽管希望渺茫也要坚持战斗，因为他坚信大西洋两岸热爱和平的英语国家人民要么战死、要么投降。

避免独裁

在执政初期的几周乃至几个月里，丘吉尔真可谓志得意满。他提出的一切要求，英国人民无不慷慨满足。1933年3月的那个阴天即总统宣誓就职日后的头一百天，罗斯福在美国民众中的支持率方可与丘吉尔比肩。

丘吉尔本可以成为一个独裁者，但他没有。他与他的内阁对英伦诸岛的生命和财产拥有绝对权力，却没有动用这种权力。

左翼人士时常攻击丘吉尔政府的一点是，相较于生命，政府更吝惜财产，然而这却是一种相当教条的观点。的确，在丘吉尔治下，英国人都可以应征入伍或在关键企业工作。的确，私企有时会将股东的利益置于国家利益之上，但同样不可否认的是，与自由企业同时存在的还有言论、新闻出版自由，以及基本的公民自由。

相当多的人抱怨不同阶层的英国人所做的牺牲有所差别，但在很大程度上，差别是合理的。巨额财富带来特权的现象并非英国所特有。因此，即使在食品、服装、汽油实施严格配给的情况下，富人的境况确实要比穷人略好一些。

在国内遭到攻击

还有人更加直接地批评丘吉尔过于沉迷宏观的战略问题，没有时间关注那些值得关注的国内问题和国内政策。实际上，与和平时期不一样，战时的英国首相兼任国防大臣，同时担任英国的最高军事指挥官。丘吉尔最大的弱点就是不愿放权，也不愿抛弃已然成为累赘的朋友和同事。因而，无人拥有职责和权威来照管英国国内事务。

如今，丘吉尔的支持率下降，人民对其政府的支持率甚至还不如一年前。如果"一战"中,戴维·劳合·乔治挑战阿斯奎斯首相的领导权时也出现过同样的情景,那么丘吉尔政府寿命将尽的传言或许就并非空穴来风。然而,事实上,除了丘吉尔以外,人们没有什么出色的领导人可以仰赖了。或许斯塔福德·克里普斯爵士是个人选,但他目前似乎挺满足于为丘吉尔政府服务的现状。

英国仍在苦苦挣扎,祈求胜利。人们已经厌倦了像敦刻尔克大撤退那样一退再退,对时刻防御的心理感到失望,已经开始厌倦了滔滔不绝的说辞,英国在战场上的表现实在乏善可陈。简言之,政府在敦刻尔克大撤退至德军败走莫斯科期间的举措,英国人民愿意接受,但如今他们要求政府采取进一步行动。

胜利能够帮助人们恢复信心。更多的失败则会摧毁人们仅存的信心。已有传言称丘吉尔受其幕僚班子的成员的影响过大,例如他的经济顾问弗雷德里克·亚历山大·林德曼,以及他作为国防大臣的参谋长、陆军少将黑斯廷斯·伊斯梅等。

丘吉尔成为两派势力炮轰的对象。其托利党同事开始称,也许英国"真是从丘吉尔这里获益了",他们抱怨丘吉尔对左派过于友善。而另一方面,工党则认为丘吉尔做得还不够。

1942年,丘吉尔首相摆出其招牌姿势。

但丘吉尔领导国家安全度过了英国史上最黑暗的时期，英国人民也会继续支持他，直至获得更多的利益，直至心满意足。英国已孤军奋战了太久，如今拥有了苏美两个强大的盟友。参战不仅是两国自己的抉择，同样也是轴心国攻势下的无奈之举。

1942 年 / 5 月 11 日

东京方面描述科雷希多岛的结局
温莱特率部向敌军投降，日方称其"形容憔悴"

【东京 5 月 10 日电（源于美联社记录的日本广播）】《日日新闻》的记者今天做出了如下报道，称"目击者描述了"美国陆军中将乔纳森·M. 温莱特在科雷希多岛投降的情景——

"美国指挥官投降的过程，是日本驻菲律宾远征军所目睹的最为凄惨的场景之一。

"身高 1.83 米的美军指挥官由于少眠和忧虑，形容憔悴，他在副官的陪同下手举白旗走向日军防线投降，这是美军投降的第一步。

"日军指挥官带他走进房间后，一名日军军官给了他一把椅子，温莱特一下子坐进了椅子里。

"这位战败的美军指挥官显得令人同情，他坐在微微闪烁的烛光中，双手抱头，两眼直盯着地面。在简陋的房间里，温莱特正等待着日军指挥官的到来，烛光照映在他衣领的 3 颗星上。"

敌军首领手握军剑

"日军指挥官双手握住剑柄走进房间，温莱特和副官立刻表情僵硬地起身向他敬礼。他们一扫疲态，表明自己首先是一名军人。

"起初，室内一片令人窒息的静默，而后日军指挥官询问温莱特是不是所有的美军和菲律宾部队都准备投降时，温莱特没有立刻回答。日军指挥官告诉温莱特，如果美菲部队拒绝无条件投降，他也不想浪费时间再谈下去了。他明确告诉温莱特，如果美菲部队继续抵抗，将被日军彻底消灭。他还坦言，如果温莱特执意如此，可以返回部队继续抵抗。

"温莱特坦率地回答，他是来投降的。于是日军指挥官要求他命令驻菲律宾的所有美菲部队放下武器。

"温莱特告诉日军指挥官，这一点很难做到，因为虽然严格说来美菲部队都由他指挥，但这些部队分散在菲律宾各岛上，有的部队可能不会完全服从自己的命令。

"但是，温莱特承诺，科雷希多岛及马尼拉湾岛屿的全体美菲部队会遵从自己的命令无条件投降。

"日军指挥官终于同意受降，自此，科雷希多岛上的战斗结束。"

| 1942年，道格拉斯·麦克阿瑟（右）和陆军中将乔纳森·M. 温莱特。

1942年 / 5月13日

社论：马耳他岛奇迹

当希特勒说"岛屿已悉数落入德军手中"的时候，他忽视了马耳他岛。马耳他岛之所以重要，不仅因为它是地中海的战略要地，还因为它很容易被人忽视。包括更小的邻岛戈佐岛在内，马耳他的面积也只有122平方英里。但就是这座地中海的岛屿，所遭受的轰炸之甚却是世界其他任何地区无法相比的。在近两年的时间里，该岛遭遇了2200多次空袭，轰炸几乎从未停止。岛上3/4的建筑被夷为平地，数千人丧生。然而马耳他岛仍未被德军占领。

拿破仑称马耳他岛是"全欧洲最坚不可摧的岛屿"。当时他认为自己可以在黑尔戈兰岛加强防御之前征服英格兰，但马耳他岛抵挡住了法军的连续进攻。对如此小的岛屿展开频繁攻击，对法军而言尚属首次。意大利宣战后24小时内就对马耳他岛发动了攻击。墨索里尼原以为3周内就可以占领该岛，但意军并未成功。一年前，德军接手攻占马耳他岛的任务。无疑，德军的进攻行动是持续而有效的。迄今为止，德军在屡次进攻中已经损失了1500多架飞机。但英国飞机仍然起飞迎击，与敌机一对一地战斗，如今美国飞机也参与其中，而德军飞机还必须提防地面上射来的最为密集的高射炮火。

英国誓死守卫马耳他岛，派出了罗德·高特指挥马耳他岛守卫战。罗德·高特是英国最顽强的战士之一，几乎每天都有炸弹落在他曾经宣誓的庭院，有时敌军每小时就会轰炸一次。但马耳他人和英国人一样顽强，难以威慑。上个月，英王向马耳他岛的平民颁发了乔治十字勋章，以嘉奖他们在面对敌军炮火时表现出的无畏的勇气。如今这枚勋章珍藏在马耳他的教堂里，任何其他英联邦成员都未曾获此殊荣，其中也没有一个成员更有资格获此殊荣。

1942 年 / 5 月 22 日

威洛鲁恩工厂成为战时奇迹
工厂规模大得足以容纳一座城市,已准备大批生产轰炸机

西德尼·M. 沙莱特
发回《纽约时报》的特别报道

【底特律 5 月 21 日电】作为战时的七大奇迹之一,它就矗立在那里,规模大到可以容纳一整座城市,令人心生敬畏。而人,作为它的创造者,在一片巨大的机器丛林里则沦为一个渺小的点。

它的名字叫威洛鲁恩。记住这个名字。如果美国未来进攻要依靠这座工厂的生产力来展开轰炸,展开猛烈的轰炸,昨天从这座工厂了解到的消息可能就预示着制造战即将出现转折。查理·E. 索伦森形容威洛鲁恩战斗机制造厂就是"邀请希特勒自杀的请柬",它"即将转变为一家全面投产的工厂"。

昨天,全国制造商协会组织报社记者参观了底特律地区的威洛鲁恩工厂。记者们目睹了第一架轰炸机测试的过程,所用的装配线在飞机生产史上都是无与伦比的。那是一架美国联合飞机公司生产的巨大的 B-24-E 轰炸机,大小堪比波音公司生产的"空中堡垒"轰炸机。

他们还听取了福特汽车公司总裁埃兹尔·福特和副总裁查理·E. 索伦森的介绍,该公司将为政府经营这家工厂。二人向记者们解释了巨大的硬模和压力机是如何冲压生产出大型轰炸机的,这一生产工艺几乎和此前生产 T 型福特汽车的工艺一样简单。

亨利·福特工业王国的生产日期安排得满满当当,生产的产品可不仅限于轰炸机。福特公司主要有 14 项生产任务,包括制造陆军新式中型坦克,索伦森认为这种坦克的马力远远强于德国坦克;为普惠公司生产的飞机引擎(2000 号引擎是最新式的飞机引擎);制造一种新型航空器;制造各式装甲车;制造精密飞机零部件和高精密射击控制装置,以及液冷式 V-8 型新式坦克发动机。

1942年，福特公司在密歇根州伊普西兰蒂附近的威洛鲁恩工厂，战时改造后，工人们在厂里生产军用飞机机翼的零件。

正如索伦森所言，"福特公司90%—99%的生产都是军工生产"。不仅如此，总裁埃兹尔·福特还宣称，如今福特公司的雇员数量与和平时期持平，预计到年底这一数字将翻一番。

然而，正是由于威洛鲁恩工厂，行政人员才能够离开办公桌，搭乘大客车穿越密歇根的乡村，引起人们的艳羡。这座工厂是由政府出资建设、福特公司经营的。工厂建在一片耕地上，13个月前，这里还是一片大豆田。副总裁索伦森（同事们都叫他查理）自豪地指出，即便是现在，机床安装人员还在催促尚未完工的承包商在最后期限内完工。埃兹尔·福特是大名鼎鼎的亨利·福特的儿子，寡言少语。客车开到军工厂附近时，他一边在口袋里摸索一边说："我想，我还是先把胸牌拿出来吧。"

老福特会客

尽管已年近八十,亨利·福特还是迈着轻快的步伐站在工厂门口等候客人的到来。老福特面带笑容,亲切地与客人们握手,他儿子则一脸孺慕地望着他说:"他在这里践行了许多自己的想法,为此他感到很自豪。"

威洛鲁恩工厂若隐若现,是机器和轰炸机时代一个不可思议的象征。它的道道大门洞开,未来的某一天,一架架大型轰炸机将从这里驶出,冲向蓝天。广阔的机场和混凝土停机坪成为这个庞然大物的跑道。

"为胜利生产"参观团的新闻记者们与陆军和海军审查员合作,共同研究了如何制定规则,防止出版物披露的消息为敌人提供帮助和安慰。索伦森出生于丹麦,是一位技师。早在福特公司迁到迪尔伯恩市时,他就加入了亨利·福特的公司,数年来已升任公司副总裁。他觉得部分规定"束手束脚"。他在大得惊人的工厂里举手一挥,用一种极富感染力的声音说:

"让德国人和日本人来这看看——嘿,他们准会吓得开枪自杀。"

官员们满怀热忱

这只是对威洛鲁恩工厂飞机生产方式最简要的概述,可以说,整个生产体系令人信服,而且昨天装配线各部分生产的零件看起来非常精良。这座工厂表明,美国或许能够在汽车批量生产线上生产抢占空中优势的轰炸机。这种可能性令人十分兴奋。不难发现,索伦森、福特和其他官员都满怀热忱。一旦工厂投入生产将会呈现世界上最令人惊叹的飞机制造场景。

1942 年 / 5 月 24 日

德军发动攻势,"第二战场"呼之欲出
欧洲战场的未来走向取决于苏军的战斗结果

汉森·W. 鲍德温

苏联战斗的步伐逐渐加快,北爱尔兰上周也进驻了更多的美军部队,人们开

始关注德军在欧洲的动向和盟军未来可能展开的反攻行动。

5月还剩最后一周,德军却迟迟没有向苏联红军展开大规模进攻。去年也是直至6月22日,德军才向苏军发动进攻,但此前巴尔干半岛的军事行动无疑拖延了其攻势。今年欧洲大陆并不存在第二战场,晚春的暖阳正在逐渐晒干苏联西部平原。在苏联南部地区,数周来,地面已经变干,适宜陆军部队行军。但是德军只发动局部攻势,这些攻势至关重要,德军不仅因此而占领了克里米亚的刻赤半岛,而且还在哈尔科夫南部地区打了一场反击战。

德军施压

然而,昨天的消息表明,德军逐渐在塔甘罗格到哈尔科夫一线向苏军施压,而且哈尔科夫战区的主动权也如预计的那样,转移到了德军手中。德军随时可能"大举进军"。

部分观察员认为这是希特勒新的拖延战术,并无惊人之处。因为实际上,要说德国推迟了春季攻势还为时尚早。苏联中部和北部多地战场的地面还覆盖着正在消融的积雪和大片淤泥。据苏联上周发布的报道称,在卡累利阿和北部苔原地区,虽然湖泊和沼泽的冰层已变薄,不足以支撑士兵及其武器的重量,但仍未解冻。

可见,在中部战场部分区域和北方战场大部分区域,融雪期还将持续一段时间。在此期间,陆军行军因积水和淤泥受阻,停滞不前。解冻期很快就会过去,如果希特勒再不向苏联发动进攻或未来3周内在别处大举进兵,对苏军而言才真是出乎意料。或许应该对德军的计划、力量和弱点进行重新评估。

虽然希特勒1942年发动的首次重点进攻很有可能针对苏联,但迄今还不能确定。他也可能会进攻英国。一些观察员认为,希特勒可能用三四个晚上的时间,用运输机和滑翔机向英国空降数十万大军。这些部队可能会攻占村庄,建立有力的据点,并最终攻占数个滩头,利用渡海部队巩固阵地——如果有必要的话,哪怕牺牲整个德国海军也在所不惜。

德军随时可能向英国发动此类攻势。其实,德军还可能从多德卡尼斯群岛和希腊诸岛的军事基地或土耳其某地(可能性较小)出动,通过两栖作战或空降的方式远征塞浦路斯、叙利亚,以及黎凡特其他地区的海岸。无论德军采取哪种进攻策略,埃尔温·隆美尔将军都有可能对苏伊士运河发动攻击,作为配合。隆美尔将军统率德国驻利比亚的北非军团。预计，沙漠地区的夏季高温会对此类军事行动构成阻碍，但不会完全阻止。

德军在苏联境内的攻势

虽然德军动向存在多种可能性，但仍最有可能在苏联发动攻势，而且目前德军参与的战斗实际上可能只是斯大林与希特勒夏日激战的开始。德军目前展开的军事行动有限，但可能会逐渐增多，直至战火像去年夏秋两季一样，绵延 2000 英里，点燃整个苏联"战场"。

而且德军攻势极有可能取得了相当大的胜利——其战果辉煌，以至于开辟"第二战场"势在必行，盟军不得不以此来牵制德军。同样，德军还有可能尚未出动后备部队主力——其庞大的后备兵力足以让"第二战场"的开辟切实可行，而且为充分利用敌军弱点尽早取得战争胜利，"第二战场"已迫在眉睫。

无论如何，即使盟军船运能力短缺、通信线路过长，而且没有为重大战略进攻做足准备，联合国家今年也会尝试在欧洲大陆上建立一个据点。上周，美军派遣更多的部队进驻北爱尔兰，使人们关注建立据点的可能性，但是跨越大西洋向北爱尔兰输送部队并不表示联合国家已经做好了随时进攻欧洲的准备。抵达北爱尔兰的部队包括成建制的装备齐整的部队，而且据称，部队中护卫队占主体，其中有"成千上万"名美国"小兵"（1942 年的俚语，意指"步兵"）。一个师的人数可达万余人（约 1.6 万人），但是盟军进驻英国岛屿的军队数量与敌军相比还不够多（按步兵师数量计）。除德军有 40% 的步兵师分布在西欧外，轴心国其他成员还可以在这里集结更多的兵力。

不仅如此，英国的空袭（其本身就是在空中开辟的"第二战场"）尚未达到最大规模；美军飞行员驾驶的飞机还未提升英国空袭的威力，英国也没有拥有绝对的空中优势，让盟军看到希望立刻发动进攻。此外，盟军还一直面临海运能力短缺的问题，运送一个师的兵力需要总吨位约为 10 万吨的船舶。

突击队奇袭

尽管困难重重，在欧洲大陆开辟"第二战场"依然是有可能的。可以采取多种形式。必用手段包括突击队奇袭，对德军潜艇基地及各种军事目标密集发起大规模突袭行动——不断骚扰打击敌军。

如果盟军对德国展开一场彻底的空袭和更强有力的反复突袭,则可能形成地面攻势:(1)在苏联由红军发动进攻;(2)在北非由英军及其盟军展开行动;(3)攻击撒丁岛和意大利其他军事据点;(4)在西欧沿岸发动进攻。

虽然前两种进攻方式的规模暂时受到限制,但都是极为可能采用的进攻方式。目前,进攻撒丁岛、亚平宁半岛和西西里岛或地中海其他军事据点并不现实,只有把驻守北非的敌军赶走才能实施上述行动。

试图在西欧建立军事据点的行动充满危险,但是整场战争亦然。英国空军力量可以支撑在法国沿岸或低地国家展开的任何登陆行动,而且只要苏联红军维持现状,英国就很可能会在当地取得空中优势,支持登陆行动。

进攻的关键问题

敌军可以通过法国、低地国家的交通网络和这一地区的大量机场迅速集结军队,对抗联合国家的登陆抢滩行动。显然,问题并不仅限于登陆(可以选择多处登陆地点),还要考虑登陆成功后如何守住据点,对抗数量必定远胜我方的德军地面部队。盟军人数的劣势,从某种程度上可以通过空中优势(由附近的英国军事基地建立)和机械化优势来弥补;然而盟军还必须面对最终被击溃退回海上的可能性。

因此,要开辟"第二战场",盟军必须坦然面对巨大的风险。在最近几个月里(除非德军被苏军击败),这一行动要想成功是十分困难的。

但联合国家的军力正在缓慢增强,而且西欧上空"第二战场"在决胜的战略计划中正逐渐转变成一种行之有效的手段。地面上的"第二战场"可能要暂待时机,但空中"第二战场"和苏军的顽强抵抗可以增加这种可能。在很大程度上,甚至是最大限度上,要看苏联红军的表现。

1942年 / 5月31日

伞兵刺杀海德里希
德军在捷克斯洛伐克境内处决44人，正在搜捕更多轰炸德军的士兵

【美联社伦敦5月30日电】据报道，德军今晚推测，外国飞机投放的伞兵参与了刺杀波希米亚和摩拉维亚代理保护长官莱因哈德·海德里希的军事行动。盖世太保当天就处死44名捷克人，并加快处决进程，被处决的捷克人总数达62人。

德国掌控的布拉格电台断然宣布，外国破坏分子在波希米亚和摩拉维亚空降。据称，被处决的部分捷克人"被控在受保护国内窝藏空降兵特工，犯了蓄意破坏罪"。

今天德军处决了包括10名女性在内的44名捷克人，作为对刺杀海德里希行动的无情报复。海德里希是盖世太保二号人物，在刺杀行动中受了重伤。

布拉格电台公布了最近被处决的捷克人名单，他们经纳粹军事法庭迅速宣判后，就被行刑队立即执行死刑。自周三海德里希遇刺至今，已有18名捷克人被杀。海德里希是希特勒委派至波希米亚和摩拉维亚的代理保护长官，负责管理捷克斯洛伐克割让给德国的领土。

被处决的人全部被控没有向警方登记、擅自窝藏并协助非登记人员参与反德活动。

布拉格电台称，德军今天在布拉格和布鲁恩两地处决罪犯，其中最年轻的仅18岁，还包括了捷克两名退役军官和一名前检察官。他们的财产被国家没收。

海德里希被疑无法完全康复

海德里希曾在法国的德军占领区发布命令，导致数百名抵抗者和无辜人质死亡。据报道，他的伤势严重，现在的状况十分糟糕，即便侥幸活了，也将终身残疾。

刺杀当日，海德里希正乘车从布拉格前往慕尼黑。袭击者中途拦截其车队，并向车上投掷炸弹，紧接着爆发了激烈的枪战。据报道，海德里希背部和脊柱受伤。

捷克当地人士称，遭德军行刑队处决的捷克人都对刺杀行动缄口不言。

据报道，海因里希·希姆莱下令搜捕刺杀自己副手的袭击者，布拉格电台的广播描述了袭击者的长相特征，其中一人据称受了伤。德军首次悬赏相当于 25 万美元的酬金，奖励为抓捕袭击者提供有益线索的知情人士。布拉格电台稍后的广播称酬金已翻倍。

1942 年 / 6 月 1 日

科隆"炼狱"震惊飞行员
英国飞行员称德国防卫部队茫然无措——飞行员描述了恐怖场景

合众社

【伦敦 5 月 31 日电】参与昨天空袭行动的飞行员今晚称，昨晚，在史上最大规模的空袭结束之后，相当于波士顿大小的科隆市区有 7/8 的区域陷入火海，这场大火"火势之猛，宛如噩梦"。

"当我们飞到科隆上空时，我几乎想要飞离去寻找另一个袭击目标。科隆已经被夷为平地，似乎没有什么能够破坏的了。"加拿大皇家空军中校约翰尼·福基尔讲道。

"科隆陷入一片火海。"飞行中队队长雷恩·弗雷泽说。弗雷泽参与了此次规模宏大的空袭，他来自加拿大温尼伯市，是千余名加拿大飞行员中的一员。

"我曾目睹不列颠之战中的伦敦大火，但较之科隆的大火，前者真是小巫见大巫。"来自多伦多的空军少尉 H.J.M. 拉塞勒说道，他是一架加拿大轰炸机机尾的枪炮手。

这些较为典型的描述是今晚从数千份报告中筛选出的。这些报告被编辑成一份档案，记录了人为造成的最大的一次毁灭。

当地防卫部队茫然无措

科隆上空仿佛伦敦的皮卡迪利广场上一样繁忙，巨大的"兰开斯特""哈利法克斯""斯特林"和"曼彻斯特"轰炸机以每6秒一架的频率往返穿梭，不断投下一枚枚"钢铁催命符"，骇人的景象整整持续了90分钟。

德国防卫部队被打得茫然不知所措，它还来不及瞄准，我们的飞机就准备飞离，另一架飞机则紧随其后。据称，英国皇家空军此次在敌人目标区域内超饱和的进攻计划大获成功。虽然德军也出动了战斗机，但并未严重干扰计划的实施。

"火势太大，就像噩梦一样。"一位"哈利法克斯"轰炸机的飞行员说，"但是，我们飞到科隆上空时就真切地感受到了。就在我们的下方，城市里每个角落都在着火。你可以零星地看到一些建筑的轮廓，但大部分区域都被火光吞没了。"

"火光反射在飞机上，看上去很怪，有时就像飞机本身也着火了一样，红色的火光在机翼周围上下起舞。"

"在月光和火光的照射下，我可以认出轰炸机群里任何一架飞机的类型。"另一名飞行员说道。

许多此前曾参与罗斯托克和吕贝克空袭的飞行员称，这两地的轰炸行动与科隆相比就像热身一样。

1942年5月31日凌晨，协助飞行员在科隆上空创造了历史的英国皇家空军成员。

1942年 / 6月4日

阿拉斯加全地警戒

【美联社阿拉斯加朱诺6月3日电】今天，日军首次突袭美国北部领土荷兰港后，阿拉斯加总督欧内斯特·格鲁宁呼吁该地区所有的民防部队进入警戒状态。他在声明中说：

阿拉斯加的同胞们：

一如我们预料的那样，今天早上，日军飞机对荷兰港发动了袭击。

我们的陆军和海军充分证明了自己的实力。所有的民防部队都应保持警戒。军事机关将适时公布相关细节。

距朱诺市1200英里的克奇坎发来一份报告，称日本对荷兰港实施突袭约1小时后，该市早上9点50分开始进入警戒状态，20分钟后才解除警戒。（荷兰港和阿拉斯加东南部的时差为3个小时。）

1942年 / 6月7日

"为了赢得战争，我能做些什么呢？"

安妮塔·布里诺

"我是一介平民，在战争中处于什么位置？"随着美国战报的频传、配给制的实行、各类组织发出的呼吁，这个问题被一再强化，如今已经成为许多美国人脑海中的首要问题了。甚至是经历过"一战"的成年人，也才刚开始充分了解这一问题。如今，人们意识到，战士和平民之间已没有区别，每个人的战争使命仅有环境和程度的差别。还有一些人按照原有的方式看待这一问题："战争对我将会产生什么影响？"但大多数人都重新积极地看待这一问题："我应该做什么？为了赢得战争并尽快取胜，我应该怎样做才能发挥最大的作用？"

应该如何回答这一问题？一名记者向纽约各阶层的民众提出了这一问题，他得到的答案各种各样。从中，他得出了一个重要的事实：如果纽约民众的态度能够反映全国人民的想法，那么美国人既不会冷眼旁观，也不会骄傲自满。同样，他们也不会心存畏惧，而是对战争结果充满信心。美国国力强盛、实力雄厚是个不争的事实，但公民们似乎都认为，何时能够赢得战争，取决于每一位美国人投入工作的速度和效率。

"我们身处险境，没有时间再考虑政治问题。"他们说，"我们已具备一切条件——人力、材料和工厂。我们终于要开始大干一场了。现在我们一扫惯常的经营和政治姿态，埋头苦干。"

还有一种态度与这种直率并存，它不是一种清晰的概念，而是一种感觉，差不多可以总结如下：为什么非得等待政府统筹一切？政府生产战备物资并调集军队，已经够忙碌了。需要什么，政府尽管告诉我们。我们不想坐等专业人士细细筹划，再告诉我们怎样做。直说事实，剩下的交给我们。我们的娴熟技术和丰富资源根本还没有派上用场，华盛顿方面在等什么？

但大多数人觉得光靠自己并不能在战争中充分发挥自己的作用。一些人对目前的工作感到心满意足，但许多人并不满足于现状，他们正在寻求更多的讯息、更完善的组织和更多的指导。目前，他们首先要解决如下问题："我应该一如往常地工作，然后把剩余的时间都用于志愿服务，还是应该直接把工作的重心转移到对战争和保卫国家具有重要意义的工作上来？"当然，许多纽约人发现这一问题的答案应视具体情况而定。但是，下面的典型事例则表明这一问题对于某些人的意义和他们所采取的行动。

"我叫乔·史密斯，在一家速食店工作。我还有孩子要抚养，因此无法参军，但这份工作显然是大材小用。确实，人们是要吃饭，但无论哪个女孩都可以做我这份工作。因此，我正寻找别的工作，并且等候安排到军工厂干繁重的体力活。军工厂的工资和现在差不多，但这种工作在我住的地方更难找到，不过我已经厌倦了听完新闻后还要听某位顾客喋喋不休或是其他人抱怨糖放得不对。如此说来，有些人似乎身在福中不知福，对即将发生的事知之甚少。我们最好全力投入战争，保护好已有的一切，否则后果不堪设想！日本人可不是一群头脑空空的玩偶。但我们一定能够击败他们，前提是我们必须有所行动，所以我才辞职寻找其他工作。"

"我叫梅·格林，是一名保险办事员。朝九晚五的工作我已经干了一段时间了。我不需要照看家人，因此有大把的时间，但我志愿服务的时间与大多数女性并不一样。我在报纸上看到英国女性在平面探测站工作，觉得自己可以从事这种夜班工作。我找了好久也不知道应该在哪里找到这种工作，如何才能被录取，怎样才能获得培训。终于，我给一家报社写了信，他们告诉了我相关讯息。这家报社的讯息很有用，所以我现在被录用了，这真是太棒了！我的夜班是从凌晨4点到早上8点，每周上三至四次。这份工作真是令人兴奋，我知道自己正在做有益的事，所以现在新闻并没有让我像从前那样难过。"

"我叫科恩，是一个童装制造商。我的孩子们都长大了，儿子参加了陆军。我从一开始就是一名防空队员，现在还经营着工厂，正想办法转向军工生产。尽管我听闻小企业约占美国制造业的半数，但政府似乎还无暇顾及小工厂。不知这一消息的真实性有多大。无论如何，我正考虑停止生产、应征入伍，加入需要我的部队。眼下正是非常时期，物资越来越匮乏，我可不想像往常一样悠闲地做自己的生意。"

"我没有工作，在家照顾母亲。我们住在贫民区，公寓楼里住着许多孩子。我觉得那些住在公寓楼里的孩子无人关心和照料，所以常常带他们去操场玩，念书给他们听，或是陪陪他们，什么都不做，久而久之已经成了习惯。我觉得自己不妨去上上课，学学如何看护孩子，至少可以帮忙照看小区里的孩子们。听说，虽然托儿所老师不少，但变得越来越拥挤，还要新开一些托儿所。我愿意去那里做志愿服务。听说许多托儿所员工都立刻投身战时工作，但对我而言，照看孩子却是头等大事，也是我力所能及的事，所以我参加了育幼培训。"

"我是一名老师，丈夫是消防员，我上过一些急救课程。上完这些课程后，我觉得好一点儿了，因为我不再一无所知。但同时，我也意识到，像我这样的急救人员除了眼睁睁地看着伤员静待原地，或许还能给他们止血以外，其实帮不了太多。在我住的公寓楼里有 20 位房客，我们聚在一起分工合作。一名化学家负责研究炸弹和火灾，考虑如何应对；一名妇女负责追查流言，将其与新闻比对，从而帮助人们消除恐慌。我发现楼上住着一名护士，还发现公寓楼里住着一对医生夫妇，于是组建起了一支真正的急救队。后来，我们在整栋公寓楼最安全的地方建立了一处托儿所。我现在是保育员。"

以上和许许多多其他平民的事迹，也许并不能就上述问题给出有效而令人满意的答案，但它们的确反映出，美国人民具备交战、赢得全面战争，以及在战争过程中维护美国民主的基本知识。人们正在用各种方式讲述一个事实："我们不是孩子。对我们而言，提高士气并不一定非要依靠宣传。政府不必通过演讲来告诫我们身处险境，不必发布慰藉人心的新闻来敦促我们工作，也不必利用米老鼠来向我们推销债券和邮票。我们更希望了解实际情况，只有了解现状，知道该做什么，我们才能有所行动。"

因此，平民正在用行动回答这样一个问题，尤其是为了快速有效地相互协作，还需要做好哪些准备的问题：（1）组织。平民组织要尽可能地与社区管理部门合作；（2）讯息。每天都应发布消息说明何时需要何种人力物力；（3）行动部署。这种说话和行动方式也反映出，我们平民与那些惶恐不安、官僚做派的人群之间存在着多么巨大的差异。而且它也再次透露出，美国的实力根源于美国人民的能量、主动性、常识，以及社会责任感。

1942 年
6 月 8 日

美国西海岸完成日裔人口迁移
除无法迁徙的人外，约 10 万日裔人全部迁往内陆

【美联社圣弗朗西斯科 6 月 7 日电】美国已将西海岸的日裔人口悉数迁移至内陆，官方称此次大规模的迁移是史无前例的。

少数日本人因疾病或行动不便而无法迁移，还有更少数人因工作需要无法迁

移。今天，约 10 万日本人在沿海地带的 3 个州和亚利桑那州约 150 英里宽的地区内，不再继续享有自由。战争开始时，这些地区还是他们的家园。

此次行动实际迁移约 9.9 万人，大多数人聚集在 17 处集合点。这些集合点是陆军建立的接收点，以便在安排永久迁置的缓慢过程中能够迅速控制局面。

数千名日本人已经被迁往内地的安置中心，其中 3 处已经安排妥当。其他的安置中心正在建设之中。此外，为了容纳更多的日本人，还需设置更多的安置中心。还有相当多的日本人志愿前往内陆的私人农场劳动。

此次迁移是疏散行动的第二阶段。第一阶段，也就是把日本人真正迁出居住地、具有军事意义的阶段，已经完成，陆军认为日本人继续留在当地可能会有危险。

不仅如此，战时民事管理局还称，此次迁移在"规定时间内完成，没有发生任何不幸，进展得十分顺利，而且几乎没有发生意外"。

1942 年 / / 6 月 8 日

海军上将欧内斯特·金的报告

C. 布鲁克斯·彼得斯
发回《纽约时报》的特别报道

【华盛顿 6 月 7 日电】海军上将、美国海军舰队总司令欧内斯特·约瑟夫·金今天下午告诉记者，美日两国海军和空军部队正在太平洋上展开两场战斗，最终结果极有可能决定该战区的战争进程。

其中一场战斗发生在中途岛西侧，另一场则在阿留申群岛的荷兰港附近海域进行。

欧内斯特·金上将声称，试图攻击中途岛的是日本海军主力，目标是占领夏威夷群岛中这处重要的前沿基地。他还称，美军"必须不惜一切代价"守卫夏威夷群岛，因为它是美国整个太平洋防御体系的关键所在。

美国太平洋舰队司令切斯特·威廉·尼米兹昨天从总部发来的战报称，中途岛海战中，美军已击沉敌军两三艘航空母舰，另外还重创了十一二艘敌方舰船，其中包括 3 艘战列舰。

"与敌军的损失相比，"欧内斯特·金上将今天称，"美军的损失微乎其微。"

欧内斯特·金上将称："夏威夷群岛和阿留申群岛的美国海军仍在展开军事行动，虽然敌军部队受到了重创。"他补充说："但现在还不能说我们已经打败了敌人，只能说他们已经'撤离'。"

欧内斯特·金上将称，上周三，日军对荷兰港发动空袭，目前战况尚不明朗。自周三的空袭发生以来，这还是官方首次表态承认该地区战斗仍在继续。

欧内斯特·金上将解释说，之所以战况不明，是因为过去几天荷兰港的天气情况一直不好。因此，当地美军与敌军的战斗也是时断时续。不仅如此，战局是依靠当地指挥官来掌控的，欧内斯特·金上将与其仅有一条通信线路，还是华盛顿方面为发布一般命令而设置的。此外，欧内斯特·金上将并未要求再开辟一条直达首都的通信线路来获取更多的讯息。

"当地战事进展如何，我们也不太清楚，"欧内斯特·金上将称，"但战斗仍在继续。"

无论是答记者问，还是提前准备好的声明，欧内斯特·金上将谈论的内容大多与中途岛海战以及战斗起因相关。他声称，中途岛海战可能会决定整个太平洋战争的进程，但是其影响还取决于交战日军的受损程度。

当被问及日军是否孤注一掷、悉数出兵攻击中途岛时，欧内斯特·金上将回答："也许日军并未倾尽全力，但肯定出动了海军主力。它的行事方法之一就是从来不让能力不足的人挑大梁。"

总司令称，显然，日军遭受的严重损失削弱了它未来发动进攻的能力；中途岛海战和珊瑚海海战都削弱了日本海军的军力，并且"日军的恢复能力显然不能与美军相提并论"。

然而，欧内斯特·金上将表示，日军虽然在中途岛海战中遭到重创，但美军不会乘胜追击，也不会进入日方领海发动攻击。

肃清敌军的行动充满危险

"日军在沿海地区仍部署着大量空军，正如它在珊瑚岛海战和中途岛海战中发现的美国空军的部署一样。"上将宣称，"我们现在并不建议美军匆忙展开肃清敌军残部的行动。"

欧内斯特·金上将强调，现在正是关键时期，"因为美国有 1.3 亿业余战略家肯定会鼓动军队展开此类后续行动。"

今天是欧内斯特·金上将担任我们的海军的司令以来首次举行新闻发布会，距日军袭击珍珠港恰好 6 个月。

在 4 月成功地轰炸东京和日本其他城市后，欧内斯特·金上将称，美国军方领导人早已料到日军会对中途岛和阿拉斯加发起进攻。

"（日军）现有部队和总体军事现状对美军并不构成威胁，但是日军试图从某些地方取得突破，因为它无法坐视澳大利亚和其他设防区对其存在构成威胁并逐渐发展壮大。"欧内斯特·金上将解释说。

1942 年 / 6 月 11 日

纳粹血洗捷克村庄
杀死所有男人　驱散其他村民

美联社

【柏林 6 月 10 日电（源于在纽约记录的德国广播）】柏林电台今晚播报，捷克斯洛伐克村镇利迪策的所有成年男性被杀，女性被送往集中营，孩子被送往所谓的"教育机构"，村镇本身则"被夷为平地"。村民们被控窝藏并协助刺杀纳粹领导人莱因哈德·海德里希的凶手。

广播援引布拉格方面发布的官方声明，称利迪策当地人口为 483 人。（伦敦的捷克斯洛伐克消息人士则称该地人口为 1200 人。）声明指出"该社区已经从地图上抹去"，明确表示从此这个村镇不复存在了。

德国电台称：

"周三傍晚，官方又发布了一份声明，内容就是关于消灭受保护国克拉德诺附近的利迪策村的。声明说：

"'对波希米亚和摩拉维亚副行政长官、德国党卫军高层领导人莱因哈德·海德里希遇刺一事的调查表明，毫无疑问，克拉德诺附近的利迪策村村民窝藏并协助了凶手。

"'此外，有证据显示，该村还存在反德行动。德军在当地发现了颠覆德军活动的宣传品、武器和军火库、一座非法无线电发射台，以及大量的配给商品。

"'此外，德军还查明，该村曾积极为境外的敌军服务。

"'德军查明这些事实后，射杀了该村所有的成年男子，女性村民则被送往集中营，孩子则委托给合适的教育机构管理。

"'整个村镇被夷为平地，从此不复存在。利迪策村共有483人。'"

1942年
6月13日

甘地试图赶走美英联军

【合众社新德里6月12日电】莫罕达斯·卡拉姆昌德·甘地即将发动一场大规模的"退出印度"运动，要求美国和英国军队立刻撤出印度。

今天，甘地从瓦尔达总部发出的报道表明，甘地发起的此次运动赢得了全印国大党主席毛拉纳·阿布·卡拉姆·阿扎德的绝对支持。该党最具影响力的党员博学贾瓦哈拉尔·尼赫鲁，前些时候也表示支持这项运动。

在甘地发起运动前，他希望能够获得该党工作委员会的正式批准，预计该委员会在本月底或7月初将召开会议。

1942 年 / 6 月 21 日

领导人召开会议研究大战略

上周,美军先遣部队应该已经抵达了世界各地。大批美军地面部队部署在大西洋的爱尔兰和太平洋的澳大利亚。美国空军正保卫着美国沿海及美国南面各盟国的沿海地区,并在阿留申群岛、中国、西南太平洋、黑海和地中海地区作战。虽然有些地区兵力少,有些地区较多,但美军似乎已遍布了全球。

据官方报道,在这一全球性的背景下,美国总统罗斯福和英国首相丘吉尔意外地举行了一场会谈,"探讨战争问题、战争进程,以及如何赢得战争"。英国领导人是突然来访,抵达时间和交通方式都高度保密。两位国家元首在双方高级将领的陪同下展开了一系列会谈。他们目前面临的最重要问题是,应该在何处充分运用两国军力。

这个问题可不容易回答。苏联红军在塞瓦斯托波尔遭遇猛烈阻击,希望欧洲开辟第二战场,从而缓解东方战场的压力。正在北非奋战的英国第八集团军要求增援,以抵挡轴心国在利比亚的军事行动。中国向英美两国寻求帮助,因为日军纵队正在接近该国重要的交通要地和城市。如果面面俱到,满足所有增援的请求,美英两国的军力可能会过于分散,打击力量减弱,这是十分危险的。

此次会议是两大英语民主国家的元首 10 个月以来召开的第三次会议了。去年 8 月,两国领导人在海上首次召开重大会议,签署了《大西洋宪章》。

第二次秘密会议

英美两国领导人的第二次会议于去年 12 月和今年 1 月在白宫举行。此次会议加强了英国及其新盟友美国之间的合作。此次会议产生了联合参谋长团,使英美两国可以联合策划军事行动,还建立了一系列委员会,以便英美两国联合控制原材料、军火和船只。在此基础之上，两国还建立起了战时生产和食品联合委员会。

英美两国领导人第三次会议就大战略的问题所达成的决议不太可能通过发表联合声明的方式公布。人们只有等到战争公报发布的时候，也就是几个月后，才能知晓其内容了。

埃及战役

上周，德军对埃及发起攻击。低矮的德军坦克一路开火，轰鸣着驶过沿海平原。英国第八集团军的部分军队正从图卜鲁格向东面80英里远的埃及边境撤退。它们身后是遭到重创的图卜鲁格，尼尔·梅休因·里奇将军在那里留下了一支守备部队，它可能必须像去年夏天的那支守备部队一样，在轴心国的长期包围下坚持抵抗。

许多观察员认为图卜鲁格是一处战略要地。如果该地遭遇猛攻后被占领，德军就可以从这里借道向东挺进，尝试进攻苏伊士或是更远的地区。人们相信，此次军事行动可能与高加索地区的德国国防军的进攻行动相呼应，从而形成掎角之势，把地中海地区和整个近东地区囊括在内。

隆美尔的肉中刺

自去年11月英军解除德军对图卜鲁格的首次包围已过去了7个月。而在解除包围前的7个月里，英军坚守这座只剩残垣断壁的城市，抵挡住了敌人一次又一次的猛攻。去年夏天，图卜鲁格成为盟军顽强抵抗的象征。对轴心国指挥官、陆军元帅埃尔温·隆美尔而言，该市就像插在德军侧翼的尖刺，阻碍了德军穿越埃及边境向苏伊士进军的道路。

引发二次包围图卜鲁格的事件发生在沙漠战之后，这种战争模式如今已为人所熟知。作为在利比亚的第六次战役的第一个举动，陆军元帅隆美尔在3周前发起了进攻以击破英军的防御体系。英军的防御体系从图卜鲁格西面40英里远的沿岸地区一直往南延伸，穿过了沙漠地带。面对敌人的猛攻，英军采用了新型坦克部队，其中包括美国制造的"格兰特将军"坦克、"李将军"坦克和"哈尼斯"轻型坦克。在近一周的时间里，战况持续胶着、反复无常，直至交战双方精力耗尽才罢休。然而隆美尔元帅领导的北非军团比英军沙漠部队在装备补给上更胜一筹。德军重新挑起了战斗。

在英军防线上打开缺口后，轴心国指挥官便调动坦克展开一系列的包围进攻。其中一支部队在实施激烈紧逼的包围战后，击败了位于防线最南端的比尔—哈凯姆的自由法国守军。其他进攻部队则向北、向东挺进，呈曲线向沿海地区进军，图卜鲁格东侧和南侧的英国坦克部队陷入包围。大多数被削弱的英军部队刚刚撤离，轴心国的先遣部队就抵达了港口周围的沿海平原地带。

坚守地中海前沿基地的重要性促使英国海军铤而走险，展开多项军事行动。英军派出了两艘护航舰，一艘从亚历山大港出发，前往图卜鲁格，另一艘从直布罗陀出发，开往被包围的马耳他岛。它们的到来引发了该地区最大规模的海空之战。德国和意大利派出了一拨又一拨的飞机，数十艘潜艇，以及由战舰、巡洋舰和驱逐舰组成的强大舰队前来截击盟军船只。美军飞机也加入了行动，沉重打击了意大利的海上力量。伦敦方面称，护航舰已顺利抵达目标海域。

苏联的浴血之年

今天是苏联战争第一年的最后一天，德军部队仍在战斗，远没有实现原本计划在 1941 年 6 月 22 日实现的目标。希特勒的德国国防军既获得过最辉煌的胜利，也遭受过最惨重的失败。据苏军估计，超过 560 万德军被打死、打伤或遭逮捕；4 个月前，柏林方面承认德军伤亡人数达 150 万人。在今年的前 5 个月中，425 万德军士兵占领了 50 万平方英里的土地。在冬季战争的 5 个月里，他们遭受苏军反击，丢失了 1/5 的占领区。随着春天的到来，南方战场上也爆发了局部战斗。5 周前，苏联在乌克兰发动进攻，而德国国防军正在攻打克里米亚的刻赤半岛。人们相信德国会先发制人，从而继续向东朝高加索地区和蕴藏石油的地区进军。

损失惨重

战争开始的第一年里，苏联同样损失惨重。半年前，据柏林官方估计，苏联红军伤亡人数为 800 万—1000 万；稍晚些时候，莫斯科方面承认己方伤亡人数接近 300 万。然而在数月的战斗中，苏联士兵发觉，有一种抵抗战术似乎可以有效地挫断闪电战锋芒、迫使德国元首延长战争。

上周，苏联南部展开的两场战斗再次凸显了苏军士兵的御敌力量。克里米亚

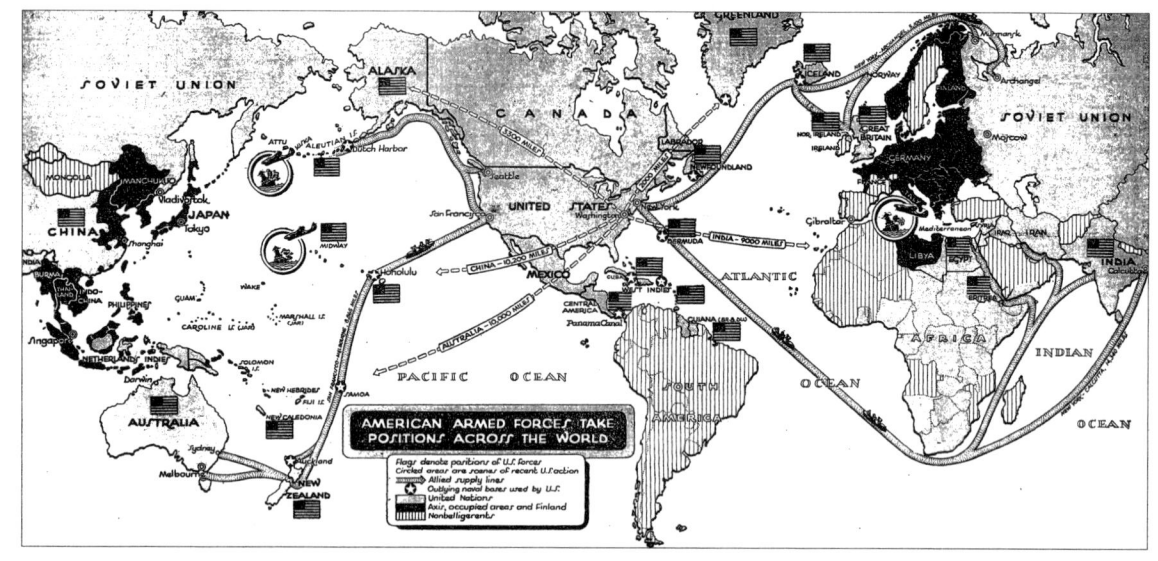

美国军队在全世界的部署

图中的国旗标识表示美国军队所在的区域。图中的圆圈标识表示美国军队最近的行动所在的区域。
- 盟军运输线
- 美国在边远区域使用的海军基地
- 联合国家
- 轴心国和其占领的地区以及芬兰
- 非交战国

西南沿岸城市塞瓦斯托波尔在历经 7 个多月的包围后仍然处于苏军的掌控之中。两个多星期以来，德军动用坦克、大炮和飞机，使出浑身解数，发动全力进攻，打击隐匿于石灰岩群山中的守城士兵。据悉，围城的大炮比"一战"中轰击塞瓦斯托波尔守军的"巨炮"还大。"一战"中，这些巨炮遭到了坦克和步兵的反复攻击。该市市民在悬崖上挖凿的幽深洞穴中躲过了无数次空袭。市民发誓"哪怕只剩一人，也宁死不降"。

11 天前，德军在哈尔科夫发动的第二轮进攻似乎在北顿涅茨河沿岸就停止了。因此观察员认为，德国国防军会利用当地蓬勃发展的工业，朝罗斯托夫这个通往高加索地区的门户城市继续挺进，从而消除苏联对德军侧翼施加的压力，并为德军在顿涅茨盆地发动全力进攻做好准备。德军在那里可能会转向南边，向蕴藏着丰富石油资源的地峡进军，并与从克里米亚最东端的刻赤渡过海峡的德国国防军会师。

美国的协助

苏联红军正在塞瓦斯托波尔和哈尔科夫两地战斗，这是其无法逃避的险境。为了避免苏联陷入险境，美国向苏联提供了直接援助。苏联前线正在使用美国生产的坦克和飞机，不仅如此（土耳其传来的报道，尚未得到证实），美国陆军航空军的飞行员驾驶轰炸机已经飞往克里米亚设防区，加入了当地的防卫行动。此外，为了重创德军在罗马尼亚境内的油田和补给库，美制四引擎"解放者"飞机也从中东地区的基地起飞实施空袭。昨天，柏林方面发布报道称，为了减少南部抵御德军进攻的压力，苏联红军在中部战场的斯摩棱斯克附近地区发起了反击。

日军逼近

上周，在广阔的太平洋海域及其北部和西南水域环绕的陆地上，日军为了谋求胜利在不断挺进，越过中国江西省尘土飞扬的群山和山谷。阿留申群岛的威利瓦飑足以摧毁船体，日军船只不顾这种大风，在云雾笼罩的水湾里四处窥探。在该海域的西南方，有迹象表明，小规模海战还在各地进行，它们都是中途岛海战引起的。中途岛海战挫败了日军东进的攻势。澳大利亚达尔文市和新几内亚东南的莫尔兹比港都遭到了日军无情的打击。每进攻一处，日军的目标都是一样的：占领足以对日军形成打击之势的基地，占领有助于日军扩大胜利的基地，巩固已有战果。

日军在中国的攻势最为猛烈。杭州至南昌的浙赣铁路是日军攻占的目标，这条铁路大部分铺设在陆地上，有助于日军通过安全线路与已经占领的马来亚取得联系。上周伊始，这条 450 英里长的铁路中有 80 英里还处于中国控制之下。强大的日军纵队从东北和西侧向中方控制的 80 英里铁路靠近，对其形成夹击之势。在残酷的巷战后，日军迫使中国军队撤离铁路沿线城镇，缩小了中方占领区。中国部队坚决予以还击，在不断前进的日军纵队的后方和侧翼打击日军。重庆方面发出重大警告，称中国目前局势岌岌可危。中日双方军队争夺的地区对日本具有重要价值，有人建议美英两国在太平洋战场发起进攻，以帮助遭受日军猛攻的中国军队。

1942年 / 6月22日

社论：图卜鲁格沦陷

去年，轴心国部队包围图卜鲁格长达7个月之久，英军一直坚守该市，击退了敌人的所有进攻，图卜鲁格也因此成为盟军勇气和顽强抵抗的象征。图卜鲁格突然沦陷，巴地亚和比尔·艾尔－戈比几乎同时陷落，对盟军而言是一个沉重的打击。对德国陆军元帅埃尔温·隆美尔取胜的原因的分析再次凸显出一直困扰着驻利比亚英军部队的弱点。德国坦克和大炮在数量和攻击力上都更胜一筹。德军部队擅长快速修理和维护机械设备，能够整合坦克、飞机和大炮等武器，以小组为单位实施闪电战，而且德军将士都足智多谋。最重要的是，英军再次遭遇惨败还有一个巨大的不利条件：联合国家的补给线漫长而危险，盟军不得不将兵力过于分散地部署在多个地区，以迎击从圆心向外自如进攻的敌军。

据推测，德军在利比亚采取的军事行动预示着德国将全面进攻埃及，把英军逐出地中海，从而攻克整个中东地区。德国的进攻路线就像一把巨大的钳子，一边伸向富含石油的中东地区，另一边则在苏联境内，像楔子一样插入塞瓦斯托波尔的防御体系。德军攻势极具威胁，在丘吉尔首相和罗斯福总统目前探讨的问题中，必须置于重要地位。

图卜鲁格沦陷本身不如由此而导致的形势重要。纳粹声称俘获了2.5万人并缴获了大量物资，包括护卫舰刚刚穿越地中海战区送来的物资。如果一切属实，尼尔·梅休因·里奇将军领导的英国第八集团军已被严重削弱，而德国陆军元帅隆美尔的实力则得以增强。他通过抢夺盟军的食品和弹药解决了德军自身的补给问题，而盟军还为此付出了船只和人员损失的代价。对于埃及的防御而言，图卜鲁格并不重要，但埃及之于中东地区的防御至关重要。接下来的战斗十分关键，盟军必须不惜一切代价赢得胜利。

1942年
6月26日

艾森豪威尔将军掌管在伦敦的指挥部

查尔斯·赫德
发回《纽约时报》的特别报道

【华盛顿6月25日电】今天，美国在伦敦设立了欧洲战区军事行动指挥部，美军部队全部听从陆军少将德怀特·戴维·艾森豪威尔的指挥。艾森豪威尔现年52岁，有着丰富的装甲战经验。虽然美国政府只是简单公布了艾森豪威尔的新职务，并未多加说明，但知情的观察员们都一致感到，新设立的机构及其官员任命都预示着美国对开辟第二战场已有明确计划。以英国岛屿为基地，当条件成熟，人力和武器足以保证这项冒险成功的时候，盟军就会开辟第二战场。

据可靠消息，尽管盟军在利比亚和埃及遭遇了多次失败，但英国首相温斯顿·丘吉尔和美国总统罗斯福还是就开辟第二战场计划的可行性达成了协议。此后，艾森豪威尔将军离开美国前往英国，在新任命公布前不久抵达伦敦。

众所周知，苏联大使马克西姆·李维诺夫强烈要求美国开辟第二战场，认为此举必定能够缓解苏联红军抵御德军进攻的压力，而罗斯福总统也同意这位大使的观点。

几天前，官方首次宣布美军部队进驻英格兰东部和爱尔兰，驻扎地很可能距德军占领的英吉利海峡东岸不足30英里。然而就在几天后，官方再次公布了任命艾森豪威尔新职务的消息，足见这一消息的重要性。

在美国陆军的青年杰出军官中，艾森豪威尔是公认最出色的军官之一。

1942年／6月30日

社论：利迪策，伊利诺伊州

6月10日，纳粹宣布"消灭"了波希米亚的一个村庄。6月13日的专栏中，有人建议美国城镇改用这个村庄的名字。德军确实使出了纳粹的残酷手段。它杀害了所有的成年男性，把女人遣送至集中营，把村里的所有孩子送往所谓的纳粹"学校"，烧光了村里的所有房屋。德军这么做是因为，据它指控，村民窝藏了刺杀莱因哈德·海德里希的凶手。不过它忘了，它可以摧毁一座现实的村庄，杀害、关押或遣散村民，但根本无法用这些手段"消灭"人的思想。纳粹消灭了现实中的利迪策村，却使之不朽，因为它代表了自由人永远铭记的3种观念：一、热情接纳那些因消灭人间怪胎而逃亡的人；二、意志坚定、勇敢忠诚，不相互指责；三、面对暴行要奋起反抗。利迪策只是一个小村庄，却比巴黎更加伟大，它为了维护欧洲的自由被消灭了，而不是像1940年的巴黎那样屈膝投降，只保全了城里的建筑。

因此，人们高兴地得知，伊利诺伊州乔利埃特市附近未建制的斯特恩公园镇决定，在7月12日举办的典礼上正式宣布将利迪策这一光荣的名字作为镇名，而且该镇人民正在募捐以立一座纪念碑，在上面点燃永不熄灭的火焰"来象征美国决心守护的自由之光"。我们需要坦克、飞机和大炮，我们也需要信念。

对峙与博弈：《纽约时报》二战全纪实（1941—1942）
The New York Times: Complete World War II（1939—1945）

第七章

7
chapter

"红色凡尔登"屹立不倒

1942年7—9月

1942年夏秋两季，彼此远隔数千英里的两场战役占据了新闻头条。8月7日，太平洋战区的美国海军陆战队在所罗门群岛的瓜达尔卡纳尔岛发起登陆行动，展开长线作战，试图夺回日军占领的一系列岛屿的控制权。德军装甲部队则纵深挺进苏联腹地，向南部蕴藏丰富的石油资源的高加索地区和东部伏尔加河沿岸的斯大林格勒市挺进。虽然人们认为德军的军事行动十分关键，但结果却是确定无疑的。8月末，德军突破苏军防线，进军伏尔加河流域。9月中旬，德军发动了大规模攻势，试图占领斯大林格勒市。《纽约时报》以《"红色凡尔登"屹立不倒》为标题，让读者回想起"一战"中发生于法国要塞的那场英勇的保卫战。"如果苏军创造奇迹……"社论指出，"此次战役……将成为……转折点。"

苏联领导人渴求得到帮助并期望西方盟国在西欧开辟第二战场，从而缓解苏军所承受的压力。7月，美国开展的一项盖洛普民意调查表明，48%的受访者希望美国立即开辟第二战场，34%的受访者表示还应等待一段时间。7月，丘吉尔首相和罗斯福总统达成一致，认为英美两国最多只能计划在北非发动大规模军事行动，预计至少要等到1943年才能展开其他重大军事行动。8月19日，盟军在法国迪耶普港展开了一次重大的突击行动，结果却损失惨重。显然，盟军还无法大批越过英吉利海峡。《纽约时报》报道称，无疑，"莫斯科心生不满"。西方盟国能做的只有空袭德国，从国内向它施压。1942年夏天，美国第八航空军的首批部队抵达英国并于8月17日对法国鲁昂展开第一轮军事行动。英国皇家空军轰炸机司令部对德国工业区的中心城市实施"区域"性空袭，全年未停，其目的是为了摧毁民居并消灭从事工业生产的工人。除苏联外，欧洲唯一的地面战场位于南斯拉夫，其抵抗力量分为民族解放军和共产主义游击队两种。南斯拉夫牵制住了大量轴心国部队，缓解了东部战线上苏军的压力。

《纽约时报》增派记者奔赴南太平洋地区，报道盟军打击日军的行动。此次进攻揭开了为期 5 个月的瓜达尔卡纳尔岛战役的序幕。这次战斗十分残酷，交战双方为美国准将亚历山大·范德格里夫特指挥的海军陆战队第一师和日本第十七集团军。顽强、精锐的海军陆战队突击队渗透了日军防线。《纽约时报》报道称，这些部队学会了"挖凿、绞扼和劈刺等作战技巧"。尽管日军不断地从正面发动自杀式袭击，但海军陆战队第一师还是占领了瓜达尔卡纳尔岛隆加的机场和图拉吉的日军港口。《纽约时报》9月的报道的标题为《瓜达尔卡纳尔岛上从不沉闷》。"如果日军停止攻击，"报道称，"海军陆战队就会发动进攻。"

然而，在其他地区，日军则是胜多败少。它进一步巩固在华中和华南地区取得的战果，暂停了侵略印度的行动，但切断了滇缅公路这条补给线。这条长长的补给线原本是为了协助中国军队而开辟的。

印度也笼罩在政治危机的阴影之下。一方面，甘地和国大党成员敦促英国承认印度独立，而另一方面，印度的穆斯林则在寻求某种能保护自身宗教利益的解决方法。8 月 8 日，印度政府逮捕了 21 名国大党领导人。《纽约时报》以大幅版面报道了印度问题。而帝国主义政策，与这场生死存亡之战一样，被视为困扰英国的一大问题。

1942 年 7 月 1 日

隆美尔不断取胜
美国空军支援英国皇家空军打击轴心国部队并攻打图卜鲁格

雷蒙德·丹尼尔
发回《纽约时报》的特别报道

【伦敦 6 月 30 日电】今天，德军持续向埃及发动进攻，横扫东部地区，并向亚历山大港逼近。多方消息人士向伦敦发来的报道表明，德军进攻的速度虽然放缓却并未停止。显然，英军重要海军基地、尼罗河乃至苏伊士运河的命运都取决于德国陆军元帅埃尔温·隆美尔的进攻部队和从东部前来迎击的英国增援部队之间的战斗的结果。

今晚伦敦收到的报道称，隆美尔元帅的进攻部队已经越过了沿海城镇埃尔·答巴，西距马特鲁港约 75 英里，距亚历山大港只有 100 英里。人们希望目前指挥英国第八集团军的陆军将领克劳德·约翰·埃尔·奥金莱克爵士能够守住埃尔·答巴至卡塔拉盆地的盟军防线。

德军进攻威胁亚历山大港

轴心国部队向东挺进，严重威胁英军在地中海东岸最重要的海军基地。英国海军可能被迫撤离在亚历山大港的海军基地，它在那里监管法国海军被解除武装的重要战舰，其重要性不容忽视。

英国船只最佳也最安全的撤离方案是从苏伊士运河离开。苏伊士运河既宽又深，足够最大的舰艇和航空母舰通行。即便亚历山大港失守，部分战舰也可以停靠于巴勒斯坦的海法。（直至最近，英国地中海舰队司令安德鲁·布朗·康宁汉爵士才在华盛顿表示，如果亚历山大港失守，将对盟军"十分不利"，但海法、塞得港和贝鲁特都可作英军港口，停靠多艘英国战舰。）

地中海的英国海军力量一旦被削弱，不仅会威胁马耳他岛，而且也会加大轴心国部队向富含石油的中东地区进军的危险性。

新式坦克加入战斗

今天下午,奥金莱克将军在埃及战争中使用了新式坦克。如今,战斗区域覆盖了数百平方英里的沙漠地带,英国机动部队似乎取得了一定胜利,打散了陆军元帅隆美尔集结的大批部队。的确,我们有理由相信,一些分散的英军部队紧紧地追着隆美尔部,向西一直追到马特鲁南部地区。所有这一切都表明,虽然形势尚不容乐观,但增援部队和物资都已改善了英国的劣势。

奥金莱克将军似乎调集了一切可利用的资源,试图在尼罗河西岸遏制住德军攻势。盟军部队中还有刚刚从叙利亚和巴勒斯坦赶来的军队,外籍军团中的自由法国部队,机动化的阿尔及利亚骑兵和塞内加尔部队。英国、澳大利亚、南非、美国、自由法国和希腊的飞机正在轰炸敌军的补给站和长长的通信线路。

奥金莱克将军似乎正在等待坦克增援并试图避开决战,始终进行开放性作战和流动性作战。他可能试图在阿拉曼和卡塔拉盆地之间形成防线,指挥英国第八集团军封锁这一沿岸瓶颈从而阻挡隆美尔元帅进军。

1942 年,德国陆军元帅埃尔温·隆美尔和北非德军第十五装甲师。

1942 年 / 7 月 2 日

纳粹宣称夺得港口
柏林方面声称,在为期 25 天的进攻后占领了克里米亚的基地

丹尼尔·T. 布里格姆
通过电话发回《纽约时报》的报道

【伯尔尼 7 月 2 日电】昨天中午时分,德军和罗马尼亚军队在对塞瓦斯托波尔实施了连续 4 天的轰炸和炮击后,向守军的最后防线发动猛攻,残酷程度远超"一战"中的凡尔登战役。此外,据昨天傍晚柏林发布的特别声明,德军占领了苏军黑海上的重要海军基地。

"德军已占领塞瓦斯托波尔,"声明称,"德军和罗马尼亚军队的军旗飘扬在设防区、城市和海港的上空。"

声明还称"被击败的塞瓦斯托波尔苏军残部已逃往切尔松尼斯半岛"。该半岛在塞瓦斯托波尔市的西方,深入黑海。"苏军在这个狭小的区域里挤成一团,即将被我军消灭。"

莫斯科方面并未证实

午夜时,苏联发布公报,承认德军突破塞瓦斯托波尔防线,并说双方展开了激烈的肉搏战。苏联军事评论员在广播里并未发布任何消息,这表明,昨天早些时候,苏军与被包围的塞瓦斯托波尔市之间的无线通信就已经被切断了。

该市遭到无情轰炸,到处是残垣断壁,东侧和南侧的高楼大厦全被夷为平地。这些高楼是该市防御的重要组成部分,守军主要希望借此来抵御敌军。敌军不断增援,在 25 天里持续发动猛烈进攻,该市最终沦陷。自去年 11 月开始,塞瓦斯托波尔市和苏军海军基地就反复遭到敌军包围。

该市沦陷后,苏军在克里米亚的最后一处据点也落入德军手中。从理论上说,德军已经打通了向高加索地区发起猛攻的道路,而德国评论员在两天前就已

预见了这一结果。

陆军中将 D.T. 科兹洛夫指挥的海军步兵在雅尔塔表现英勇，突破了因克尔曼要塞，分散了部分来自轴心国部队的压力。显然，他们一边殿后，一边朝基地撤退，使德军付出了更多的代价。

1942 年 / 7 月 5 日

针对纳瓦霍族海军的培训已经完成
29 名印第安人小组已做好战斗准备

【美联社加利福尼亚州圣迭戈 7 月 4 日电】29 名纳瓦霍族印第安勇士结束了海军陆战队训练并已做好了战斗准备。

几周前，这些游荡在亚利桑那州和新墨西哥州平原上的勇士后裔，在亚利桑那州迪法恩斯堡的征兵站应征入伍，并在新墨西哥州的温盖特堡宣誓。这些士兵全部来自纳瓦霍族保留区。该保留区涵盖亚利桑那州东北部和新墨西哥州西北部。

海军陆战队野战排共有 63 名队员，但这 29 名纳瓦霍族队员的作战职能已经明确了。

这个 29 人的作战小组在某一周内创下了步枪射击总成绩纪录——93.1 分，超过了当周射击场上同射程的其他小组。一名纳瓦霍族队员成为射击能手，14 人是神枪手，还有 12 人成为射手。

士兵约翰尼·马努利埃特是该小组的二等兵，他的名字来自前任部落军事酋长。

1942年 / 7月7日

纳粹将苏联石油补给锁定为攻击目标
希特勒称将竭尽全力切断高加索地区的苏军与其他部队的联系

尼格利·法森
北美报业联盟

本文作者是一位资深的外国记者,在苏联工作了几个月后刚刚返回英国。

【伦敦7月6日电】目前可以确定的是,德军正全力切断铁木辛柯指挥的军队、高加索地区的军队跟苏军其他部队之间的联系。德军一旦开始行动(尽管德军已经迅速逼近主要的铁路线,但尚未发起攻击)就不能停止,只有这样才能赶在铁木辛柯元帅的部队进入高加索地区前摧毁它。

如果此次行动成功,德军将在高加索地区畅行无阻。它可以用船从敖德萨向塞瓦斯托波尔运兵,并从克里米亚半岛穿过5英里宽的刻赤海峡抵达高加索地区。它可以从塔甘罗格(德军正在此地与铁木辛柯元帅指挥的部队左翼激烈交战)出发,绕过亚速海东部,沿着顿河畔的罗斯托夫经高加索地区通往马哈奇卡拉的主干道和主要铁路线向南进军,然后沿铁路线和里海沿岸向南抵达战略进攻目的的重中之重——巴库的油田,苏军所用石油的82%都产自这里。

但高加索地区的苏军补给充足,并拥有大量兵员,而且顿河畔的罗斯托夫还拥有强大的军事基地,当然实力无法与塞瓦斯托波尔的基地相匹敌。

德军距罗斯托夫仅40英里

请注意如下事实:今天,塔甘罗格的德军距罗斯托夫仅有40英里,但是其行动表明,它已意识到,绝不能任由铁木辛柯元帅指挥的部队左翼绕过亚速海东侧。

德军必须在铁木辛柯元帅的部队进入高加索地区以前粉碎它。德军是有可能采取这种战略的，因为它似乎已经放弃了穿越黑海直线进攻的想法，甚至还放弃了以元气大伤的土耳其作为基地、穿过高加索南部进攻巴库的想法。

罗斯托夫不仅是高加索地区的门户，也是阿斯特拉罕的门户。阿斯特拉罕位于伏尔加河三角洲的尽头，从巴库出发的油轮最终都会来到这里。此外，罗斯托夫还是通往乌拉尔南部地区的门户。不幸的是，罗斯托夫距斯大林格勒只有250英里。斯大林格勒位于伏尔加河沿岸，德军部署在沿岸的大炮可以击沉一切前来援助的驳船。

德军随时可能改变策略，奔袭250英里穿过这片区域，从近道直取伏尔加河。不过，德军的主要目标是为了截断苏军的石油供给，还可能采用另一种策略，那就是捣毁苏军的炼油厂。

苏联拥有的7个主要的炼油厂中，敖德萨和赫尔松的两个炼油厂已落入德军手中。其他5个炼油厂全部集中在高加索地区，分别位于克拉斯诺达尔、图阿普谢、格罗兹尼、巴统和巴库。克拉斯诺达尔和图阿普谢距刻赤半岛的德军机场只有150英里。巴统的大炼油厂可以提炼石油并通过铁路把石油运回巴库，从而弥补当地因无法炼油所带来的影响。但苏军无法从巴统把石油经黑海向北运输，因为德军距新罗西斯克的铁路终点站不足80英里。

因此，只有格罗兹尼和巴库两地的炼油厂可用。格罗兹尼距德军最靠前的能发动空袭的据点500英里，巴库则距其850英里。这也就意味着，除非土耳其允许德军将黑海的安纳托利亚沿岸地区作为空军基地，否则德军无法对这两个地方发动空袭。一旦德军在土耳其成功建立空军基地，巴库的炼油厂和储量丰富的油田就会落入德军机场450英里的攻击范围内，而与土耳其毗邻的巴统更是在劫难逃。

那将是最坏的结果，或许也是苏军所能想象的最糟糕的后果。值得庆幸的是，德军还没有攻占罗斯托夫。

每加仑石油都必不可少

如果亚历山大港失陷，英军舰队被迫向地中海东端转移，伊拉克地区的石油资源必将落入敌手。现在能够为盟军所用的石油资源只剩伊朗的了。但人们必须客观地看待石油资源的现实情况。伊拉克油田的石油产量仅占全球的1.5%，伊朗油田仅占3.7%，荷属东印度油田仅占2.8%。

在通常情况下，美国石油产量仍占全球的60%以上，但90%是国内消耗的。

但苏联的情况不容乐观（世界第三大石油生产国，石油产量占全球总量的10.2%，全部用于国内）。如果丢失了高加索的油田，苏联将没有替代的石油资源。高度机械化的苏联红军部队终将瘫痪，而且由于大量农田缺少农用拖拉机，无法耕种，必将导致饥荒。这一切不过是时间问题。

这是纳粹党卫军首领希特勒在此次战争中发动的主要攻势。至此，我们终于能够理解希特勒宁愿牺牲德军精锐也要取胜的原因了。

| 1942年，在苏联高加索地区的手持工具的德军步兵。

1942 年 / 7 月 8 日

斯帕茨将军被任命为欧洲地区空军司令
斯帕茨是美国的"一战"老兵，创下了连续飞行的最高纪录，他在伦敦接受了这一任命

查尔斯·赫德
发回《纽约时报》的特别报道

【华盛顿 7 月 7 日电】今天，陆军少将卡尔·安德鲁·斯帕茨被任命为美国陆军驻欧洲地区航空兵司令，进一步表明美国空军将在英国岛屿上部署更多的军力。

斯帕茨将军已经在伦敦接受了任命，受欧洲战区美军部队司令、陆军少将德怀特·戴维·艾森豪威尔的指挥。今天，艾森豪威尔被罗斯福总统授予中将军衔。

美国驻欧洲陆军航空军新任指挥官是一名经验丰富的飞行员，曾在"一战"西线战场上击落 3 架德军飞机，还因作战行动中表现英勇而获得杰出服役十字勋章。1929 年，他连续飞行了 150 小时 40 分钟 15 秒，创下最高连续飞行纪录，从而获得了杰出飞行十字勋章。

美国战争部今天公布的军队人事变动消息还包括乔治·爱德华·斯特拉特迈耶少将接替米勒德·F. 哈蒙少将，担任美国陆军航空军参谋长一职。哈蒙将军被委任了"另一个重要职务，但具体情况尚未公布"。

1942 年 7 月 15 日

"带钥匙"儿童的大问题
公共事业振兴署幼儿园负责人讲述"战时"妈妈们的故事

【华盛顿 7 月 14 日电】今天,公共事业振兴署幼儿园计划负责人格雷斯·兰登博士报告称,由于许多妇女开始从事军工生产,"被锁在家中"的孩子或"带钥匙"儿童大幅增长。

她称,在田纳西州的孟菲斯市,由于家中无人看顾,一些孩子不得不带着自己的弟弟妹妹上学。

华盛顿的一位政府工作人员将孩子反锁在办公室外的车上,不时地望向窗外,看看孩子是否已经睡着。兰登博士补充说。

兰登博士认为,之所以会出现这种情况,是因为军工生产地区很难请到用人,而在城市,越来越多的妇女外出工作,但与此同时,城市的育幼体系又不完善。兰登博士说,其结果往往是孩子们脖子上挂着钥匙在外游荡。

公共事业振兴署副署长弗洛伦斯·可儿女士称,许多学龄儿童上学迟到,因为早上父母上班后他们必须在家打扫卫生。她说,这个问题在夏天更为严重,因为孩子放暑假时,低收入群体的妇女往往还要工作。

国会已拨款 600 万美元建设幼儿园。在防卫区,由于女性大都外出工作,可儿女士所在的办事处已经建立了 1250 所免费或象征性收费的学校来照顾当地的 5.5 万名儿童。在加利福尼亚州的长滩市,一家幼儿园照顾着 22 名孩子。这些孩子的父亲在珍珠港事件中为国牺牲,母亲在飞机制造厂工作。

1942年
7月17日

美国民众敦促盟军进攻欧洲
盖洛普民意调查发现，48%的美国选民希望立即在境外开辟第二战场
人们认为，推迟开辟第二战场于希特勒有益

乔治·盖洛普
美国民意研究所所长

　　这些调查基于一组具有高度选择性的样本，它们是分别在美国48个州按其选民的比例抽取的。由此，美国民意研究所认为，即使扩大调查范围，这一结果也不会有所不同。

　　【新泽西州普林斯顿7月16日电】德军在苏联取得的军事胜利，再次引发了英美两国人民要求在欧洲开辟第二战场对抗希特勒的浪潮。

　　当然，最终决定权还在军方领导人的手中。不过一旦前者决定采取此类行动，那么这一决定将十分贴近美国民间"战略家""将军"和"谋士"的想法，他们有的在家中躺椅里空想，有的是理发店店员，还有的是乡间小店的店主。事实证明，有些时候，他们对诸如怎么部署空军等问题的看法比许多军事专家还要高明。

　　美国、加拿大和英国三国的民间军事爱好者都一致认为，无论如何，盟军应当利用现有装备，大举进攻欧洲，而不是等到国力增强时再发动进攻。

　　各国人民在这一问题上的态度是一致的。全国约有1/3的选民建议，盟军应等待军力更强大、军备更加充足时再发动进攻。

　　研究所的一项调查表明美国民众对待第二战场问题的态度如下：

　　现在就发动进攻占48%；

　　等我们实力更强大后再进攻占34%；

态度不明占 18%。

加拿大的民意研究所最近进行的一项调查表明，在受访者中，接近半数（46%）希望盟军立即开辟第二战场，18% 希望稍作等待，6% 反对开辟第二战场，其余则未表态。

上个月，英国也进行了类似的民意调查，结果显示，49% 的受访者认为应今年夏天进攻欧洲大陆，即使付出某些代价也是值得的，而 17% 的受访者并不赞同，其余受访者没有表态。

部分美国民众认为今年就应当开辟第二战场，主要论据是，每拖延 1 小时，都是在为希特勒创造有利条件。

1942 年 / 7 月 19 日

"丘八"其人

哈里森·福尔曼

"丘八"就是中国步兵，与旧时军阀的雇佣兵截然不同。他有勇气，有毅力，而且知道自己为何而战。他每月的工资只有 30 美分。

李宝山（读音为"Lee Bowshan"）（"李宝山"为音译。——译者注）是一名典型的"丘八"（读作"jooba"）——中国步兵或士兵。他是个性格活泼、为人热心的庄稼汉——天性诚实，有着惊人的毅力和能力，能够忍受极度艰苦的条件而毫无怨言。尽管日军武器精良，远胜中国军队，但他却有勇气挑战令人憎恨的日军，并每次都能在势均力敌的情况下打败日军。最重要的是，李宝山对民族主义有着全新的理解并且清楚自己为何而战。

这也许就是李宝山的心理特质中最重要的特征，而了解旧时"丘八"的人则更加清楚这一点。旧时的兵痞为那些贪得无厌而又生性自私的军阀服务。兵痞暗指那些不事生产、依附他人生存，又胡吃海喝的士兵。因此，古语有云："好男不当兵。"因为几百年来直至最近几十年，士兵都被视为社会底层的人群。

但李宝山与旧时的士兵截然不同，他认为，一旦盟军在太平洋地区发动反攻，将会减轻陆上军事行动的压力。士兵不再是社会的渣滓和遭人排斥的群体，李宝山和他的战友大多是可敬的老百姓（农民群众），他们靠种地维持生计，因此非常清楚，人们必须阻止残酷无情、烧杀抢掠、压榨人民的侵略者侵占良田，因为土地是老百姓敬仰的祖先留下的最珍贵的遗产之一。

旧时的士兵从不在雨天或热天打仗，而如今深受鼓舞的志愿军则与他们有着天壤之别！李宝山有3个来自云南的朋友自称是"3名奔赴战场的年轻人"，他们是看到当地报纸上的征兵广告而主动参军的。他们说："我们失去了家园，无法工作和学习，缺衣少食，每一天都在痛苦和危难中煎熬。而这一切都是日本人造成的，他们是中华民族的敌人。我们应当团结起来，坚定意志，克服恶劣天气影响，渡过难关，在战场上用智慧和鲜血为取得最终的胜利而奋战。"

李宝山来自遵纪守法的农民阶层，不像以前掠夺成性的士兵，因而人们也不再惧怕李宝山的到来。从李宝山百姓身份的角度而言，他对驻军所在地的农民寄予同情，也愿意协助当地农民。这一共同纽带促成了更紧密的联系，比如，李宝山经常与农民交流，就如何耕种给出一些有用的提示、建议和意见。通常，他会和农民们一起把这些想法付诸实践，比如帮助农民改良设备从而改善灌溉系统，或向农民们说明另一种截然不同的耕种或看护庄稼的方法。丰收的时候，李宝山和他的战友们经常深入田间，帮助农民们收割庄稼。心怀感激的农民会设宴款待他们并提供具有军事价值的情报。通过交流思想和加强彼此的信任，国家与人民更加紧密地联系在了一起。

李宝山的军营生活简单而严格，但在逐步提升。军营里通常搭着许多草棚，几十名士兵一起睡在名叫"炕"的巨大土制平台上，它是通过下部的开口从外部加热的。李宝山每天定额配给两顿口粮，有时是大米，有时是面条。士兵们八人一桌，每顿饭配两盘菜。他除了执行守卫任务外，还通过种菜和饲养猪、鸡、兔和山羊来改善伙食。在投弹训练中，如果士兵把手榴弹扔进了河、湖里，部队就会选派一队人去捡被炸晕或炸死的鱼。李宝山每月收入只有6块钱（中国的1块钱只相当于5美分），不过他过惯了苦日子，所以对部队的简单饭食和一应补给已经感到心满意足了。天还没亮，听到部队的号角响起，李宝山就起床了。接下来，部队全员会晨练1小时，有时会练拳，但更多的时候则是绕着圈慢跑，边跑边大声喊着"一、二、三、四"。晨练过后，所有人集合，参加升旗仪式，然后唱国歌。

李宝山几乎刚到战场就开始积累战斗经验了。中国有句古话："初生牛犊不怕虎。"因此，刚刚入伍的新兵求胜心切，在进攻中作战最为勇猛，进攻效果也最佳。不过他们比老兵鲁莽，通常更容易成为攻击目标，而老兵凭经验则知道怎样更好地利用掩护来躲避敌人的火力攻击。

确实，李宝山很快就见识到了日军最残酷的一面。他看到日军无情地摧毁城镇和村庄，看到不幸被俘的人们遭日军折磨而残缺不全的尸体，而幸存者们憔悴、惊恐的面容清楚地证明，他们目睹了多么可怕的场景——农舍被烧得焦黑，成了一片废墟，其间横卧着烧焦的尸体，散落着被撕碎的女性衣物，这一切都昭示着村子附近摇摇欲坠的墙上张贴的"大日本帝国军队不会侵扰农民"海报不过是满纸谎言。

这一切都让李宝山成长，变得坚强，更加坚定了他不惜一切代价同敌人血战到底的决心。

在一次战斗中，日军切断了李宝山所在的部队。但指挥官十分镇定地命令部队通过向前冲锋来"撤退"，因为他知道日军一直后方空虚。于是，李宝山和他的战友们就组成了一支神出鬼没的游击队，其中大批士兵在日军防线的后方自由作战。然而实际上，他们只在日军驻守的战略重镇和桥梁周围的铁路及公路沿线游击作战。

李宝山很快就明白，游击队的目的并不是要把日军从铁路和公路沿线赶走，因为这些交通线路正是自己主要的食品、衣物、金钱甚至是武器的来源。例如，一个有二四十人的日军联队需要100多辆卡车往返于基地和前哨基地之间，运输弹药、食品和汽油。游击队散落在公路上的玻璃碴儿会扎破车胎，迫使运输车队停下。在日军更换轮胎的时候，等待在灌木丛中的游击队员们就会用机枪冲茫然无措的日本护卫队开火，并用手榴弹把敌人全部炸死。

其他时候，李宝山和游击队员们会在铁路路基下埋设地雷，然后坐下来耐心等待日军补给列车经过。等火车脱轨后，他们就会展开进攻，将扭曲变形的车厢内的补给品变成战利品。

李宝山和兄弟们最喜爱的一项运动就是引蛇出洞，把入夜后不敢离开防御工事的日本守军引诱出来。游击队员一晚接一晚地发动佯攻，惊恐的日军对此只能猛烈开火予以还击，直至高度紧张、整晚失眠而几近崩溃。如此，他们才了解到神出鬼没的游击队的作战方针，总结如下："敌进我退，敌驻我扰，敌疲我打，敌退我追。"

李宝山和游击队员得到人们的完全信赖。他们轻装上阵，走到哪里都有老百姓给他们做饭、送衣，为他们提供掩护。石家庄位于平汉铁路线上，这里有一条窄轨铁路通往太原。日军占领该地后几乎侵犯了所有女性，不分老幼，农民们对其恨之入骨。希望报仇雪恨的农民与游击队取得联系并制订了作战计划。身材纤瘦的农民打扮成迷人的姑娘，将日军诱骗到灌木丛中，李宝山和队友们会在那里悄无声息地消灭敌人。

直至李宝山再次回到正规部队前，他一直与游击队并肩作战，这段时光不仅使他更加自信，也使他更加坚信，胜利终将属于中国。因为在战场上，他很少看到活生生的日军，日军通常在步枪的射程范围以外。但在与游击队一同作战的过程中，他看到令人痛恨的掠夺者是如何被剥夺了坦克、飞机和大炮等可怕的武器的。自此，他也发现，其实敌人并不是不可战胜的。

重要的是，李宝山得知，刚结成的盟友会为他输送性能更胜日方的武器，这一消息使他几乎能够肯定，中国必将取胜。

1942年，一支中国军队在进行军事训练。

1942年／8月1日

美海军新航母下水
"埃塞克斯"号航母成为日军偷袭珍珠港以来首艘下水的航母

C. 布鲁克斯·彼得斯
发回《纽约时报》的特别报道

【弗吉尼亚州纽波特纽斯7月31日电】海军新航空母舰于今天下午2点49分下水，这是海军自珍珠港事件发生以来试航的首艘航母，也是近期海军专家决定暂缓战舰生产、集中力量建造航空母舰以来试航的首艘航母。

2.5万吨的"埃塞克斯"号航母是由负责航空的海军部助理部长阿蒂默斯·L. 盖茨的太太命名的，她是该舰的赞助人。作为海军计划生产的11艘同类型航母中的第一艘，"埃塞克斯"号航母试航时滑入詹姆斯河，生产航母的工人和约100名到场嘉宾为之高声欢呼。10名新闻记者乘坐海军的飞机从华盛顿飞往试航现场，其余嘉宾几乎全是军人和他们的妻子。

而就在这艘航母即将下水前，一组工人正准备安放另一艘航母的龙骨。

纽波特纽斯造船及船坞公司的船厂里举办的试航仪式十分简单，几乎没有任何和平时期的庆祝活动。试航仪式甚至没有邀请乐队到场演奏，一个拖曳船队把"埃塞克斯"号航空母舰拖入詹姆斯河。在其下水的2分钟里，工人们在船厂里继续专心致志地工作。由于战时限制政策，公众未能进入船厂参加试航仪式。

15个月前"埃塞克斯"号航母就已安放龙骨

"埃塞克斯"号航空母舰几乎没有任何装饰，在安放龙骨十五个月零三天后才下水试航。然而，为赞助人和嘉宾准备的木质高架看台和船首的脚手架上却装点着红色、白色和蓝色的彩旗。

美国船舶局局长、海军少将K.H. 范·库连向盖茨夫人献上了两朵黄玫瑰，向她的女儿戴安娜·盖茨小姐献上了一朵红玫瑰，向她的侄女亚历桑德拉小姐和安妮·切尼小姐各献上了一朵粉玫瑰。盖茨夫人的两个侄女是作为她的女伴一同出席试航仪式的。

仪式上并没有正式主持人。下午 2 点 30 分刚过，范·库连少将下令"下水"。一位海军的随军牧师和指挥官阿尔伯特·E. 斯通一起为战舰祈祷，所有在场的人都脱下帽子聆听。虽然牧师是拿着话筒宣讲的，但声音却被船厂里其他海军船舶钉铆钉和装配的声音淹没了。

"埃克赛斯"号航空母舰设定在下午 2 点 45 分离开干船坞。然而，直到 2 点 47 分它才离开干船坞。"埃塞克斯"号航母进入滑道前 15 秒，第一声警报响起。

它滑入滑道后，第二声警报响起。与此同时，盖茨夫人在船侧敲碎了一瓶香槟。

拖曳船围绕在航母周围

新航母下水时，舰上搭载着船员、海军军官和工人。理清船坞几分钟后，一队配备好的拖曳船负责将其拖曳入水，进行装备，准备开始服役。

它是美国历史上的第四艘"埃塞克斯"号舰船，是以之前 3 艘同名舰船的名字命名的。它在 1941 年 4 月 28 日就已安放龙骨。今天，海军部称"埃塞克斯"号"是国会为了在这一领域超越其他所有国家而批准建造的数艘航母中的第一艘"。

海军部的官员们称不能透露新航母的规格，如航速、吨位、设计、军械或装甲等。任何书店都可以买到《简氏战舰年鉴》及介绍战舰的其他出版物，但是对于"埃塞克斯"号的介绍只有寥寥数语，仅指出它是一艘 2.5 万吨的航母，是 11 艘批准建造的航空母舰中的第一艘。

1942年／8月5日

德军在高加索地区继续挥师挺进，而对顿河转弯处斯大林格勒防线的攻势被苏军削弱

美联社

【莫斯科8月5日电】苏联方面今天早些时候宣称，德军部队在高加索地区又向前挺进了50英里，直逼苏联铁路系统的一个重要枢纽季霍列茨克市。同时，德军已进至斯大林格勒西北方的顿河转弯处。

德军从萨利斯克市西南方沿着斯大林格勒与克拉斯诺达尔之间被切断的铁路挺进，抵达了别洛格里那，其目标显然是距此还有50英里的季霍列茨克市。德军一旦占领季霍列茨克市，将包抄仍在该市以北50英里处的库晓夫卡作战的苏军，从而控制西高加索地区的多条苏联铁路。

德军成功地突破了顿河转弯处的苏军据点，它位于斯大林格勒西北约80英里处。

德国后备军扭转形势

午夜时发布的公报称："在克列茨卡亚及其南部地区，我军部队多次击退敌人进攻并对敌人实施了打击。"这一地区面积广阔、人口密集，当地的战斗已持续了数天。在其中一个战场，我军坦克兵对敌军步兵发动进攻，碾死了270名德国军官和士兵。

"德军投入了大量后备军，损失惨重，却并未将我军逼退多少。"（德军报道称已占领了距罗斯托夫180英里的伏罗希洛夫斯克，并称其他部队已抵达库班河沿岸的多个地区。德军称，苏军在顿河转弯处发起的反攻被挫败，而且德军还将从顿河和萨尔河中间穿过，继续向东挺进。）

德军向别洛格里那的推进，表明它在越过顿河、马内奇河抵达萨利斯克，朝东南进军季霍列茨克市之后，其突出部将深入高加索地区125英里。

德军威胁库晓夫卡一带

"在别洛格里那地区,"公报称,"敌军出动了大量坦克和机动化步兵,我军部队顽强抵抗,与之激烈交战。德军遭受巨大损失。"

德军包围圈已形成威胁,并沿罗斯托夫—季霍列茨克—巴库铁路向南推进,库晓夫卡的苏军在这一攻势下略有后退。

"在库晓夫卡地区,"公报称,"德国法西斯部队继续向我军防线进攻。大多数进攻被击退。德军只在一处战区成功推进。在这片人口密集的区域,双方激烈

> 苏军承认在库晓夫卡战区①有所退让,并承认德军已从萨利斯克挥师南下抵达别洛格里那地区②。德军声称后方部队已抵达顿河南面180英里处,进攻伏罗希洛夫斯克③,德军机械化先头部队已抵达库班河西岸的多个地点(图中的虚线箭头所示)。齐姆良斯克南面④的苏军仍然坚守阵地,但德军增援部队在斯大林格勒西侧的克列茨卡亚地区⑤发动进攻,逼迫苏军节节后退。苏军扩大了沃罗涅日南面⑥的桥头堡。

交战，胜负难分。"

配备现代武器的哥萨克骑兵正在高加索地区与敌军激烈交战，苏军公报的基调表明，德军机械化部队在大多数战区占据着优势，可能仅有齐姆良斯克市例外。

早前苏联的报道称，意欲渡过克列茨卡亚地区河流的德军被全部击退，还称，在齐姆良斯克市附近的顿河下游地区，大批穿过桥头堡的德军部队显然落入了苏军在南岸形成的包围圈中。

在长达 2000 英里的战线上，高加索地区最为重要，因为德军正在靠近迈科普油田，这里的石油产量占苏联全国产量的 7%。与此同时，德军还对格罗兹尼的油井发动猛烈打击，这些油井的石油产量占全国的 3%，甚至更高。里海沿岸的巴库有大片油田，距迈科普有 600 多英里。耸立的高加索山脉保护着这片石油产量占全国总量 75%—80% 的地区。

1942 年 / 8 月 9 日

印度逮捕 21 人
印度政府宣布将应对挑衅，坚决镇压反叛者

【孟买 8 月 9 日电】今天，全印国大党通过了一项决议，同意举行大规模不合作抗议活动，以示对印度立即独立请求的支持。几小时后，莫罕达斯·卡拉姆昌德·甘地及印度国大党其他领导人就遭到逮捕。

被拘留的人包括国大党主席毛拉纳·阿布·卡拉姆·阿扎德、博学贾瓦哈拉尔·尼赫鲁和甘地的秘书玛德琳·斯莱德小姐。

当局并未批准逮捕甘地的妻子，警方告诉她可以随丈夫一同入狱，但她拒绝了。（英国的通讯社路透社称，当局将用专列把被捕者送往浦那。）

国大党投票后，当局就实施了围捕

据报道，国大党刚刚休会，当局就立刻在艾哈迈达巴德市逮捕了 17 人。国大党通过的决议授权 72 岁的印度民族主义运动领导人甘地，全权开展迫使英国结束对印殖民统治的运动。

当局依据《刑事诉讼法》下令，禁止 5 人以上规模的集会。

政府在新德里发布声明，回应国大党决议：

"在如此关键的时刻出现此类挑衅行为，印度政府表示十分遗憾，但又不得不保卫印度……如今，既然国大党坚持采取挑衅行为，印度政府也不得不暂时搁置保卫印度的重任予以应对。"

"我向全党宣誓，国大党也誓将举行抗议活动。"甘地在该党大会上致闭幕词时说。他的演讲长达 2 小时，其间他表示："在活动开始前，我们一定要竭尽全力会见总督。"但今晚，新德里方面的声明称，印度政府拒绝就国大党的请求与之谈判。

新德里方面的声明称，政府"认为它对印度人民的责任和与盟国探讨印度独立的义务是完全矛盾的，认为请求独立会让印度陷入混乱和无政府主义的泥潭，而且还会使印度追求自由的共同事业陷入瘫痪"。

新德里政府发布的声明指出，国大党工作委员会也承认"此举可能存在风险"。声明继续说道：

"他们说对了，接受决议必然意味着印度将面临轴心国的外来攻击。

"在印度国内，一旦英国统治结束，必将出现内战，法律和秩序崩溃，民众爆发冲突，经济生活也将错位并不可避免地陷入困境。"

政府谴责国大党领导人"为了保住自己的统治利益、追求极权主义政策而举行抗议活动的行为"，还称他们"一直在阻碍印度成为一个完全自主的国家"。

"如果没有国大党对建设性努力的抵制的话，印度甚至可能已经开始享受自治了。

"一点儿也不过火地说，政府一旦接受了国大党的请求，则意味着无论在国内还是国外，印度都会背叛同盟国，尤其是背叛苏联和中国。"

声明敦促印度人民与政府团结起来"共同应对目前国大党提出的挑战"。

此前，国大党拒绝了英国提出的战后独立的方案。该党成分复杂，主要成员是印度教徒，还包括穆斯林联盟的成员，以及印度种族、宗教和政治各层面的主流与小众群体，彼此互不信任。

行动时间尚未确定

正如决议所写明的那样，甘地全权负责抗议运动，但尚无迹象表明他已确定开始的具体时间。

在国大党闭幕会议上的演讲中，他呼吁全体印度人民"开始把自己看作自由人"，呼吁全印度的报纸停止发行，直至英国同意印度独立，并告诉老师和学生做好罢课的准备。

他敦促印度王公们"行动起来，成为值得人民托付的人"，不要再像贵族一样高高在上。甘地已经表示，这次抗议活动既包括了印度王公们统治的城邦，也包括了众所周知的"英属印度"地区。

早上，在不合作抗议活动决议通过之前，甘地称，他在一封"致美国朋友们"的信中发出呼吁，希望美国"在战争结束之前"采取行动，帮助印度实现独立并真心诚意地接受印度，使之成为同盟国的一员。他预言，"除非英国相信印度人民会将他们的自由用于支持同盟国的事业"，否则马来亚、新加坡和缅甸三国的悲剧仍将重演。

| 1942年，印度孟买的暴动中，一名伤者被逮捕。

甘地还抱怨自己已经被"刻画为英国的敌人，一个伪君子和善于掩饰的敌人"，并称无论他如何辩解都无法抵消"虚假宣传给自己在美国人心中留下的恶劣印象"。甘地称，美国正与英国进行合作，"因而无法否认英方代表在印度的所作所为"。

在闭幕致辞中，民族主义运动的二号人物贾瓦哈拉尔·尼赫鲁宣称"退出印度"的决议并不是一种威胁，而是一个"合作机会"。然而，他警告说："在此决议的背后肯定存在着这样一种可能——如果某些事情并未按预想的那样发生，必将会有某些后果。"

"我们已被逼至绝境。我们非常严肃地看待这一现状。"他声称，"解放印度的行为将赋予同盟国的事业完全的正当性。目前，这一事业具有一定的正当性，只是因为德国和日本更糟糕而已。"

"如果日军入侵印度，遭到折磨或被杀害的将是包括你我在内的印度人，而不是那些稳居伦敦、纽约和华盛顿的盟友。他们说我们不了解日本，其实我们知道日本的情况。我们比世界上任何人都更清楚什么是征服。我们已被殖民统治了200年。我们宁愿浴火重生，要么建立一个全新的印度，要么化为灰烬。"

1942年 / 8月11日

海军陆战队登陆
美军对图拉吉地区的日军发动奇袭，战况激烈

查尔斯·赫德
发回《纽约时报》的特别报道

【华盛顿8月10日电】美国海军舰队总司令、海军上将欧内斯特·约瑟夫·金签署发布一项声明，称在已经持续3天的战斗中，美军部队在所罗门群岛的图拉吉地区登陆。（美联社报道称，华盛顿一名海军发言人认定，登陆部队隶属于海军陆战队。起初，发言人并不清楚是否有其他部队参战，但他后来表示，目前最可靠的消息表明，只有海军陆战队参与了行动。）

声明称，激烈的战斗已有所进展。金上将称"美军首次奇袭颇有成效，完成

了原定的登陆行动",日军"也迅速展开了猛烈的反击"。

摧毁敌军飞机

金上将称,行动现场发回的零散消息表明,美国海军一艘巡洋舰被击沉、两艘巡洋舰、两艘驱逐舰和一艘运输船被击伤。日军损失"大量"飞机,"海面部队被美军打得失去了作战能力"。

"此次图拉吉地区的军事行动意义重大,"金上校在声明中说,"因为它标志着我们首次发起主动进攻。此前,太平洋地区的所有行动虽然都取得了成功,但本质上都是防御性的。"

"我们应该明白,目前正在进行的战役是此次战争中最复杂、最困难的战役之一。任何进攻都不免出现重大损失。为了获得影响深远的结果,美军需要积累来之不易的经验,而这就是必须付出的代价。"

"影响深远的结果"涉及一系列未来的军事行动。美国及其他联合国家的部队最终会借助这些军事行动,把日军从一线加强防御的基地和前哨基地击退。这些基地北起日本、南至所罗门群岛和新几内亚地区。

明确目标

金上将解释称,目前军事行动的目的主要是为了夺取一处重要的日军基地,并为我军所用。图拉吉位于新几内亚南端以东 600 英里处,位置特殊,因此,当地日军得以威胁美国对澳大利亚的补给线。另一方面,图拉吉是联合国家进攻其北面的岛屿上的日本守备部队的踏板。

进攻图拉吉的海军舰队和空军部队的指挥官是海军中将罗伯特·L. 哥姆雷,他曾任驻伦敦的海军观察员,如今担任南太平洋地区联合国家海军最高统帅。进攻部队(显然实力雄厚)受美国太平洋舰队司令、海军上将切斯特·威廉·尼米兹统一指挥。

观察员认为,金上将的报告给了公众一个交代,迈出了重要一步。此前,以公报形式公布的消息普遍都缺乏进一步的解释。这份报告明确区分了进攻行动和防御行动。例如,此次美军展开的就是典型的进攻行动,而珊瑚海及中途岛发生的战斗则是典型的防御行动,当时美军(主要是飞机)击退了来犯的日军舰队。

事实证明,发动诸如日本偷袭珍珠港和荷兰港那样的奇袭,以彼之道,还之彼身，能够对侵略者造成致命的打击。此次行动只能说明，对所罗门群岛的进攻初战告捷。

然而，在新一轮的战斗中，美军部队正尝试使用日军偷袭珍珠港时没有使用过的战术——发动奇袭后紧接着就永久登陆。这一战术必然要求登陆部队在面对敌军大量增援部队的时候，将奇袭行动转变为攻占登陆地并建立据点的行动。

对其他基地的突袭

金上将的声明中公布的美军已知损失表明，尽管进攻部队不断地对图拉吉及其北面和西面的3个增援基地实施空袭，但它们还是遭遇了顽强的抵抗。这3个增援基地分别为新不列颠岛上日军控制的拉包尔港，和位于新几内亚萨拉马瓦和布纳的基地。

5月，日军将图拉吉作为部队进攻澳大利亚的出发港。然而这支部队在盟军的空袭中却"几乎被彻底消灭"。该岛曾是日军海上突击队的基地，威胁着美国与澳大利亚之间最直接的交通线。这条交通线很长，需要大量船只来维持驻扎在澳大利亚的部队。

据报道，近期日军正在图拉吉附近的瓜达尔卡纳尔岛上建造空军基地。该基地一旦建成，拦截补给船的日军轰炸机的作战半径将扩大数百英里。同理，一旦美军占领了该基地，其陆基飞机将在骚扰新几内亚和俾斯麦群岛的日军军营时获得巨大优势，拉包尔就位于上述地域。

1942年 / 8月19日

突击队奇袭德据迪耶普地区
英国方面称此次进攻行动并非"侵入"法国　　　　　美联社

【伦敦8月19日电】今天早些时候，英国联合作战总部宣称，突击队对德军占领的法国迪耶普地区发动奇袭。一则快报称，行动仍在继续。

总部通过无线广播告知法国人民，称此次奇袭并非全面侵入法国。

迪耶普位于英吉利海峡的法国沿岸，距多佛尔海峡西侧不远。

对法国沿岸的这一地区发动突袭，目的是为了摧毁德军在沿岸部署的远程大炮，因为它们始终威胁着穿越英吉利海峡的船只。这些大炮近期异常活跃，而且从炮击量来看，火力似乎已经升级。

另一种可能是，此次突袭意在试探法国沿岸的德国守军，为盟军在欧洲大陆开辟真正的第二战场打响前哨战。还有一种可能是，此次突袭（和以前对法国沿岸发动的突袭一样）意图在于摧毁高射炮掩体或无线电定位站。

如今，美国陆军航空军和英国皇家空军对法国北部发动了更猛烈的空袭，打破德军防空警报体系将有利于盟军空军从英吉利海峡沿岸攻入法国。

迪耶普位于鲁昂以北仅33英里处，成为美国"空中堡垒"轰炸机首次大规模空袭法国德占区的目标。它是英吉利海峡沿岸港口，两条通往巴黎的铁路线的交会点。数百年来，它一直是法国主要海港。

1942 年 / 8 月 23 日

纳尔逊的战时生产声明的原文 | 美联社

【华盛顿8月22日电】战争讯息办公室发布声明，公布了战时生产委员会主席唐纳德·M. 纳尔逊提交的第二份战时生产报告，原文如下：

今天，战时生产委员会主席唐纳德·M. 纳尔逊在其第二份战时生产报告中称，上月军火产量增长了 16%，近几个月来，飞机、大炮、坦克、船只及其他战备物资的产量持续扩大。

虽然各生产领域的发展不均衡，人们也在努力平衡各种产品的产量，但7月的军火生产指数仍上升至 350（初步数据）——这一数字是 1941 年 11 月，即珍珠港事件发生前一个月的军火生产指数的 3.5 倍。该指数是以当时的军火生产水平为基准的。6 月的生产指数（修正数据）为 303。

但与 7 月 1 日的预测相比，7 月的产量减少了 7%。然而，相较于 6 月的产量，这一数值还是有所增长，表明生产依然在按照既定目标向前发展。

7 月份战时生产的成果（按指数衡量）如下：

飞机产量：比 6 月增长 11%。

大炮产量：比 6 月增长 26%。

海军舰艇产量：比 6 月增长 22%。

商船吨位：比 6 月增长 6%。

报道称生产失衡

研究结果表明，相较于生产进度安排表，战时生产严重失衡。在某些领域，7 月的产量超出预期数，而在有些领域则未达预期数。即使在某些领域内部，比如大炮，我们也发现，不同型号的产量也不平衡。同步生产武器成品及其零件是尤为重要的。

对这些因素的分析表明，美国的战时生产进入了一个新阶段，在此阶段，细心平衡各方面的需求越来越重要。要得到一个长期的解决方案，人们必须密切而有效地控制原料的走向，并建立综合生产控制系统来保证所需原料能被适时送达恰当的生产领域。

纳尔逊在得出结论时运用的生产指数，是以珍珠港事件前一个月的生产数据为基数的。

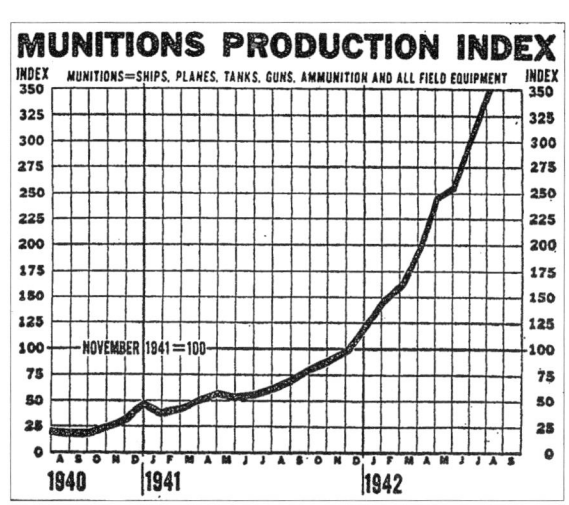

促进战时生产扩张计划

这一计划并不是要减少主要项目的生产,而是指我们要在扩大原材料生产的同时,限制某些易造产品的生产。与此同时,我们还要关注目前所需的重要武器生产,保证其产量继续上升。

我们的工业机器面临的真正考验是,我们能够制造出多少正在生产的产品。迄今为止,我们的生产率已达到珍珠港事件前一个月的3.5倍,今年后期的产量将说明一切。

1942年 / 9月5日

"红色凡尔登"屹立不倒
伏尔加河守军抵挡住了德军最大规模的进攻

拉尔夫·帕克
通过无线电发回《纽约时报》的报道

【莫斯科9月5日电】今天,势不可当的德军将这场争夺斯大林格勒的大型战斗(迄今为止这场战争中最大规模的战役)推向高潮,但苏联守军坚守住了阵地。

午夜苏联发布的公报称,德军持续攻击该市西南方的关键地区,但都被苏军击退且损失惨重。德军在战役中动用100辆坦克发起进攻,然后投入新的后备部队上阵,企图突破苏军防线。据报道,苏军组织坦克展开反攻,德军未能前进分毫,损失惨重。

在斯大林格勒西北方,苏军发动了有力的反击,也经受住了德军坦克发动的密集攻击。顿河两岸的苏军部队把利齿深深地楔进德军突出部的顶端。

舰队加入沿岸防御

据报道,勒热夫地区爆发了激烈战斗,新罗西斯克西北地区的军事行动仍在继续,局势并未发生显著变化。当地的苏军黑海舰队利用船上的大炮配合地面部队，对极力向高加索的港口和海军基地推进的德国和罗马尼亚部队发起攻击。德军已攻入中高加索地区莫兹多克的水域，该地苏军与德军的战斗仍在继续。（德国报道称，德军部队已抵达斯大林格勒郊区，并声称已实际封锁了伏尔加河上的交通。据称，德军其他部队已从克里米亚岛越过刻赤海峡，加入南下的进攻行动，并已抵达黑海沿岸的新罗西斯克。在莫斯科西面和列宁格勒南面，轴心国部队仍在防御苏军进攻。）

保卫斯大林格勒的苏联红军，正经受着迄今为止德国对单个目标发起的最大规模的陆上和空中打击。此次战役中，德军兵力是否真的不到 40 个师（约 50 万人），德国空军是否如推算的那样有共计 1000 架飞机在前线作战，都是值得怀疑的。最近曾有 150 架德军飞机同时出现在斯大林格勒上空。

然而，尽管德军发起猛烈攻击，部分部队相对而言却经验不足，在一些战区其人数占据优势（西北突出部的某些地区，德军和苏军的人数比例为 3:1）。因此，只有重创敌军后，苏联守军才能慢慢夺回部分领土。

"红色凡尔登"复活

《红星报》刊发文章称，无论在参战人数还是战斗激烈程度上，斯大林格勒战役都是前所未有的。这张军报使苏联红军回想起苏联内战时人称"红色凡尔登"的察里津（该城 1925 年改名为斯大林格勒。——译者注），它敦促苏军士兵像他们的父辈一样，誓死守卫这一里海门户、伏尔加盆地的中心。《红星报》声称，苏军可以守住斯大林格勒，德军的坦克和飞机优势无法战胜一个坚固而组织完善的防御体系。

早先有报告表明，虽然敌军主力无法全面推进其防线，但它在该市西北和西南两条战线上某些独立的战区仍具有优势。

南面面临的最严重威胁源于一支拥有约 100 辆坦克的部队。这些坦克原是整整一个装甲师留下的装备，它们加入了 48 小时前的进攻行动，并强行越过"K"村，有力地保卫了高地。250 架飞机支援此次进攻，重点是攻击苏军炮台和数量惊人的自行火炮。

德军机械化先头部队已打入斯大林格勒的防御体系，如今正试图从其西南面迅速抢占通往该市的道路，撕开苏军防线，并为部署在科捷利尼科夫前方和通往斯大林格勒的铁路的沿线的大批步兵开路。

德国陆军元帅费多尔·冯·博克在其他战区发动较小规模的进攻，攻击持续不断，方向和威力也一直变换，试图迷惑苏军。苏联炮兵作战之英勇，难以诉诸笔墨，他们已削弱了德军坦克的攻击力，但德国后备部队不断逼近，战斗仍昼夜不停，战场形势依旧严峻。

苏军击退多起德军攻势

一个苏军分队保卫着直接通往斯大林格勒的道路。本周三它击退了敌人数次坦克攻击。每次进攻，德军都出动了约40辆坦克、大量步兵，并辅以火炮攻击。一连串猛烈的攻击并没有撼动苏军的防御。可以确定的是，苏军在据点前的反坦克区摧毁了26辆德军坦克并消灭了德军3个营的步兵。

德军放弃了从正面进攻，大批坦克和摩托化步兵转向西北，攻破一条铁路并切断了一条公路后向北挺进，继而猛然挥师东进。在这片新的战场上，苏军

苏联关键城市的守军固守城池。斯大林格勒西北地区①的苏军击退了敌人的全部进攻并发动了有力的反攻；报告称，苏军在该市西南部也阻止了德军攻势并给敌人造成重大损失。然而，高加索地区的德军却跨过了莫兹多克地区的一条河流②，还将苏军逐出新罗西斯克西北的一个高地③。德军最高指挥部称，其他轴心国部队已跨过刻赤海峡，在塔曼半岛④展开作战，并与从东面进攻的罗马尼亚部队取得了联系。

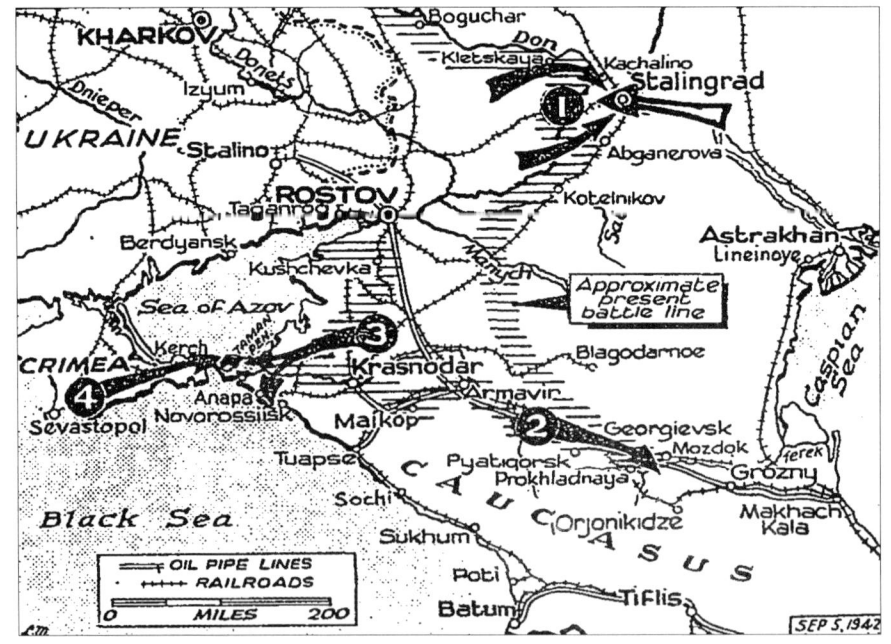

重型迫击炮正严阵以待。在密集的火力攻击下，德军 25 辆坦克被烧毁。德军攻势放缓，苏军坦克把其余德军坦克逐出战场并压制住其火炮和迫击炮的火力支援。

周四，在斯大林格勒西北方，受阻数日的德军在部分独立战区继续前进。据报道，本周三，在更远的西翼战区，苏军击退德军进攻，将其逐出重要的战略高地。在另一战区，苏军被迫撤退后又通过反击夺回了这一地区。主要威胁仍然还是来自南面。

报道显示，冯·博克元帅指挥由 25 个师组成的先头部队渡过斯大林格勒西侧的顿河河湾后，先向东北挺进，然后才转而从该市西北方对其发动进攻。显然，这一行动旨在占据绵延的顿河流域，或许德军还企图在向斯大林格勒挺进之前，包围仍在顿河西岸的苏军部队。

沃罗涅日的德军只占据了几处较短的河段，给对岸反攻的苏军以可乘之机。苏军因此得以前进并从后方攻击德军桥头堡。另一方面，冯·博克元帅谨慎地巩固了漫长的沿河防线，从而能够将大量坦克运送过河。

德国空军在斯大林格勒战役中发挥了更重要的作用，其重要性超过东方战场上的任何一场战役。《红星报》推测，德军约出动了 1000 架飞机轰炸斯大林格勒及其守军。德国空军主要发挥了三个作用——封锁苏军机场，轰炸偏远的交通线，近距离支援地面部队。

1942 年
9 月 6 日

第二战场计划正仔细研究中
英美两国陆军和空军指挥官正忙于探讨进攻的各种问题

埃德温·L. 詹姆斯

公众要求开辟第二战场的呼声似乎有所减退，这当然是件好事，因为它更有助于军事专家在免受政治压力的条件下制订战略计划。尤其值得注意的是，过去两周，莫斯科方面一直对这一问题保持沉默。当然，这并不意味着苏联不希望在欧洲开辟第二战场，以减轻德军对苏联红军的进攻压力。但这或许表明，莫斯科方面已经知悉宣传第二战场的负面作用。人们注意到，不知何故，苏联要求开辟第二战场呼声的减退恰逢英国首相丘吉尔访问莫斯科。

突袭迪耶普可不是打着玩的，这下就能说得通了。同样，我们也明白，美国和加拿大增派的数千名士兵并不是要前往英国，而是要参与突袭迪耶普的战役。换言之，人们理所当然地认为，盟军正在展开对抗德国的军事行动，并从各个对此事有益的角度去加以研究。公众要求本周或下个月立即开辟第二战场的呼声减弱，有利于军事专家在更宽松的氛围中制订作战计划。毕竟待制订的计划还有很多。

军事专家正在研究行动计划

我们不应认为罗斯福总统和丘吉尔首相正在向两国的军事将领施压，意图歪曲专家的意见。我们有理由相信，两国领导人并没有这么做。他们已经明确地公开表示，希望开辟第二战场。但两人都不会仓促行动，除非行动已确定万无一失。出于上述原因，他们肯定要求其军事将领在一定的时间内制定对策。

然而每个人的想法各有不同，因此，英美两国将领的计划需要调整和改进也就不足为奇了。每一方要着手的是做出自己的贡献。英美两国都将投入自己的陆军和空军。按道理说，人们必然认为军事行动中英国和欧洲大陆间的船只运输主要由英国承担。另一方面，人们也必然期待美国为进攻欧洲大陆的行动提供大部分物资。

其间涉及的问题林林总总，对此提出相应的计划需要一定的时间也就不足为怪了。人们可能从伦敦或其他地区听说，在明年春天以前不会开辟真正重要的第二战场。盟军可能早就得出了这一结论，因为现实情况比较复杂，且有大量计划需要制订。然而，这一结论也并不确定。或许盟军会从多个地点进攻，而且进攻时间也各不相同。

盟军正在研究多项计划

审查员审核通信的过程被公开，反映出人们曾对这个问题提出过多项建议。人们探讨过进攻挪威的可能性，听说过从英国南端、距对岸最短的水路登陆法国的计划，还听闻过占领菲尼斯泰尔半岛带来的种种有利条件。还有人争论，波尔多沿岸地区的德军防御不如法国北部沿岸。人们还探讨了通过西班牙进攻欧洲大陆的可能性。德国人甚至宣称，美国计划在法属北非殖民地的大西洋沿岸登陆。人们猜测，盟军至少计划在十几处地点展开军事行动。

罗斯福总统和丘吉尔首相都同意开辟第二战场。据此，我们可以推断，他们正等待军事专家形成一致的计划，外界无法猜测他们最终选定了哪一种方案。一旦军事专家们决定了最佳技术方案并预估了成败系数后，英美两国领导人将考虑其中的政治因素，因为这些因素都是非常现实的。

显而易见，盟军任何一支大部队在西欧某处登陆都会吸引德国的注意，从而缓解苏联承受的压力。从这一点看来，只要盟军开辟第二战场，无论成功与否，都对苏联有利。

希望成功有保障

不过，罗斯福总统和丘吉尔首相必然都会预想到最糟糕的结果，正是由此，他们希望能够确保每次行动都能取得成功。被占领国的数百万欧洲人憎恨德国侵略者，两国领导人都非常重视这一现实。他们知道，数百万欧洲人正等待时机，协助盟军击败德国法西斯。他们深知这一因素并非常重视。同样，他们也充分预估到，一旦进攻欧洲失败将会出现什么后果。

1942年／9月10日

盟军推迟开辟第二战场，莫斯科心生不满
丘吉尔讲话表明，提前开辟第二战场的希望渺茫 ｜ 美联社

【莫斯科9月9日电】英国首相温斯顿·丘吉尔在议会发表声明，表明与苏联人民委员会主席约瑟夫·斯大林在英国的会谈存在分歧。今天，莫斯科的报纸刊登了丘吉尔的声明，但未予评论，但这也坚定了苏联的想法（无论正确与否），

即提前开辟第二战场的希望渺茫。

结果，这似乎加剧了苏联领导人的不满情绪，他们认为，英美制定的大战略将苏联排斥在外，根本没有将苏联视为平等的盟友。

苏联可能没有获邀，至少没有参加同盟国在伦敦举行的一系列会议。在这些会议上，英美两国"对各个战场的军事行动完全达成一致"，而这一事实加剧了苏联领导人的不满。他们坚持认为，同盟国并没有合理地考虑苏联的需求。

报纸刊登的摘要略去了首相讲话的部分内容，但保留了他所提到的英苏两国间存在的观点分歧。丘吉尔首相在讲话中称，苏联领导人难以理解海战的性质。摘要删除了这部分内容。同样被删除的还有首相个人对斯大林人格的赞赏。

除了正式公报，苏联政府此前从未将两国领导人会晤的内容公之于众。然而，当地消息灵通的人士充分意识到，两国领导人在会谈过程中产生了严重分歧。除了这一小部分人，苏联全国上下都对会议结果非常不满，但他们仍隐隐地希望，盟军能够满足他们的迫切要求，开辟第二战场。

丘吉尔的声明表示，7月，在伦敦召开的会议中，英美两国对各个战场的军事行动完全达成一致。这是苏联民众第一次知道，英美两国间达成了此类协议。苏联国内还有一种看法，认为英美两国在制订作战计划时没有考虑苏联的情况，怀疑苏联的抵抗在盟军的大战略中扮演的角色有限。

| 1942年，德军坦克和士兵进攻莫斯科的一个防区。

1942年/9月13日

印度三方各奔一头
争论中没有出现折中方案，这对联合国家影响颇大

赫伯特·L. 马修斯
通过无线电发回《纽约时报》的报道

【新德里9月12日电】那些初到印度并真正希望了解它的人对印度的第一印象都是茫然不知所措。造成这一现象的原因并不在于其问题的复杂性，而是人们缺乏不偏不倚的立场，无法冷静地检视乡村的现实情况。

通常，来到印度的外国人都会发现，印度并不是一个国家，而是一块汇集了众多种族、宗教和语言的大陆。如此说来，人们也可以把欧洲说成一个国家。实际上，这种困难只是表面的，只要你花费足够的时间、耐心和精力，便可以克服。

观点混乱

真正麻烦的却是一个人之常情的问题，即对于同样的事物，不同的人得出的结论可能截然相反。这一问题关乎不信任与误解，肮脏的利益被合理化为虔诚的信仰，追逐政治权力和寻求支持被伪装成爱国主义。在令人难以忍受的条件下，贯穿这一问题始终的居然是诚实、真诚、勇气和耐心。然而解决这一问题最需要的却是善意和妥协的精神。

如果有人能够始终从某个特定的视角来诠释印度的一切，那么事态必将简化。愿意这么做的可以是英国官员，可以是印度国大党的追随者，也可以是穆斯林联盟的成员。他们的目的都显而易见——让自己的前提条件得到满足。

英国人称："在征服成为世间自然法则之际，我们来到了印度。我们凭借自己的才智、军力、商务和管理经验来为印度和英国服务，把和平与西方文明的成果带到了印度。正是我们教会了印度人何谓民主和自由。如今，我们愿意离开，也承诺必将离开，但是我们必须先打赢这场战争，确保英国的庞大利益受到保

护，而且印度自身不会因内斗而四分五裂。"

国大党的观点

国大党的追随者称："英国人是征服者、侵略者和独裁者。他们根据自身需要，剥削印度人民，并刻意使印度人民愚昧无知、穷困潦倒。印度是可以成为富庶国家的，它有这个潜力，然而印度人民却算得上是全球最悲惨的了，因为英国永远不会允许印度发展自己的工业，也不允许它实施农业集约化。正如贵国国务卿森纳·威尔斯所言，世界早已摆脱了帝国主义时代，每个国家都有权拥有独立和自治。让英国人留下来，打赢战争。如果他们同意我们成立自己的政府，我们将帮助他们赢得战争。如果他们不同意，我们为什么要帮助一个独裁者去战胜另一个独裁者？"

穆斯林联盟的成员对这一问题并未明确表态。他也称"我们希望英国人离开"，但他补充说，英属印度变换为印属印度并无多大进益。"你们对印度各邦实施的两年零七个月的治理，"他对国大党追随者说，"让我们明白，你们意在让我们顺服。因此，唯一的解决方法是，你们在要求取得自决权的同时，也应赋予我们同样的权力，并允许我们建立自己的巴基斯坦国。然后，印度教徒和穆斯林在互相理解和友善的基础上共同生存，并迅速摆脱英国殖民者。"

相反的诉求

值得注意的是，英国殖民者致力于全球事务，国大党追随者向英国殖民者提出诉求，而穆斯林联盟的成员则向国大党追随者提出诉求。虽然目前三方可以聚在一起举行会谈，但这似乎还只是一种可能。英国殖民者决心用武力平息印度的纷争，一如既往地实施殖民统治。国大党追随者决心通过甘地所说的"公开反抗"将英国殖民者赶出印度。穆斯林联盟的成员则置身事外，并告诉其他印度人："如果想要我的帮助，先允许我建立巴基斯坦国。"

以上就是印度社会的主流观点，随着事态的发展，如今它们已经变得不可调和了。的确，形势的复杂性源于一些问题，例如，为什么少数英国殖民者可以统治印度？为什么这么多印度人不信任英国人？为什么印度教徒和穆斯林不能解决社会问题？很多问题是情感性问题，不能通过逻辑和理性来解决。无论何种解决方法都会对这一方或那一方不利。

人们越是深入研究，就越会感到局势似乎愈加混乱和绝望。然而，如果说有什么事是确定无疑的话，那就是，无论人们是否愿意，都必须找到解决方案。长远来看，从某种程度上而言，英国必败无疑。因为即使它能赢得这次战斗，为了获得胜利，它也已经倾其所有。

1942 年 / 9 月 14 日

社论：斯大林格勒

无论斯大林格勒陷落与否，其绝望的守军必然对战争进程产生深远的影响。如果苏军创造奇迹、坚决抵抗，此次战役不仅将成为苏联战场的转折点，也将成为这场世界大战的转折点。如果该市陷落，虽然德军在未来的军事行动中会感受到这场迟来的胜利所付出的代价，但战争的时间必将因此延长。在此次大规模进攻行动中，双方将士尸体堆积成山，牺牲的将士永远无法起死回生，德军也无法挽回伏尔加河上失去的一个个关键的日子。

人们将斯大林格勒比作第一次世界大战中的法国凡尔登。和凡尔登一样，斯大林格勒本身并不是天然据点，但是对伏尔加河河岸的掌控至关重要。它对于苏联的意义如同默兹河高地的控制权之于法国一样。1916 年 2 月，德军向凡尔登发起进攻并持续攻击了 4 个月。德军不断猛攻，一直打到距凡尔登 3 英里的范围内，攻势才被瓦解。在这个战场上，威廉皇储损失了 43 个师的精锐部队，德军自此遭受重创，再不复当年。但挽救这座城市的不仅仅是顽强的防御。德军进攻后，不得不面对海格伯爵几乎是同时在索姆河上发动的反攻和布鲁西洛夫将军在苏联发动的反攻。即便德军已经攻入斯大林格勒南郊，战事似乎没有丝毫缓和。

斯大林格勒的陷落，不仅对苏联是一大灾难，对其他联合国家也是如此。严重削弱苏联的力量同样也会重创我们。苏联军报《红星报》刊发的文章写道："守住斯大林格勒，就守住了格罗兹尼、巴库和外高加索地区。"这意味着，斯大林格勒一旦陷落，苏联将失去其主要的石油供应和分布于里海与黑海之间的所有富庶的土地，意味着苏联军队将因此陷入混乱，战斗力减弱，从而使希特勒能够再次掉转矛头指向西方。如果苏联失利，日本也可能因此侵入西伯利亚。它还可能导致轴心国部队占领埃及。然而，对希特勒而言，甚至连这样的胜利都不是决胜。苏联会继续抵抗，苏联严酷的冬季正在逼近。今年，希特勒几乎不可能再向苏联发动一场大型进攻。但是，如果苏军现在就在伏尔加河一带溃败，明年英国和美国的作战压力就将无限增加。

1942 年
9 月 18 日

瓜达尔卡纳尔岛上从不沉闷
狙击手、空袭、海上袭来的炮弹、泥土和蚊子充斥海军陆战队的一天

F. 蒂尔曼·德丁
发回《纽约时报》的特别报道

【所罗门群岛瓜达尔卡纳尔岛 9 月 7 日电（延时报道）】瓜达尔卡纳尔岛上的海军陆战队队员们没有片刻消停。这座岛屿是重要的所罗门群岛空军基地的所在地。8 月份，美军刚从日军手中夺取该岛。9 月 6 日，日军朝该岛发动了多次空袭，第二天紧接着从海上发动了多次突袭，同时，其丛林狙击手也发动了夜袭。在此期间，美军俯冲轰炸机和敌军巡洋舰还在近海海域不时爆发战斗。如果日军停止攻击，海军陆战队就会发动进攻。

岛上的生活就是一场为了生存而永不止息的搏斗，其间充斥着持续不断的警报、突袭、战斗和行军。当地的海军陆战队称，目前形势尚好，不像前一两周那么糟糕，但仍充满了刺激——这些刺激足以使队员们"感受不到片刻的无聊"，这已经成为当地人度日的一种普遍说法。

一周前，在刚抵达瓜达尔卡纳尔岛的那个夜里，我就在日记中记下了这句话，当时海军陆战队的据点已被日军大批飞机轰炸了两次。午夜刚过，3 艘敌军战舰（不是巡洋舰就是驱逐舰）潜入了西距我军营地 15 英里左右的海岸，载来

登陆部队和作为补充的增援分遣队。显然，日军希望这支部队有朝一日能发展壮大，把美国海军陆战队逐出瓜达尔卡纳尔岛。

我军飞机起飞前去攻击日军的空中和海上突击队。机翼搅动气流，夜晚的天空都随之颤动。敌军轰炸机在我军营地周围实施轰炸，一些人被炸死，数人受伤。海军陆战队队员们咒骂着"东条"（当地美军对日军的统称），滚下睡垫，躲进散兵坑里，然后再回床睡觉。朦胧的月光透过流云倾泻而出，在棕榈树和硬木树下投射出斑驳的晕影。这是瓜达尔卡纳尔岛上典型的夜景。

第二天正午时分，日军再次对我军实施轰炸。我军战斗机在空战中击落了4架零式战斗机和2架轰炸机。

其后一天的午夜，日军"奥斯卡"号潜艇（这艘潜艇似乎一直潜伏在近海地区）浮出水面，对海军陆战队实施了约10分钟的炮击，炮弹打击的范围较为分散。这次突袭并没有造成人员伤亡，也没有给美军带来重大损失。

"真是一刻都不会感到无聊。"海军陆战队队员们一边拿出剃须工具包一边说道。"你读过《穆萨·达的40天》吗？"一名军官一边摆放早餐的餐具，一边挨个询问。这就是瓜达尔卡纳尔岛上的生活。

两个夜晚后，日军两艘驱逐舰和一艘轻型巡洋舰悄悄地潜进瓜达尔卡纳尔岛附近的海湾中，炮击美军沿岸据点。就在此前的一天，美军驱逐舰搭载着海军陆战队突袭分队，前往瓜达尔卡纳尔岛附近的小岛萨沃岛消灭那里残余的日军部队。这就是瓜达尔卡纳尔岛上的生活。如果麻烦没有找上门，那么海军陆战队就出门去找它。

与此同时，常规的军营生活还在继续。海军陆战队的营地设在一片丛林和棕榈树林中。这里的棕榈树属于世界上最大的椰子种植园，属于利华兄弟公司，是椰肉的来源地，为销往全球的肥皂提供生产原料。

大多数海军陆战队队员席地而居，仅靠一项三角小帐篷遮风避雨。其他没有帐篷的人就在山边临时挖出的山洞里露营。有的队员在两棵树之间拉起吊床，有些人则把几步之遥的铁皮屋顶房当成了安乐窝。海军陆战队登陆前，美军船只对当地进行了炮击，这些房子逃过了彻底被毁的厄运。

不同兵种的人睡觉时也各有特点——炮手们挨着大炮睡觉，司机们则睡在卡车和吉普车里。蚊帐是防范疟蚊的必需品。岛上几乎每晚都下雨——淅淅沥沥的热带雨浸湿了睡垫，也渗透了防水帆布。海军陆战队队员们忙于作战，即使每晚又湿又冷、浑身不适，白天又沾一身泥污，也没有时间清洗。

海军陆战队的营地上仍然四处散落着日军丢弃的物资——成堆的汽油、卡车（许多已坏）、食品、衣物、管道、钢铁、水泥、单缸引擎、自行车、弹药、箱子、木材和沙袋，其中还散落着海军陆战队自己的补给。队员们都在昂加河里洗澡洗衣服。这条河的流速奇快，把占领区冲刷得干干净净。

在昂加河里游泳已经成为瓜达尔卡纳尔岛上的海军陆战队队员们每天的必修课。许多队员开着沾满污泥的吉普车和卡车冲进布满鹅卵石的清浅小溪里，洗澡、洗车，连衣服也一并洗了。

登陆后不长的一段时间里，队员们的配给严重不足，不得不吃大量缴获来的大米和罐头，但如今补给情况已经得到了极大的改善。

然而，即便如此，队员们每天也只能吃上两顿饭。不过，这两顿的伙食都很丰盛，是典型的美国菜肴，有牛排、豌豆、涂黄油和果酱的面包、桃子罐头和咖啡。队员们还在日常伙食中加入了椰子，偶尔还会配上当地的柑橘。周围没有原住民帮他们上树摘椰子，但是大风解决了这个问题。疾风刮断了椰子树顶，为队员们带来了意想不到的椰果。

许多队员还在抽着从日军那里缴获来的香烟，吃着从日军那里缴获来的薄荷糖，感觉并不像穿日军内衣那样糟糕。倒卖日军纪念品的黑市异常繁荣，买卖的

1942年，瓜达尔卡纳尔岛上的盟军登陆部队及其给养。

物品从击剑防护罩到占领地银行发行的钞票，应有尽有。

生活已经简化为最基本的需求，瓜达尔卡纳尔岛上最大的乐趣就在于仍然活着，能够收到家中来信，晚上围坐在收音机旁收听国内节目、共叙友情，一起哼唱所有那些已经变成美国民间音乐的歌曲。

1942 年
9 月 19 日

英国皇家空军发动 43 场大规模突袭，重创德国多座城市
10 多个工业和海事中心城市感受到 110 天浩劫的威力

乔治·盖洛特

5 月 30 日，1000 架英国飞机对德国工业城市科隆实施空袭，成为到那时为止战争史上最大规模的机群集中轰炸一个城市的军事行动。现如今，英国皇家空军对德国 10 多个工业城市实施了 43 场大规模空袭。

位于伦敦的英国航空部今天早些时候披露，在 9 月 10 日对杜塞尔多夫和 9 月 2 日对卡尔斯鲁厄的空袭中，新投下的 8000 磅炸弹已经造成了大规模破坏。空袭后拍摄的侦察照片显示，空袭破坏了卡尔斯鲁厄的 270 公顷土地和杜塞尔多夫的 370 公顷土地。

英国轰炸机对德国铁路、工厂、军工生产企业和船舶生产中心投放的炸弹的总重，远远超过了两年前德国对英国实施闪电战中投下的炸弹的总重。英国航空部在每日公报中承认，在 110 天的时间里，英国损失了 639 架轰炸机。但观察员估计，此次空袭行动的物质损失比成功空战的损失最高界限还少 10%。

英军空袭科隆时，英国发言人曾预告称，英军将每夜出动 1000 架飞机，长时间对德国进行空袭，要把德国的工业中心一个接一个地毁掉。虽然"千机"计划后来并没有继续施行，但是过去两个月，英国的公报发布的数字显示，英国每隔几天就会发动一些规模较小的空袭，旨在达成其宣称的摧毁德国工业的目的。

战斗机每日执行清扫行动

除了对工业目标实施大规模轰炸外,英国皇家空军几乎每天都会派出数百架战斗机沿着英吉利海峡执行清扫任务,打击德军的机场、军营,法国占领区和比利时、荷兰沿岸的孤立工厂。有时,突袭会出动500多架飞机对"侵入海岸"数百英里范围内散落的军事目标发动攻击。

不来梅是德国的重要港口城市,有数家制造潜艇的船厂,以及生产俯冲轰炸机和"福克—沃尔夫"远程飞机和"秃鹰"飞机的工厂。自5月30日以来,该市已被数个机群轰炸了7次,这些机群的飞机数量从200架到1000架不等。汉堡是德国最大的港口城市和潜艇制造中心,它被600架飞机组成的机群轰炸过两次。埃姆登是北海沿岸的海事和工业中心,被大批飞机轰炸过4次。

其他经常遭到英军大规模空袭的德国城市还有埃森和杜伊斯堡,前者是克虏伯军火公司的所在地,曾经被轰炸过两次,其中一次遭到了1000多架飞机的轰炸。后者是鲁尔河河谷的工业中心,曾遭到5次打击。

奥斯纳布吕克是德国铁路和军工生产的中心,萨尔布吕肯则是德国大型钢铁生产中心,它们各自遭受过3次猛烈的轰炸。威廉港的海军基地和造船厂从战争伊始就一直是盟军打击的目标,自科隆空袭发生以来,它已遭到了两次轰炸。杜塞尔多夫是莱茵河畔重要的钢铁生产中心,它也曾两度被轰炸。美因茨、美因河畔的法兰克福和威斯巴登的兵工厂也都分别遭到过两次空袭。

连续的空袭模式表明,空袭总是依次发生于德国沿岸的造船中心和内陆的工业城市。前者主要从事潜艇生产,而后者则为纳粹陆军生产军火。

对峙与博弈：《纽约时报》二战全纪实（1941—1942）
The New York Times: Complete World War II（1939—1945）

第八章

8
chapter

希姆莱计划屠杀波兰犹太人
1942年10月—1943年1月

1942年的大部分时间里，欧洲和太平洋战场上战事未曾停歇，德国当局则对欧洲犹太人展开了种族灭绝。具体细节尚不明晰，但是11月《纽约时报》报道了多名波兰目击者对它的详细描述。这就是后来人们所知的犹太人大屠杀或浩劫。文章描述了整个过程——围捕犹太人；半数用"牲口运输车"运送的犹太人遇害；波兰德国占领区中的特雷布林卡灭绝营、索比布尔集中营和贝尔赛克灭绝营；部分身体健壮的犹太人被挑出从事强制劳动；从德国和西欧其他地区送往波兰的犹太人被清洗。12月18日，《纽约时报》报道，被同盟国正式谴责的"对犹太人的战争"，是希特勒"多次重申的意图——消灭欧洲犹太人"的表现。尽管德国人极力掩盖，早在二战结束前的几年，有关种族灭绝的材料就已公之于世了。

　　最终，在1942年10月至1943年1月的战役中，同盟国占据了决定性的优势。11月初，北非地区一场重要战役的战况逐渐被披露。这就是阿拉曼战役，交战双方为隆美尔指挥的轴心国部队和伯纳德·蒙哥马利将军统帅的英联邦第八集团军。战况激烈，胜负难分，但势不可当的英联邦的空军和海军扭转了战局。11月4日，隆美尔已无法挽回败势。他突破了英军包围圈，逃过抓捕并撤回突尼斯，但轴心国已时日不多，气数将尽。

　　11月8日，美国总统罗斯福透露，美军在非洲西北部的法国殖民地展开了名为"火炬行动"的登陆行动，宣布它是"美国对轴心国的首次重大打击"。正如雷蒙德·丹尼尔所说，英国记者们都"守住了此次大战中的一个惊天秘密"。新闻界没有泄露任何消息，此次行动完全达到了奇袭的效果。此次登陆使得德军立刻进驻维希政府统治下的非占领区，同时导致非洲掀起了一场政治危机。自由法国运动的领导人夏尔·戴高乐希望在北非地区重新确立法国统治的过程中获得军队的领导权，但美国更属意海军上将弗朗索瓦·达尔朗作为法方合作代表，并希望由亨利·吉劳德担任法国军队的指挥官。12 月 24 日，达尔朗遇刺身亡，引发了戴高乐和吉劳德二人之间旷日持久的领导权之争。他们领导下的法军和殖民地与同盟国组成了统一战线。1943 年 1 月 14 日，美国总统罗斯福和英国首相丘吉尔飞往摩洛哥的城市卡萨布兰卡参加峰会，此时，戴高乐和吉劳德的领导权之争也浮出台面，愈演愈烈。罗斯福和丘吉尔在此制订了 1943 年的战略计划，决定进攻西西里岛和亚平宁半岛，对德实施联合轰炸以削弱德国的力量，却推迟了开辟第二战场的原定计划。终于，戴高乐和吉劳德达成和解，这一结果着实来之不易。他们两人的争论成为整个卡萨布兰卡会议的重要议题之一。

　　北非的新闻掩去了其他重大战役。在瓜达尔卡纳尔岛，美军继续集结地面部队和空军来消灭日军并摧毁其补给线。1 月底，日军开始撤退。2 月 8 日，美军占领该岛。此次战役，日军损失 2 万人，美军损失 1752 人。整个太平洋战场的历次战役中，双方的伤亡人数总是如此悬殊。苏联红军发动了二战中最让人意想不到的奇袭。一支庞大的后备军悄然转移至斯大林格勒，切断了弗里德里希·保卢斯指挥的德军第六集团军。1942 年 11 月 19 日和 20 日，苏军展开"天王星行动"并迅速取得了胜利。轴心国部队溃不成军，德国陆军元帅保卢斯被包围。斯大林格勒战役演变为惨烈的消耗战。汉森·鲍德温后来这样写道：每一位士兵"都经历了常人所无法忍受的战况"。1 月 31 日，保卢斯投降。超过 30 万士兵在争夺这座城市的决战中丧生。

1942年/
/10月2日

社论：希特勒与东方

希特勒最近的演讲废话连篇，但其中有一段话引人关注，然而它却没有得到应有的重视。他宣称今年的军事计划是"任凭敌人如何进攻，德军都要坚守阵地"。人们普遍认为这是德国转攻为守的信号。不少人怀疑，若非形势所迫，希特勒可能会暂停进攻。出于某种原因，他已经开始保存空军的实力。曾经扬言要对英国实施的"报复性"轰炸也并未展开。德国空军在埃及的军事行动寥寥无几，而在马耳他的军事行动甚至减少到了最小规模。德军在苏联境内不断遭受的人员和武器损失，外加整个生产和供应结构中衍生出的危险压力，都是迫使希特勒转向保守策略的原因。假设希特勒还有选择的余地，或进一步假设他还能够掌控已派出的部队，他自然希望能够到此为止。

很快，他就明确提出接管并扩大在苏联占有的领土。他所说的可不仅仅是攻占斯大林格勒，而是宣称"没有人能把我们从这里赶走"。希特勒还断言，自己意在整理已占领的大片土地。这样做不仅是为了发挥占领地的战略意义，而且是"要把占领地作为德国人民的营养源地和全欧洲的原料产地"。他提到要"把人民从布尔什维克政权的统治下解放出来"，并谈到了建设和利用这一地区的具体而宏大的计划。说到如何建设道路，开办工厂、磨坊和矿场的时候，他直截了当地说，这些项目建成后就"不会再"变动了。"我们应该在那里发展自己的产业"，从而利用苏联的煤炭资源支持欧洲大部分地区的发展，而不是把德国的煤运往东欧。他这样说道。

这段声明至关重要，它不但引人关注，甚至可以说是极具轰动性了。究其含义，它表明德国意图吞并乌克兰、黑海和高加索地区。希特勒并不是要将该地区作为军事用地，而是完全控制这一地区。他承认，德国在北部和西部采取守势，目的是为了向欧洲其他地区的军事行动创造必要条件。他还宣称自己的目的是为了留在苏联，统治当地领土。这一言论回应了《我的奋斗》一书中进攻苏联的意图。希特勒试图实现"德国在东方的使命"，把德国统治的欧洲地区边界推至伏尔加河流域。相较于以前的战争演讲，此次讲话更清楚地界定了纳粹所谓的德国"生存空间"，并印证了希特勒对第三帝国"殖民空间"的构想。

要实现这一疯狂的构想需要讲究方法。希特勒既要向世界表明自己雄霸东方的野心，又要向西方推进，唯一的方法就是进攻。一旦在苏联建立冬季防线，他可能会像我们预计的那样，发动和平攻势。但一切都是徒劳。尽管希特勒总是对盟军的策略冷嘲热讽，但如今他应该已经明白，盟军的目的就是在各条战线上拖住德军，直至自己发展壮大，一举摧毁他以及他的全部努力和全盘计划。无论在哪条战线上，他都永无喘息之机。

1942 年 / 10 月 7 日

丘吉尔阻挠开辟第二战场之争
要求下议院议员不要在"如此关键的时刻"施压
斯大林的信被征引
英国首相对苏联领导人发表声明的时机不当表示遗憾

雷蒙德·丹尼尔
通过无线电发回《纽约时报》的报道

【伦敦 10 月 6 日电】苏联人民委员会主席约瑟夫·斯大林在一封写给美国新闻记者的信中称，在西方开辟第二战场是盟军协助苏联的最佳方式。今天下午，这一内容在英国下议院引起了巨大的反响。但是，英国首相丘吉尔拒绝讨论哪一举动"在当前阶段无疑十分重要"。

然而作为一名议员，丘吉尔并不想隐瞒其看法，他认为斯大林此举不仅时机欠妥，而且措辞不当。

无论首相还是其他议员，都避免在下议院直接提及温德尔·威尔基关于敦促联合国家各成员的军事领导人采取行动的建议。迄今为止，对于威尔基在莫斯科发表的声明，英国新闻界的解读还存在分歧。

辩论再次开始

威尔基在声明的开头就提及了斯大林的信。这封信试图就开辟第二战场的问题重新展开讨论，而这一讨论是不能公开进行的，以免泄密。伦敦的《泰晤士报》对这一问题编辑整理如下：

"斯大林最近写给美国记者的一封信令人不安，显然他是有意希望如此。威尔基先生发表需要'公开敦促'战略当局采取行动的声明之后，斯大林就写了这封信。世人公认，战略当局可以决定盟军进攻行动的时间和地点。"

"昨天，这封信在英国议会已经产生了反响。由于无法断定哪方是军事专家、哪方对局势更了解，因而对这一问题的批判是否公正也无从判断。"

"但是在生死存亡之际，盟国间还要在敌人的耳朵边争论不休，表明为战争而成立的联合国家的组织存在问题。即使这一事实不能证明盟国之间存在分歧，至少也说明其目标不明确。目标不明不仅影响了国家间的互信，而且也动摇了推翻敌人统治的信心。"

《泰晤士报》称，即便德国使苏联孤立无援，日本切断了同盟国对中国的援助，同盟国也没有理由默许"各自为战"这种状态。报纸接着写道：

"所有联合国家必须制订一个共同的计划，并由拥有最高决策权和最高领导权的联合机构贯彻执行，统一行动。只有这样，每个成员国才能坚信，只有彼此行动协调一致才能达成共同的终极目标——而且应尽快采取必要的方法，倾各国之力尽早采取有效行动。"

"最近同盟国领导人的讲话，令人不禁怀疑，战争打响后已经进入第四个年头，而同盟国是否能制订一项完整的计划。"

丘吉尔首相回避质疑

终于，大多数英国人都对此产生了怀疑。今天，在对丘吉尔首相的提问中终于涉及了这一问题，回答如下：

"我当然读到过相关的声明，也对之思考过。但目前很清楚，除了就这一问题已经发表的声明外，英国政府并未被要求做出声明。"9月8日，由于苏联仍然拒绝制订统一的行动计划，丘吉尔就这一问题做过唯一一次政府声明。他当时称,苏联政府感觉德国的军事进攻依然猛烈,而盟国缓解进攻压力的努力不足,不过联合国家还是决心尽早展开对苏联的援助。

然而,丘吉尔今天发表的声明并不能令安奈林·贝文感到满意。安奈林·贝文是批评丘吉尔最猛烈的人士之一。贝文问道:

"如果苏联和英国之间存在误解的感觉越来越强烈,会对军工生产造成严重后果,首相意识到这一点了吗?难道就没有机会早点消除民众对这一问题的误解吗?"

坚持拒绝回答问题

有材料证明,突袭迪耶普当日,英国矿场和工厂的产量都有所提升。一些支持开辟第二战场的人因此争辩道,应当开辟第二战场。因为,如果人们通过劳动就能直接为击败轴心国做出贡献,他们会更加努力工作。然而今天,丘吉尔再次拒绝发表新的声明,引出一片呼声。

英国前陆军大臣奥利弗·斯坦利提出了一个善意的问题——英国人也许会认为他们的首相是"世界上最不支持开辟第二战场的人"。

英国工党党员贝伦格后来要求首相保证"英苏两国人员之间的合作亲密无间"。

"我确实没别的要说,也绝不会在原本字斟句酌的声明上即兴发挥。"丘吉尔回答,"而且,我强烈要求下议院不要在如此关键的时刻就这一问题纠缠不休。"

由于对斯大林主席的信的讨论已经展开,应公众要求,英国政府就开辟第二战场的立场发表了一份早期声明,丘吉尔呼吁下议院议员支持政府立场。此后,在议长的干预下,议会没有展开进一步质询。多数议员似乎对议长的干预表示欢迎。

1942年11月1日

非洲战场上，战斗仍继续
英国部队在大炮和战机的掩护下继续前进
空军飞行员加强空袭
德国称沙暴掩护了盟军的大规模突击

合众社

【开罗10月31日电】据报道，英国第八集团军今晚对地中海沿岸附近德国陆军元帅埃尔温·隆美尔的锚位发动了一场重大攻势。进攻在持续密集的炮火和全面空袭的掩护下进行，英美两国战机的打击范围包括从沙漠战场到克里特岛上的轴心国援军基地。（伦敦收听到的德国一家电台报道称，英国第八集团军从阿拉曼战线中部和南部军事区抽调大批增援部队后，在沙暴的掩护下，于昨天黎明时分发动了一场猛烈的进攻。报道称，重型坦克和大炮为进攻部队开道，而战争进程尚不清楚。德国称其俯冲轰炸机和战斗机在能见度较好时对英军展开了还击，并声称击落了5架"柯蒂斯"P-40战斗机。）

盟军的空袭似乎越来越密集。美军轰炸机越过克里特岛上空，向马拉曼机场和干尼亚发起攻击，爆炸燃起的大火在30英里外都能看见。

马拉曼机场增援轴心国

马拉曼机场是德国"容克52"运输机和滑翔机的队列从欧洲向北非战场输送增援部队的主要起降点。

美国飞行员报告称，美军炸弹击中了目标区域，潜艇也对地中海海面上的轴心国运输船只展开持续攻击。相信这种进攻方式能够扰乱轴心国的物资供给，并给增援带来难题。

据报道，阿拉曼战线上的战斗异常艰苦，双方相持不下。德军在英军大炮和机枪猛烈的火力攻击下损失惨重，但展开了一次又一次的反击。据报道，每当德军出动坦克反击时，装甲部队就被逼退，战场上散落着各种损毁的武器军械。

据说，德军格外担心英军夜袭。德军在英军的夜袭中已丢失了两处重要据点。

据报道，英军的压力集中在战场末端的地中海沿岸，攻打此处是为了加强英军的右翼。据称，过去 7 天，英军大炮发射的炮弹甚至超过了整整前 3 个月的总量，尽管如此，向前推进也绝非易事。

在对地面战场实施的空袭中，美军战机轰炸了埃尔·答巴的轴心国机场，并炸毁了地面上的德国军机。盟军还在埃尔·阿德姆展开了其他攻击行动，至少摧毁了 4 架"容克 52"运输机。在巴古什，至少有两架德国战斗机被摧毁。在福卡，多架德军飞机被击毁。在西迪阿卜德－拉赫曼，盟军摧毁了轴心国的枪炮。

英国的公报认为 9 次胜利都应归功于同盟军的空军。它战果斐然，击毁的战机包括两架 109 战斗机，一架"容克 52"运输机，一架俯冲轰炸机和几架意大利"马基 202"战斗机，而自己只损失了 3 架军机。

| 一大队军用卡车行驶在埃及阿拉曼附近的公路上。

1942年
11月3日

军官描述"大黄蜂"号的沉没
讲述了航空母舰遭遇第一次鱼雷打击后30秒内注定沉没的命运

航母上多处起火
海军上尉A.J.塔克称海军士兵收集了2.2万吨日本废金属

据美国海军后备队的A.J.塔克上尉昨天估算,在图拉吉港和亨德森机场的海军士兵收集了2.2万吨日本废金属。"大黄蜂"号航空母舰在争夺所罗门群岛的海战中沉没时,塔克上尉正在航母上负责维持其水下的稳定性。

塔克上尉在一场200多名销售人员参加的会议上描述了"大黄蜂"号沉没的过程。这些销售人员来自纽约地区各家钢铁仓库,他们发起了一项运动,准备从5000多家工厂收集废旧金属。这是美国钢铁仓库协会举办的全国性活动的一部分。该协会计划,在12月31日之前从全国收集200万吨废金属。会议在纽约客酒店举行。

"我不知道收集2.2万吨废金属要多久,"塔克上尉说,"要把这么多的钢铁组装成一艘巨大的战舰,再配备一支无与伦比的空军部队,然后行驶数千公里来整合内部组织,进行数月的射击练习,开展数百次各种各样的军事演习。只有这样,它才能具备那些驶过海上大面积战区的海军船只所拥有的敏感性。然而我并不知道这一切要花费多长时间。但是,令我痛心的是,我却知道这一鲜活的有机体报废需要多长时间。"

30秒内定成败

"第一枚鱼雷攻击后30秒我们就战败了。我们打了一个半小时以上的殿后防守战,但终究还是无人能够遏制多起攻击引起的一波又一波大火、烈焰、震动,以及各种爆炸、内燃机起火、大炮和飞机上装载的成吨弹药所产生的燃烧着的碎片，还有油库损毁导致的滔天大火。"

"航母的水下部分受损并不严重，因船壳破裂而导致的各种糟糕问题我们也能应付，因此它并不会立即沉没。此外，机械设施依旧完好，几乎可以满足所有的加速和动力要求。在水下部分的官兵看来，船体发生了直接的损坏。"

"但是，这并不是决定因素。当我走过船体中部一侧时，根本无法描述当时机库被毁坏的惨状。机库前方的每一架飞机油箱都火光冲天、烈焰熊熊，炸弹接二连三地爆炸，机枪弹链里的子弹稳定不变地嗒嗒作响——各种声音汇聚在一起，仿佛是为迪士尼的动画配音。面对此情景，我们不得不弃舰撤离。"

顽固的日军

"这些有勇无谋的异教徒既然明知注定会失败，为什么非要垂死挣扎呢？我们面临着世界上最难的命题。尽管这场战争开始以前，我们曾认为日本不过是个模仿者，目光短浅而不会发展空军，没有足够的财力打持久战，而且有生育问题，梅毒流行，根本不适宜作战。"

"如今，我们已经打了11个月的仗，这些错误的观念也该消除了。日本人在战争中表现得足智多谋、积极主动，他们很有军事才能，并完全理解进攻精神的重要性。日本不会在没有把握的情况下发动战争，并意识到必须在人员装备消耗和达成目标之间取得平衡。每一名日本陆军和海军士兵都崇尚勇武，令人敬畏。显然，与颇富争议、堪称军事天才的苏联将领不同，日本军官不会为了达成目标而打乱作战人员和装备的部署。"

向海军官兵们致敬

"如果说之前我还对海军将士的英勇无畏有所怀疑的话，现在我真正见识到了。如果所罗门群岛的海军官兵们对此还心存疑虑的话，他们现在也该对自己充满信心了。我们要向海军官兵们表达敬意，他们或是积极备战迎敌，或是快速发起反击，无论如何，尽管敌人全力进攻，表现得有勇有谋，在亨德森机场和图拉吉港留下了约2.2万吨的废金属碎片，海军官兵们仍然坚守住了这一方小小的军事阵地。虽然我对这一结果并不满意，但它也足以慰藉人心。"

美国工业救助委员会宣布，俄克拉何马州的学校的孩子们赢得了"自由轮"

的命名权，以奖励他们在全国收集废旧金属的活动中所做的贡献。他们打算把"自由轮"命名为"威尔·罗杰斯"号。威尔·罗杰斯是一名美国牛仔兼幽默作家。他的遗孀获邀与孩子们一起参加本月在东部船厂为这艘万吨货轮举行的首航仪式。

此次活动的胜出者是来自杰弗逊县奥斯卡小学年仅 10 岁的 H.J. 特里。这所学校的 23 名小学生平均每人收集了 5500 磅废金属。第二名是来自哈珀县吉普谷小学年仅 10 岁的多罗茜·利浦西或年仅 8 岁的玛格丽特·梅·斯内尔。第二名的竞争十分激烈，相持不下，最终两人并列第二。胜出者还包括来自塔尔萨附近沃尔克小学的年仅 10 岁的鲍比·李·沃克。

1942 年 / 11 月 4 日

战时选举的历史重演；时代广场一如 1918 年那样压抑

梅耶·博格

昨晚，时代广场重现了历史性的一幕。冷静的士兵、海员和平民向北、向南涌动着，冒着 11 月凛冽的寒风穿过高楼间阴暗的十字路口，一如第一次世界大战最后一年的那个选举之夜一样。

24 年前，外出采访的各路记者回到办公室后，写道："昨晚整个城市的人们对选举的新闻反应平静。大白路笼罩在黑暗和阴郁之中，完全没有欢乐的气氛，也鲜有噪声，这对纽约而言尚属首次。"

昨晚，时代广场笼罩在一片阴郁的昏暗下，拉低了夜空的光亮，从而防止盟军船只被在海岸线以外的德国潜艇所发觉。24 年前的选举前夕，人们为了节约煤炭，让时代广场陷入一片黑暗。街边的路标也没有点亮，商店和餐馆和昨夜的商店一样黑暗。

原本拥动的人流走进剧院和电影院，时代广场几乎一派荒凉。开阔的路面在昏暗的灯光下隐隐泛着光亮。路面上没有车辆驶过来撞破绵延无边的夜。路边列队的骑兵在微弱的天光中留下剪影，路上却没有了需要维持秩序的汹涌人群。巡逻兵踏着猎猎寒风，双手背在身后，紧紧交握。时代广场看上去就像小镇上的大道。

今天早上的头条新闻和第一次世界大战中的那个选举之夜的头条新闻有两点不同。1918 年 11 月 6 日，民主党候选人阿尔弗雷德·E. 史密斯领先共和党候选人查尔斯·惠特曼。同样登上晨报头条的新闻用巨大的黑体字写道："协约国制定条约，德国必须遵守。"

这条新闻的下方是另一条头版新闻，内容是奥地利军队向意大利部队投降。"战争结束在即。"报纸这样写道，事实也确实如此。5 天后，更醒目的黑字标题宣布："停战协议签署，战争结束！革命者占领柏林，新总理呼吁恢复秩序。"

从昨晚看来，战争显然不会立即结束，时代广场的人流车流都相对较少。军人和市民占据了大多数人行道，但每片街区常常出现成片的空地。由于灯火管制，时代广场的公告牌不再像和平年代那样循环闪烁着画面。广场上也没有亮起巨大的霓虹灯广告牌。澄澈的夜空仿佛比街道更加明亮。

怀念"昔日时光"

警察分队的规模是 20 多年来最小的。只有 300 名警察在时代广场上巡逻。其中，150 人步行，其他人或骑马，或骑摩托车，或开警车。从 43 号大道的警方问询处向北，望着一条条清晰地亮起红绿灯的小路，一名警察惆怅地回忆着以往场面盛大的选举之夜。

"我曾见过时代广场上的选举夜，"他若有所思地大声说道，"当时步行维持秩序的分队人员就有六七百人，整个分队的人数在 1500 人左右。今晚出动的警力还不够帮一场热闹的婚礼处理善后事宜的。"

往年，放映室总是挤满了高声欢呼、摩肩接踵的人群，外侧更是被成千上万的人围得水泄不通，而昨晚入场的人流却十分顺畅。寒风一阵紧似一阵，人们纷纷加快了脚步。人们似乎并不关心选举结果，当然也没有人谈论这一话题。即便在酒吧，人们的话题大都是太平洋、埃及和苏联的战况，而不是杜威和贝内特之间谁胜谁负。

说来也怪，时代广场大厦的温度计显示，当夜气温和 24 年前的选举夜气温分毫不差——都不足 40 华氏度。透骨的寒气令骑警的坐骑躁动不安，不停地踩踏着路面。踏蹄声在相对静谧的广场上渐传渐远。由于实行汽油配给和其他管制，路上的车流稀稀拉拉的。

四处一片寂静，只有涌动的人群所发出的低声细语。由于战争需要，时代广场禁止小贩像和平时期那样拿着锡制喇叭和布朗克斯大喇叭叫卖。当然，人们的情绪也是导致广场上静谧的原因之一。

然而在下广场，却有一只摇铃叮当作响，听上去慵懒无力。穿过拥挤的人群向这响声走去，你就会发现，这并不是胜选的狂欢者在战时还一如既往在庆祝，而是一名身穿皮毛大衣，被派拉蒙剧院大厅的灯饰染上一层光晕的女子坐在售卖亭出售战争债券。

昨晚纽约时代广场的人数之少，即便不是纽约历史之最，却也是名列前茅的了。

剧院观众悄然散场

剧院 11 点左右散场，街道上突然车流涌动，人来人往，但人们都是静悄悄地走向地铁和公交车站。在派拉蒙剧院大门暗淡的灯光下，一名报贩叫喊着选举结果："杜威获胜。"回家的人们走过报亭却没有注意。寒风凛冽，人流很快就四散消失了。

市医院的实习医生站在警亭边待命的救护车旁，看着离开的人群，寒风灌进了他的大衣。"这场选举怎么就这样结束了？"他说，"没人崴脚，连肚子疼的人也没有。"说完，他闷闷不乐地陷入了沉默。很快，刺耳的汽车喇叭声消失了。广场上只留下四散的柔和灯光。寒风在无人的小巷肆虐。骑警纵身上马，沿 43 号大道向西走去，隐没在黑暗之中。

1942年／11月6日

伦敦因胜利成欢海；轴心国失利受惩治

通过无线电发回《纽约时报》的报道

【伦敦 11 月 5 日电】今天，英国权威机构宣称有信心打垮德国陆军元帅埃尔温·隆美尔的部队。据称，陆军上将哈罗德·亚历山大爵士不仅打了敌人一个措手不及，而且还故意惩治了德军，让它尝到了自己在法国、比利时和荷兰对无辜平民实施的暴行的滋味。

据报道，轴心国部队遭遇到了有史以来最沉重的打击。大批茫然无措的德军乘沙漠卡车向西突进，路上遭到盟军空军持续的轰炸和机枪扫射。尘土飞扬的战场上，德军部队的后方和侧翼遭到盟军无情的地面攻击，它们在撤退的过程中还不时地受到海面上英国皇家海军炮手的重创。

这一切并不是巧合。数月前，盟军就对此进行了周密的计划。

英国官员称："我们在意的并不是马特鲁、德尔纳、图卜鲁格或班加西这些城镇或省份。""利比亚和昔兰尼加对我们而言意义不大，但我们正在追击隆美尔和他的部队，为了彻底粉碎德军我们会竭尽所能。""这就是德军的作战方式。我们不会像德军对待法国和低地国家的平民那样滥杀无辜，但必然会惩治德军一番。这次机会，我们已经等待了整整两年。"

一些人认为现在宣称能够击败隆美尔还为时尚早，但有人反驳说亚历山大上将确实取得了一次伟大的胜利。

的确，我们不得不承认，隆美尔元帅可能带领一些部队逃脱了，未来也可能组织反攻。但阿拉曼地区的轴心国部队却不复存在了，残余部队"正在遭受痛击"。

这里要着重强调的是亚历山大上将在战役中发挥的作用。人们认为这是他个人的胜利，因为他不仅策划了此次军事行动，而且自战斗打响以来，就一直在现场指挥作战。英国第八集团军指挥官伯纳德·劳·蒙哥马利将军也获得了应有的赞赏。亚历山大上将表彰了他的军事才华并亲自撰写了公报。

胜利是最好的宣传

隆美尔元帅领导的北非部队突然溃败,为盟军的宣传提供了珍贵的话题。英国方面解释称,之所以选择在今天宣布胜利的消息,是因为一来消息真实可靠,二来它可以提振整个自由世界的士气。

人们感到,阿道夫·希特勒将隆美尔元帅塑造成战神的做法正中盟军下怀。隆美尔元帅和亚历山大上将指挥的部队势均力敌。据透露,隆美尔的部队中,约60%为德军,其余为意大利军。

有一个突出的事实是,在战争开始后所有离开这些岛屿的军队中,英国第八集团军的士气最为高昂。第八集团军的将士们经历了一次又一次的失败,渴望能够痛击德军,如今他们正在实现自己的心愿。

胜利的消息公布后,祝贺纷至沓来。有消息称,昨晚英国国王乔治六世向亚历山大上将表示祝贺。今天,美国总统富兰克林·德诺拉·罗斯福的夫人向英王发来贺电。埃及的英军将士们还收到了南非联邦总理扬·克里斯蒂安·史末资和夏尔·戴高乐将军发来的贺电。

陆军元帅史末资分别向亚历山大上将、空军中将亚瑟·威廉·泰德爵士和南非作战师的丹·皮纳尔将军发去了贺电。在贺电的开头,他提到"我希望此次重大规模的胜利能够成为整个战争的转折点"。

戴高乐将军在贺电中称:"法军将永远铭记,亚历山大上将领导的英军和部

1942年,美国陆军航空军的"米切尔"B-26轰炸机和南非空军的"巴尔的摩"轰炸机在飞往北非攻击隆美尔的阵地的途中。

分法军并肩取得的胜利。"

英国首相温斯顿·丘吉尔就南非联盟在此次大捷中取得的胜利表示祝贺。

在过去的 24 小时中，英国广播公司用 46 种语言及方言对埃及前线的战况进行了宣传报道。该公司的欧洲新闻简报中，4/5 的内容都是对沙漠地区战况的报道。

意大利人从而得知，他们的"德国老大哥"已令他们深陷泥潭。

英国举国上下欢欣鼓舞

英国第八集团军粉碎隆美尔部队的防御的战役在英国民众中产生了深刻而广泛的影响。大多数民众仍在祈求胜利，因为人们还记得，北非战场上曾有过胜利的希望，但都破灭了，局势几乎令人绝望。然而，对好消息盼望已久的许多人，无论高官还是平民，欣然接受了这个事实，相信它是真实的。

正在进行的战役或多或少牵动着数百万人，有些人的儿子和丈夫正在亚历山大上将的指挥下作战，有些人帮着制造了此次战争中首次亮相的新式武器。除非发生无法预知的灾难，英国在士气低落了数月之后将重振精神。

英国掌玺大臣斯塔福·克里普斯爵士指出，埃及战役和马耳他的抵抗运动是保持国内生产持续增长的动因。他还告诉伦敦一家军工厂的工人们，美英两国随着实力不断增强，"将在其他地区展开进攻，因为我们要竭尽全力加快胜利的进程"。

他还说："加快军工生产比总是谈论第二战场更有助于发动进攻。要知道，政府想要开辟第二战场的心情比你们更加迫切。"

斯塔福爵士称赞埃及战役是"英国军队的辉煌胜利"，还称德国和意大利的地面和空军部队原本可能攻击苏联红军，但现在都被盟军一一摧毁了。

1942年
11月8日

总统发表声明

发回《纽约时报》的特别报道

【华盛顿11月7日电】美国总统罗斯福发表声明，宣称在法国北部和非洲西部开辟第二战场。声明如下：

一旦德国和意大利进攻非洲得手，将在西非与美国隔海相望。这片海域相对狭小，因而德意两国将对美国构成直接威胁。为了阻止这一情况发生，今天，一支强大的美军将抵达法国在非洲地中海和大西洋沿岸的殖民地。这支部队配备了充足的现代战争武器，由美国指挥。

这支美军部队的登陆得到了英国海军和空军的支援，而且在不久的将来，还会有相当多的英军作战师增援这支美军部队。

这支由美国指挥的盟军部队，配合英军在埃及展开军事行动。组建这支部队的目的，是为了防止轴心国部队占领北非和西非的任何区域，从而防止它们以这些区域为跳板，对美国大西洋沿岸发动进攻。

此外，这支部队还开辟了第二战场，为苏联境内英勇的盟军提供了有效援助。

远征军将其目的告知法国政府和人民，并保证盟军不会侵占法国在非洲的领地，也无意干涉友好的法国当局。

盟军请求法国政府和人民利用法方物资与美国远征军合作，并协助这支部队击退德国和意大利的国际战犯，从而解放法国，把法兰西帝国从轴心国的奴役下解救出来。

同盟国将把这支远征军发展为战斗的主力军。人人都希望这支部队能够成功击退蓄谋进攻非洲的德国和意大利，迈出解放和光复法国的历史性的第一步。

1942年
11月12日

德国占领法国
希特勒撕毁停战协议，纳粹军队进驻马赛
意大利攻取科西嘉岛
据报道，德意入侵里维埃拉和萨伏依时遭遇抵抗

丹尼尔·T. 布里格姆
通过电话发回《纽约时报》的报道

【伯尔尼11月11日电】自第一次世界大战签署停战协议以来，已经过去了二十四年零五个小时。今天，最后一丝"自由"法国的痕迹从欧洲地图上消失了。此前，阿道夫·希特勒写下了两张便条（一张给亨利·菲利浦·贝当元帅，另一张致法国），德国部队再一次向纳粹德国党卫军全国领袖曾经承诺不会侵犯的地区挺进。

就在德国从北方入侵法国的同时，意军从法意边境向西进犯，攻入垂涎已久的"意大利合法领地"，其中包括"隶属意大利千年之久"的尼斯。据今天深夜的报道称，意军进攻时遭遇了抵抗，起因据称是几个阿尔卑斯猎兵营（它们在1940年6月也击退过意军）"误会了"意军的意图。

德军在法国几座大城市也遇到了同样的情况。意军被当地警察支队护送到部分"目标地点"。

纳粹派出两个纵队

德军从两处同时进犯法国——一处是在里昂北部、索恩河畔的夏龙市，德国步兵纵队沿杜布河向南大举进军，另一处是在行都维希北部的穆兰市，德国出动一支军队从该市出发前往距维希10英里的圣日耳曼-德福塞市。到了中午，德军大部队已经穿过里昂，路上并未遭遇抵抗。

快到上午11点的时候，陆军元帅卡尔·冯·伦德施泰特才在一个骑兵特遣队的陪同下会见了贝当元帅。贝当元帅向这位德国司令官表示，严正抗议德国这次违反停战协议的行为。

（德国电台今天清晨播报，德国已经占领马赛、蒙彼利埃、波城和图卢兹。尚无迹象表明德军已到达土伦市。据称，法国舰队的大部分军力都驻守在土伦市。）白天，德军机动化部队一路畅通无阻，只不过在图卢兹和马赛出了点问题。两地的政府监察官于 7 点实施宵禁，全城戒严。图卢兹的晚间广播中不时播放通知，呼吁全城人民保持镇定。白天，法国全国已经播报了此类通知。

法国多名消息人士秘密报告称，德意两国入侵法国已整整一天，但法国人却漠然"迎接"新一轮侵略。全国没有出现丝毫惊慌，甚至是关注的迹象。的确，与 1940 年 6 月 26 日相比，如今民众情绪低沉，让德军受尽冷遇。里昂的一名目击者称，整条街道空无一人，德军感受不到"受欢迎"的氛围。

午夜时分，德军先遣部队就到达了马赛市郊。显然，它无意进入漆黑一片的城市，也知道自己并不受欢迎。

在法国西部边境地区，其他德军部队进犯内地，中午就占领了比利牛斯地区的坎夫兰克，控制了法国与西班牙之间往来的最后一个铁路终点站。直到晚间，德军将后方部队留在战略要地以供联络，并未完全占领法国。

| 1942 年，德国士兵在被用来安置他们的巴黎雷克斯影剧院前。

早晨 5 点意军越过意大利文蒂米利亚与法国蒙顿之间的边界，到达法国尼斯的郊区。据报道，下午 3 点，在距尼斯 25 英里左右的地方，意军在滨海大道沿线遭遇了部分抵抗。据称，其他"战斗"发生在维勒夫朗什和蒙托邦。

意军走的第一条可以通车的公路与海岸平行，位于海岸以北 28 英里处。意军沿这条公路缓慢行进，下午 3 点才到达瓦河山谷入口处的皮热泰涅尔。意大利官方报道称，到达尼斯后，"强大的意大利机械化部队迅速通过城镇，继续畅通无阻地向西挺进"。目前还没有传出戛纳和土伦被占领的消息。

意军抵达科西嘉

另一则意大利新闻简报深夜报道称："意军部队已抵达科西嘉岛沿岸并顺利占领该岛。"

意大利法西斯党的一支军队进入了垂涎已久的萨伏依地区。据报道，意军其他部队已到达莫达纳和圣米歇尔 – 德莫里耶讷中间的山羊桥。报道还称，预计明天，意军将抵达皇家桥。该桥距非军事区的边界小镇尚贝里还有 30 英里。

下午 2 点刚过，德军就控制了日内瓦附近穆瓦雷苏拉的边防站。一名精锐卫队队长到达后，与部分士兵一起举行了"庆祝典礼"。德军关闭了法国边境。关闭边境一个多小时后，德军重新解除路障，允许人们入境法国，但同时也警告每一位入境人员，入境后如无特许不得离境。

苏联欢迎"盟军采取行动"
报刊和广播向所有士兵、工人颂扬非洲的军事行动
《真理报》发表主题文章
3000 多万份报纸宣称苏联不再孤军奋战

【美联社莫斯科 11 月 15 日电】今天，苏联士兵和工人通过各种渠道得到了好

消息：盟军已展开军事行动，强大的英美军队在非洲对轴心国实施了有效打击。

报纸和广播都曾刊登或播报过此类新闻。但今天，所有的新闻机构（报纸、广播、工厂广播和俱乐部报纸）都刊登或播报了这一消息，详细而完整地描述了美军抵达非洲和粉碎轴心国非洲军团的过程。

仅《真理报》就发行了3000多万份，苏联各界人民都读到了该报称赞英美苏三国同盟行之有效的头条消息。

供前线奋战的士兵阅读的军队报纸对此进行了热情洋溢的描述。可以肯定，苏联士兵都知道地中海地区开辟了第二战场。

人们普遍感到，苏联连日来踌躇不前，一直在观望北非的军事行动，看这场大规模的军事行动是否能够对战争进程产生决定性影响。今天，苏联抛开了顾虑，两亿多苏联人民充分了解了盟军在非洲取得的胜利及其深远的意义。

无论在地铁、街道还是公共汽车上，美国人在与苏联人的对话中都重新感受到了温暖。

"我们正在进行一场伟大的解放战争，"《真理报》写道，"我们不再是孤军奋战，而是与盟军携手作战。我们的斗争将迎来胜利。人道主义终将战胜敌人、德军和法西斯帝国主义。"报纸的标题写着："胜利万岁！英美联军万岁！"

1942年／11月17日

所罗门群岛的敌军已"彻底失败"
我军仅损失2艘巡洋舰，另有6艘驱逐舰沉没
我军击沉敌军战舰
另外还击沉5艘巡洋舰——陷入混乱的日军互相开火

查尔斯·赫德
发回《纽约时报》的特别报道

【华盛顿11月16日电】美国海军部今天报告称，所罗门群岛的美国海军在昨天（所罗门群岛当地时间）结束的战役中彻底击败了一支实力强大的日本海军部

队。战斗持续了 3 天，美军摧毁了 23 艘军舰和运输船，其中包括 1 艘战舰和 5 艘巡航舰。

美军在此次战斗中的损失（海军毫无保留地公布了所有已知损失）包括 2 艘轻型巡洋舰和 6 艘驱逐舰。

海军部还宣称，美军重创日军 1 艘战舰和 6 艘驱逐舰。美军战舰受损的消息没有公布，因为此类消息对敌军而言极有价值。

空军并非胜利主因

海军部称，空军在珊瑚海战役和中途岛海战胜利中发挥了重要作用，但并非胜利的主因。美军军舰炮组人员在传统的激战中战胜了敌军，造成了敌军的大部分损失。

海军部发言人在宣读了公报中的战况后补充说，此次军事行动并不能看作决定性胜利，也并不意味着美军已经控制了太平洋。然而，此次海战的胜利显然扫除了新几内亚岛和所罗门群岛美军地面部队面临的严重威胁。

目前，这是太平洋战场上规模最大的一场海面战，可能创下了战争纪录。

战斗胜利后，我军地面部队和空军在西南太平洋战区发起了新一轮进攻，迫使日军组织反攻，以减轻己方士兵的压力。正因如此，海军上将海尔赛和陆军上将道格拉斯·麦克阿瑟领导的美国指挥部，在过去几个月的每场海战中，都派遣海军与陆军轰炸机联合作战，制订计划诱敌迎击，而不让美军战机深入日军控制水域。

事实证明，根据这一理论制订计划是正确的，它带来了如下战果：

美军击沉 1 艘战舰、3 艘重型巡洋舰、2 艘轻型巡洋舰、5 艘驱逐舰和 8 艘运兵船，摧毁 4 艘停泊在瓜达尔卡纳尔岛的运货船，重创 1 艘军舰和 6 艘驱逐舰。

"据报告，在 11 月 13 日、14 日和 15 日的战斗中，美军仅损失 2 艘轻型巡洋舰和 6 艘驱逐舰，"公报补充说，"一旦有消息称还有此类损失，当地部队将立即以电报通知海军部。"

在美军向新闻记者移交公报的现场，一位海军高级发言人称这"绝对是最新消息"。

公报指出，周六至周日（所罗门群岛当地时间）晚间，部分美国海军"在瓜达尔卡纳尔岛附近海域"与日军海面舰艇展开战斗，目前还未收到有关战况。然而，官方声明，此次行动只是"小规模伏击"，无论战况如何，都不会明显改变已经发布的战役结果。

针对此次战役，海军部发布了一份"必然不完整的总结"。总结根据11月初开始追踪战役的空中侦察报告写成。报告表明，日军在新不列颠岛周边地区、拉包尔市和所罗门群岛西北部的基地"集结"了大量军舰、运兵船和运货船。

这支部队从11月10日开始向瓜达尔卡纳尔岛和图拉吉岛转移。这两个岛屿都是我军重要的根据地。部分日军舰队从北部南下，还有的舰队护送运兵船从拉包尔、布因和日军布干维尔岛前沿基地向东南转移。

麦克阿瑟上将派遣的陆军轰炸机几乎每天都轰炸集结在拉包尔和布因的日军船只。澳大利亚总部上周发来的报告称，美军对海上运兵船舰队实施的轰炸相当成功。知情机构普遍认为，我军舰队规模比日军小，显然适宜伏击日军。

日军两艘"金刚"级战舰和一支舰队在午夜刚过的周五凌晨（所罗门群岛当地时间）抵达瓜达尔卡纳尔岛。据信，这支舰队包括2艘重型巡洋舰、4艘轻型巡洋舰和10艘驱逐舰。海军部发布的声明宣称，这些舰艇意图"轰炸美军沿岸的军事据点，然后展开大规模登陆。据观察，在布因和肖特兰群岛地区分布着大批运兵船，日军计划从这些船上直接登陆"。

这支日本舰队分为3组，每组舰艇按直线排列。我军舰艇驶入日军队列之间，处于重型火炮和机枪的短距离射程之内。

"这天晚上，双方激烈交战。"公报写道，"在此过程中，日军似乎陷入了混乱。到了战斗后期，3组舰队中有2组彼此朝对方开火。此后不久，日军停火，撤出战斗并向北方撤退。"

周五清晨天一亮，我军战机就展开行动，发现12艘运兵船在"海军严密的护卫"下从布干维尔岛地区向瓜达尔卡纳尔岛行进。日军计划在瓜达尔卡纳尔岛实施轰炸，为士兵登陆开道。其时，我军其他飞机正在轰炸仍停泊在瓜达尔卡纳尔岛地区的日军舰艇。

周五午夜刚过，日军海面舰队就开始轰炸瓜达尔卡纳尔岛。但日军运兵船清晨抵达我方海滩附近时，却遭遇了我军轰炸机。美军至少击沉了"其中8艘运兵船"。其余4艘运兵船继续向瓜达尔卡纳尔岛行进。

周日早晨，美军巡逻机报告称日军部队向北撤退，"而且没有收到日军进一步行动的报告"。

其他侦察机发现，4艘日本运货船停泊于距美军在瓜达尔卡纳尔岛上的军事据点7.5英里左右的塔萨法隆格。美军从空中、陆地和海面发起联合攻击，摧毁了这4艘运货船。

日军死亡人数是根据各种日军船只已知的搭载量估算出来的。而且事实上，当晚战况激烈，营救难以实施。据估计，美军击沉的船只搭载有2.5万人。沉没的日军战舰上可能有1600名船员。3艘沉没的重型巡洋舰搭载的乘员可能有2100—2400人，2艘轻型巡洋舰有1000—1200人。5艘驱逐舰上约有船员1000人。

| 1942年所罗门群岛战役期间，受伤的美国士兵在拥挤不堪的美国医疗船"安慰"号上。

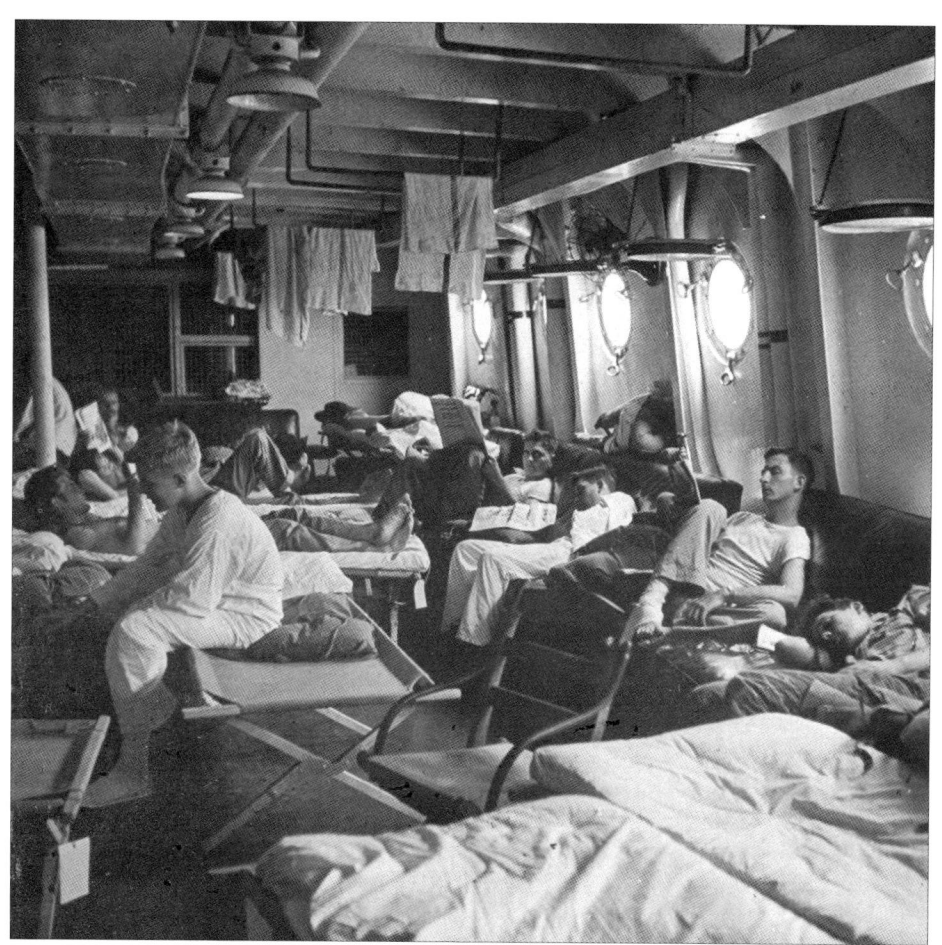

1942年 / 11月22日

墓地钢铁制品被征用
苏联征收数千吨围栏和铁瓮用于武器生产

战时生产委员会总回收部地区办公室昨日透露，从都市地区70家墓园征收了1000吨钢瓮、铁瓮、围栏和其他墓地配件，用于生产与轴心国部队搏杀的武器。

战时生产委员会公布了一份从都市地区墓地官员协会的征收主席哈里·C.韦尔那里获得的报告。该报告称，全体宗教信徒都愿意参与墓地废金属的回收项目。

韦尔称，项目启动很慢，因为委员会必须获得墓园主人的书面同意，而很多人都难以找到。前期工作完成后，授权工作进展得越来越顺利。有一家墓地的所有人身在墨西哥，他同意委员会拆掉铁质门柱、标志牌和"任何可以用来打败轴心国的配件"。

战时生产委员会称，1000吨金属已运往钢铁厂，足以满足建造200门3英寸高射炮或4万挺0.5英寸机枪的需要。

韦尔称，墓地官员征收委员会已制订计划向全国范围的墓园收集钢铁，并希望征收活动可以扩大到都市以外的地区。他建议，有意捐献墓地金属配件的墓园主与墓地管理员取得联系。

1942 年 / 11 月 24 日

纳粹军队岌岌可危
苏联两支部队分别向南北挺进,围捕敌军
缴获多项战利品
苏联还报道称在高加索两地战胜德军

合众社

【莫斯科 11 月 23 日电】苏联红军今天报告称,面对苏军势不可当的猛攻,德军在斯大林格勒的突出部岌岌可危。苏军发动猛烈进攻,击毙 1.5 万多名德军士兵,并夺回顿河军事要塞卡拉奇,还向前推进了四五十英里。

苏军宣布对德军突出部侧翼发动大规模进攻后不久,据午夜发布的公报称,苏军正快速朝斯大林格勒市南面和西北面进军。

昨晚发布的特别公报称,苏联红军发动了去年冬季以来最大规模的攻势。在进攻开始阶段,苏军冲破德军防线,打死 1.4 万名敌军,俘获了 1.3 万名俘虏。

切断德军铁路线

苏军占领了卡拉奇。该市位于顿河东岸、斯大林格勒以西 40 英里处。苏军还控制了铁路重镇克利渥·穆金斯卡亚和阿布加涅罗沃,它们分别位于斯大林格勒东南 10 英里和西南 32 英里的高加索铁路干线上。至此,苏军切断了德军与顿河拐弯处东侧的部队的铁道交通。

午夜发表的公报还公布了苏军进攻德军侧翼所取得的更多胜利,称在斯大林格勒西北面消灭了 1000 名德军,在该市南面俘虏了 5000 名德军。

苏军最高指挥部透露,苏军的进攻就像一把巨大的胡桃夹子,钳制住斯大林格勒市内外的摇摇欲坠的德军据点。该市西北面的德军防线被冲出一道 20 英里宽的缺口,德军的南翼防线也被撕开一道 13 英里宽的缺口。

第一份声明称，苏军"彻底击败了"轴心国 6 个步兵师和 1 个坦克师，轴心国另有 7 个步兵师、2 个坦克师和 2 个摩托化步兵师损失惨重。

苏联红军在斯大林格勒发动进攻

在斯大林格勒市内，苏军击退了德国步兵和坦克发起的攻击，消灭了"数百名"进攻的士兵。在某战区，苏军全力展开攻击。粉碎德军的抵抗后，苏军占领了一处制高点，可以俯瞰全城很大一片地区。

午夜发表的公报称，斯大林格勒西北面的苏军也胜利挺进。在一个战区，苏军击败了德军 2 个步兵团约 6000 人，摧毁了 18 辆坦克和 12 门大炮，破坏了 30 处防空洞并占领了德军多个大型仓库。

在另一战区，苏军把德军逐出了严密防守的军事据点，消灭了 1000 多名德军士兵并摧毁了 23 架机枪、14 门迫击炮、2 个弹药库和 1 个粮仓。

最新的报告称，斯大林格勒南边的苏军粉碎了德军的抵抗，坚定地向前挺进。报告称，苏军已占领了数十个居民点。

苏军一个分队击败了轴心国整整一个步兵师，俘虏了 5000 多名战俘。该步兵师的一个炮兵连连同团长整团投降。

据报道，斯大林格勒南边的战斗开打一天后，苏军就缴获了 3 辆德军坦克、36 门加农炮、22 门迫击炮、100 门反坦克炮、200 万发步枪子弹和其他物资。

在中高加索地区，苏军捣毁了 2 辆坦克。在另一战区，苏军占领了一家工厂。

苏军最高指挥部称，在图阿普谢的高加索地区，德军一个营向一处制高点发起攻击，遭到苏军反击，100 名士兵丧生。

夺回卡拉奇是苏联红军反击德国侵略者的冬季攻势中取得的第一次重大胜利。攻陷卡拉奇后，苏军向东南推进了 10 英里，并控制了通往斯大林格勒的铁路线上的重镇克利渥·穆金斯卡亚。苏军的攻势表明，它正向东挺进，准备绕到包围斯大林格勒的德军后方发起进攻。

与此同时，苏军还从南向北推进，占领了斯大林格勒西南 32 英里处的阿布加涅罗沃。该镇位于通往高加索地区的铁路干线上。至此，苏军切断了德军与斯大林格勒市内先遣部队间的铁路运输。

苏军的大规模进军是一年前铁木辛柯元帅防守反击行动的延续。那次进攻中，苏军夺回了通往高加索地区的门户——罗斯托夫，拉开了苏联红军冬季攻势的帷幕。一年前的今天，罗斯托夫被德军攻陷。就在一周后，铁木辛柯元帅将德军逐出该市并沿着亚速海海岸追击德军，将其赶回乌克兰。

一周内发表的第二份特别公报透露，苏军在苏联南部取得了一场重大胜利。公报称，几天前，苏军在斯大林格勒市外围部署兵力，给德军致命一击。苏军从两个方向对暴露的德军侧翼实施包抄。前锋跨过顿河，抵达斯大林格勒的德军，已经把这座拒不投降的城市围困了近 3 个月。

苏军首先在斯大林格勒西北的绥拉菲摩维奇地区攻破德军的包围圈。该地区在顿河上游，距伏尔加河畔的斯大林格勒 100 英里。

缴获大量战利品

苏军最高指挥部称，苏军在 3 天的战斗中缴获大批战利品，包括 360 门野战炮，大量小型武器和卡车，各种堆积如山的战备物资、弹药和燃料。公报称，战场上敌军将士的死亡人数超过 1.4 万人。

苏联官方报纸《消息报》称，德军指挥部还在继续把预备役调往斯大林格勒这个"大熔炉"。该报将斯大林格勒比喻为德军的"火葬场"。

《消息报》写道："斯大林格勒市里，德军尸横遍野，其数量更甚于残垣断瓦。"

3 个月前的 8 月 23 日，德军首次对斯大林格勒展开大规模空袭。德军最近的一次攻击始于 11 月 12 日。

最近，在市内北部的工厂区，德军只能以野战排为单位，在独立坦克的支持下展开进攻。前线战报称，苏军已经斩断德军的突出部，摧毁了包围城市的敌军分队。

德军在到达中高加索地区的奥乔诺基茨前遭遇惨败，撤退到有河流作为屏障的地区并试图在纳尔奇克东南的山地挖掘防御工事。苏联工兵在矿区和反坦克路障间开辟出一条道路，使红军步兵得以顺利前进并攻下了德军修筑了防御工事的一座山冈。

据称，连绵阴雨使纳尔奇克东南的道路泥泞不堪，德军的运输和装甲部队在泥沼里蹒跚前行。前方战报称，德军不再使用坦克引导进攻，而是用流动火炮掩护步兵冲锋。

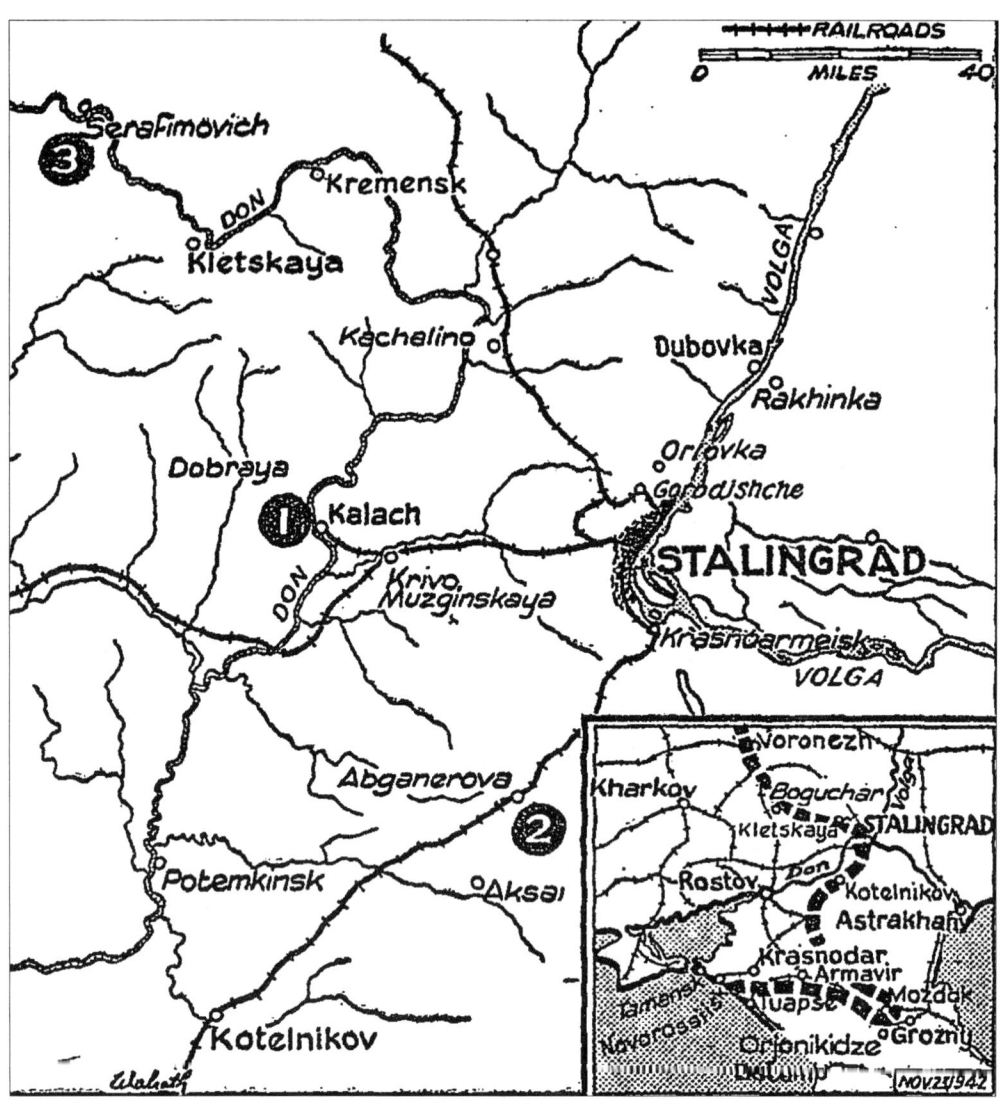

苏军的进攻让德军陷入危险。苏军在敌军据点间撕开多处大口子，占领了卡拉奇①及斯大林格勒西面的克利渥·穆金斯卡亚，还占领了斯大林格勒南面的阿布加涅罗沃②。至此，苏军切断了德军进攻伏尔加河畔的这座城市的两条铁路补给线。还有一支苏联红军从顿河边上的绥拉菲摩维奇附近的地区③向西北挺进。

1942年／11月25日

希姆莱计划屠杀波兰犹太人
报道称德国计划今年屠杀半数波兰犹太人，共计25万人
伦敦的波兰政府采取行动
波兰官员公布数据——国务院质询怀斯博士

詹姆斯·麦克唐纳
通过电报发回《纽约时报》的特别报道

【伦敦11月24日电】伦敦的波兰政府今天公布了一则报告，称为执行德国盖世太保头目海因里希·希姆莱的命令，即在今年年底前消灭波兰现存半数的犹太人，大批波兰犹太人或被射杀，或以其他方式被处死，或被折磨致死，其中不乏老人、儿童、婴儿和残疾人。

报告的部分细节最近刊登在《巴勒斯坦报》上。报告称，波兰幸存的犹太人都是体格健壮、能够为德国进行战争"服苦役"的。

波兰当局给出的数据显示，自今年实施"希姆莱计划"以来，截至10月1日，约有25万波兰犹太人丧生。

为说明犹太人急剧减少的事实，波兰官员称，今年10月，华沙犹太人聚居区的配给卡仅印制了4万张，而去年3月，该地区的犹太人数量达到43.3万人。犹太人数量之所以骤减，是因为他们或被转移至德国的军工厂劳动，或死于疾病与屠杀。9月，华沙地区犹太人配给卡数量尚有13万之多，10月，这一数字已下降至4万。

货车车厢里的大屠杀

报道称纳粹计划在今年消灭半数波兰犹太人仅是"彻底清除犹太人的第一步"，它还写道：

"纳粹运用了最残酷无情的手段。受害者或从家中被强行拖走，或在街头被

抓捕。

"德国组建了一支特别部队，由德国党卫军直接指挥，以极度冷酷无情、残忍无道著称。德军抓住犹太人后会先赶往广场，然后挑选出老人和残疾人，带到墓地枪杀。

"剩下的人被塞进货运卡车（货运火车车厢）。每节车厢平时搭载40人，德军却强行塞进去150人。卡车车厢的地面上铺着厚厚一层撒了水的石灰或氯气。所有车门都封住了。

"有时火车装满人后立即出发，有时却在旁轨上等待两天或是更久。

"火车车厢里，人们挤作一团，窒息而死的人和活着的人紧挨在一起，有的人在石灰和氯气散发的气味中慢慢死去，有的人因缺氧、缺水而死，还有人饿死。

"火车到站时，半数的犹太人都死了。幸存下来的犹太人被送往（位于波兰东南部的）特雷布林卡、贝尔赛克和索比布尔几处的特别营。一经抵达，这些'定居者'即遭到大肆屠杀。"

| 1942年，纳粹围捕华沙犹太人。

少数幸存者被送往苦力营

"只有年轻而相对强壮的人存活下来,因为他们能为德国提供珍贵的劳力。然而,幸存者的数量微乎其微,25万被德军重新安置的犹太人中,仅有4000人被送往前线从事辅助工作。

"孩子和婴儿也未能幸免。收容所和日间托儿所的孤儿也被德军转移。华沙最大的犹太孤儿院的主任、著名波兰作家雅努什·科扎克,虽然获准留在犹太人聚居区,仍然选择履行自己的职责,至死方休。

"德国以在东方重新安置为名,行大批屠杀犹太人之实。"

报道列举数据表明,3月份,华沙的犹太人聚居区人口为43.3万。尽管由于卫生条件、饥荒、死刑等诸多原因,犹太人的死亡率极高,但人口总数却基本稳定,因为总有犹太人不断地从波兰其他地区、德国、奥地利和荷兰等地送到这里来。

轴心国苦战夺取突尼斯东北军事重地 同盟国城镇失守
德军夺回泰布勒拜,控制马特尔和朱代伊德部分地区
决战时刻临近
交战双方都在补充力量——美军将敌军从特贝萨驱向东边

詹姆斯·麦克唐纳
通过电报发回《纽约时报》的特别报道

【伦敦12月4日电】据盟军和敌军双方的消息人士今晚传回伦敦的报道,今天在比塞大市和突尼斯市间重要的铁路和公路三角地带,爆发了激烈的坦克战。这些地点都是盟军在突尼斯的直接目标。据称,双方都出动了大批空降兵部队。

显然,轴心国已经重新夺回突尼斯市以西约20英里处的泰布勒拜镇。不仅如此,敌军还重新控制了朱代伊德的东半部地区。朱代伊德位于突尼斯市以西12英里处,已几度易手。

与此同时,尽管盟军加大了攻势,比塞大市西南22英里处的马特尔仍处于敌军控制之下。摩洛哥电台今晚报道，马特尔地区战况激烈，盟军正奋力守护马特尔和朱代伊德地区间铁路的控制权。

决胜阶段仍未到来

盟军总部的公报并未透露具体战况，但非官方报道表示，到目前为止，战斗尚未进入决战阶段。这次战役是最近战斗的高潮，双方装甲部队都损失惨重；由于敌军的空中优势，盟军部队暂时受阻，但并不严重。（美联社从盟军北非总部发来的报道称，美军作战部队向阿尔及利亚边界附近的特贝萨东南地区发起攻击，迫使德军装甲部队昨天朝沿海地区溃逃。美军抓获了100多名俘虏，夺取了一座城镇。与法国军队协同作战的美军部队包括步兵、机械化部队和空降兵部队，由美国空降兵指挥官艾德森·拉弗上校指挥。显然，法国的公报中也报告了这起军事行动，但说战斗地点为距特贝萨约80英里的西迪布济德。据报道，英国军舰已从伦敦出发，与地中海舰队共同投入战斗，以阻止轴心国增援部队抵达突尼斯。这些新军舰仍列入"秘密名单"，尚未公开。与此同时，伦敦宣布盟军飞机又在突尼斯东岸地区击沉轴心国两艘商船，盟军一艘海军舰艇还击沉了一艘意大利鱼雷艇。）

盟军总部的一位发言人称，在激战了48小时后，战场上随处可见盟军和轴心国部队被击毁的坦克残骸。

今晚盟军的公报称，在泰布勒拜附近地区继续进攻的部队正在巩固其阵地。在南部战区，正力图从敌军手中夺取加贝斯港的法军和盟军部队抓获了一批俘虏，具体人数尚未确定。

盟军飞机不断攻击比塞人、加贝斯和突尼斯市。伦敦今晚发布公报称，昨天白天，盟军轰炸了比塞大市的码头，并在白天和晚间都对突尼斯的空军基地实施了空袭。该基地是敌军空运增援部队和物资的起降点。盟军战斗机飞行员轰炸了前沿战区，以及突尼斯市和加贝斯港间的海岸。

柏林电台扬言，德军重型坦克和远程大炮在泰布勒拜地区摧毁了多辆盟军坦克，致使盟军在该地的攻势"明显放缓"。德国宣称，轴心国部队在泰布勒拜附近地区摧毁或缴获了40辆美军坦克，俘获了800多名盟军战俘。另一方面，英国消息人士报道称，盟军的25磅炮让德军伤亡惨重。

盟军总部的发言人警告，不要对目前的战况过于乐观。

他指出，德意联军与盟军人数相当，且与西西里岛之间的通信线路更短，因而更具优势。他估计，德军和意军分布在突尼斯至比塞大地区的兵力分别达 1 万和 8000 人。

轴心国经苦战夺取突尼斯东北部的军事重地。另一场激烈的坦克战在比塞大市西南和突尼斯市西侧的山区爆发。据报道，德军固守马特尔①，并已夺回泰布勒拜②，而盟军正在附近地区巩固阵地。盟军对比塞大市的码头和突尼斯市的机场发动了猛烈空袭。美军和法军在西迪布济德③击败一支德军装甲部队，在加夫萨和加贝斯之间的地区④击败轴心国巡逻部队。盟军飞行员对加贝斯周围的德军据点发动猛攻。在突尼斯东部海面⑤，盟军至少击沉轴心国的两艘商船和一艘意大利鱼雷艇。盟军还突袭了西西里岛多处地点，一架英国飞机在奥古斯塔⑥附近坠毁。

1942年/12月11日

陈纳德将军对中国取胜的前景表示乐观

布鲁克斯·阿特金森
通过无线电发回《纽约时报》的报道

【中国中部的美国陆军航空基地12月9日电（延时报道）】虽然中国处于美国长长的交通线的暗淡的末端，但是陆军准将、美国驻华航空特遣队司令克莱尔·李·陈纳德还是满怀热忱，对中国的胜利充满信心。日军封锁中国后，或许会物资紧张、经济贫困，但陈纳德将军却足智多谋、精力充沛。

他和下属们入驻指挥部，这栋房子是对美国支援中国战区抗战的生动写照。它是一座中式庭院的组成部分，淡黄色的统间式建筑刷了灰泥，屋顶铺着泥瓦。

军官和士兵坐在没上漆的松木桌上，身穿野战短外套或羊毛外套。一名中国勤务兵穿着垫得鼓鼓囊囊的制服，不停地挨个儿沿四周的炉子里添炭。因为无处可坐，屋子里挤满了站着的访客。这个指挥部使人立刻感到，要最大限度地利用已有条件而不要抱怨。

在这栋房子尽头的一个小房间里，陈纳德将军为访客们准备了一把条纹门廊椅，这简直是无与伦比的奢华，尽管它模样普通，却令人感受到主人的热情好客。陈纳德将军在几乎"身无长物"的情况下与日军交战已有五年半的时间，他向外扩散的待客之道，是所有对中国的战争的疑虑的墓地。

在接管目前的指挥权以前，作为组建并领导美国志愿飞行团的飞行员，陈纳德将军认为，他在与日本战争机器中最薄弱的部队战斗，而摧毁日本空军是打败日本的第一步。通过节约资源、精确计划每一步行动，陈纳德将军领导的空军创下了惊人纪录：美军每损失一架飞机，日军就会损失10架，甚至更多。这支部队所到之处，总能占据空中优势。

虽然陈纳德将军个人并不满足于统计数据显示的结果，但是根据一位访客的估计，如果能保持同样的成功率，中国战区的500架美军飞机就能够摧毁日本空军的全部有生力量，陈纳德将军对此也并没有表示反对。在他看来，日本空军的情况正在恶化。他认为造成这一情况的原因不是许多日本飞行员只有4—6个月的飞行经验，而是日本新型飞机虽然性能优越但引擎的质量却明显下降。

陈纳德将军估计，日本更新战机的速度每个月不超过250架，"这已经是一个偏高的预估值了。"他说。按照他的思路，这些事实与日本的败局直接相关。

"大家都知道，"他昨天下午接受采访时说，"离开空军，陆军和海军根本无法展开行动。对日本而言，中国是很理想的空军基地，因为日军必须有地方停靠并保护其在中国占领的据点。看看地图你就会明白我的意思了。"

如今，陈纳德将军成了一个"中国通"。中国人自然而然地奉他为奇人，而他不仅喜欢中国人，更相信中国人的战争素养。

他指出："到目前为止，中国士兵是唯一在战场上与日军一对一交手时，击败过日军的军人。他们已经多次打败日军。

"由于中国军队不缺兵源，我们的作用就是提供武器装备以供其战斗。"

陈纳德将军又指出，中国独自抗日已有四年半的时间，在此期间美国却仍在向日本出售战备物资。

他还发现，中国人，无论是普通士兵还

| 1942年，克莱尔·陈纳德将军。

是指挥官，都具有极佳的合作精神，而且会毫不吝惜地分享一切物资。

对于美国人是来拯救中国的这种想法，陈纳德将军告诉我们，日本策划袭击美国已有20年之久。

"你以为袭击珍珠港只是一时兴起吗？"他问道，"你以为攻打菲律宾只是临时起意吗？"

"日本需要花费数年采集情报、准备作战并展开周密规划来实施进攻。他们必须确切地知道我们的机场、装备、军事基地和部队等相关情况。我们之所以卷入战争，是因为日军对我们发动了攻击，这是他们蓄谋数年之久的。"

除了战争，陈纳德将军也十分关心中国的未来。他认为，中国将来可以成为美国的商品市场和初级产品生产地。他说，美国是唯一一个早就开始了解中国并为中美战后贸易做准备的国家。

据陈纳德将军说，温德尔·L.威尔基在短短几天的时间里对中国的了解超过了大多数美国人数月的努力。他知道，战争结束后，数百万中国人一见到美国产品就会想要使用，于是就可以用中国的丝绸、钨矿、某些等级的茶叶、锡矿、猪鬃和其他许许多多美国人需要或能利用的资源与美国开展贸易。

中国人普遍非常尊敬美国人，却不理解为什么美国人没有大规模地组织起来，进入中国这个巨大的市场，从而带动美国工厂的生产。

实际上，对于初到中国的美国人而言，陈纳德将军的谈话趣味盎然，令人愿意倾听，而且他为人热情，比冷风阵阵的指挥部里那些不太管用的小炭炉更加温暖人心。

1942年/12月12日

瓜达尔卡纳尔岛上的战事进入收尾阶段
范德格里夫特在回顾了4个月的战斗后称,接下来的任务有一项就是巩固战果
为手下的士兵骄傲
指出日军与美军士兵伤亡人数比为10:1——讲述了海军陆战队的英雄事迹

【合众社瓜达尔卡纳尔岛12月7日电(延时报道)】海军陆战队指挥官亚历山大·阿切·范德格里夫特少将今天称,日军死亡人数远超我军,与我军死亡人数的比至少为10:1。在瓜达尔卡纳尔岛长达4个月的战斗中,我军共击毁敌机450多架,而且我军据点比以往任何时候都要牢固。美军消灭了约6640名敌军。照10:1的比例算,美军伤亡人数不到700人。

范德格里夫特将军强调,日军死亡人数并不包括海战和空战中打死的数千人,也不包括抢滩失败中阵亡的人数。

日美两方空军损失的比例约为7:1,他说,仅美国空军就击落了450架日军飞机。

将军称,敌方的巨大损失和我方空军和海军力量的不断增强,极大地降低了日军对美军基地的威胁,这些基地现在得到了极大的巩固。

他说,日军仍有可能利用恶劣天气、地面增员和物资补给对我方形成威胁,"但随着我空军力量的不断提升和海军工作的完善,这种情况也不过是一种可能性而已"。

我军补给线有保障

"我们夺取了数处重要的军事基地,从而阻止了日军切断美澳间补给线的军事行动,"他说,"而且日军在瓜达尔卡纳尔岛上的反攻徒劳无益,损失

惨重。"

范德格里夫特将军总结了所罗门群岛战役中的几场重要战斗，列举如下：（1）8月7日的美军登陆行动和扫除亨德森机场周边日本驻军的行动，历时约两周。（2）8月21日的泰纳鲁河战役中，近千人的日军精锐部队登陆并企图朝东南进军，占领我军根据地，结果926名日军被消灭。（3）9月13日至14日，在亨德森机场西侧爆发了"山脊战"。此次战斗中，3000名日军约有半数阵亡，随后我军在进攻中还抓获了部分日军。此后，日军展开了猛烈的炮击。（4）11月13日至15日，美国海军和空军粉碎了日军一次大规模登陆行动，击沉28艘舰艇、重创10艘。范德格里夫特将军称，此次军事行动中，1000名日军成功登陆，并从停泊在瓜达尔卡纳尔岛上的一艘运兵船和三艘运货船获得大量补给。

"因此在4个月内，"他说，"我军完成了对亨德森机场及附近地区的占领和首次维护。我军目前的行动包括扫除敌军残部和尽力巩固当地的军事基地与驻防区。"

士兵各自做饭

昨天，范德格里夫特将军同意接受采访时，一批顽强的海军陆战队队员正巧赶回基地。他们在狙击手活动频繁的丛林中打了一个月的游击战，消灭了400名日军，占领了3个炮兵阵地，如今个个都胡子拉碴，两脚疼痛不已。

这支游击队是47岁的陆军中校埃文斯·福代斯·卡尔逊领导的，他皮肤黝黑、身体健壮，来自美国康涅狄格州的普利茅斯。

他和队员们涉过小溪，劈砍着茂密的灌木丛向前行进，依靠大米、熏肉、葡萄干和茶度日，完成了有史以来时间最长的游击行军。

"我们原定要执行一项耗时48小时的任务，结果打了一个月的游击战。"卡尔逊中校说，"事实证明，我们的队员不仅足智多谋、能够自力更生，而且动作轻盈，行军速度很快。"

每名士兵都自己做饭。晚上没有毯子，他们就砍下树枝、收集树叶来做床。

8月17日，卡尔逊中校领导美军部队在梅金岛发起突袭。他说，海军陆战队队员们"冒着被狙击手随时射杀的危险"，向美军防线外渗透了数英里。

"日军很能打，哪怕只剩一名士兵，也会战斗到底。"卡尔逊中校说，"但我们也能做到这一点。"

卡尔逊中校说,就在正面战场休战的那天,游击队员们第一次遇到了敌军大部队。

"发现日军时,他们正在渡河,我们打死了其中的二三十人。"他说道,"这还只是开始。接下来的两天,我们又消灭了四五十人。"

来自康涅狄格州西黑文的小队长理查德·沃什伯恩是卡尔逊中校手下的一名队员,他讲述了自己所在的巡逻队攻击日军的过程。

"我们发现大约30名日军在庆祝节日,正放声大笑,大吼大叫。"他说,"我们悄悄地摸过去,用机枪和自动手枪朝他们猛打一通,还没等他们回过神来朝我们开火,大部分就已经被我们消灭了。"

1942年
12月16日

好莱坞展示战争工作
胜利委员会讲述艺术家们全年提供的娱乐活动
参演艺术家达到1141人
演出达6828次——演出收入捐献给政府和慈善机构

珍珠港事件发生3天后,好莱坞成立了胜利委员会,组织电影、戏剧和电台名人到美国部队演出,或以其他方式支持美国的战斗。该委员会昨天还通过好莱坞的电影产业服务局发布了第一份年度报告。

报道称,胜利委员会建立了一个有1141名艺术家的人才库。艺术家们不仅为现役军人演出,还为财政部的公债发售,以及战争讯息办公室、战时生产委员会、应急管理办公室、泛美事务协调办公室和其他政府机构提供服务。同样,也为美国劳军联合组织、红十字会、苏联战争救济会、中国战争救济会、陆海军救济会、社区福利基金会和其他慈善组织提供服务。

深入军营，举办多场劳军演出

胜利委员会年度报告中的突出活动包括在陆、海、空三军军营和太平洋沿岸的海岸警卫队军营，以及加利福尼亚州、亚利桑那州和新墨西哥州的沙漠地区举办 352 场劳军演出，参与劳军联合组织举办的 273 场全国军营巡回演出，并为财政部发行战时公债的活动举行演出，共有 270 位演员参演，累计演出 2773 人次。

为了慰问美国驻外部队，9 名演员前往英国和北爱尔兰。另外还有 14 名演员前往阿拉斯加、阿留申群岛、纽芬兰、巴拿马运河区和加勒比海等地的海外基地演出。此外，还有 474 名演员参与了 222 场"直播"的广播节目，507 名演员参与了 111 场录播的广播节目，其中 56 场是为美国战争部策划的。

乘车在 13 座城市巡演

338 名演员参加了 150 场义演，为多场慈善活动助力。其中，41 名演员组成胜利大篷车，代表陆海军救济会在 13 座城市进行了演出。报告称，今年义演的演出人次累计达 6828 人次。据估计，一年内明星们出席多场演出的行程总里数约有 100 万英里。

报告称，1943 年胜利委员会将举办更多的演出活动，需要更多人参与其中。在与美国战争部特殊服务处的陆军中校马文·扬举行的会议中，委员会称，计划在全国 700 多个军营举办演出，并将派出 100 名演员到美军海外驻地进行慰问演出。

1942 年 / 12 月 18 日

11 个同盟国谴责纳粹对犹太人的战争
联合国家发表联合声明抗议"冷血灭绝"

发回《纽约时报》的特别报道

【华盛顿 12 月 17 日电】联合国家今天发表联合声明，谴责德国对犹太人实行

"冷血灭绝的野蛮政策"，并声称"此类行径只会坚定热爱自由的人民推翻希特勒残暴独裁的决心"。

各国重申："绝不会让犯下罪行的刽子手逃脱惩罚，并会采取必要而切实可行的措施尽早结束战争。"

美国国务院和英国内阁同时发布了该项声明。包括美国、英国和苏联在内的11个国家签署了这项声明，伦敦的法兰西民族委员会也位列其中。

声明特别提到德军在波兰进行的种族灭绝及其他形式的野蛮手段。

比利时、捷克斯洛伐克、希腊、卢森堡、荷兰、挪威、波兰、苏联、英国、美国、南斯拉夫等国政府以及法兰西民族委员会都开始关注欧洲传来的大量报道。这些报道称，德国已在所有占领区推行了否决犹太民族基本人权的野蛮政策，但德国当局还不满足，如今，它开始实施希特勒多次重申的意图——消灭欧洲犹太人。

在遭德国占领的国家，犹太人被转移至东欧，运送条件之恶劣骇人听闻、极其残忍。波兰已经成为纳粹实施种族灭绝的主要场所。德国侵略者在其设立的聚居区内，有组织地杀害所有犹太人，只留下少数熟练技工用于军工生产。被转移的犹太人从此杳无音讯。劳动营里强壮的犹太人也渐渐劳累致死。身体虚弱的犹太人要么挨饿受冻而死，要么被大批屠戮。据估计，数十万无辜的男女老少都沦为这些血腥暴行的受害者。

上述国家的政府和法兰西民族委员会以最严厉的措辞，强烈谴责冷血灭绝的野蛮政策。它们声称，此类行径只会更加坚定热爱自由的人民推翻残暴的希特勒主义者专制的决心。它们还重申了自己的决心，称绝不会让犯下罪行的刽子手逃脱惩罚，并会采取必要而切实可行的措施尽早结束战争。

采取初步措施

近日来，多国进行了外交对话，以共同谴责迫害犹太人的行径，并形成一份联合声明。声明发布国收集、筛选并相互交流证据已有一段时间。

今天，各国要求美国国务卿科德尔·赫尔采取切实措施进一步表达抗议。

赫尔回复各国称，近几个月以来，美国总统罗斯福和多个国家的政府首脑已多次发表声明，将推动有关计划的发展，尽可能发掘和收集这些暴行的相关事实，搜集有罪的人的姓名，以便尽可能早地逮捕这些人，最迟到战争结束，并给以应有的惩罚。赫尔还说，各国正着手推进这些工作。

各国就这一问题已经探讨了数月之久，不仅涉及犹太人问题，还涉及受法西斯国家报复或迫害的其他无辜平民。

罗斯福总统在 1941 年 10 月 25 日发表的一份声明中，谴责了这种杀害无辜平民的行为。1942 年 1 月 13 日，9 个被占领国的政府代表在伦敦发布了一份抗议申明，称犯下相关罪行的刽子手将被"移交法庭受审"。

美国国务卿赫尔与比利时、希腊、卢森堡、挪威、荷兰、波兰、捷克斯洛伐克、南斯拉夫等国政府和法兰西民族委员会进行了交流，随后开始正式关注被占领国内"针对平民的野蛮罪行"。

回顾罗斯福发表的声明

1942 年 8 月 21 日，罗斯福总统发表了一份声明，谴责迫害行径并警告犯下罪行的人们"就在他们正在实施迫害的国家，对他们进行法庭审判的时刻终将到来，恶人终将自食恶果"。

在 1942 年 10 月 7 日发布的另一份声明中，罗斯福总统倡议成立联合国家战争罪行调查委员会，对"有组织地杀害成千上万无辜民众和实施暴行、亵渎基督教信条的罪魁祸首"实施"公正、有力的惩罚"。

上周，一个由斯蒂芬·S. 怀斯拉比领导的犹太组织的委员会提交了一份建议，请求美国成立一个委员会来考虑犹太人受迫害的问题并与其他联合国家一起就这一问题采取行动。罗斯福总统表示了同情并同意考虑该建议。

1942 年 / 12 月 29 日

布纳之战

F. 蒂尔曼·德丁
通过无线电发回《纽约时报》的报道

【随在新几内亚的美军先遣部队 12 月 5 日电（延时报道）】当地的搬运工正将物资运送到前线。当我们穿梭在长长的队伍中时，指挥官瞥了我们一两眼就冲我们挥手,操着一口低沉的地方口音朝我们喊道:"早安,小伙子们!"当地人有的只围一块腰布,有的人则穿短衫或布裙。他们微笑着挥手,有的人喊道:

"早上好,先生!早上好,先生!"

太阳让翠绿的丛林变得温热,昨晚下了一夜的雨,丛林清新了不少。若隐若现的羊肠小道在绿林间蜿蜒,通过新伐的原木架设的小桥,偶尔也越过小溪和沼泽。

自信而亲切的指挥官边走边停,沿路在每组士兵(大多是工程兵和后勤部队)跟前驻足,询问他们的工作并说道:

"继续干,小伙子们,我以你们为荣,干得不错!你们都知道,今天可是个大日子。"

灰头土脸、胡子拉碴的士兵们咧嘴笑道:"谢谢长官!我们会尽力而为的,长官。"

开赴前线

指挥官、分组指挥官和两名记者在小路上就下马了,因为距前线 2 英里处就没有平地了。我们在烂泥及踝的蜿蜒小道上艰难行进,一路拨开垂下的藤蔓,闪躲着多刺的露兜树叶。丛林中的鸟儿在我们头顶上如盖的树荫间浅声低吟,仿佛在嘲笑我们似的。它们似乎在说:

"哦,不。哦,不——别,别,别。"

我们在路上碰到一小队士兵,他们正坐在泥里,脚上穿着刚刚拿到的新鞋。在先遣指挥部(两顶帐篷,两侧两棵参天大树下布满散兵坑),指挥官进行了简短的磋商。美军部队将在 10 点整朝布纳村发起攻击,这是布纳前线战场最大规模的攻势之一。

美军准备展开猛烈的火炮攻击和空袭。

首先是空袭。透过树丛,我们瞥见 3 架 B-25 轰炸机从头顶轰鸣而过,转瞬即逝。它们投下的炸弹呼啸着落下,在 200 码以外的布纳村和向东更远的沿海地区爆炸,震天动地。日军一门高射炮不断地朝美军飞机射击,炮火撼动了我们脚下的这片沼泽,仿佛地震一般,令人感到新奇。

后来美军大炮也加入进来,炮弹接连从我们的头顶呼啸而过。电话响起,一个先遣观察所报告称,有些炮弹射程太短,有一枚甚至落在距观察所不到 30 英尺的区域。一名分组指挥官打电话指示炮兵把射程延长100码。

"我亲自去看看，"指挥官说，"希望炮弹射程能够非常接近目标区域。"

《芝加哥论坛报》记者阿尔·诺德勒和我一起，跟随几名参谋和分组指挥官前往观察所。我们到达那里时炮兵虽已停止炮击布纳村，但还在炮轰目标地区。美军才刚刚开始从观察所附近地区发动地面攻击。

丛林里枪林弹雨

上午10点30分，丛林里，机枪、来复枪和冲锋枪的枪声不绝于耳。观察所周围的树林间似乎到处飞舞着子弹。子弹打在树枝上，打落一地树叶，弹回来呼啸着消失在远处。我们爬进了散兵坑。

我方部队穿越丛林，沿通往布纳村小道的两侧只前进了几码的距离，就消失在密林里。在部队和东岸的村庄间，绵延着150码宽的棕榈树林，日军在其间建立了坚固的阵地，躲避在复杂而隐秘的防空洞、壕沟和散兵坑之中。

树林间似乎到处都是狙击手，他们打出的小颗高爆子弹爆裂时发出巨大的声响，与树干或树枝的碰撞却极其轻微。他们似乎是在漫无目的地扫射，只是为了迷惑或骚扰美军。我军轰炸机继续飞行，在布纳任务区和东部更远的恩戴阿德尔海角投下500枚炸弹。

观察所电话周围的指挥官不得不大声吼叫，才能让人在激烈的战斗中听到自己说的话。布纳村前150码远的丛林形成一组天然屏障，挡住了我军，我们只能缓慢前进。美军士兵眼神空洞、胡子拉碴，脏污的绿色军服上结满泥点，已经在布纳村周围的泥潭里行进了两周。他们的任务是偷袭日军隐蔽的机枪掩体，找出隐藏的狙击手，然后投掷手榴弹并用冲锋枪向丛林里扫射。

运回伤员

伤员开始返回后方，有些是被担架抬回来的，有些是走回来的。担架上的伤员静静地躺着，双唇紧闭，担架手把他们火速抬往急救站。一名士兵胳膊被打得血肉模糊，无力地垂在担架边，后面的担架手不时伸手向前把它放回担架上。

指挥官和3名参谋走下小道，寻找着不断骚扰观察所的狙击手。狙击手向他们投掷手榴弹，他们侧身躲开，逃到一边，用冲锋枪向狙击手藏身的那棵树扫射。不知何处射来的一颗子弹擦过分队一名指挥官的脖子，留下一道红色灼痕。

日军的炮火越来越猛烈，但似乎没有造成什么破坏。时间飞逝。11 点 30 分，一名传令兵从前线返回。

"我们打到海边了，长官。"他向指挥官报告说。

部分美军冲破了日军的阻拦，抵达布纳村东侧的海滩。指挥官十分欣喜。

"告诉上尉一定要尽力守住，"他指示传令兵说，"这样就能够阻断日军从布纳任务区派出的增援部队。"

终于有了片刻的平静。来自扬克镇的年轻的陆军少校 C.M. 比弗，带我和诺德勒去参观已被我军占领的日军的营地和防御阵地。一处用多根原木加固的地面防空洞正对着一顶帐篷，帐篷里铺着木质地板。防空洞里有两具日军的尸体。

帐篷里散落着包裹、帆布包、药品和餐具。我们开始整理这些物品，其中有澳大利亚产的肥皂、照片和几大块写有英文的炸弹壳，显然这些弹壳是美军炸弹的残片，日军将它们留作纪念。

还有很多罐装肉、大米和菲律宾产的盒装火柴。每个包裹里都有许多干净的新内衣。帐篷周围的散兵坑连成一片。我们得到了一些纪念品，返回了观察所，每人分得半条"压缩干粮棒"做午餐。

下午 1 点 10 分，指挥官下令炮轰布纳村外的棕榈林，为穿越棕榈林发动进攻做准备。一位中士奉命爬上大树观察敌情。他在炮火中一直坚守岗位，但蚂蚁爬进了他的耳朵、鼻子、裤子和眼睛里，他不得不回到地面。

美军的进攻进入关键阶段。我军一路扫清敌军的防御，但距布纳村尚有一半的路程时似乎停滞不前了。指挥官开了一个会，然后派遣预留的一个分队，向布纳村冲刺，并展开最后的白刃战。这些士兵迅速走过观察所时，指挥官拍拍他们的胳膊给他们鼓劲儿。

全队精神振奋地向前冲锋。10 分钟后，我们听见了他们的拼杀声。他们冲向布纳村，遇到日军据点要么绕过去，要么一边冲锋，一边用手榴弹或冲锋枪端掉它。一位仅次于指挥官的高级军官肩部受伤，被担架抬了下来。

指挥官带领一名副官上前线查看进攻情况。就在他们前方 20 码处，一名可能静静潜伏了几小时的狙击手突然开枪，副官中弹倒地，身负重伤，很快被担架抬回了后方。美军终于抵达布纳村外。两军展开了残酷的白刃战，日军防线崩溃，我军开始掘壕固守。

指挥官又派了一个分队从左侧进入村庄。它几乎没有遭遇抵抗就到达了一片棚屋前。现在是下午 4 点 30 分。总体而言，美军的进攻取得了成功，除个别日军据点外，美军扫清了大片区域。布纳村实际上已被包围，攻占它的时刻到了。

1943 年 / 1 月 3 日

法国内斗使北非乱成一团
戴高乐要求吉劳德罢免维希政府副官，使维持目前主权国家的计划复杂化
建议美国提出警告

亚瑟·克洛克

1943 年，戴高乐将军在突尼斯。

【华盛顿 1 月 2 日电】自由法国运动的发言人在伦敦发布的一则公告称，除非废除从维希政府衍生出的帝国议会，否则戴高乐将军不会考虑与北非的吉劳德将军结盟。这一公告的发布使原本促进法国团结一致对抗轴心国的努力落空，令这一问题更加复杂。联合国家在北非的军事行动进入关键时期，戴高乐将军刚刚宣布了自己的新职位，而吉劳德将军也有必要考虑这一职位的合法性，二人之间似乎有望达成和解。然而，如果和解的进程拖延太久，华盛顿当局就准备利用自己制定的法律条文来指引反轴心国的两位法国领导人团结起来，而不是选择那条战后分裂的危险道路。美国还正在做进一步努力，但上述做法或许更容易使法国达成团结。

这一系列的法律条文源于罗斯福总统和丘吉尔首相联合发表的《大西洋宪章》中的

一条:"两国尊重所有人民选择自己将生活于其下的政府的形式之权利,两国希望看到被强制剥夺了主权和自治权的人民恢复这些权利。"

当地民众的要求是一大要素

当然,这里所指的是轴心国展开军事侵略后被强行剥夺主权与自治权的国家的民众。但事实是,此前,法国强行剥夺了北非当地人的自由权,法国人在当地是少数族裔。一位研究法国在非洲扩张的历史学家称"这些土地确实是从北非当地人那里一点儿一点儿地逐步掠夺而来的"。战争的来临和由此而导致的法国国力衰退,激起了北非殖民地民族统一主义者的雄心。

因此,如果和平会议一开始就要达成长期的停战协议(假设联合国家取胜),北非当地的大多数代表要求恢复主权和自治,那么依照《大西洋宪章》的内容,就会产生一个使实施调停的英美两国极度尴尬的问题。

圣战的威胁

一旦这一要求被提出来,并得到其人数在北非土著中占绝大多数的穆斯林世界的支持,那么尴尬就有可能演变成发动圣战的威胁,作为战略要地的地中海两侧都将竖起绿色的伊斯兰旗帜。

民族统一主义者的要求不太可能造成法律和政治问题。但如果法国在正式军事占领的过程中停止对该地行使主权,则会导致这些问题的产生。如果艾森豪威尔将军和吉劳德将军之间的合作得以继续,法国就不会终止对北非殖民地行使主权,因为吉劳德将军是正统的法国政府在北非的代表。让调停者将北非恢复到半个世纪以前的状态就好比墨西哥要求美国归还得克萨斯州一样。一旦满足了民族统一主义者的要求,许多方面都要恢复原状,这一过程还会影响到一些伊斯兰国家。调停者无疑会驳回这一提议。但如果北非正式由联合国家占领,军政府会取代(这是必然的)文官政府,那么法国就要停止对北非殖民地行使主权,其权力的行使也会遭到当地民族主义者的阻挠。一旦如此,当地民族统一主义者的要求就具有了合法性,这个麻烦的问题会影响和平会议进程,战后的法国可能会失去宝贵的殖民地,而且伊斯兰世界也会纷乱四起。

艾森豪威尔的政策

美国指示艾森豪威尔将军找出解决办法，防止这种情形出现。艾森豪威尔将军通过已故海军上将达尔朗的旧部，在北非地区成立了一个正统的法国文官政府，这样他能与它合作。如今这一合法机构由吉劳德将军领导，并通过帝国委员会运作。戴高乐将军称，必须废除帝国委员会，否则他将无法与吉劳德将军在军事行动和最终和平等方面展开合作。

因此，一些官员认为，美英两国有义务警告反轴心国的法国领导人，除非他们能够按照程序解决双方分歧并在军事行动中团结一致，否则联合国家有必要终止法国对北非和西非正式的军事占领，并剥夺法国对该地区的统治权。如此一来，战后两地必然兴起民族统一运动，影响法国对其拥有的合法权利。北非和西非的这片广大区域原本就隶属于昔日的法兰西帝国。

即使在军事占领的同时附加特别声明，宣称战后该地区将根据人民的意愿交还法国政府管理，该地区的所有权也将留下阴影，因为这片地区是通过武力夺取的，而人口毕竟还是当地人居多。

促进团结

提出警告的目的是为了敦促反轴心国的法国领导人在某一正统政府之下团结一心，以维系法国的殖民权力。提出警告的目的并不是要阻止或劝阻吉劳德肃清帝国委员会中维希政府的支持者。如果吉劳德将军认为，此举有助于保障当地的安全并能够满足自由法国运动的领导人戴高乐将军的基本要求，从而实现联合行动，他当然可以这样做。

战争形势异常严峻，已有大量美军士兵牺牲。然而，艾森豪威尔将军发现，北非法军、当地部队和文官都不愿意接受继任政府代表发出的命令。原因之一在于他们都是由维希政府任命的。还有一个原因是，法国官员和由受法国监管和影响的当地民众都认为，只有维希政府才是法国的合法政府。

吉劳德的困境

这种先入为主的合法性观念已经令吉劳德将军十分为难，因为与达尔朗不同，他领导的新政权和旧政权正式派出的权力代表团之间存在脱节的现象。华盛顿方面担心，如果他废除所有的现设机构，并完全切断与法国政府间的联系，他所领导的政府可能会在最关键的时刻丧失影响力,导致整个北非沿海地区民事和军事矛盾爆发,对盟军作战产生负面影响。

艾森豪威尔将军抵达北非时,接收到了两条指令,他会优先选择更有助于推进目标的指令。其一是建立军政府,切断法国对北非的殖民权。但是他选择了另一条指令——让文官政府自己组建政府。如今,促使他做出这一选择的种种原因在很大程度上依旧存在。

1943年 / 1月19日

苏联境内的战争
得益于严冬恶劣的条件,苏联红军大举挺进

汉森·W. 鲍德温

周末,苏联传来的消息或许是战争开打以来最重大的新闻。

莫斯科方面称,苏军解除了德军对列宁格勒长达16个月的包围,在各条战线上仍然占据主动权,而且还在向德军防线的深处挺进。虽然柏林方面对此冷嘲热讽,但至少也在一定程度上证实了莫斯科的声明。苏联也给予美国战地新闻记者以更大的自由来报道相关战况。

苏联发表的特别公报描述了苏军在斯大林格勒包围并逐渐消灭德军守备部队的情况。同时,德国官方也承认,该地的守备部队长期遭到苏军从"各个方向"发起的反击。

显然,苏军在沃罗涅日发动的进攻取得了更早、更辉煌的胜利。报道称,苏军占领了铁路沿线重镇罗索希、米列罗沃、卡缅斯克,不仅加强了对进攻罗斯托夫的苏军的补给,同时还对德军占领的哈尔科夫构成了间接威胁。据报道,苏军昨天已在卡缅斯克附近越过北顿涅茨河。如果消息属实,此举将具有重大意义,因为它意味着罗斯托夫的战斗已经打响,而该市是德军南部据点的关键所在。

苏军不畏艰辛

苏军的前进格外引人关注，因为苏联此时正值冬季，冰雪交加，他们克服了常人难以想象的困难，取得了巨大的进展。去年冬天是欧洲有史以来最寒冷的严冬之一，苏军当时就深刻体验了冬季战事的艰辛。天气极度寒冷，没戴手套去碰触金属，手就会立刻被冻住。天气对战争的影响不容小觑。

据苏联发回的报道称，较之去年，今年冬天的天气会暖和许多，积雪不会像去年那么厚，更有利于行军；霜冻也不像去年一样严重。但从目前的行军状况来看，这也并不一定是好事，因为在苏联南部，有的地方冰冻期太短，车辙纵横的道路变得泥泞不堪，雪水像雨水一样，增加了行军的难度。例如上周，草原上下了一场倾盆大雨，冰冷刺骨，遍地积雪被雨水打湿，令苏德两军举步维艰。

苏联在各方面都达到了极限——空间、距离、温度、严寒、泥泞或冰雪。

艾尔哲艾勒·布雷兹队长在他撰写的《拿破仑部队军官回忆录》的文章中，详细描述了法军在当时遭遇的种种艰辛，苏德两军现在对此想必也感同身受。他在其中的部分章节写到了波兰和欧洲其他地区，其描述或许更贴近于苏联的情形。

"波兰的道路，"他写道，"并不平整，沿路穿越丛林十分费力，这就是全部。冬天，法军在波兰全境四处追击敌人时，我们遇到了大片的泥潭，根本无法穿越。普乌图斯克的泥地可谓臭名昭著，骑兵到此会连人带马陷进去，还有人目睹他人因无法走出泥潭而绝望地开枪自杀。

"一名工兵军官陷入泥潭，淤泥直到脖子，他无法抽身，看到一名掷弹兵走近，于是他喊道：

"'伙计，来帮我一把，我陷在泥里出不来了，马上就快窒息了。'

"'你是谁？'

"'我是工兵军官。'

"'哈，你可是解决问题的人呀；好了，先订个计划吧。'"

然后，掷弹兵就走开了。士兵们不喜欢掷弹兵军官，因为从没看到他们上战场拼杀。他们也难以理解为何动动笔、看看指南针就算服兵役了。

描述泥潭的恐怖

凯依涅和珀西男爵也谈到了"泥将军"的可怕之处：

"……条条道路被积水和淤泥吞没,只能看到翻落的马车车厢和腿部深陷泥潭的马匹。尽管车夫小心翼翼,但拿破仑大帝的六轮马车还是在泥沼中颠簸不停,令人心惊胆战……"

"部队从未遇到过如此恶劣的处境;士兵们总是在行军,每晚都露营,整日都在及膝深的泥潭里挣扎,没有面包果腹,也没有白兰地暖身,直至最后筋疲力尽倒在途中。许多士兵死在道旁的沟渠里。"

如今,在苏联的大部分地区,拖缓激烈战斗进程的不是泥泞,而是大雪、严寒、霜冻。1月,北高加索地区平均气温一般为23华氏度,有时更低,相当寒冷,但直至2月中下旬,气温才会缓缓回升。越往北方去,天气还要寒冷得多。罗斯托夫的顿河河口通常在12月6日至次年3月21日期间结冰。越向北边冰期越长。

虽然冰雪和严寒从某种意义上来说阻碍了军事行动,但河流与沼泽结冰后,会从行军障碍摇身一变成了坦途。如果苏军到达顿河河口,冰面将有助于其通行。

目前,德军尚未发生一个多世纪前法国"大军团"经历的溃退。但是,冬季无疑又像一个世纪前那样,站在了苏联一边。同样的艰难困苦、物资匮乏,同样的冰雪严寒、泥泞霜冻,正帮助苏军削弱德国国防军。

1943年
1月23日

社论:海军陆战队谱写新篇章

当有消息称美国海军陆战队离开瓜达尔卡纳尔岛进行应有的休整时,我们知道,队员们并不是在要求回避作战任务。从8月7日开始,他们就一直在瓜达尔卡纳尔岛作战,从未回避过自己的职责,也没有因为风险而暂缓行动。展开登陆行动时,他们毫无把握船是否能够抵达海岸。他们向热带雨林挺进,森林中到处都是日本兵——世界上经验最丰富、最可怕的丛林战士。他们攻占了现在的亨德森机场，并在没有空中支援的情况下坚守了两周。几个星期以来，直至海军极大地削弱了日本在海上的威胁，日本海军才停止了对他们的炮击。敌人尝试着一次又一次展开登陆行动，有几次成功，另外几次则全军覆没，泰纳鲁河战役就是一例。

海军陆战队据信和陆军一样训练有素，只是缺乏实战经验。他们在实战中积累经验，在一个个充满危险的白日和不眠不休的夜晚从实战中学习作战。海军飞行员把人体的忍耐度发挥到了极致，一直保持着制空权。还不到6个星期，伤亡数据表明，海军陆战队不仅与敌人一样出色，甚至更胜一筹。千万不要以为这一过程轻松而愉快。海军陆战队队员们在瓜达尔卡纳尔岛历经了炼狱般的洗礼才最终展露出微笑，但这个微笑却艰苦而残酷。接替的陆军士兵必须坚守他们的战果——他们已经这么做了。海军陆战队队员们可以把瓜达尔卡纳尔岛写进他们的军歌，与已经入歌的蒙提祖马的大厅和的黎波里海岸并称。我们希望他们能找点什么来与此叶韵：只要我们需要海军陆战队队员，故事就永远不会结束。

1943年 / 1月24日

女性参与生产改变了工厂的面貌 | 艾丽诺·M. 赫里克

赫里克夫人描述了大批女性参与工业生产所带来的一些影响，但是认为对所有人而言仍然利大于弊。

女性到工厂工作面临着种种阻碍，其中大部分是心理因素。许多障碍源于偏见、讯息不足，以及惧怕改变的心态。其他因素则仅仅是习惯催生的。这就好比到海边游泳——总是听说海水冰冷刺骨，而游泳能强身健体的说法却有待进一步证实。先小心翼翼地用脚趾试试水温。海水的确冰冷，但不情不愿地下水后，海水刺激着全身的血液流动，让身体暖和了起来。

我敢打赌，首次雇用女员工时，所有雇主都会惴惴不安，但最终都会收到良好的效果。不仅如此，尽管法律对女性的工作条件做出了种种规定，他们在首次尝试雇用女性时还是会从中获益。他们需要达到国家为女性雇员设定的工作标准。还可能需要调整男性雇员的工作时间表，制定更加灵活的轮班制，以免违反法律规定的女性最长工作时间。但是，他们也会发现，缩短工作时间意味着工人出勤将更加规律，产量也会有所提高。

美国大多数州都设立了女性法定假期。雇主担心此举会导致男员工也想休假。提高产量是压倒一切的，为什么要格外照顾女员工？然而，女性休假后不仅带来更高的收益，工作效率也越来越高，这一事实足以让所有的反对者缄口不言。他们承认，让所有员工都定期休假或许更有益于生产。

通常，公司都是由于雇用女员工才首次采用州立卫生法规。我知道，陶德造船公司的员工以为我对管道工程十分着迷。我在船厂四处走动，并不是去看那些停泊在船厂等待修理的巨轮，而是去观察哪个角落适合设置洗手间，以供即将在船厂工作的女性使用。为了使驻外武装部队的生命线保持通畅，员工们不断地拆除和改造船只，这种场景十分壮观，激动人心。然而，比起这些，我对下水道和排水管的位置更感兴趣，有时候我认为需要挪动周围的机器和工具台，给洗手间提供更多的空间。

船厂的员工十分耐心，允许我四处走动。为了让我弄明白为什么没有那么大的地方建造洗手间，他们给我看了船厂的设计图。但是，应当说多亏了这些员工，他们所指的其他地方，在我看来同样适合建造洗手间。甚至当我坚称州立卫生法规设定的仅仅是最低标准，我们应当建造更多洗手间和清洗设施来达到现代工厂的最高标准时，他们都对我宽容以待。

采购部已经习惯于采购各种电线、绳索、钢铁、电机和重型机械，但当我要求为新洗手间的设施选择色彩和材料时，他们也干得有滋有味。我猜测，他们提出的一些有益的建议是他们的太太想出来的，也许这种想法听起来有点小心眼儿。关键在于，他们对洗手间的材料同样感兴趣，认为它不仅应该色彩丰富，而且更有实用价值。为男员工提供洗浴已经成为惯例，但为女员工架设浴帘的想法似乎有点让人惊讶，更多人则觉得没有必要。为女员工提供护手霜是另一项似乎有点"小题大做"的新规定。我向他们指明，有经验的漆工喷漆时，总是在外露的皮肤上涂厚厚的一层油脂，这可以起到防止铅中毒的作用。于是，采购部开始研究护手霜是否可行。

有必要为女员工提供合理膳食，从而使她们能够胜任白天辛苦的工作，高强度的工作对船厂员工而言在所难免。合理膳食很快就发展成一个惠及全体员工的项目。工厂不能只为所有员工提供素菜，还要增加富含维生素的食物。如今，人们普遍实行粮食配给。同英国一样，美国大规模地为工厂员工提供工作餐具有重要意义。这是为了让男女员工长期从事艰苦的军工生产的一项切实措施，十分必要。

女员工应如何着装？这是刚开始雇用女员工的雇主面对的另一个新问题。除了诸如头盔、安全鞋、手套、护目镜等安全设备，女性制服不必效仿男性。女性生产时也会穿戴那些装备。我发现，不同行业在女性制服方面存在不同问题。然而重要的是，应根据女性的工作特点做出相关规定，制作出实用而又符合女性特质的服装。女性如果穿着奇装异服，佩戴珠宝，留齐肩的"波波头"，则不利于集中精力工作。

对于在环境整洁的车间里从事细致性、精确性工作的女性，莉莉·达什设计出包头软帽，防止头发卷进机器里。莫利纽为她们设计了色彩艳丽、质地轻盈的时尚制服。但在机械厂或造船厂，情况就有所不同了，因为机械厂遍布油污（或多或少会有油污），而造船厂的大多数女员工和男员工一样，无论天气如何，都必须在户外工作。选用温暖、深色、抗油、耐火的材质至关重要。即便是对最用心设计的方案，女员工们也有着自己的看法。我们打了许多长途电话，强烈要求生产商为工厂女工提供最优质的安全鞋。第一期女员工培训结束的那天，安全鞋终于到货了。女员工却直接拒绝穿鞋。为什么？

"鞋底不够厚重，低帮牛津皮鞋不够安全，我们想要能够包裹脚踝的安全鞋。我们还要男员工安全鞋的那种钢包头。"她们大声说道。于是，尽心尽力的采购部又把这批从中西部地区发来的安全鞋退给生产商，开始在市里寻找笨重的最小号男款安全鞋。我们不知道这些鞋是否会损伤女性的足部，因为她们常穿高跟鞋，足弓较高。

我们咨询了知名的整形医生，买了一批足弓垫。医生提醒女孩们，应该在长筒袜外面再穿一双羊毛袜垫在脚下。女员工们是对的，只不过我们这些计划采购的人未曾想到，她们愿意穿着丑陋笨重的男式安全鞋。由此可知，即便穿着不好看，女员工们也很注重生产安全。

女员工坚持要求穿戴所有必要的安全设备，她们还担心在新的、陌生的船厂里会受伤。这一现象也激起了男员工们的安全意识。长期在船厂工作的男员工们以前总是心怀侥幸，认为"锤子掉了也不会砸到我"。如今，他们开始自觉佩戴头盔，也少有抵触情绪了。安全工程师在这方面的工作也变得越来越轻松。

但雇用女性也给工程师们带来了新问题。此前需要托举重物的工作全由男员工出力，因此不存在问题。如今用机器负重托举使人力变得可有可无，这样是否可行还有待研究。但是从长远来看，用脑力劳动代替体力劳动对所有员工都有益。如果发展出新的工程方法，可以降低女性托举重物的风险，长此以往，男性也会从中获益。

挑选女员工也带来了新问题。我们询问了工头，希望了解他们认为操作某种机器或从事某项工作的女性应当具有什么样的身体素质，有过什么样的工作经历。许多工头的想法发生了转变。从前，如果有人提出在机械车间操作转塔车床需要具备大学学历，他们肯定会嗤之以鼻。这些机器的男操作工没有一个上过大学。但如今，一名女员工却成了机械车间最熟练的工人之一，她还有不止一个大

美国密歇根州，在福特公司巨大的生产轰炸机的威洛鲁恩工厂中，女员工在操作点焊机。

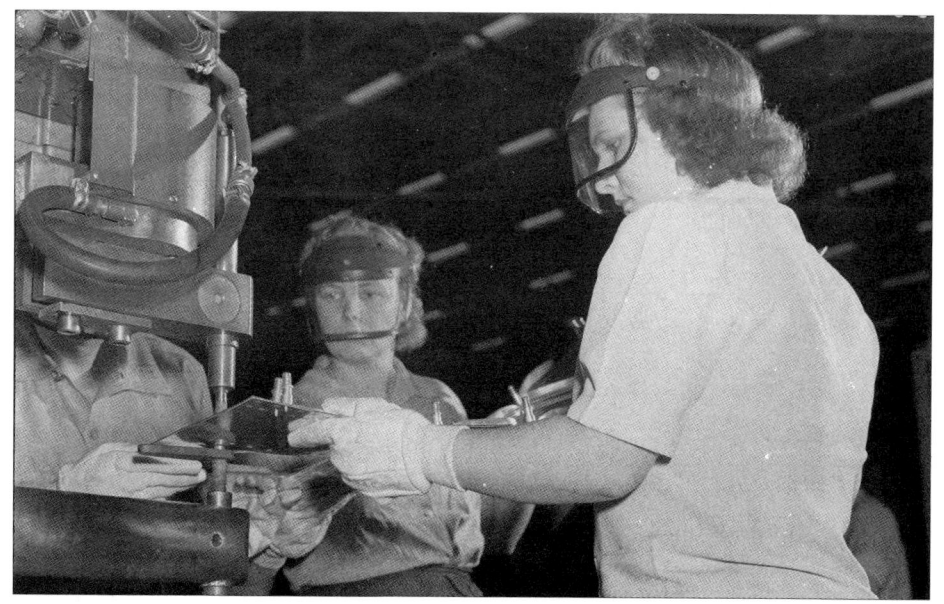

学学位。另外一名女熟练工是时髦女郎学校的校长。

时代呼唤更高大、强壮的女性——尤其是年轻女性。然而，最熟练的焊工和舰船装配工中都有各年龄段的身材苗条、心灵手巧的女性。我们发现，一名53岁的丹麦女焊工可以追平最佳男员工的纪录。现在，我们把焦点从女性的年龄转移到身体素质上。这一问题也引导我们展开更加细致的岗前体检。体检始于女员工的雇用，却也同样影响了男员工的选择标准。

必须坚持体检的新标准，做好新的急救记录，从而确保女性不会因新出现的、强度大的工作任务而受伤。新标准还强调防止中毒，因为这常常给育龄妇女带来灾难性后果。此举无疑将敦促许多公司关注男员工的健康问题，重新审视员工健康在改善男员工的精神面貌，提高实际产量，降低缺勤率等方面的意义。美国一些州在员工赔偿和职业病防治方面制定了健全的法律，当地的雇主已经习惯于运用相关方法降低职业风险。但在其他州，这类法律还不够健全，雇用女员工将有助于引起人们对这一问题的重视。

刚开始雇用女性的雇主会查看女员工的缺勤记录。从全国范围来看，女性的缺勤率肯定高于男性。雇主可能因此认为女性常常需要请病假或回家照看生病的孩子。但是考虑过这一问题的雇主如果在员工上岗前进行一次详细的约谈，就会发现情况并不像数据反映的那么糟糕。令雇主惊讶的是，女性并不常因为生病而缺勤，也不常为了在家照看生病的孩子而请假。

以下问题表明，人事部门对女员工的岗前约谈内容更加全面，会涉及职位申请者的家庭状况。你是否有孩子？孩子多大了？你有没有考虑过上班后怎么照顾孩子？冬天会不会有很多孩子感冒？有没有鼻窦炎？严格的体检能够补充女性申请者的回答。雇用女性前如果能够注意到这些情况，并合理地协调急救措施与人事部门的医疗服务，就能够降低缺勤率。

我们发现，女员工上班很准时。她们会及时到岗。陶德第一造船厂雇用女员工的最初两个半月里，没有一名女员工迟到过哪怕一次。工头注意到了这一情况，对此十分赞赏。也许这是女性长期送孩子们准点上学所养成的习惯。

人们一致认为，女性的工作表现十分出色——她们尽职尽责，十分优秀且求知欲强。她们还很遵守纪律。最近发生在我身上的一件事，就是她们热爱工作的一个典型例证。工头派人叫我去看看他"最优秀的两名员工"。这两人都是年轻漂亮的女性，正在一台巨大的电枢上工作。她们告诉我："这项工作责任重大。

我们都知道，这项工作容不得半点差错，否则轮船的发动机就可能出故障，在国外奋战的将士就可能任由德军潜艇摆布。"说完，她们就蹙着眉头转身继续专心工作了。

迄今为止，工业生产中尚无女性涉足，雇用女员工确实带来了新的问题。人们通过分析问题并发挥聪明才智，找到了解决问题的方法。如果人事部门能够更加关注岗前约谈，发觉类型更加稳定的员工，并且制定更加完善的员工身体素质标准，从而提供更加完整统一的医疗服务，那么这些改变也有助于改进雇用男员工时存在的问题。战时态势下学到的经验教训在战后依然可以作为常规标准推行下去。

此前甚少关注公共卫生的工作场所如今也得到了改进，并在战后还会有进一步的改善。工作时间的调整使雇佣关系更加稳定，此举在战后同样会继续推行。改进女性的工作方法，使之减少疲劳，不仅有益于男性雇员提高效率，战后也会使工厂的运营更有效率。花时间考虑如何解决影响女性工作的相关问题是非常必要的。它必然导致人们对生产方法的整个过程更加警觉，并能够更快速地加以关注。为了赢得战争，人们不得不将生产效率最大化。这一点对我们整个工业体系都将产生长远的影响。

1943 年 / 1 月 25 日

领导人乘坐飞机出行
总统称，目的是迫使轴心国"无条件投降"
军事将领会谈
法军统帅称各方将联合解放法国

德鲁·米德尔顿
通过电报发回《纽约时报》的特别报道

【法属摩洛哥卡萨布兰卡 1 月 24 日电（延时报道）】美国总统罗斯福和英国首相丘吉尔今天结束了一场为期 10 天的重要会议。他们提出了 1943 年同盟国的进攻计划，以实现罗斯福总统所说的、迫使轴心国"无条件投降"的目标。

罗斯福总统带着各军参谋长一起飞行5000英里，越过大西洋，与英国首相丘吉尔和英国陆、海、空三军统帅进行商谈。会议在一栋洒满阳光的别墅中举行，耳边是大西洋无尽的浪涛声。每天从清晨直至深夜，与会人员都在会议上探讨世界大战的各个阶段。两位战争领导人强调称，会议取得圆满成功，双方就联合国家今年即将开展的重大军事计划达成了全面协议。

法国驻北非高级专员亨利·吉劳德将军和自由法国运动的领导人夏尔·戴高乐将军在会议上会面，并就从德国控制下解放法国这一首要任务达成共识。罗斯福总统认为，法国的陆海空军可以与盟军并肩作战，解放法国。

斯大林始终跟进会议进程

由于亲自指挥进攻，苏联人民委员会主席约瑟夫·斯大林无法离开苏联前来参会，罗斯福总统和丘吉尔首相对此表示遗憾，但他们强调称，所有会议的结果都已经告知了苏联领导人。（美联社报道，会议同样给中国的蒋介石委员长提供了一些建议。）

罗斯福总统声称，只要彻底消灭德国和日本的作战能力，世界就一定能恢复和平。他借用了当年格兰特将军致唐纳尔森要塞和亨利要塞的南方同盟军的指挥官的那封著名信件中的措辞，即"无条件投降"，来描述联合国家唯一接受的

| 1943年，英美两国军事领导人在摩洛哥举行的卡萨布兰卡会议上。

战争结果。

然而，他同时强调，无条件投降并不意味着德、意、日三国人民的消亡，而是这些国家建立在征服和镇压别国人民基础上的哲学的结束。

罗斯福总统和丘吉尔首相并肩坐在别墅前洒满阳光的草坪上，复审参谋长会议的内容。参谋长们每天都会商谈两至三次，并在会间休息时向他们报告。

罗斯福总统认为 1943 年联合国家有 3 个目标。

第一，要继续保持 1942 年年末赢得的战争主动权，将这种主动权扩大到其他战区，并在目前有利于盟军的地区继续扩大优势。

第二，尽力援助苏联进攻，援助必须符合两点目标，一是要削减德军人数，二是要继续消耗德军在苏联战场上的军火与物资。

第三，罗斯福总统呼吁向中国军队提供帮助，称如今中国的抗战已持续 6 年之久，日本永远都不可能统治中国。

两位领导人均对会议表示满意

为了实现上述目标，联合国家各成员的军界和政界领导人决心整合各国资源、军队和经济。1943 年，在已占据优势的地区继续保持战争主动权，从而伺机在有利于盟军的情况下作战，就像目前的突尼斯战场一样。

英美两国领导人对于开战以来两国间举行的第四次会议取得的成果感到非常满意。据罗斯福总统说，英美两国参谋长之间的合作极为紧密，军事领导人住在一处，工作起来更像私人朋友而不是友军。

罗斯福总统预计，战争将按照时间表进行，各种迹象表明，相较于 1942 年，1943 年的战况将更有利于联合国家。

此次会议的结论可能比联合国家以往的会议都重要。为了保密，会议选择在草木繁茂的热带雨林举行。总统居住的别墅掩映在棕榈树丛间，别墅周围的花架上爬满了九重葛，院子里橘树上的累累硕果迎风轻摆。后院的游泳池被改造成了防空洞，会议期间没有德军飞机靠近卡萨布兰卡。即便有敌机靠近，守卫这一地区的英美战斗机飞行中队也会起飞迎击。

安保严密

开会地点的数公顷土地都被两圈带刺的铁丝围了起来，铁丝上挂着锡罐。如果有人蛮干硬闯，就会被美国士兵用机枪打成筛子或用刺刀干掉。数百名美国步兵头戴钢盔，或在屋顶上站岗，或在会议地点周围的暗处巡逻。

罗斯福总统和丘吉尔首相出席今天中午举办的新闻发布会时显得成竹在胸，心满意足。罗斯福总统身穿灰色的旧西服，丘吉尔首相则穿着整洁的灰色细条纹西装，头上却戴了顶有些破旧的灰色汉堡帽。阳光照射到丘吉尔首相镶有宝石的"V"字形配饰和别在翻领纽孔上的一枚美国杰出服役勋章上，不停地闪烁。

两位没有军人气质的领袖领导着有史以来最强联盟的半数力量，他们与戴高乐将军和吉劳德将军一同来到现场，并在摄影师镜头前握手。

"这是历史性的一刻。"罗斯福总统说道。

烈日炎炎，人们在阳光下暴晒着。丘吉尔首相问罗斯福总统："不想戴顶帽子吗？"

"我生来就不戴帽子。"罗斯福总统回答。

两人谈话期间，站在附近屋顶上的卫兵丝毫没有放松警戒。头顶上，紧密排列的战斗机呼啸而过。

罗斯福总统透露，盟军在北非取得的胜利才使英美两国的第四次会议得以成形。他称，会议回顾了过去的战况并制订了1943年的作战计划。

此次会议，苏联人民委员会主席约瑟夫·斯大林因亲自指挥苏联进攻的军事行动而无法参加，丘吉尔首相和罗斯福总统均对此表示了遗憾。但他们强调，两人及英美两国参谋长之间达成的所有会议结果都已经告知了苏联领导人。

丘吉尔首相赞同罗斯福总统的观点，认为此次会议是史无前例的。他再次形容自己是罗斯福总统热切的副官，声称二人在一起工作时就像伙伴和朋友，并把英美间的合作描述为同盟国战斗的动力之一。

首相起初语速缓慢，但是当他说起敌人遭遇的挫败时便逐渐提高了嗓门，称他们用希特勒的话来说就是一群酒囊饭袋，引来场下一片大笑。丘吉尔首相也面露微笑。

他声称，北非的战斗改变了整场战争，改变了它的格局，使德意两军的战斗愈加艰难。他说德国陆军元帅埃尔温·隆美尔不过是从利比亚和埃及遁走的逃亡者，如今却企图以突尼斯的解放者自居。但同时，他也告诉记者们，伯纳德·劳·蒙哥马利将军正在隆美尔元帅后面如影随形般穷追不舍。

目的是永不屈服

丘吉尔首相郑重地说,英美两国如今的成就取决于周密的计划、明确的目标和不屈不挠的意志。他总结称,这些因素将迫使那些令全世界陷入战争的战犯无条件投降。

罗斯福总统和丘吉尔首相对戴高乐将军与吉劳德将军的会面似乎都充满期待。会面期间,两位法国领导人在最终目标上"完全达成一致",即解放法国、击败轴心国。然而,虽然二人发表了联合公报,称只有所有法国人团结起来并肩作战,才能实现这一目标,但公报并没有说明如何解决目前北非的政治困境。

不过人们感到,两位将军的会面以及他们与丘吉尔首相和罗斯福总统举行的会谈,为二人在法国解放运动的政治层面上达成某种协议扫清了道路。两位将军举行会谈并留下握手言和的照片,将会极大地促使整个北非地区的法国人团结起来,同时还突出了一个事实,即戴高乐将军的追随者只有尽快与其他派系组成联盟,法国人才有望在联合国家的作战计划中发挥重要作用。

任总统后的首次飞行

罗斯福总统是第一位在战争期间离开美国的总统,并成为自亚伯拉罕·林肯之后第一位在战地检阅美国部队的总统。林肯总统曾在一系列漫长而艰辛的会议后抽出一天时间检阅了美军装甲部队和步兵部队。罗斯福总统乘坐吉普车检阅了军营,与数十名士兵与军官交谈并与将士们共进午餐。

"我们吃了一顿很不错的午餐。"他说道,"我希望国内的人民能够看到美国部队及其装备。部队拥有我们能够生产的最先进的武器。将士们身体强健,精神饱满。我发现军官和士兵的效率也是最高的。他们士气高昂,而且我知道他们会继续保持下去。回国后我会告诉同胞们,我为我们的军队感到十分自豪。"

罗斯福总统探访了利奥泰港,美军在这里登陆时与敌军发生了激烈的战斗。总统向埋葬在这里的美军和法军烈士墓敬献了花圈。他还要求在加拿大广播公司战地记者爱德华·鲍德利的墓前敬献花圈。鲍德利是在乘坐飞机前来报道本次会议的途中,被西班牙士兵射出的防空子弹击中身亡的。

罗斯福总统的访问轻松愉快,有传言称,他的两个儿子都在北非的战场上。空军中校埃利奥特·罗斯福在盟军空军服役,而海军上尉富兰克林·D. 小罗斯福在海军服役。

会议期间，罗斯福总统还忙中偷闲了一次。他和摩洛哥的苏丹西迪·穆罕默德在一次"愉快的舞会"上共进晚餐。据总统说，晚餐气氛极为融洽，他发现苏丹十分关切人民福祉。

罗斯福总统一行共有两架飞机前往非洲，中途在某一地点换乘备用飞机。1932年他接受总统候选人提名时曾坐飞机从奥尔巴尼飞往芝加哥。这次飞行是从那以后的首次飞行。陪同出行的是他的私人顾问霍普金斯，这在历届美国总统中尚属首次。（合众社报道称，罗斯福总统乘坐"飞剪"号客机抵达北非的某处，然后换乘配备了4台发动机的轰炸机，这种飞机坐起来尤为舒适。）

军事领导人进行对话

陆军上将乔治·卡特利特·马歇尔、海军上将欧内斯特·J.金和陆军中将亨利·H.阿诺德等美军高级军官在罗斯福总统之前先行抵达，并在美方其他人员抵达前，与英国"相应的军事领导人"进行了会晤。英军领导人包括帝国总参谋长、陆军上将艾伦·布鲁克爵士，海军参谋长、海军上将杜德利·庞德爵士，以及空军参谋长、空军上将查尔斯·F.A.波特尔爵士。美国《租借法案》督办员威廉·埃夫里尔·哈里曼从伦敦赶往北非参加了会议。

随同各参谋长参加会议的还有美军供应部部长、陆军中将布雷恩·B.萨默维尔，英国驻美军事代表团团长、陆军元帅约翰·迪尔爵士，英国作战指挥部司令路易斯·蒙巴顿勋爵，以及丘吉尔作为国防大臣的参谋长、陆军中将黑斯廷斯·伊斯梅爵士。每天，军事领导人会议都要进行两到三次，不断地向罗斯福总统和丘吉尔首相发送会议报告。

丘吉尔首相率先到达会议地点，陪同他参会的是英国战争交通大臣莱瑟斯勋爵。罗斯福总统刚刚抵达宽敞的白色别墅，霍普金斯就引导丘吉尔首相与总统会面，英美两国领导人自此展开了多次会晤。两人边吃晚餐边谈，会面一直持续到次日凌晨3点。

各参谋长、罗斯福总统与丘吉尔首相和非洲各战区的盟国的军事与政治领导人举行了磋商。陆军中将、盟军作战总司令德怀特·戴维·艾森豪威尔和他的副官、陆军中将马克·韦恩·克拉克，以及中东地区盟军总司令、陆军上将哈罗德·R.L.G.亚历山大代表地面部队出席了会议。北非盟军海军司令、英国海军元帅安德鲁·布朗·康宁汉爵士，就丘吉尔首相所说的即将展开的重大军事行动做了大致介绍。盟军空军作战司令卡尔·安德鲁·斯帕茨，英国空军中将、空军副司令亚瑟·威廉·泰德爵士和美国中东地区司令、陆军中将弗兰克·M.安德鲁斯就盟军的空中军事行动进行了探讨。

最没有悬念的会议当数丘吉尔首相、罗斯福总统、英国常驻北非地区公使哈罗德·麦克米伦和艾森豪威尔将军麾下的民政事务军官罗伯特·D.墨菲举行的会议，会上回顾了纷乱的政治局势。

目前尚无法评论这些会议的价值，但可以说，会议的结束可能预示着突尼斯战事再起，长期平静的状态将不复存在。丘吉尔首相和罗斯福总统透露的种种迹象表明，盟军的口令是"继续干活"。卡萨布兰卡"迫使轴心国无条件投降"的会议，是一场盟军指挥官之间的会议，而他们目前正指挥着半数盟军力量展开进攻。

会议产生了两项主要成果。首先，会议承认，同盟国希望在1943年的军事行动中维持目前取得的战略优势；其次，戴高乐将军和吉劳德将军已经举行了会面，如果明确的政治协议没有发挥实际作用，这次会议至少向法国和北非法军表明，两人原则上已准备相互合作。

罗斯福总统借用了格兰特将军的著名措辞——"无条件投降"，为盟军在战争末期的政治策略定下了基调并表明，虽然盟军可能会对轴心国的人民手下留情，但绝对不会姑息轴心国的领导人。

德国宣称，北非的战况表明，盟军正乐于与当地"内奸"合作，并可能在"入侵"非洲时再次展开合作。罗斯福总统的警告是对德国宣传的有力还击。

无疑，此次会议是英美两国领导人迄今为止最重要的一次会议，因为这次会议并不是为了争取时间的权宜之计，也不是为了牵制敌人而召开，而是为了策划对轴心国发动致命一击。

虽然会议在非洲举行，但如果因此认为未来半年内只有地中海战区的战况才至关重要，那可就大错特错了。会议回顾并讨论了各个战场的形势，制订了新的行动计划。最重要的是，盟军要继续保持业已取得的战争主动权。

1943年/1月31日

希特勒和戈林警告称，欧洲正面临"红色危机"

【伦敦1月30日电】今天，德国举办了一场庆祝希特勒掌权十周年的聚会，但阿道夫·希特勒本人并未现身，聚会毫无生气。英国的轰炸两度中断了帝国元帅赫尔曼·戈林和宣传部部长约瑟夫·戈培尔的讲话。二人当时正通过广播向德国人民解释为什么德军在苏联受挫。

据报道，希特勒先生"在卫兵的陪同下"离开柏林去了某处。戈培尔宣读了希特勒的声明。声明警告德国人民，除非奋战到底，否则他们将遭到布尔什维克主义的奴役。

戈林元帅的讲话因英国轰炸所造成的混乱推迟了1小时。在整整一个半小时的讲话中，戈林宣称苏联以1939年至1940年发动冬季战争侵略芬兰的愚蠢行径为幌子欺骗了德国，背信弃义，实际上早就着手备战，并在斯大林格勒战役中暴

从纳粹政府放映的电影上拍下的画面。画面为1943年赫尔曼·戈林（右二）、希特勒（右一）和他们的顾问在一起。

露了其意图。他将此歪曲为德国终将取胜的象征。（纽约哥伦比亚广播公司收听到的一则英国广播称，戈林元帅的讲话数次被同一波段不知名的诘难声打断，这个声音说道："你肯定不相信这套说辞。"）

戈林元帅发表讲话的数小时后，戈培尔部长宣读了希特勒的声明，并发表了自己的讲话。他在讲话中称："我们的字典里从没有投降一词，现在没有，以后也不会有。如果敌人以为我们已经束手无策了，他们会尝到后果的。"

戈林元帅搜肠刮肚地想要说明德国攻打苏联是有正当理由的，但观察员认为他的讲话却适得其反。

"去年冬天，德军在苏联战场上历尽各种艰难困苦，我们应当意识到，1939年至1940年苏联发动侵略芬兰的冬季战争或许是史上最高明、最大规模的一场骗局。"他说道，"我们目睹了一个狭小而勇武的国家英勇地与苏联这个大国鏖战数月，不禁想到这样一个东方大国能带来什么危险呢？"

戈林提到，就在德国进攻苏联的前一年，苏联发动侵略芬兰的冬季战争作为"幌子"欺骗德国。后来他说：

"虽然攻打芬兰的苏联部队人数不多、武器陈旧，但苏联以最近十年半的时间组建了从未有任何国家组建过的最强大的军队。"

戈林稍后又说："我们对苏联的实力一清二楚，但元首凭直觉认为，我们在了解对方实力的同时还应发起进攻。"

去年，"元首亲自指挥德军前方战事，展现了他刚强的品质"。戈林还历数了当时德军在苏联展开军事行动时遇到的种种艰辛。

他不断强调苏联的实力及德国上下团结起来攻打苏联的必要性。

"苏联总体上连铅笔都不愿为人民生产。"他说道，"它的整个工业只有一个目标，重心是生产四种武器——坦克、反坦克炮、飞机和高射炮。

"攻打苏联可没那么容易。我们的敌人很残酷，他们实行野蛮的统治，不服从命令的人就会被杀。"

他同时也一再强调，苏联的胜利会危及整个欧洲。人们认为，戈林的讲话是在呼吁轴心国盟友坚定立场，并号召中立国对抗苏联。戈林元帅还说道："这是一场理念与种族之间的斗争。或许有人会说这只是我们的臆想，但我们坚信：我们北欧日耳曼民族拥有世界上最优秀的文化与价值观，而德意志帝国是北欧日耳曼民族理念的首要代表。"

1943 年 / 1 月 31 日

卡萨布兰卡会议制定进攻战略

汉森・W. 鲍德温

无疑,在卡萨布兰卡会议期间,罗斯福和丘吉尔经过反复探讨才制订出 1943 年宏大的联合国家的战略计划。此前,盟军在非洲发动进攻前,两位领导人曾于 6 月在华盛顿举行会议,而乔治・卡特利特・马歇尔将军和美军其他高级将领于 7 月份访问伦敦,因而卡萨布兰卡会议预示着联合国家即将展开其他军事行动。

但会议的成果不止于此,会上还制订了行动计划。或许计划的行动范围和时间还有局限性,尚需修改和落实,但这毕竟是一份成形的计划。

可以说,在卡萨布兰卡会议召开以前,联合国家确实没有进行战略规划,没有制订为所有成员认同并接受的军事行动计划和未来行动规划。过去,令人苦恼的是,盟军的策略奉行的都是"机会主义"。这样的策略不过是一时之计,乘势而为;命运不在我们的掌控中。

耗时颇多的计划

这并不意味着盟军没有任何战争计划。显然,战争发生前的很长一段时间里,人们就应当进行细致的规划,并考虑所有可能发生的事件。同样,开战后,我们显然需要修订、及时跟进、拓展和修改这些计划。无疑,无论是挪威沿岸的登陆行动,还是对日军实施空袭,陆军、海军的行动策划者和参谋长联席会议都先行考虑并详细拟定了计划。

同样,英美两军高层代表还可能就这些计划中可采用的内容达成部分临时性协议。然而,这也有可能不会成功,因为在联合作战的过程中,鲜有协议能完美到令所有国家的代表一致同意。

但即便达成军事层面的协议,除非由英美这样的大国的政治领导人付诸实施，否则此类协议不过是一纸空文。虽然如此规模的远征计划（任何一次远征都是如此）早已形成，至少其大致框架已经形成，但几乎可以肯定的是，直至去年7月，各国政治领导人才达成最终协议，决定进攻北非。最近几个月也发生了同样的情况。卡萨布兰卡会议比以往任何时候都能生动地表明，在英语国家，丘吉尔首相和罗斯福总统在主导战争进程；在苏联，显然是斯大林占据了主导地位；在中国，蒋介石是重要人物。在任何计划拟定前，丘吉尔首相和罗斯福总统两人的幕僚举行会议是十分必要的（如果可能的话，斯大林和蒋介石两人的幕僚也应举行会议）。

就目前已知的情况来看，斯大林和蒋介石不仅未能亲自出席卡萨布兰卡会议，甚至都没有派出代表参会。出现这种情况并不是因为会议没有向他们发出邀请，会议明确邀请了苏联领导人参加。由于会议内容主要是欧洲地区的战争进程，因而也许没有邀请中国领导人参加，但也不排除蒋介石也受到了邀请。

斯大林受到邀请却未能亲自参会是可以理解的。他是苏军真正意义上的总司令，每天都指挥着苏联部队的战略和战术行动。卡萨布兰卡会议恰逢苏军夺取最大规模胜利的时期。而且从真正意义上说，没有人能够代表斯大林或蒋介石委员长。

保持联络

虽然两位领导人未能出席会议令人遗憾，因为真正的全球化战略如果没有他们的参与就无法做到尽善尽美，但是这也并非像一些批判人士所说的那样严重。原因在于，虽然联合国家缺少一个最高战时委员会，但华盛顿方面已通过外交使节和军事代表团等方式构建了中、美、苏三国间的联络机制。而且苏联和其他联合国家或是在参谋长联席会议的大楼中设有办公室，或是能够随时接触该委员会及其部分从属机构。这些措施及罗斯福总统和丘吉尔首相联名写给斯大林主席的信，都表明英美两国向中苏两国充分传达了卡萨布兰卡会议商讨的进程和结果。

此外，卡萨布兰卡会议真正的主要任务只有一个——规划1943年英美两国行动的路线图。苏联的行动路线十分清晰，中国亦如此。两国的任务都是进行艰苦的斗争，把境内的侵略者赶出国门。

行动抉择

英美两国面临着一次次必然的抉择。我们应当集中力量对德国实施空袭吗？我们应当穿越地中海从非洲北部展开袭击吗？我们应该进攻法国西海岸还是挪威西海岸？我们在太平洋和亚洲应当如何行动？如何应对德国潜艇？

突尼斯的雨不久就停了。雨一停，盟军无疑就会立即展开进攻，把轴心国在非洲最后一处据点连根拔起。到时候我们应该做什么呢？

盟军制订了多项行动计划，但几乎可以肯定的是，召开卡萨布兰卡会议前，没有一项计划付诸实施。因为罗斯福总统和丘吉尔首相会面以前，我们没有明确的战略计划。如今我们终于制订了一项计划，至于计划的内容是什么，未来的军事行动很快就将揭晓，现在我们只能推测。

卡萨布兰卡会议的主要议题涉及选取哪一地区作为进攻希特勒欧洲军事要塞的首个地点。丘吉尔的战略理念总是以地中海地区为中心。他和其他许多英国人还保留着敦刻尔克大撤退和迪耶普战役的血腥记忆，显然，他们更倾向于在敌军据点的外围实施军事打击，而不是直接进攻敌人戒备森严的心脏地区。包括部分美国人在内的其他人认为法国沿岸或挪威沿岸是进攻的最佳地点。还有人倾向于多点进攻，认为盟军在实际登陆后，充分利用这种方法最有可能取胜。

据说，丘吉尔首相在卡萨布兰卡会议结束后再次声称自己是罗斯福总统"热切的副官"，一如他在北非登陆行动结束后的谈话中说到的那样。然而，如今盟军的战略深受丘吉尔首相的影响。无论他是不是英美联盟的主导人物之一，其影响对未来的行动而言都至关重要。

做出决定

扫清北非战场后，我们越过地中海，继续向北进攻（朝巴尔干半岛或意大利方向）。该计划无论从观念还是支援力量上，都极为符合丘吉尔的想法。进攻法国西岸或挪威的计划更能体现罗斯福的意志。实际上，两位领导人在战略上的分歧并没有那么大，人们过于简化的想法似乎把它夸大了。卡萨布兰卡会议应当并已经做出决定应该从何处进攻德国。

其他决定固然重要，但无疑都位列这一问题之后。会议将决定北非和欧洲战区的指挥权问题（仍有报道坚称，美军参谋长马歇尔将军将负责指挥整个欧洲战区）。会议尝试调解法方内部矛盾，但收效甚微。会议可能还讨论了降低潜艇威胁的方法、手段和组织机构。无疑，中国的作用及太平洋战场的下一步行动被提上了会议议程。

会议取得了多项重大成果，在未来的几个月里，我们即将看到这些成果对战争各个方面所产生的影响。因为只有通过卡萨布兰卡这种面对面的会议，两位主要负责规划未来进程的领导人才能把下属的军事计划转变为决策——随后这些决策才能很快地转变为战略现实。

关键人物、事件简介

人　物

内维尔·张伯伦（1869—1940）：1937年起任英国首相。筹备1938年9月召开的慕尼黑会议。德国入侵波兰两天后对德宣战。1940年5月10日宣布辞职，数月后去世。

科德尔·赫尔（1871—1955）：1933年3月至1944年11月担任罗斯福政府的国务卿。1941年美日谈判中，对日本采取强硬态度，加速了日本制定对美国动武的决策。在起草《联合国家宣言》（1942年1月1日签署）的过程中发挥重要作用，随后促成联合国的诞生。

温斯顿·斯宾塞·丘吉尔（1874—1965）：1940年5月至1945年7月担任英国首相兼国防大臣。1940年力主坚持对德作战，与苏共总书记斯大林和美国总统罗斯福共同建立战时"大联盟"。极力赞成轰炸欧洲轴心国，支持迂回进攻策略，即从地中海地区进攻希特勒在欧洲的军事要塞而不是正面袭击。随着战事的持续，影响力逐渐减弱。战后成为著名的冷战分子，仇视共产主义。

约瑟夫·斯大林（1878—1953）：1922年起任苏联共产党中央委员会总书记。1941年成为苏联人民委员会主席。二战期间担任苏联国防委员会主席，领导全苏战争行动。

欧内斯特·金（1878—1956）：美国海军五星上将。1940年任美国大西洋舰队司令。反潜作战建奇功，为罗斯福总统所赏识，升任美国海军舰队总司令。1942年3月起兼任美国海军作战部部长。

亨利·吉劳德（1879—1949）：法国将军。在德国侵法战役中指挥法国第七集团军。1942年从德国的拘留营逃脱，与美国建立紧密的联系。被任命为法国驻北非部队总指挥官、法国驻北非高级专员。与戴高乐一起建立了法兰西民族解放委员会，但于1943年11月被逐出并于1944年4月辞职，遂退出政坛。

道格拉斯·麦克阿瑟（1880—1964）：曾任美国陆军参谋长。战争爆发时任菲律宾政府军事顾问和驻菲美军总司令。1942 年 4 月被任命为西南太平洋战区总司令。1945 年 8 月作为"盟军最高司令官"驻日本。

乔治·卡特利特·马歇尔（1880—1959）：20 世纪 30 年代末担任在华盛顿的美国战争部作战计划处的处长。1939 年任陆军参谋长直至二战结束。1947 年任国务卿，颁布欧洲复兴计划，也就是人们熟知的"马歇尔计划"。

富兰克林·德拉诺·罗斯福（1882—1945）：二战期间任期最长的美国总统。1940 第三次、1944 年第四次当选总统，这在美国是史无前例的。20 世纪 30 年代，采取"新政"帮助美国平稳渡过经济危机。20 世纪 30 年代末，敦促美国重整军备。领导美国成为盟军作战的强大后盾，为盟军提供一切战备物资。日本突袭珍珠港后，坚持奉行先打败德国的战略，并通过《租借法案》，慷慨地与盟国分享美国的资源。

鲁道夫·格拉齐亚尼（1882—1955）：意大利将军。1936 年至 1937 年任埃塞俄比亚总督，后任意大利驻北非部队总司令，1941 年在北非沙漠战败后辞去军职。回国后，于 1943 年至 1945 年出任墨索里尼傀儡政府的国防部长。战后被判处有期徒刑 19 年，几个月后获释出狱。

贝尼托·墨索里尼（1883—1945）：意大利法西斯党党魁。1922 年 10 月至 1943 年 7 月任意大利总理。野心勃勃想在地中海和非洲地区建立一个新的罗马帝国，于 1935 年 10 月向埃塞俄比亚发动战争，并击败埃塞俄比亚。与希特勒建立起紧密的轴心国同盟关系。1940 年 6 月 10 日，向英法两国宣战；1940 年 10 月，又向希腊宣战。意大利军队全线溃败后，其支持度下降。1943 年 7 月发生政变，其政府被推翻。被德国特种部队营救后，在意大利德国占领区担任意大利社会主义共和国领袖。1945 年 4 月 28 日，在逃往瑞士的途中被游击队员击毙。

东条英机（1884—1948）：1941 年起任日本首相，带领日本对美宣战。1944 年 7 月因日军军事失利辞职。1948 年被作为战犯处死。

山本五十六（1884—1943）：1939 年被任命为日本联合舰队司令。组织了偷袭珍珠港的军事行动。1943 年，有关其行程的电文被截获，美军出动战斗机击落其座机。

切斯特·尼米兹（1885—1966）：1941 年 12 月被任命为美国太平洋舰队司令。1942

年 3 月成为美国太平洋地区驻军总司令。1944 年，因在对日"跳岛作战"中的作用受到表彰，晋升海军五星上将。

蒋介石（1887—1975）：中国国民党总裁。九一八事变后，曾一度坚持"攘外必先安内"。1945 年日本战败后，中国爆发内战，蒋不敌中国共产党，1949 年败退台湾，任台湾当局"总统"。

亚历山大·范德格里夫特（1887—1973）：海军陆战队高级军官，奉命指挥海军陆战队第一师进攻瓜达尔卡纳尔岛。1944 年 1 月，晋升中将并在华盛顿就任海军陆战队司令。

伯纳德·劳·蒙哥马利（1887—1976）：英国陆军元帅。1942 年 11 月在阿拉曼取得英国首次陆战大捷。率领英国第八集团军进攻意大利，后被任命为诺曼底登陆战役中的陆战指挥官。指挥盟军第二十一集团军群结束在欧洲的战争。

阿道夫·希特勒（1889—1945）：德国纳粹党党魁、独裁者。1934 年成为德国元首，1939 年将德国拖入战争深渊。1941 年 12 月自封德国军队总司令。其军队在二战中一败涂地。1945 年 4 月 30 日在柏林自杀。

德怀特·戴维·艾森豪威尔（1890—1969）：日本偷袭珍珠港后被任命为美军作战计划部部长。奉命指挥 1942 年 11 月登陆北非的"火炬行动"，随后担任地中海战区的最高指挥官。从 1944 年进攻法国至二战结束，任欧洲盟军最高司令。

夏尔·戴高乐（1890—1970）：1940 年晋升陆军准将。装甲战理论先驱之一，曾在法国战役中担任法国第四装甲师指挥官。1940 年 6 月流亡伦敦，尽管遭到美国总统富兰克林·罗斯福的冷眼，仍发起并领导自由法国运动。1943 年和亨利·吉罗德共同担任法兰西民族解放委员会主席。1944 年在阿尔及利亚成立法国临时政府。法国解放后，促成法国的民主秩序的建立。

维亚切斯拉夫·莫洛托夫（1890—1986）：苏共总书记约瑟夫·斯大林倚重的核心集团成员之一。1930 年至 1941 年任苏联人民委员会主席。1939 年起任外交人民委员。曾代表苏联参与苏联加入联合国的谈判。

哈罗德·亚历山大（1891—1969）：1940 年指挥敦刻尔克大撤退。1942 年被任命为中东战区总司令。曾任艾森豪威尔的副手,指挥西西里岛登陆战役和意大利境内的其他战役。1944 年 11 月被任命为地中海战区最高指挥官。

近卫文麿(1891—1945):日本公爵。1937 年至 1941 年间三任日本首相。在任期内侵占中国的企图破灭,1941 年开展的日美谈判也最终破裂。是日本"新秩序"的积极拥护者,但在太平洋战争中并未发挥太大的政治作用。1945 年 12 月,在被捕前自杀。

埃尔温·隆美尔(1891—1944):德国陆军元帅。1941 年至 1943 年在北非指挥德国非洲军团展开军事行动,后被派往诺曼底构筑防御工事以抵御盟军登陆。1944 年,因受同年 7 月密谋刺杀希特勒事件的牵连而自杀。

卡尔·斯帕茨(1891—1974):1942 年在英格兰组建第八航空军,后前往地中海战区,担任盟军空军指挥官,受艾森豪威尔总司令指挥。1943 年 12 月担任美国驻欧洲战略与战术空军司令。曾制订战略击败德国空军,并于 1944 年摧毁了德国的原油供应基地。

阿瑟·海斯·索尔兹伯格(1891—1968):1935 年继其岳父阿道夫·奥克斯成为《纽约时报》的出版人,任至 1961 年。既不赞同美国在二战前实行的孤立主义政策,也不喜罗斯福获得新权力来推行其法案。二战期间,支持建立以美国为主导的战后新秩序。曾一度担心自己犹太人的身份可能会引起人们对《纽约时报》客观性的质疑,因而始终都未曾在《纽约时报》上大篇幅刊发有关纳粹迫害欧洲犹太人的报道。

赫尔曼·威廉·戈林(1893—1946):德国空军总司令和国家航空部部长。1939 年被指定为希特勒的接班人。1940 年击败法国,被授予最高军衔——"帝国元帅"。二战期间,政治活动较少,仅有短暂活跃期。纽伦堡审判中的战犯之一。被判处极刑,行刑前夜自杀身亡。

约阿希姆·冯·里宾特洛甫(1893—1946):希特勒的外交政策顾问,1938 年 2 月起担任德国外交部长。1939 年 8 月,代表德国与苏联签署《苏德互不侵犯条约》。在整个二战期间都担任首席外交官的角色。纽伦堡审判中被判犯有破坏和平等罪,被处以绞刑。

马克·克拉克(1896—1984):战前为陆军少校。1942 年迅速升任美国陆军地面部队参谋长。指挥美国第五集团军参与进攻意大利的行动。1944 年 12 月担任盟军驻意大利地面部队总司令。

格奥尔基·朱可夫（1896—1974）：苏联元帅。1941 年将莫斯科从失陷的命运中救出。1942 年 8 月成为斯大林在最高统帅部的副手——最高副统帅。1945 年 4 月策划了攻占柏林的行动。

约瑟夫·戈培尔（1897—1945）：纳粹政治家，纳粹德国国民教育与宣传部部长。1944 年被任命为帝国总体战动员委员会主任。1945 年 5 月 1 日在希特勒的掩体内自杀。

安东尼·艾登（1897—1977）：1940 年，被刚任首相的丘吉尔任命为陆军大臣。1940 年 12 月，任外交大臣。在英国的反法西斯战争中发挥了重要作用，并促成联合国于 1945 年成立。

海因里希·希姆莱（1900—1945）：纳粹党安全部队（党卫军）首领。1936 年 6 月被任命为帝国警察总长。1939 年组建国家安全总局（莱因哈德·海德里希任局长）。对欧洲地区犹太人实施种族灭绝政策并组建集中营。1943 年 8 月任内政部长。1944 年 7 月任德国预备役部队指挥官。1945 年 5 月被英军俘虏，自杀身亡。

爱德华·斯特蒂纽斯（1900—1949）：1941 年 1 月被任命为生产管理办公室主任。1941 年 8 月成为《租借法案》的监管者。1944 年 11 月任国务卿。1945 年 5 月代表美国出席在旧金山召开的联合国成立大会。

事　件

闪电战（1940 年 9 月 7 日至 1941 年 5 月 16 日）：9 月 7 日，德军轰炸伦敦码头，揭开闪电战的序幕。随后，德国第二和第三航空队对英国的港口、粮食储备仓库、石油储备设施和航空发动机工厂展开持续轰炸。空袭导致 4.3 万多名英国人丧生，但对英国经济的影响有限。

《租借法案》（1941 年 3 月 11 日至 1945 年 8 月 15 日）：一项为抗击轴心国的各国提

供粮食、战略物资和武器,不要求立即付款的计划。美国通过该法案援助了38个国家,但主要的援助对象是英国和苏联。二战期间,美国共交付了420亿美元的援助,其中包括价值206亿美元的军火。

克里特岛战役(1941年5月20日至6月3日):英联邦部队从希腊本土撤退时占据了克里特岛。德国空降兵向英联邦驻克里特岛部队发起攻击并占领了主要机场。德军力克人数多于自己的英联邦部队,迫使其在5月底撤离。英军5000人被俘。

"俾斯麦"号战列舰沉没(1941年5月24日至27日):德国最大的战列舰"俾斯麦"号试图突破盟军的封锁,进入大西洋袭击盟军船只。5月26日"俾斯麦"号战列舰遭英国海军航空兵空袭,受到重创,后在英国海军炮火和鱼雷的攻击下沉没。

巴巴罗萨行动(1941年6月22日至12月5日):德国采取的军事行动,旨在通过闪电战,在1941年夏天彻底击溃苏联部队。德军向莫斯科进军迅速,但在基辅和列宁格勒却停滞不前。1941年冬天,战争演变成消耗战。

《大西洋宪章》(1941年8月9日至12日):英国首相丘吉尔和美国总统罗斯福在纽芬兰的普拉森舍湾举行的会议上签署。包含8条基本原则,承诺英美两国在战后将实现自由贸易,并在全世界范围内建立民主政府。

珍珠港事件(1941年12月7日):日本联合舰队偷袭珍珠港的美国太平洋舰队基地,把美国拖入二战。此次偷袭中,美军有18艘船只被击沉或击伤,347架飞机被击毁。

中途岛海战(1942年6月4日至7日):一场决定性的遭遇战。交战双方为日本主力舰队与海军少将弗兰克·弗莱彻率领的美国海军。日军4艘航空母舰被击沉,1/3的精锐海军飞行员丧生。美军"约克镇"号航空母舰被击沉。

瓜达尔卡纳尔岛战役(1942年8月7日至1943年2月8日):瓜达尔卡纳尔岛是南太平洋所罗门群岛中日军占领的一个岛屿,美国的首次反击战在此打响。经过持续而激烈的战斗,1943年2月日本守军弃岛撤退。

斯大林格勒战役(1942年8月19日至1943年2月2日):德军发动"蓝色行动"后,斯大林格勒沦为战场。苏军顽强抵抗,与德军进行激烈战斗,使德军占领该市的计划落空。1942年11月19日,德军被包围、切断。德军最终于1943年1月底投降,虽然部分地区的德军的抵抗又持续了两天。

阿拉曼战役（1942年10月23日至11月4日）：北非战场上的一场决定性战役。轴心国军队在沙漠地区打了一场大规模坦克战后，被迫从埃及撤退。轴心国军队撤回突尼斯（1943年5月13日在那里投降）。

火炬行动（1942年11月8日至10日）：欧洲首次重大两栖作战行动。美英两军在法属西北非的摩洛哥和阿尔及利亚登陆。法国驻军稍事抵抗后向盟军投降，盟军继续向东逼近突尼斯（隆美尔指挥的轴心国部队在那里抵抗至1943年5月）。

卡萨布兰卡会议（1943年1月14日至24日）：丘吉尔、罗斯福和他们的军事参谋举行的会议。会议决定，在法国开辟第二战场前，先进攻西西里岛和亚平宁半岛。会上还决定展开联合轰炸行动。

致　谢

本书编者要向 Black Dog & Leventhal 出版社的 J.P. 莱文赛尔、丽莎·特纳格利亚和帕梅拉·谢克特表示衷心感谢，感谢他们在文稿准备中的帮助。

出版人要感谢理查德·奥弗里，感谢他承担起这个艰巨繁重的项目；要感谢德怀特·齐默尔曼，感谢他深入细致的研究；要向希拉·哈特致以谢意，感谢她的精彩设计，以及为本项目付出的辛勤工作；还要感谢《纽约时报》各位参与本项目的人员，特别是亚历克斯·沃德和米切尔·利维塔斯。

《纽约时报》要向以下人员表示由衷的感谢，感谢他们周密详尽的研究和技术支持：苏珊·比奇、克莉丝蒂·蕾莉、詹姆斯·伯默尔、罗伯特·拉尔森、芭芭拉·格雷、杰克·贝格、阿兰·德拉奎里尔和海蒂·吉奥维尼；同时感谢以下人士提出的建设性意见和全心全意的协助：《泰晤士报》的肯尼斯·里基耶里和李·里法泰尔，美联社的安东尼·布里托与乔纳森·弗尔曼。